国网江苏省电力有限公司

# 优秀QC成果集

国网江苏省电力有限公司◎编

中国电力出版社
CHINA ELECTRIC POWER PRESS

**图书在版编目（CIP）数据**

国网江苏省电力有限公司优秀 QC 成果集. 2023 / 国网江苏省电力有限公司编. —北京：中国电力出版社，2024.5
ISBN 978-7-5198-8886-2

Ⅰ. ①国… Ⅱ. ①国… Ⅲ. ①电力工业–工业企业管理–质量管理–科技成果–汇编–江苏–2023 Ⅳ.①F426.61

中国国家版本馆 CIP 数据核字（2024）第 089865 号

出版发行：中国电力出版社
地　　址：北京市东城区北京站西街 19 号（邮政编码 100005）
网　　址：http://www.cepp.sgcc.com.cn
责任编辑：孙世通（010-63412326）柳　璐
责任校对：黄　蓓　常燕昆
装帧设计：赵姗姗
责任印制：钱兴根

印　　刷：三河市万龙印装有限公司
版　　次：2024 年 5 月第一版
印　　次：2024 年 5 月北京第一次印刷
开　　本：880 毫米×1230 毫米　16 开本
印　　张：18.25
字　　数：533 千字
定　　价：110.00 元

# 编 委 会

# 前言

2024 年 1 月 22 日，习近平总书记勉励国网天津市电力公司张黎明及其职工创新团队："扎根一线　加强创新研发　为国家电力事业发展多做贡献"，2 月 27 日，国家电网有限公司党组发出"贯彻落实习近平总书记重要勉励精神　进一步加强职工技术创新工作"的号召。质量管理（quality control，QC）小组活动是职工技术创新工作的重要组成，是基层一线员工投身创新创造，实现成长成才的生动载体和有效路径，深入推进全面质量管理，切实提升 QC 小组活动质效，意义重大，影响深远。

2023 年，国网江苏省电力有限公司（简称公司）上下认真落实《关于提升新时代质量管理（QC）小组活动质效的意见》，紧扣"传播先进质量管理思想、提高全员质量管理意识、运用全面质量管理工具、提升整体质量管理水平"的目标，在弘扬质量文化、推广质量方法、推动创新提升方面精准发力，培养了一批包括国际评委在内的高水平质量人才。公司优秀成果竞相涌现，9 项成果获得第 48 届国际质量管理小组会议金奖，35 项成果获全国发表赛示范级，14 个小组荣获全国优秀质量管理小组，连续六年获全国 QC 小组故事大赛总决赛一等奖，2 项成果分获国家电网有限公司一、二等奖，获奖等级与数量在行业、省内外持续领先，"苏电 QC"品牌价值持续提高。

为进一步推广优秀 QC 成果并促进转化应用，公司遴选 10 项优秀成果，涉及生产、营销、人资、基建等专业，邀请中国质量协会资深老师对创新型课题、问题解决型指令性目标课题与自定目标课题（第 1～3 项）开展逐一点评，组织小组编制成果精编版（第 4～10 项），在此一并汇编成集。希望通过成果分享、问题解析，引导广大员工树立问题导向，以打造数智化坚强电网助力新型电力系统建设、培育新质生产力推动高质量发展为重点，持续提升 QC 活动价值。

感恩勉励精神，建功电力事业。"让每一个有创新梦想的人都能专注创新，让每一份创新活力都能充分迸发。"新征程新赛道，我们接续努力，为推动中国式现代化江苏电力新实践提供澎湃动力。

# 目录

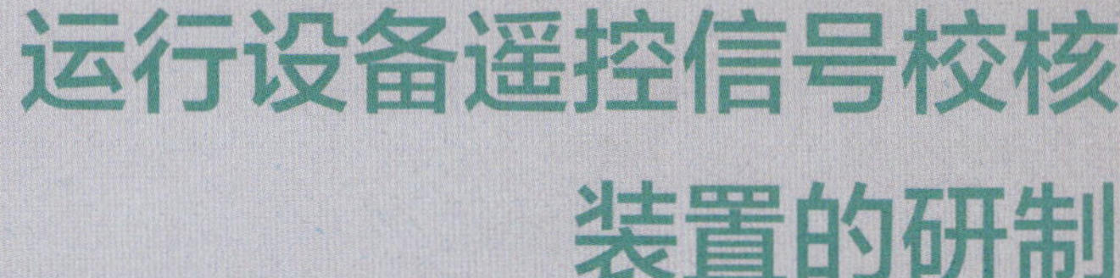

# 运行设备遥控信号校核装置的研制

01

国网徐州供电公司监控创新 QC 小组

主 创 人：王 浩、娄德章、王功臣、陈仲凯、顾春阳、郑 阳、高盎然、王 菲、赵振平、肖 伟

需求的主体明确，是现场验收人员。

需求的内容虽然简洁，但仔细看，仍然是从问题的角度提出，也就是“当前遥控信号单间隔校核时间过长”。需求应该直截了当，比如“快速完成遥控信号单间隔校核”或者“校核时间在2min 内”。

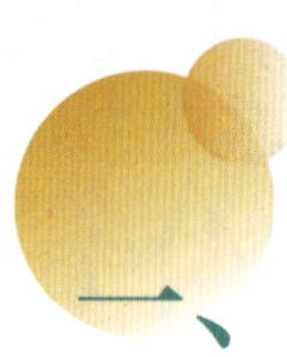

# 一、选择课题

## （一）需求分析

### 1. 提出需求

在遥控信号接入校核过程中，现场验收人员提出：当前遥控信号单间隔校核时间过长（30min 以上），整站遥控信号校核时间 1～2 天，照此计算，完成全市 200 余座变电站校核至少需要 200 个工作日，无法满足信息接入工作需求。需要将校核时间控制在 2min 以内，以便顺利完成全市变电站遥控信号校核工作。

### 2. 现有方法

现有遥控信号接入校核流程如图 1 所示。

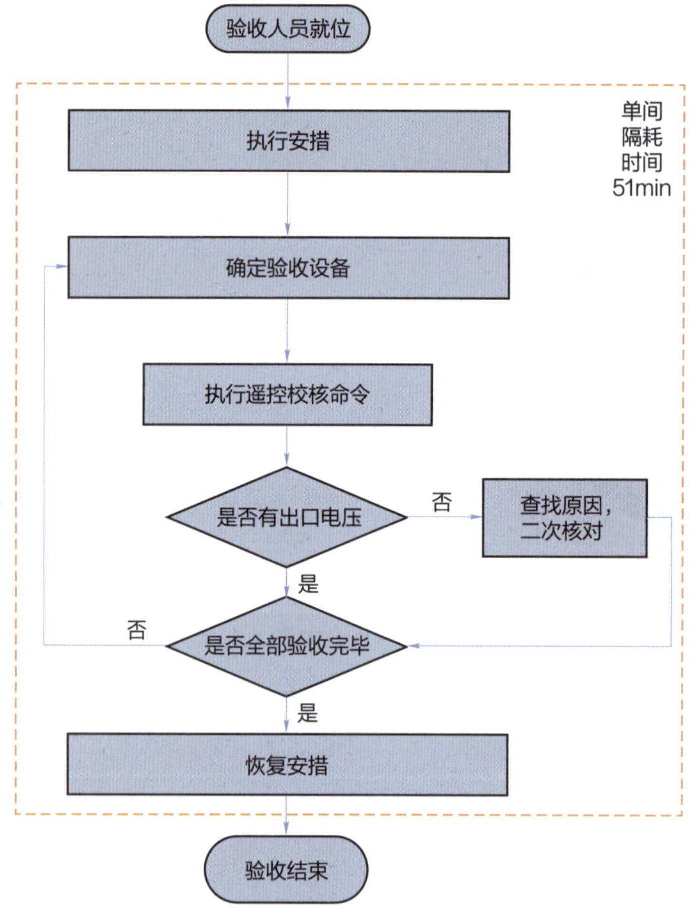


图 1　现有遥控信号接入校核流程

针对需求，看现有方法是什么，再看现有方法的效果是什么，得出不能满足需求的结论。

通过调研发现，现有方法已无改进价值。再去寻找创新的思路，这样做是可以的。

如果对现有方法是怎样没有改进价值的，略作说明，会更完整。

经测算，现有方法单间隔平均校核时间为 51.8min，不满足需求，因此，小组决定发挥团队优势，通过本次 QC 活动来进行改进提升。

小组通过调研发现：现有方法已无改进价值，因此小组决定通过创造新的校核方法来缩短遥控校核时间、满足现场验收人员的工作需求。

## （二）广泛借鉴

小组成员针对需求进行深入分析，主要需求点为提高遥控信号校核速度，针对该需求点，小组进行了广泛借鉴。

小组通过文献检索、现场调研、专家咨询、技术交流等方式，广泛参考现有技术，最终确定“非运行设备遥测、遥信自动验收技术”对本文具有较大借鉴价值，详见表 1。

表 1 借鉴表

| 借鉴对象 | 非运行设备遥测、遥信自动验收技术 |
|---|---|
| 借鉴内容 | 针对如何提高信号触发速度，小组借鉴了“非运行设备遥测、遥信自动验收技术”，该技术能够对新建、改造等非运行状态下的设备遥测、遥信信息进行自动验收，但无法验收运行设备及遥控信号。该技术有如下特点：<br>特点 1：能够“绕开”一次设备，模拟变电站测控装置等二次设备，实现分段验收。<br>特点 2：使设备停电与验收校核行为之间不再有必然关系，解耦时间关联。<br>特点 3：批量触发遥信、遥测信息上送至主站监控系统。<br>技术点：分段回路、时间解耦、批量触发。<br>效果：单间隔校核时间缩短至 0.5min。<br>示意图如下： 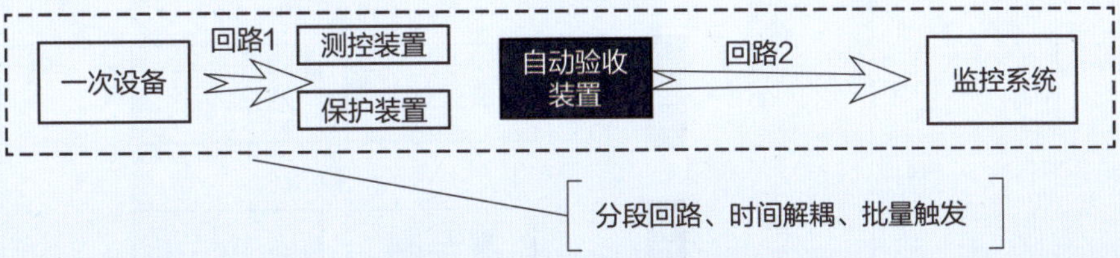<br>一次设备 回路1 测控装置 保护装置 自动验收装置 回路2 监控系统<br>分段回路、时间解耦、批量触发 |
| 借鉴点 | 将“分段回路、时间解耦、批量触发”这种技术应用到运行设备的遥控信号校核上，利用自动验收装置对测控装置进行模拟，实现验收信号与实际装置的电气隔离。<br>运用“分段回路、时间解耦、批量触发”技术进行遥控信号校核模式图如下： <br>一次设备 回路2 测控装置 保护装置 自动验收装置 回路1 监控系统 |
| 借鉴延伸 | 在集控站端开发自动校核程序，能够按照顺序自动下发遥控指令 |

如果分别对这三个技术点进行解构，简要说明技术的内容，那就更完整。

通过广泛借鉴，找到借鉴的具体技术。从而为本次创新型课题活动明确了创新思路和方向。

在借鉴的基础上，结合验收人员实际需求，小组成员决定将此次课题确定为：运行设备遥控信号校核装置的研制。

# 二、设定目标及目标可行性论证

## （一）设定目标

小组设定的总体目标为：研制一种运行设备遥控信号校核装置。

小组将量化目标值设定为：单间隔校核时间缩短至 2min，如图 2 所示。

活动的目标与需求保持一致。

**单间隔校核时间缩短至2min!**

图 2　课题目标

目标设定后，通过借鉴的原理或技术，运用数据和事实去论证目标的可行性。

先进行理论分析。

进行试验论证。

## （二）目标可行性论证

借鉴“分段回路、时间解耦、批量触发”技术，小组将集控系统遥控信号校核分为主站校核和厂站校核两部分，厂站校核与现有监控遥控回路重合，无需重复验证。借鉴中单间隔最快校核耗时可达 0.5min，考虑到本系统采用与借鉴较为相同的设计思路，因此，将目标设定在 2min 以内是比较实际的。

小组进一步通过试验验证目标的可行性。小组将主站校核一个平面的过程分解为封锁平面、安装设备、主站批量遥控预置、厂站遥控、校核比对生成报告、平面解封锁等具体 6 个步骤、三个阶段。待试验得出一个平面的校核时间后，仅需增加阶段四，也即平面切换（解、封锁平面）和程序自动遥控两个步骤，即可得到完成全部两个平面的试验校核时间，过程如图 3 所示。

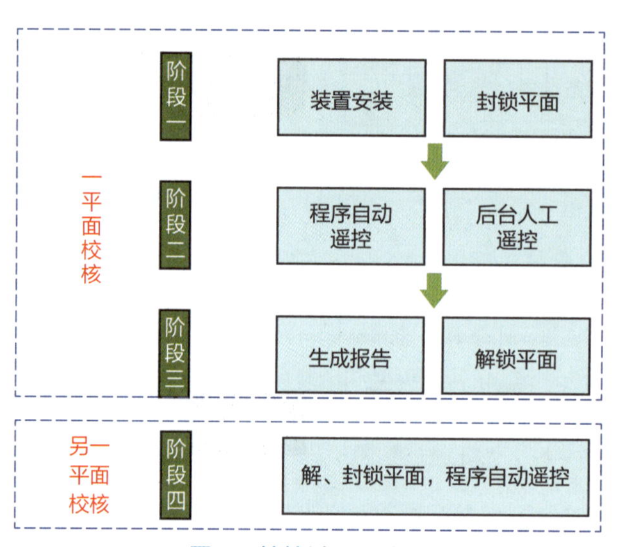


图 3　校核过程四阶段

运用模拟试验，论证目标的可行性。整个试验过程描述的比较清楚，数据充分。

但应该注意，模拟试验中，哪些运用了借鉴的什么技术，应该简要说明。同时，应注意说明哪些是模拟的，与接下来研制出的创新成果有什么区别，这一点很重要。

按照所划分的四个阶段，分别进行模拟试验，取各阶段内平均时间最长的时间为此阶段内平均用时，并进行累加，得到单间隔校核用时。模拟试验过程如表 2 所示。

表 2　模拟试验

试验时间：2022 年 2 月 17 日。
试验地点：尚未投运的 220kV 永福变电站，共有间隔 53 个；庆云桥集控站。
试验人员：小组成员。
试验说明：由于课题目标是降低单间隔校核时间，因此，装置安装、封锁平面等过程均需除以总的间隔数得到单间隔用时

| 阶段一 |
|---|
| 试验条件：利用国网江苏省电力有限公司已经使用的自动验收装置模拟校核装置进行模拟试验。<br>试验方法：两个小组成员在永福变电站模拟校核装置安装过程，校核装置安装过程为将二平面网关机从站控层交换机退出，直接与信号校核装置相连；一个小组成员在集控站将一平面进行封锁值班。 |

续表

试验数据：（单位：min）

| 试验 | 1 | 2 | 3 | 4 | 5 | 6 | 7 | 8 | 9 | 10 | 平均 |
|---|---|---|---|---|---|---|---|---|---|---|---|
| 装置安装 | 0.25 | 0.27 | 0.24 | 0.31 | 0.27 | 0.36 | 0.27 | 0.21 | 0.30 | 0.32 | 0.28 |
| 封锁平面 | 0.01 | 0.01 | 0.01 | 0.01 | 0.01 | 0.01 | 0.01 | 0.01 | 0.01 | 0.01 | 0.01 |

阶段一最长平均耗时：0.28min

**结论** 由试验可得，阶段一耗时最长的过程为装置安装，在此时间内，在集控站与变电站内可同时完成装置安装、封锁平面两个工作，单间隔耗时 0.28min

**阶段二**

试验条件：开发自动遥控模拟程序，模拟程序遥控过程。

试验方法：一个小组成员在永福变电站后台机上按照遥控控制序列文件上的设备顺序逐个进行遥控；一个小组成员在集控站利用开发的模拟程序进行程序遥控试验。

试验数据：（单位：min）

| 试验 | 1 | 2 | 3 | 4 | 5 | 6 | 7 | 8 | 9 | 10 | 平均 |
|---|---|---|---|---|---|---|---|---|---|---|---|
| 程序自动遥控 | 0.01 | 0.02 | 0.01 | 0.01 | 0.02 | 0.01 | 0.02 | 0.02 | 0.01 | 0.01 | 0.01 |
| 后台人工遥控 | 0.75 | 0.74 | 0.74 | 0.72 | 0.70 | 0.71 | 0.68 | 0.68 | 0.69 | 0.68 | 0.71 |

阶段二最长平均耗时：0.71min

**结论** 由试验可得，阶段二内耗时最长的过程为后台人工遥控，在此时间内，在集控站与变电站内可同时完成程序自动遥控、后台人工遥控两个工作，单间隔耗时 0.71min

**阶段三**

试验条件：利用自动验收装置模拟校核装置进行校核报告生成试验。

试验方法：一个小组成员在永福变电站进行生成报告测试；一个小组成员在集控站将封锁的平面解锁。

试验数据：（单位：min）

| 试验 | 1 | 2 | 3 | 4 | 5 | 6 | 7 | 8 | 9 | 10 | 平均 |
|---|---|---|---|---|---|---|---|---|---|---|---|
| 生成报告 | 0.31 | 0.32 | 0.32 | 0.30 | 0.29 | 0.29 | 0.28 | 0.29 | 0.28 | 0.27 | 0.30 |
| 解锁平面 | 0.01 | 0.01 | 0.01 | 0.01 | 0.01 | 0.01 | 0.01 | 0.01 | 0.01 | 0.01 | 0.01 |

阶段三最长平均耗时：0.3min

**结论** 由试验可得，阶段三内耗时最长的过程为生成报告，在此时间内，在集控站与变电站内可同时完成生成报告、平面解封锁两个工作，单间隔耗时 0.3min

**阶段四**

试验方法：此阶段为阶段一、三中解、封锁平面和阶段二中程序自动遥控的重复，可直接由以上数据得到为：解、封锁平面时间 + 程序自动遥控时间，即 0.01min + 0.01min + 0.01min = 0.03min

**结论** 阶段四单间隔耗时 0.03min

经过以上四个阶段后，得到总试验耗时为 0.28 + 0.71 + 0.3 + 0.03 = 1.32min＜2min，如图 4 所示。

通过模拟试验得到结论：按照借鉴的创新思路开展攻关，理论上可以使遥控信号校核时间缩短至 2min 以内。借鉴示意图如图 5 所示。

注意用词，应该是创新。

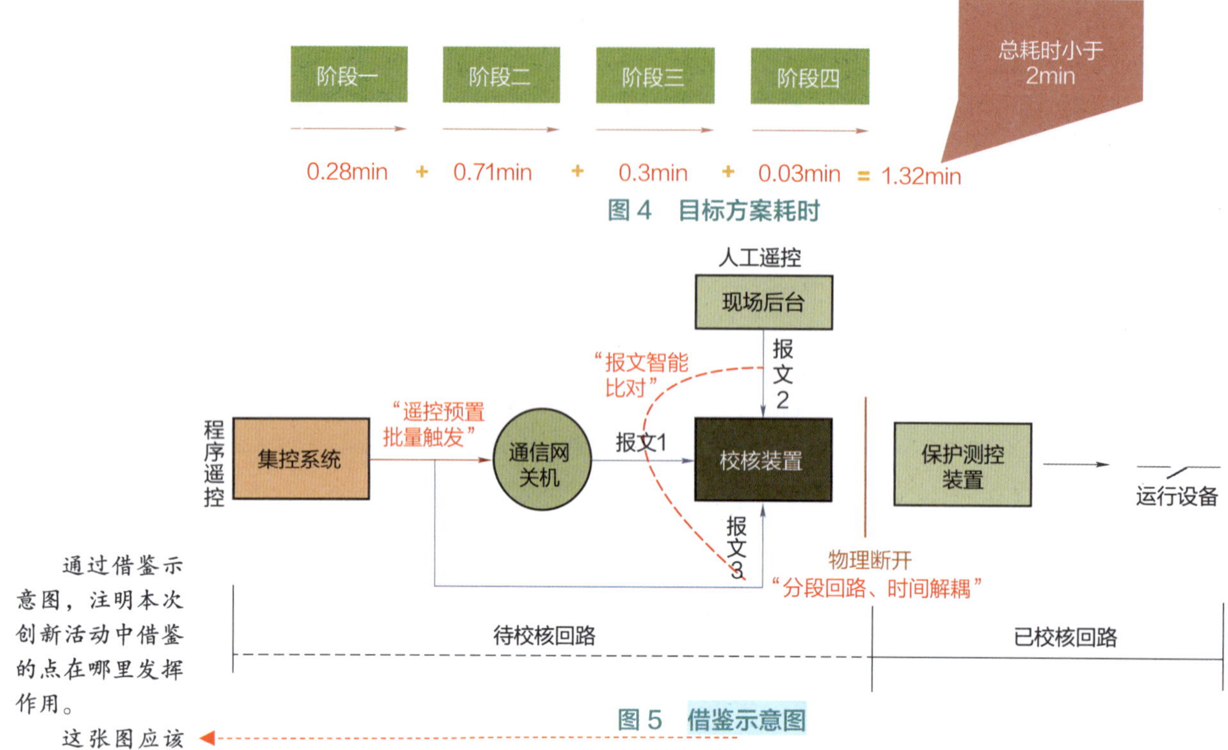


图 4　目标方案耗时

图 5　借鉴示意图

通过借鉴示意图，注明本次创新活动中借鉴的点在哪里发挥作用。

这张图应该放在提方案阶段。

# 三、提出方案并确定最佳方案

## （一）总体方案

根据借鉴确定的创新思路和系统总体设计需求，小组提出总体方案为：基于“分段回路、时间解耦、批量触发”的运行设备遥控信号校核方案。

该方案创新性在于通过批量遥控预置模块按照遥控控制序列文件自动执行开关遥控命令，现场验收人员在后台机上顺序执行遥控预置指令，通过分段校核、批量触发，实现了侦听远动报文、104 遥控数据、后台报文的快速比对，达到对运行设备的遥控信号进行快速高效校核的目的。

## （二）总体方案及分级方案

在提出方案阶段，应提出可能达到课题目标的各种方案，并进行整理。

对于总体方案的设计，小组进行了讨论，认为应包括以下几个方面：首先，应对信号校核方式进行选择，以正确判断遥控信号正确与否；为能够正确生成遥控序列，应进行预置顺序表生成方法的选择；其次，校核过程还应对 104 通道报文进行侦听，采用何种侦听方式也应选择；在采集到报文后，如何快速、正确比对，应进行方案比选；此外，在校核完成后，对校验报告如何存储，也是应关注的地方；最后，也就是硬件从何而来，是重新开发，还是利用已有装置，也应进行比选。为此，小组设计了如图 6 所示讨论后的总体方案。

## （三）分级方案选择

在对分级方案进行比较和选择的时候，将试验的方案、过程、结果，以及选择的结论清楚地描述出来。

### 1. 信号校核方式

在对某个遥控信号进行校核时，可以按照传统方法通过测量遥控出口电压的方式进行，这种方式最为直接；也可以将装置预置后检查测控装置信息进行校核，主要考虑指标为单信号校核时间。选择过程如表 3 所示。

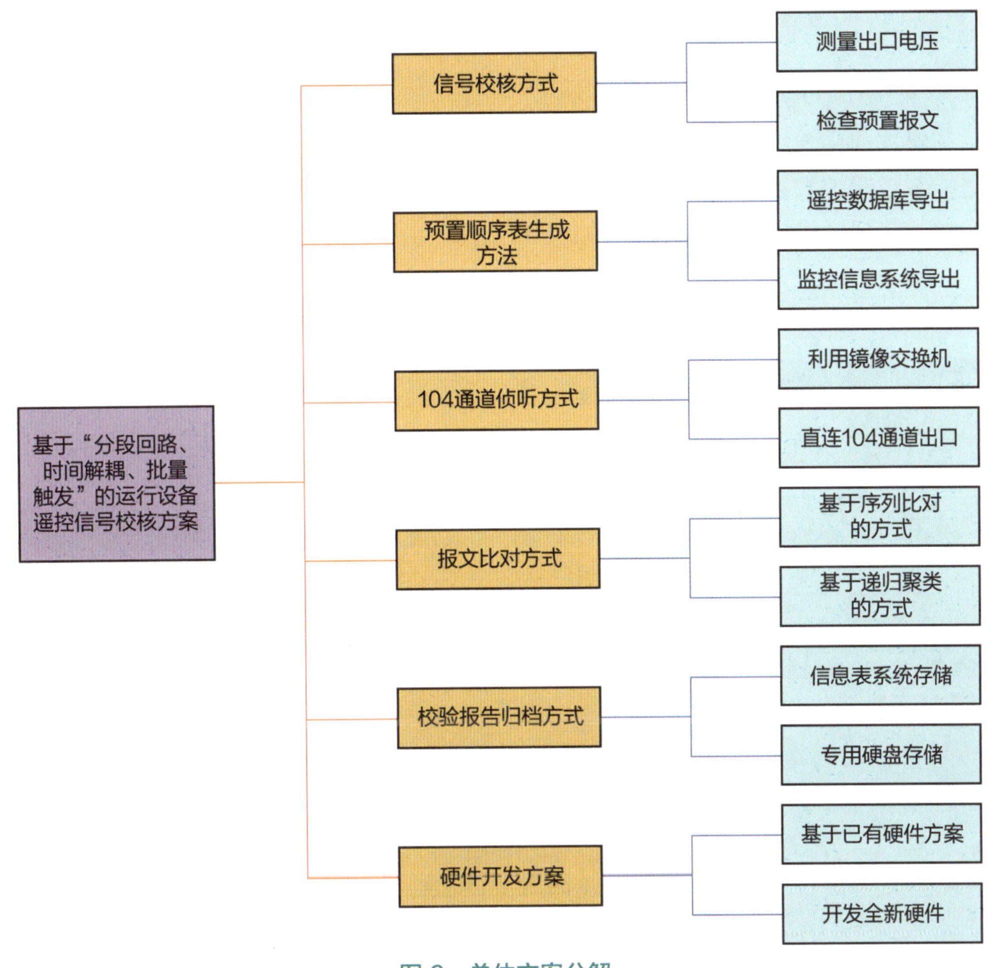


图 6　总体方案分解

表 3　信号校核方式方案选择表

<table>
<tr><td>方案比选点</td><td colspan="2">单信号校核耗时≤10s</td></tr>
<tr><td>试验过程</td><td colspan="2">（1）两组人员分别在庆云桥集控站和永福变电站配合开展测试。<br>（2）共进行 10 次测试，记录单信号校核耗时</td></tr>
<tr><td>方案</td><td>方案说明</td><td>试验过程</td></tr>
<tr><td>方案一：测量出口电压</td><td>原理：通过在出口压板处测量出口电压变化判断是否有遥控出口命令</td><td>（1）试验数据：<br><table><tr><td>试验</td><td>1</td><td>2</td><td>3</td><td>4</td><td>5</td><td>6</td><td>7</td><td>8</td><td>9</td><td>10</td><td>平均</td></tr><tr><td>耗时（s）</td><td>17.4</td><td>18.7</td><td>17.5</td><td>18.2</td><td>19.7</td><td>19.5</td><td>20.8</td><td>19.7</td><td>18.3</td><td>18.9</td><td>18.9</td></tr></table>（2）试验结果：单信号校核耗时 18.9s＞10s，不符合方案目标</td></tr>
</table>

续表

<table>
<tr><th>方案</th><th>方案说明</th><th>试验过程</th></tr>
<tr><td>方案二：检查预置报文</td><td>原理：一个信号预置后，在测控装置上查看是否有预置报文</td><td>（1）试验数据：
<table>
<tr><td>试验</td><td>1</td><td>2</td><td>3</td><td>4</td><td>5</td><td>6</td><td>7</td><td>8</td><td>9</td><td>10</td><td>平均</td></tr>
<tr><td>耗时（s）</td><td>8.3</td><td>8.9</td><td>9.3</td><td>8.7</td><td>8.5</td><td>9.1</td><td>8.4</td><td>8.8</td><td>7.8</td><td>7.6</td><td>8.5</td></tr>
</table>
（2）试验结果：单信号校核耗时 8.5s＜10s，符合方案目标</td></tr>
<tr><td>结论</td><td colspan="2">方案二符合要求</td></tr>
</table>

## 2. 预置控制序列生成方法

预置控制序列用于程序及人工预置时确定信号预置顺序。预置控制序列可以采用从集控系统遥控数据库导出生成以及从监控信息系统导出生成两种方案，方案选择要考虑控制序列生成耗时，选择过程如表 4 所示。

表 4　预置控制序列生成方法方案选择表

<table>
<tr><td>方案比选点</td><td colspan="2">控制序列生成耗时≤10s</td></tr>
<tr><td>试验过程</td><td colspan="2">（1）一名组员分别从集控系统遥控数据库导出以及从监控信息表导出生成预置控制序列。<br>（2）分别选择 10 个不同变电站进行导出生成测试，记录测试时间</td></tr>
<tr><th>方案</th><th>方案说明</th><th>试验过程</th></tr>
<tr><td>方案一：遥控数据库导出</td><td>原理：由Ⅰ区集控系统数据库导出生成</td><td>（1）试验数据：
<table>
<tr><td>试验</td><td>1</td><td>2</td><td>3</td><td>4</td><td>5</td><td>6</td><td>7</td><td>8</td><td>9</td><td>10</td><td>平均</td></tr>
<tr><td>耗时（s）</td><td>1.89</td><td>1.95</td><td>1.96</td><td>1.92</td><td>1.98</td><td>1.90</td><td>1.99</td><td>1.93</td><td>1.93</td><td>1.96</td><td>1.94</td></tr>
</table>
（2）试验结果：平均生成耗时 1.94s＜10s，符合方案目标</td></tr>
<tr><td>方案二：监控信息系统导出</td><td>原理：由Ⅲ区监控信息系统导出生成</td><td>（1）试验数据：
<table>
<tr><td>试验</td><td>1</td><td>2</td><td>3</td><td>4</td><td>5</td><td>6</td><td>7</td><td>8</td><td>9</td><td>10</td><td>平均</td></tr>
<tr><td>耗时（s）</td><td>23.7</td><td>28.5</td><td>21.2</td><td>21.1</td><td>19.5</td><td>19.2</td><td>19.1</td><td>19.2</td><td>18.2</td><td>18.1</td><td>20.1</td></tr>
</table>
（2）试验结果：平均生成耗时 20.1s＞10s，不符合方案目标</td></tr>
<tr><td>结论</td><td colspan="2">方案一符合要求</td></tr>
</table>

## 3. 104 通道侦听方式

104 通道侦听功能用于对从集控站下发的 104 报文进行读取和识别，读取时需要将装置与 104 网络相连，连接时主要考虑其方便程度与配置速度，配置时间要尽量短，选择过程如表 5 所示。

表 5　104 通道侦听方式方案选择表

| 方案比选点 | 配置耗时≤1min |
| --- | --- |
| 试验过程 | （1）两名组员分别在永福变电站利用一平面与二平面 104 通道进行测试。<br>（2）共进行 10 次测试，记录配置耗时 |

续表

<table>
<tr><th>方案</th><th>方案说明</th><th>试验过程</th></tr>
<tr><td>方案一：利用镜像交换机</td><td>原理：将一平面104通道网线经镜像交换机后分别与校核装置和站内通信网关机相连</td><td>（1）试验数据：
<table>
<tr><th>试验</th><th>1</th><th>2</th><th>3</th><th>4</th><th>5</th><th>6</th><th>7</th><th>8</th><th>9</th><th>10</th><th>平均</th></tr>
<tr><td>配置耗时（min）</td><td>0.48</td><td>0.52</td><td>0.86</td><td>0.74</td><td>0.87</td><td>0.47</td><td>0.68</td><td>0.67</td><td>0.57</td><td>0.54</td><td>0.64</td></tr>
</table>
（2）试验结果：平均配置耗时 0.64min＜1min，符合方案目标</td></tr>
<tr><td>方案二：直连104通道网线</td><td>原理：将校核装置直接与104通道网线连接，需要单独采集一遍集控站报文，采集完成后恢复</td><td>（1）试验数据：
<table>
<tr><th>试验</th><th>1</th><th>2</th><th>3</th><th>4</th><th>5</th><th>6</th><th>7</th><th>8</th><th>9</th><th>10</th><th>平均</th></tr>
<tr><td>配置耗时（min）</td><td>3.5</td><td>4.7</td><td>4.9</td><td>4.2</td><td>4.1</td><td>3.8</td><td>4.8</td><td>4.2</td><td>5.1</td><td>3.9</td><td>4.3</td></tr>
</table>
（2）试验结果：平均配置耗时 4.3min＞1min，不符合方案目标</td></tr>
<tr><td>结论</td><td colspan="2">方案一符合要求</td></tr>
</table>

### 4. 报文比对方式

报文比对主要是对网关机报文、后台机报文及 104 报文三者的一致性进行比对。对比方案包括基于序列的顺序比对方式和基于递归聚类的比对方式，选择过程如表 6 所示。

表 6　报文比对方式方案选择表

<table>
<tr><td>方案比选点</td><td colspan="2">比对正确率＞99%</td></tr>
<tr><td>试验过程</td><td colspan="2">（1）小组成员分别在装置中内置序列比对程序和递归聚类比对程序。<br>（2）挑选 10 个待接入厂站，分别进行重合闸压板、开关及其他压板类信息的比对校核测试，共进行 10 次测试，并统计比对正确率</td></tr>
<tr><th>方案</th><th>方案说明</th><th>试验过程</th></tr>
<tr><td>方案一：基于序列比对方式</td><td>原理：严格按照信号序列顺序依次比对</td><td>（1）试验数据：
<table>
<tr><th>试验</th><th>1</th><th>2</th><th>3</th><th>4</th><th>5</th><th>6</th><th>7</th><th>8</th><th>9</th><th>10</th><th>总计</th></tr>
<tr><td>信号量</td><td>154</td><td>98</td><td>115</td><td>134</td><td>147</td><td>119</td><td>108</td><td>153</td><td>134</td><td>140</td><td>1302</td></tr>
<tr><td>正确数量</td><td>154</td><td>98</td><td>115</td><td>134</td><td>147</td><td>119</td><td>108</td><td>153</td><td>134</td><td>140</td><td>1302</td></tr>
<tr><td>正确率</td><td colspan="11">100%</td></tr>
</table>
（2）试验结果：遥控信息比对正确率 100%，符合方案目标</td></tr>
<tr><td>方案二：基于递归聚类比对方式</td><td>原理：算法根据遥控信号自动分类，按照类别分别比对</td><td>（1）试验数据：
<table>
<tr><th>试验</th><th>1</th><th>2</th><th>3</th><th>4</th><th>5</th><th>6</th><th>7</th><th>8</th><th>9</th><th>10</th><th>总计</th></tr>
<tr><td>信号量</td><td>154</td><td>98</td><td>115</td><td>134</td><td>147</td><td>119</td><td>108</td><td>153</td><td>134</td><td>140</td><td>1302</td></tr>
<tr><td>正确数量</td><td>153</td><td>96</td><td>114</td><td>132</td><td>139</td><td>115</td><td>101</td><td>150</td><td>131</td><td>139</td><td>1270</td></tr>
<tr><td>正确率</td><td colspan="11">97.5%</td></tr>
</table>
（2）试验结果：遥控信息比对正确率＜99%，不符合方案目标</td></tr>
<tr><td>结论</td><td colspan="2">方案一符合要求</td></tr>
</table>

### 5. 校验报告归档方式

校验报告主要是为了实现校验结果的固化存档与保密，并且要求便于精准解析。

校验报告归档主要考虑数据存储的完整性，对比方案包括存储于信息表系统方式和存储于专用硬盘方式，选择过程如表 7 所示。

表 7　校验报告归档方式方案选择表

<table>
<tr><td>方案比选点</td><td colspan="2">报告存储完整性 > 99%</td></tr>
<tr><td>试验过程</td><td colspan="2">（1）小组成员分别开发模拟网页存储单元和配置专用硬盘。<br>（2）同时存储两组相同的 30 份验收报告，共进行 30 次读取测试，统计检验报告存储的完整性</td></tr>
<tr><td>方案</td><td>方案说明</td><td>试验过程</td></tr>
<tr><td>方案一：信息表系统存储</td><td>原理：开发信息表系统存储模块存储校验报告</td><td>（1）试验数据：
<table>
<tr><td>试验</td><td>1</td><td>2</td><td>3</td><td>4</td><td>5</td><td>…</td><td>27</td><td>28</td><td>29</td><td>30</td><td>总计</td></tr>
<tr><td>报告数量</td><td>1</td><td>2</td><td>3</td><td>4</td><td>5</td><td>…</td><td>27</td><td>28</td><td>29</td><td>30</td><td>30</td></tr>
<tr><td>完整数量</td><td>1</td><td>2</td><td>3</td><td>4</td><td>5</td><td>…</td><td>27</td><td>28</td><td>29</td><td>30</td><td>30</td></tr>
<tr><td>完整率</td><td colspan="11">100%</td></tr>
</table>
（2）试验结果：报告存储完整率 100%，符合方案目标</td></tr>
<tr><td>方案二：专用硬盘存储</td><td>原理：配置专用硬盘存储校验报告</td><td>（1）试验数据：
<table>
<tr><td>试验</td><td>1</td><td>2</td><td>3</td><td>4</td><td>5</td><td>…</td><td>27</td><td>28</td><td>29</td><td>30</td><td>总计</td></tr>
<tr><td>报告数量</td><td>1</td><td>2</td><td>3</td><td>4</td><td>5</td><td>…</td><td>27</td><td>28</td><td>29</td><td>30</td><td>30</td></tr>
<tr><td>完整数量</td><td>1</td><td>2</td><td>3</td><td>4</td><td>4</td><td>…</td><td>26</td><td>27</td><td>28</td><td>29</td><td>29</td></tr>
<tr><td>完整率</td><td colspan="11">96.7%</td></tr>
</table>
（2）试验结果：报告存储完整率 < 99%，不符合方案目标</td></tr>
<tr><td>结论</td><td colspan="2">方案一符合要求</td></tr>
</table>

### 6. 硬件开发方式

硬件是整个系统的基础，也是最耗时的地方。硬件开发可以借用如借鉴 1 中已有的自动验收装置成果硬件电路图，也可以进行全新开发，选择过程如表 8 所示。

表 8　硬件开发方式方案选择表

<table>
<tr><td>方案比选点</td><td colspan="2">制造 10 台装置情况下单台综合成本 < 3 万元</td></tr>
<tr><td>试验过程</td><td colspan="2">（1）小组成员分别咨询自动验收装置开发厂家和新硬件开发厂家。<br>（2）分别挑选 10 个厂家，咨询硬件开发成本</td></tr>
<tr><td>方案</td><td>方案说明</td><td>试验过程</td></tr>
<tr><td>方案一：基于已有硬件方案</td><td>原理：利用已有的硬件电路图进行开发，主要成本为授权成本和硬件成本</td><td>（1）试验数据：
<table>
<tr><td>厂家</td><td>1</td><td>2</td><td>3</td><td>4</td><td>5</td><td>6</td><td>7</td><td>8</td><td>9</td><td>10</td></tr>
<tr><td>授权成本（万元）</td><td>10</td><td>10</td><td>10</td><td>10</td><td>10</td><td>10</td><td>10</td><td>10</td><td>10</td><td>10</td></tr>
<tr><td>10 台制造成本（万元）</td><td>20</td><td>16</td><td>15</td><td>14</td><td>17</td><td>19</td><td>12</td><td>15</td><td>14</td><td>14</td></tr>
<tr><td>平均单台成本（万元）</td><td colspan="10">2.56</td></tr>
</table>
（2）试验结果：制造 10 台装置情况下单台综合成本 < 3 万元，符合方案目标</td></tr>
</table>

续表

<table>
<tr><th>方案</th><th>方案说明</th><th colspan="11">试验过程</th></tr>
<tr><td rowspan="6">方案二：开发全新硬件</td><td rowspan="6">原理：设计新的硬件电路图进行开发，主要成本为研发成本和硬件成本</td><td colspan="11">（1）试验数据：</td></tr>
<tr><td>厂家</td><td>1</td><td>2</td><td>3</td><td>4</td><td>5</td><td>6</td><td>7</td><td>8</td><td>9</td><td>10</td></tr>
<tr><td>研发成本（万元）</td><td>27</td><td>28</td><td>20</td><td>25</td><td>25</td><td>30</td><td>25</td><td>27</td><td>26</td><td>25</td></tr>
<tr><td>10 台制造成本（万元）</td><td>17</td><td>14</td><td>14</td><td>16</td><td>13</td><td>13</td><td>14</td><td>16</td><td>13</td><td>15</td></tr>
<tr><td>平均单台成本（万元）</td><td colspan="10">4.03</td></tr>
<tr><td colspan="11">（2）试验结果：制造 10 台装置情况下单台综合成本 > 3 万元，不符合方案目标</td></tr>
<tr><td>结论</td><td colspan="12">方案一符合要求</td></tr>
</table>

## （四）确定最佳方案

通过以上分析，确定最佳方案，方案分解及最佳方案如图 7 所示。

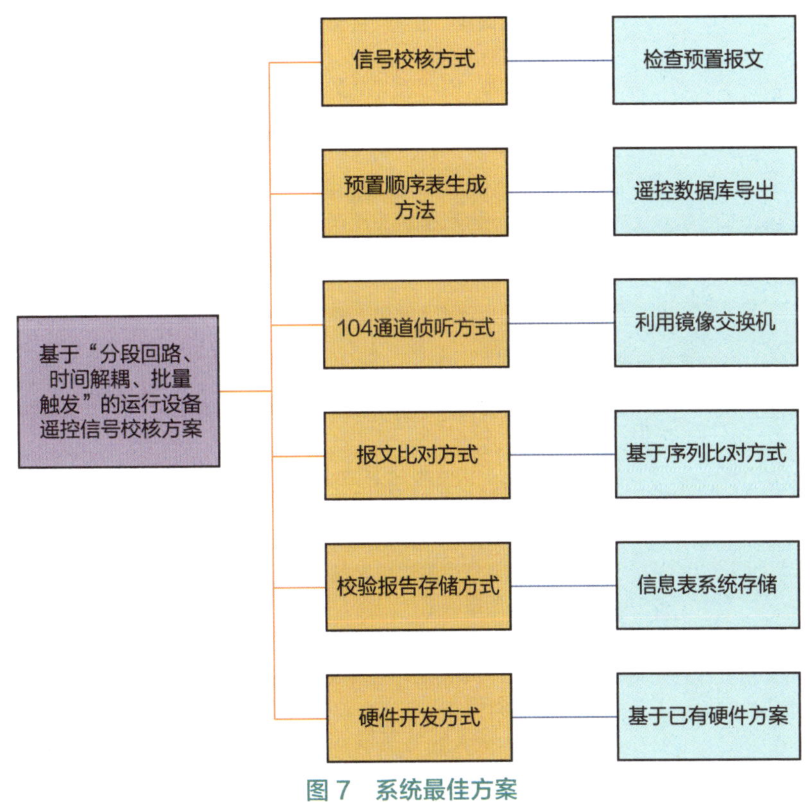


图 7　系统最佳方案

# 四、制定对策

根据系统最佳方案，小组按照 5W1H 原则制定了相应的对策表，如表 9 所示。

按 5W1H 的要求制定对策表，将可实施的具体方案作为对策。

对策目标可测量、可检查。

措施可操作。

表 9 5W1H 对策表

| 序号 | 对策 | 目标 | 措施 | 负责人 | 地点 | 完成时间 |
|---|---|---|---|---|---|---|
| 1 | 基于检查预置报文进行信号校验 | 程序稳定性≥99%，单信号自动预置时间≤20ms | （一）开发集控系统端自动预置程序<br>（1）设计自动预置程序流程。<br>（2）编写集控系统端自动预置程序，编程语言为 Java。<br>（二）测试自动预置程序的性能<br>（1）利用 OpenVAS 工具对程序进行漏洞扫描。<br>（2）测试程序稳定性，测试次数 1000 次。<br>（3）测试单信号预置时间并进行统计 | 王功臣 | 庆云桥集控站 | 6 月 9 日 |
| 2 | 从遥控数据库导出控制序列 | 控制序列生成时间＜7s | （一）控制序列样式设计<br>（1）设计简单、易生成的遥控控制序列样式。<br>（2）结合自动预置程序，对控制序列可用性进行测试。<br>（二）数据库接口调试，并对生成速度进行测试<br>（1）与集控系统厂家协调数据库调用接口，开通调用权限。<br>（2）读取接口数据，按照设计好的样式生成预置控制序列。<br>（3）选取 10 个变电站数据库，进行控制序列生成时间测试 | 郑阳 | 庆云桥集控站 | 6 月 14 日 |
| 3 | 选择镜像交换机 | 安装及配置时间＜3min | （一）充分调研，选择合适的镜像交换机<br>（1）利用网络查询主流镜像交换机，选取型号为 TP－LINK TL－SG2105 的镜像交换机进行测试。<br>（2）购买镜像交换机，并向自动化部门进行接入报备。<br>（二）配置及功能学习<br>（1）邀请自动化人员为验收人员进行镜像交换机培训。<br>（2）在永福变电站对验收人员进行现场实训。<br>（三）验收人员应用测试<br>对培训完成后的验收人员，进行镜像交换机安装、配置测试 | 娄德章 | 劳模工作室 | 6 月 16 日 |
| 4 | 设计基于序列比对方式的程序 | 比对速率≥300Mbit/s | （一）分析不同规约格式报文结构，确定报文校核特征值<br>（1）根据常规站与智能站区别，确定 IEC103、IEC104 与 IEC61850 规约报文特征值。<br>（2）依据监控后台厂家提供的私有规约格式，各自确定报文特征值。<br>（二）测试报文比对程序性能<br>（1）根据三种报文特征值，设计标准信号比对序列。<br>（2）借鉴监控操作“双确认”机制，设计信号校核“双确认”方法。<br>（3）组织人员开发程序，并测试程序比对速率 | 王功臣 | 劳模工作室 | 6 月 17 日 |

续表

| 序号 | 对策 | 目标 | 措施 | 负责人 | 地点 | 完成时间 |
|---|---|---|---|---|---|---|
| 5 | 设计信息表系统存储模块 | 文件解析时间<30ms | （一）设计 PDF 校验报告格式<br>（1）信息表系统开发人员确定报告格式，包括命名、字段等。<br>（2）设计 PDF 校验报告样例。<br>（二）测试校验报告解析速度<br>（1）在信息表系统添加校验报告存储功能。<br>（2）选择 5 个变电站验收报告测试上传时间 | 顾春阳 | 劳模工作室 | 6 月 19 日 |
| 6 | 基于已有方案进行硬件开发 | 各接口寿命>100000 次 | （一）联系厂家制造硬件装置<br>（1）获取硬件装置授权。<br>（2）联系厂家进行制造。<br>（二）对新硬件接口寿命进行测试<br>分别对各接口进行插拔测试，记录测试寿命 | 王功臣 | 劳模工作室 | 6 月 22 日 |
| 7 | 系统联调联试 | 系统响应时间≤100ms | （一）申请系统上线安全许可<br>（1）邀请第三方进行系统鉴定，出具评审报告。<br>（2）向公司科技互联网部和信通部门进行安全许可，申请内网上线运行。<br>（二）系统现场实际运行<br>（1）一名小组人员在集控系统上进行测试程序准备。<br>（2）两名小组人员在永福等变电站进行测试准备。<br>（3）两组人员进行系统响应时间测试 | 娄德章 | 庆云桥集控站、永福变电站等 | 6 月 29 日 |

可以将创新装置的联调联试作为对策表中 N+1 条对策，注意该对策的目标一般不用课题目标。

# 五、对策实施

## （一）实施 1：基于检查预置报文进行信号校验

按照对策表逐一实施对策。

地点：庆云桥集控站。

负责人：王功臣。

目标：程序稳定性≥99%，单信号自动预置时间≤20ms。

### 1. 开发集控系统端自动预置程序

实施负责人王功臣通过与经常参与验收的人员进行讨论，设计了如图 8 所示的自动预置流程。

在确定功能流程及主要功能之后，负责人王功臣和厂家研发人员共同进行了自动预置程序的开发工作，采用的编程语言为 Java。开发完成后的程序功能如图 9 所示。

### 2. 测试自动预置程序的性能

为保证程序能够顺利在集控系统上运行，不存在影响集控系统正确运行的程序漏洞，小组成员王菲利用 OpenVAS 工具对程序进行了漏洞扫描，扫描过程如图 10 所示。

在漏洞扫描完成后，小组成员王菲利用自动化工具，对程序进行了 1000 次开启及运行测试，测试结果如表 10 所示。

图 8　自动预置操作流程

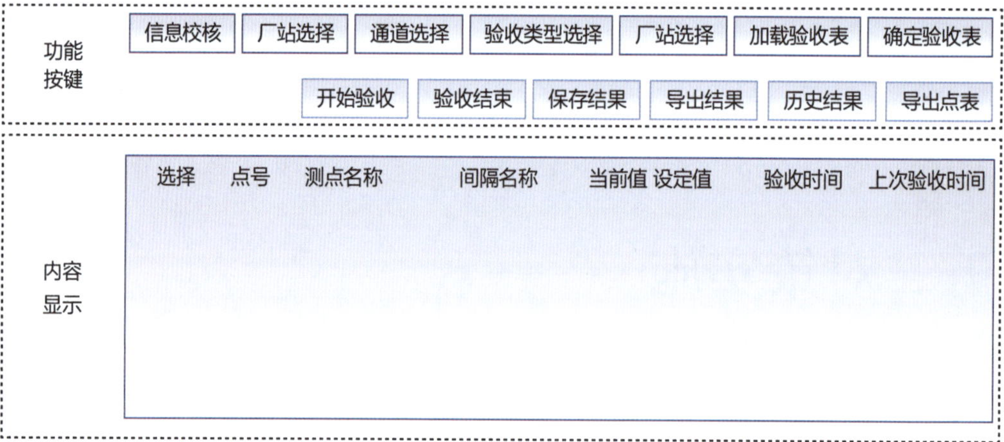


图 9　开发完成的程序功能

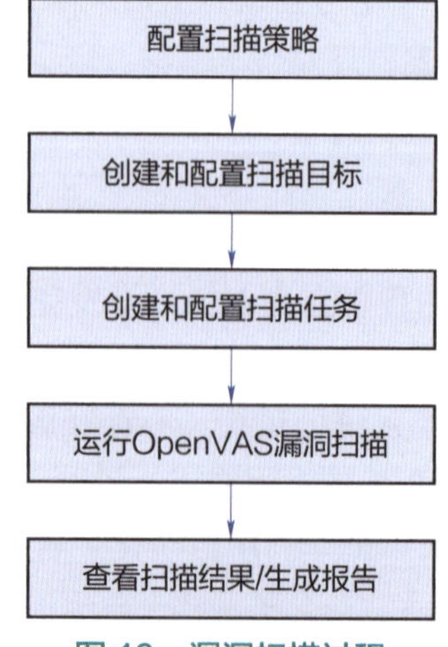


图 10　漏洞扫描过程

表 10 程序稳定性测试

| 次数 | 1 | 2 | 3 | 4 | 5 | 6 | 7 | 8 | 9 | 10 |
|---|---|---|---|---|---|---|---|---|---|---|
| 结果 | 成功 | 成功 | 成功 | 成功 | 成功 | 成功 | 成功 | 成功 | 成功 | 成功 |
| 次数 | 11 | 12 | 13 | 14 | 15 | 16 | 17 | 18 | 19 | 20 |
| 结果 | 成功 | 成功 | 成功 | 成功 | 成功 | 成功 | 成功 | 成功 | 成功 | 失败 |
| …… | | | | | | | | | | |
| 次数 | 981 | 982 | 983 | 984 | 985 | 986 | 987 | 988 | 989 | 990 |
| 结果 | 成功 | 成功 | 成功 | 成功 | 成功 | 成功 | 成功 | 成功 | 成功 | 成功 |
| 次数 | 991 | 992 | 993 | 994 | 995 | 996 | 997 | 998 | 999 | 1000 |
| 结果 | 成功 | 成功 | 成功 | 成功 | 成功 | 成功 | 成功 | 成功 | 成功 | 成功 |
| 成功次数 | | 994 | | 稳定性 | | （994/1000）×100%=99.4% | | | | |

在进行单信号自动预置时间测试时，小组成员王菲采用随机选取 10 个变电站的方式，分别进行自动预置测试，得到的统计时间如表 11 所示。

表 11 预置时间测试

| 变电站 | 翟山变电站 | 子仙变电站 | 西郊变电站 | 苏堤变电站 | 赵山变电站 | 古彭变电站 | 拾屯变电站 | 花园变电站 | 杨台变电站 | 倪村变电站 |
|---|---|---|---|---|---|---|---|---|---|---|
| 待预置点号数（个） | 57 | 62 | 72 | 64 | 87 | 72 | 86 | 84 | 80 | 72 |
| 总预置时间（ms） | 980 | 1091 | 1303 | 1082 | 1505 | 1217 | 1479 | 1512 | 1456 | 1332 |
| 单信号预置时间（ms） | 17.2 | 17.6 | 18.1 | 16.9 | 17.3 | 16.9 | 17.2 | 18.0 | 18.2 | 18.5 |
| 单信号平均预置时间（ms） | （17.2+17.6+18.1+16.9+17.3+16.9+17.2+18+18.2+18.5）/10=17.6 | | | | | | | | | |

由以上测试可知，开发的自动预置程序稳定性为 99.4%，单信号平均预置时间为 17.6ms，均达到了预期目标。

每条对策实施完，立即确认对策目标是否实现。

## （二）实施 2：从遥控数据库导出控制序列

地点：庆云桥集控站。

负责人：郑阳。

目标：控制序列生成时间<7s。

### 1. 控制序列样式设计

实施负责人郑阳在参考监控典型信息表的基础上，采用 Excel 软件设计了如图 11 所示的遥控控制序列典型样式初稿模型。

### 2. 控制序列生成测试

按照设计的遥控控制序列，将其导入遥控预置程序，导入过程如图 12 所示。

| 点号 | 遥控名称 | 间隔 | 当前值 | 设定值 | 通道 |
|---|---|---|---|---|---|
| 1 | 艾岱4W31开关 | 艾岱4W31开关 | 1 | 0 | 1 |
| 2 | 艾岱4W32开关 | 艾岱4W32开关 | 1 | 0 | 1 |
| 3 | 艾邵4W33开关 | 艾邵4W33开关 | 1 | 0 | 1 |
| 4 | 220kV母联2610开关 | 220kV母联2610开关 | 1 | 0 | 1 |
| 5 | 艾场920开关 | 艾场920开关 | 1 | 0 | 1 |

图 11　控制序列样式初稿

打开导入按钮 → 选择待导入序列 → 序列正确性校核 → 显示校核后序列

图 12　遥控序列导入过程

小组负责人郑阳分别选取了 10 个变电站进行测试，测试结果如表 12 所示。

表 12　遥控控制序列生成测试

| 变电站 | 翟山变电站 | 子仙变电站 | 西郊变电站 | 苏堤变电站 | 赵山变电站 | 古彭变电站 | 拾屯变电站 | 花园变电站 | 杨台变电站 | 倪村变电站 |
|---|---|---|---|---|---|---|---|---|---|---|
| 待生成点号数（个） | 57 | 62 | 72 | 64 | 87 | 72 | 86 | 84 | 80 | 72 |
| 生成时间（s） | 3.5 | 3.7 | 4.2 | 3.8 | 4.1 | 3.4 | 4.2 | 4.5 | 3.8 | 3.6 |
| 平均生成时间（s） | （3.5+3.7+4.2+3.8+4.1+3.4+4.2+4.5+3.8+3.6）/10=3.9 | | | | | | | | | |

由测试可知，遥控控制序列的平均生成时间为 3.9s，达到了预期目标。

## （三）实施 3：选择镜像交换机

地点：劳模工作室。

负责人：娄德章。

目标：配置时间＜3min。

### 1. 镜像交换机选择

对于不影响课题目标实现的方案比较和选择，可以放在对策实施中进行。

在镜像交换机型号选择前，实施负责人娄德章向调度自动化专业人员咨询了常用交换机的指标参数及购买渠道，之后通过查询厂家网站、购物网站的方式，最终选择了 TP－LINK 品牌的 TL－SG2105 型镜像交换机，其参数如表 13 所示。

表 13　镜像交换机参数

| 项目 | 参数 |
|---|---|
| 网络标准 | IEEE802.3、IEEE802.3u、IEEE802.3ab、IEEE802.3x |
| 端口 | 5 个 10/100/1000Mbit/s RJ45 端口 |
| 指示灯 | 每端口具有 1 个 Link/Ack 指示灯<br>每设备具有 1 个 Power 指示灯 |
| 性能 | 存储转发<br>支持 2K 的 MAC 地址表深度 |
| 使用环境 | 工作温度：0～40℃<br>储存温度：－40～70℃<br>工作湿度：10%～90%（相对湿度），不凝露<br>存储湿度：5%～90%（相对湿度），不凝露 |

续表

| 插入电源 | 100～240V、50/60Hz |
|---|---|
| 外形尺寸 | 100mm × 98mm × 25mm |
| 端口管理 | 支持端口镜像 |

在购买了镜像交换机后，小组成员高盎然向调度自动化部门提交了业务系统应用功能备案表，申请将交换机接入Ⅰ区系统使用，如图 13 所示。

徐州地区调度业务系统应用功能备案表

| 应用功能名称 | Ⅰ区镜像交换机 | | |
|---|---|---|---|
| 备案时间 | 2022年6月16日 | | |
| 功能描述 | 为实现集控站接入过程中遥控信号自动校核功能，需要进行104通道信号侦听，对从集控站下发的104报文进行读取和识别，此功能实现需要在Ⅰ区系统接入镜像交换机 | | |
| 安全防护设施配置情况 | 采用防火墙、入侵检测和漏洞扫描，不属于两个不同网络安全域之间。对管理用户登录进行强身份鉴别，数据库和中间件的后台设置安全基线 | | |
| 开发单位 | 徐州供电公司地区监控班 | | |
| 地区联系人 | 王浩 | 联系方式 | 13003503399 |
| 申请单位意见：<br>申请上线应用<br>申请单位盖章：变电运维室 | | | |

图 13　业务系统应用功能备案表

## 2. 配置及功能学习

为帮助验收人员掌握镜像交换机的安装、配置应用，小组邀请自动化人员对 3 名验收人员进行了培训，并且在 220kV 永福变电站进行了现场实训，如图 14 所示。

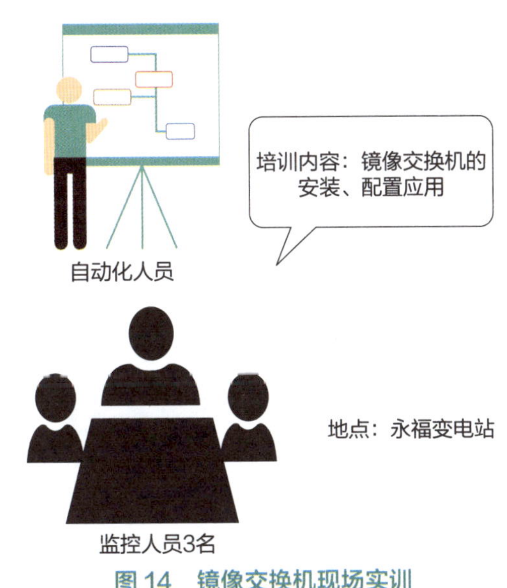


图 14　镜像交换机现场实训

### 3. 验收人员应用测试

在培训完成后，小组组织了对三名验收人员的应用测试，测试共进行了 5 次，测试结果如表 14 所示。

表 14　培训应用测试

| 测试 | 1 | 2 | 3 | 4 | 5 | 平均时间（min） |
|---|---|---|---|---|---|---|
| 验收人员 1 | 3.5 | 3.0 | 2.7 | 2.7 | 2.6 | 2.9 |
| 验收人员 2 | 2.8 | 2.5 | 2.6 | 2.5 | 2.6 | 2.6 |
| 验收人员 3 | 3.1 | 2.8 | 2.7 | 2.7 | 2.6 | 2.8 |

由测试结果可知，3 名验收人员的平均测试时间均小于 3min，均达到了预期目标。

## （四）实施 4：设计基于序列比对方式的程序

地点：劳模工作室。

负责人：王功臣。

目标：比对速率≥300Mbit/s。

### 1. 不同规约格式报文解析

遥控预置报文比对，主要涉及 104 规约和 IEC61850 规约两种格式，对于常规变电站还涉及 103 规约。信息校核装置首先要对不同规约下特定格式的报文进行内容解析，获取遥控信息关键字段，统一不同规约格式下的信息，为标准序列比对奠定基础。

104 报文遥控解析树如图 15 所示。

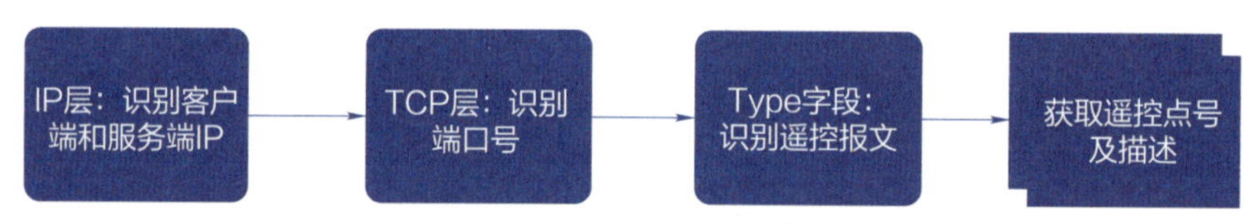


图 15　104 报文遥控解析树

IEC61850 遥控报文解析树如图 16 所示。

图 16　61850 报文遥控解析树

103 遥控报文解析树如图 17 所示。

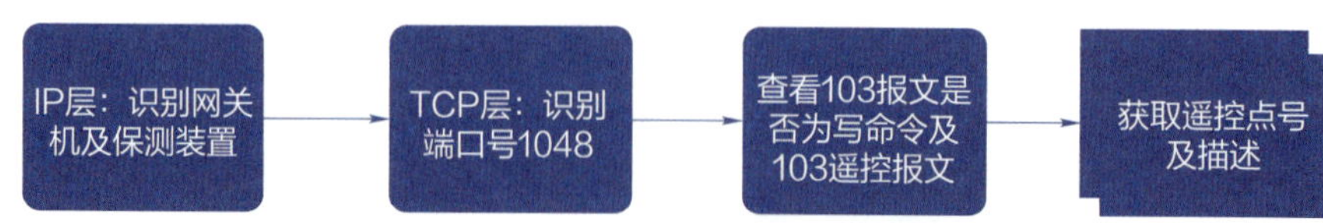


图 17　103 报文遥控解析树

### 2. 标准信号比对序列生成

基于实施步骤 1，实施负责人王功臣将提取出来的信息按照标准信号比对序列格式进行重新排布，标准序列格式包括点号、点号描述、控制状态、是否遥控、是否预置、信息来源等字段，如图 18 所示，保证点号、点号描述、控制状态、是否遥控、是否预置完全一致才算校核通过。

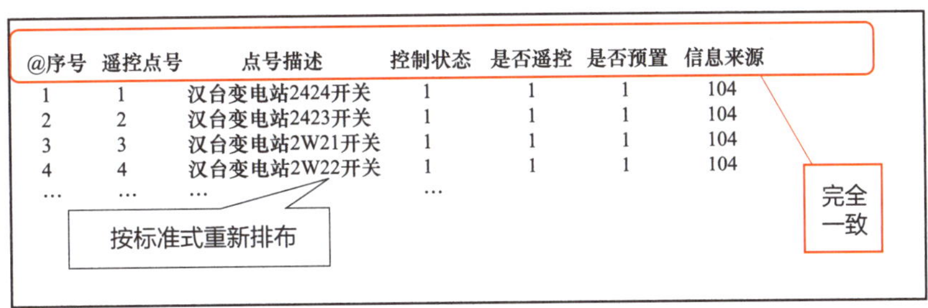


图 18　标准信号比对序列

### 3. 测试报文比对程序性能

开发人员按照需求开发出基于序列的报文解析比对程序，并选取 220kV 华电变电站进行现场测试，集控验收时对该站 92 个遥控点号进行测试，统计测试结果表 15 所示。

表 15　遥控校核速度测试结果

| 控制对象类型 | 点号数（个） | 校核速度（Mbit/s） |
|---|---|---|
| 开关 | 36 | 543 |
| 档位 | 34 | 557 |
| 保护软压板 | 22 | 589 |
| 平均校核速度（Mbit/s） | 563 | |

由表 15 可见，平均校核速度为 563Mbit/s，大于 300Mbit/s，实施效果达到对策目标。

## （五）实施 5：设计信息表系统存储模块

地点：劳模工作室。

负责人：顾春阳。

目标：文件解析时间＜30ms。

### 1. 设计 PDF 校验报告格式

小组负责人顾春阳与信息表管控系统厂家人员对校核结果文件格式进行设计，包括文件命名、文件内容字段、标记符号、节点名称等进行统一规定，并通过了信息表管控系统接口程序读写测试，PDF 校验报告设计样例如图 19 所示。

### 2. 测试校验报告解析速度

小组成员与信息表管控系统厂家人员开发校验报告存储模块，该模块能够将校验报告直接导入至信息表管控系统并进行存储，开发的模块如图 20 所示。

小组成员按照校验报告设计样例生成童画变电站、汉台变电站等 5 个变电站的校验报告，通过信息表管控系统对文件解析速度进行测试，结果如表 16 所示。

```
<! Entity=**变 !>

<bus::**变遥控>
@  id   name   area      person   time      yes/no
//序号  点号    描述       验收人   验收时间    是否成功
#  1   1   备用 112 开关   张益 王海东  2022-6-1 20:12:21
1
#  2   2   备用 113 开关   张益 王海东  2022-6-1 20:12:21  1
#  3   3   备用 114 开关   张益 王海东  2022-6-1 20:12:21  1
#  4   4   备用 115 开关   张益 王海东  2022-6-1 20:12:21  1
#  5   5   备用 116 开关   张益 王海东  2022-6-1 20:12:21  1
#  6   6   备用 117 开关   张益 王海东  2022-6-1 20:12:21  1
#  7   7   备用 118 开关   张益 王海东  2022-6-1 20:12:21  1
#  8   8   备用 119 开关   张益 王海东  2022-6-1 20:12:21  1
#  9   9   备用 120 开关   张益 王海东  2022-6-1 20:12:21  1
#  10  10  备用 121 开关   张益 王海东  2022-6-1 20:12:21
1
#  11  11  备用 122 开关   张益 王海东  2022-6-1 20:12:21  1
#  12  12  备用 122 开关   张益 王海东  2022-6-1 20:12:21  1
#  13  13  备用 123 开关   张益 王海东  2022-6-1 20:12:21  1
#  14  14  备用 124 开关   张益 王海东  2022-6-1 20:12:21  1
#  15  15  备用 125 开关   张益 王海东  2022-6-1 20:12:21  1
#  16  16  备用 126 开关   张益 王海东  2022-6-1 20:12:21  1
</bus::*变遥控>
```

图 19 PDF 校验报告设计样例

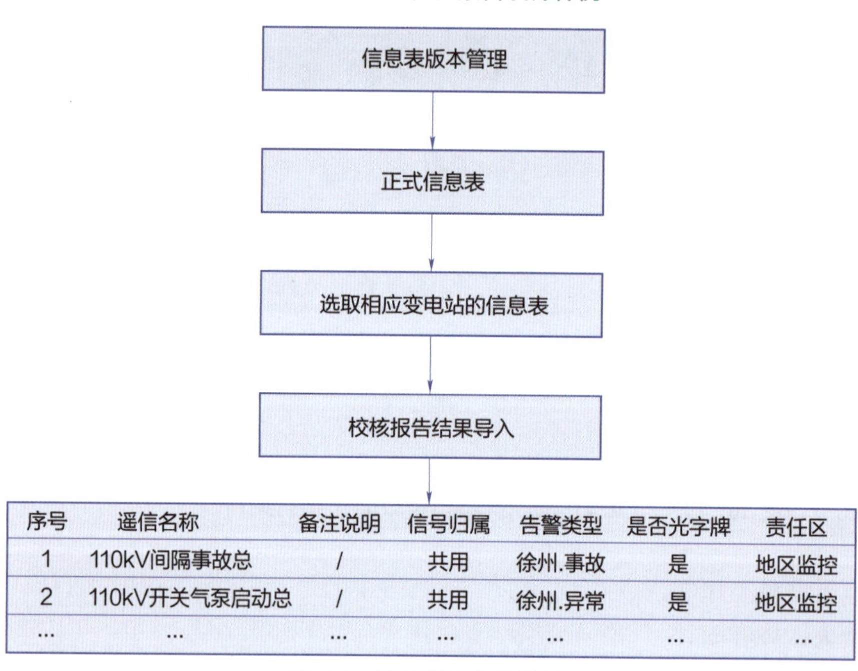


图 20 校验报告存储模块

表 16 文件解析时间测试结果

| 变电站 | 信息条数（条） | 文件解析时间（ms） |
|---|---|---|
| 童画变电站 | 123 | 17.0 |
| 汉台变电站 | 76 | 11.3 |
| 房亭变电站 | 63 | 8.5 |
| 郎山变电站 | 112 | 14.3 |
| 沙庄变电站 | 143 | 21.8 |
| 平均解析时间（ms） | 14.6 | |

由表 16 可见，文件解析平均时间为 14.6ms，小于 30ms，实施效果达到对策目标。

## （六）实施 6：基于已有方案进行硬件开发

地点：劳模工作室。

负责人：王功臣。

目标：各接口寿命＞100000 次。

### 1. 联系厂家制造硬件装置

小组人员通过上级部门，联系了原有的自动验收装置的所有权单位，向其购买了装置授权，并获取了全部硬件设计电路图，电路图框图如图 21 所示。

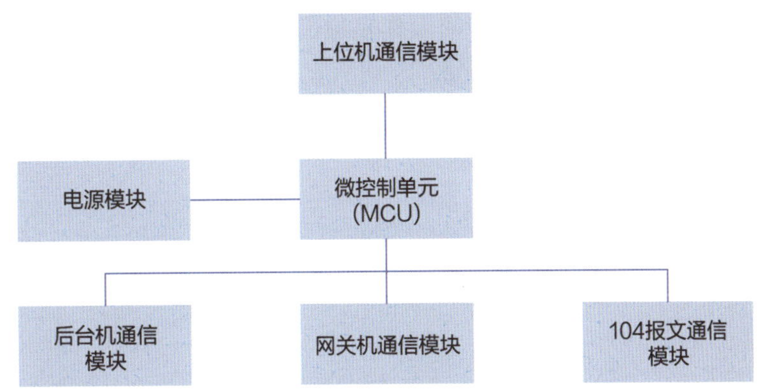


图 21 装置硬件电路图框图

小组成员从方案选择的测试厂家中，选取了报价最低的厂家，让其制造了装置样机，制造完成的样机如图 22 所示。

图 22 信号校核装置样机

### 2. 对新硬件接口寿命进行测试

小组成员对样机各接口进行了测试，主要目的是测试各接口在频繁插拔下的使用寿命，用以评估硬件整体使用寿命，测试结果如表 17 所示。

表 17 硬件调试

| 调试接口名称 | 插拔寿命（次） | 调试接口名称 | 插拔寿命（次） |
|---|---|---|---|
| $S1_A$ | 116499 | $R_1$ | 126743 |
| $S1_B$ | 115127 | $R_2$ | 122896 |
| $S2_A$ | 121356 | $R_3$ | 120408 |
| $S2_B$ | 119845 | $R_4$ | 111480 |

由表 17 可见，各接口寿命均大于 100000 次，达到实施目标要求。

## （七）实施 7：系统联调联试

地点：庆云桥集控站、永福变电站等。

负责人：娄德章。

目标：系统响应时间≤100ms。

### 1. 申请系统上线安全许可

成果实施过程中，系统设计、安装和部署符合《电力二次系统安全防护规定》的要求及其他网省公司规范要求。安全隔离方面，信号校核时网关机和保护、测控装置物理断开。在变电站现场部署测试前，获得了调度及科技互联网部的安全许可，并严格遵守《电力生产安全规程》规定，对合作单位工作人员进行必要的安全教育和培训，同时工作过程中派专门人员进行监护。

为验证软件可靠性，小组借助上级部门邀请第三方公司对装置核心程序进行了鉴定，并出具了评审报告，如图 23 所示。

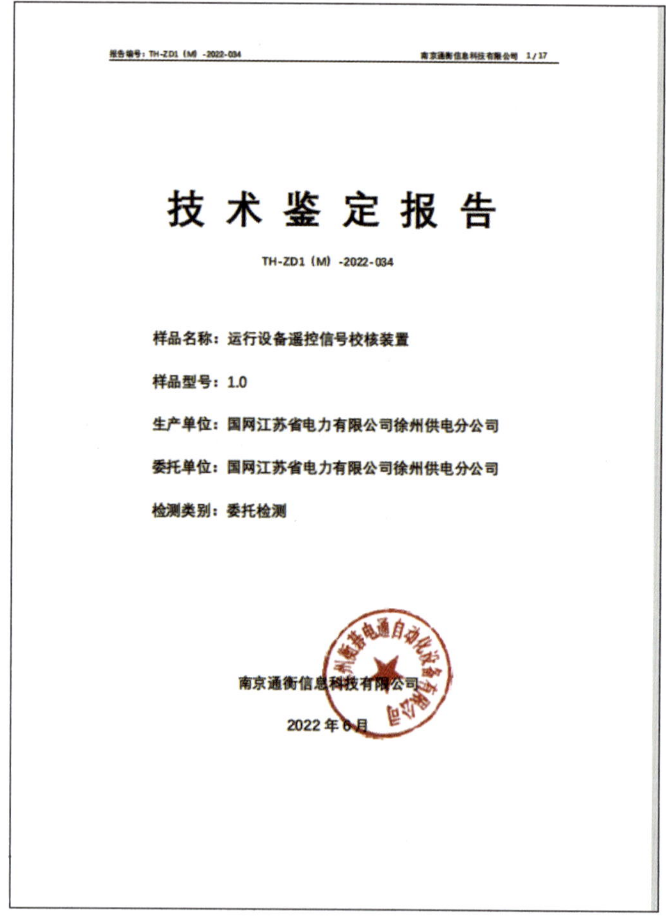

报告编号：TH-ZD1（M）-2022-034　　南京通衡信息科技有限公司　1 / 17

技术鉴定报告

TH-ZD1（M）-2022-034

样品名称：运行设备遥控信号校核装置

样品型号：1.0

生产单位：国网江苏省电力有限公司徐州供电分公司

委托单位：国网江苏省电力有限公司徐州供电分公司

检测类别：委托检测

南京通衡信息科技有限公司

2022 年 6 月

图 23　第三方技术鉴定报告

### 2. 系统现场实际运行

小组成员及相关自动化及厂家研发人员“兵分两路”，一路在集控主站通过集控系统下发遥控指令，另一路在永福变电站现场进行通过自动校核装置对遥控信号进行自动校核。标准工作流程如图 24 所示。

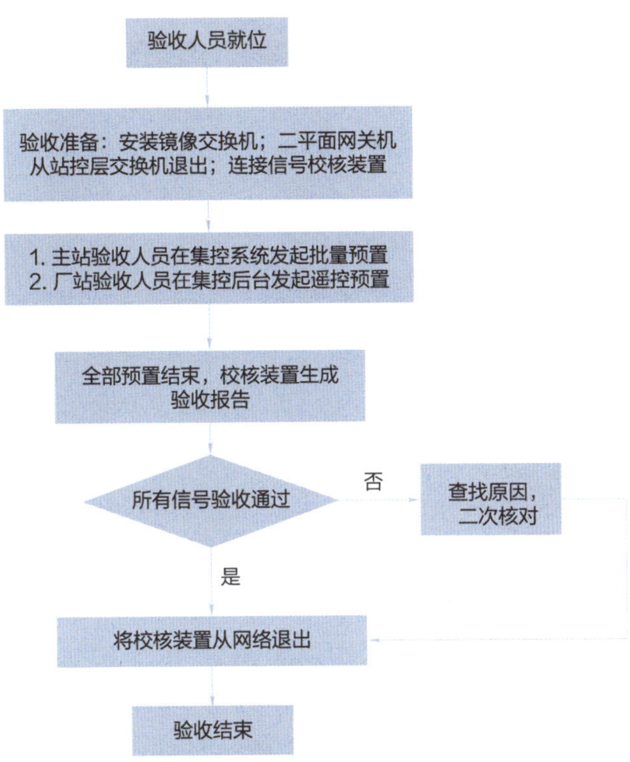


图 24　遥控信号校核联调标准流程

校核时二平面网关机和变电站现场实际设备没有任何电气联系，连接图示如图 25 所示。

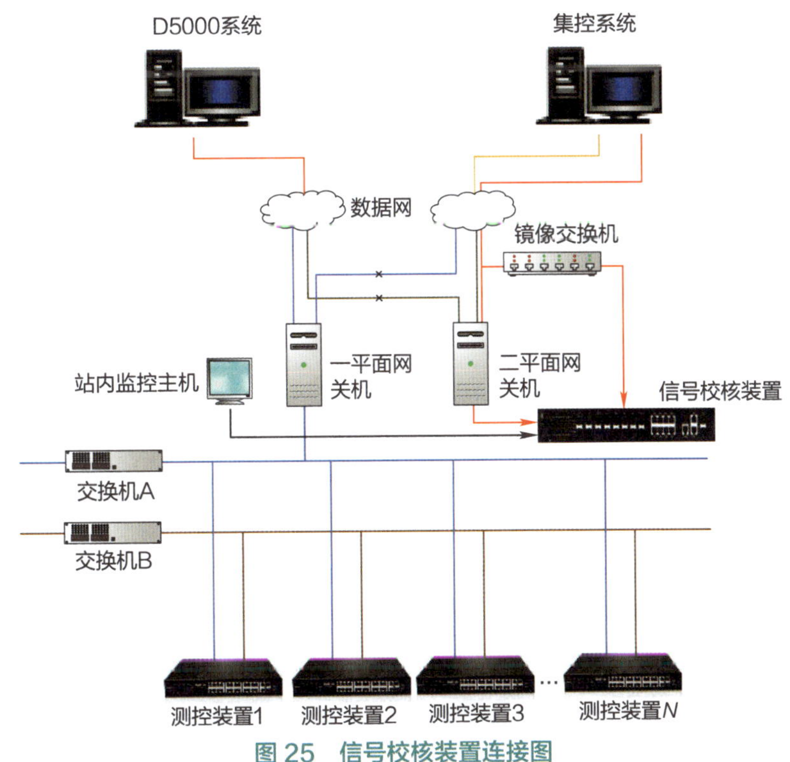


图 25　信号校核装置连接图

### 3. 系统测试

经过为期三天联调测试，对系统 4 个方面 17 项指标进行测试，结果如表 18 所示。

表 18　系统功能测试

| 序号 | 功能模块 | 测试项目 | 响应时间（ms） |
|---|---|---|---|
| 1 | 参数配置 | 参数展示 | 45 |
| 2 | | 参数修改 | 23 |
| 3 | | 参数校核 | 87 |
| 4 | | 下装功能 | 45 |
| 5 | 信号校核 | IEC104 侦听与解析 | 78 |
| 6 | | IEC103 侦听与解析 | 89 |
| 7 | | IEC61850 侦听与解析 | 90 |
| 8 | | 遥控校核 | 97 |
| 9 | | 校核结果生成 | 56 |
| 10 | | 校核结果导入与解析 | 78 |
| 11 | 通信模块 | 上位机通信 | 45 |
| 12 | | 后台机通信 | 67 |
| 13 | | 网关机通信 | 56 |
| 14 | 系统友好性 | 字体、颜色和布局 | 12 |
| 15 | | 画面切换流畅性 | 34 |
| 16 | | 刷新速度 | 67 |
| 17 | | 报表导出 | 81 |

系统运行状态良好，17 项指标经测试平均响应时间为 61.8ms，达到实施目标要求。

# 六、效果检查

对策实施完毕后，检查课题目标的完成情况。

## （一）目标值检查

小组成员顾春阳对目标和目标值进行了检查，统计了 2021 年 7—9 月和 2022 年系统上线后 7—9 月之间变电站接入集控系统时单间隔的遥控信号平均校核时间，如表 19、图 26 所示。

表 19　目标值检查

| 周期 | 2021 年 | | | 2022 年 | | |
|---|---|---|---|---|---|---|
| | 7 月 | 8 月 | 9 月 | 7 月 | 8 月 | 9 月 |
| 单间隔校核时间（min） | 55.3 | 50.8 | 49.5 | 1.9 | 1.8 | 1.8 |
| 平均（min） | 51.8 | | | 1.8 | | |

可见，2022 年 7—9 月单间隔的遥控信号平均校核时间已经缩短至 1.8min，小于目标值设定的 2min，达到了预期的效果。

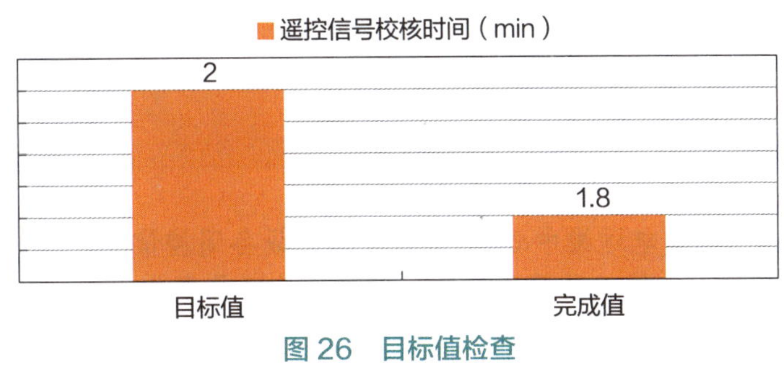


图 26　目标值检查

## （二）效益分析

必要时，确认本次活动的经济效益和社会效益。

目前，运行设备遥控信号校核装置已在国网徐州供电公司得到全面应用，已完成近 150 座在运变电站的遥控信号校核工作。相对于常规信号校核方式完全依赖于人工的工作模式，采用运行设备遥控信号校核装置进行信号校核具有以下三大优势：

（1）效率大幅提高。采用遥控信号校核装置后，信号校核效率提升 97%以上，极大降低接入周期，满足集控站建设要求。

（2）过程更加安全。采用校核装置模拟测控装置，使得待校核平面网关机与运行设备完全电气隔离，无信号误出口风险；无需频繁切换测控装置远方就地开关，平均每站验收时减少操作次数 100 次以上。

（3）电网影响更小。常规信号校核时，所有设备均无法进行远方遥控操作，影响设备正常运行。利用装置进行校核时，仍有一个平面网关机与设备连接，不影响设备远方操作，对电网运行影响更小。

# 七、标准化

## （一）成果推广价值分析

针对本次创新成果的推广应用价值进行评估。

### 1. 推广价值评价

变电运维中心联合设备部、调控中心、检修中心等部门技术专家对该装置的功能和性能进行考察评价，一致认为该装置具有良好的推广应用前景，并给出了评价报告，如图 27 所示。

### 2. 成果推广应用

推广应用不是标准化的内容，建议在总结中进行阐述。

随着集控站建设试点的不断推进，本成果不仅在国网徐州供电公司全面应用，也逐步开始在省内外各集控站遥控信号接入工作中推广应用。2022 年，江苏各地市供电公司及国网陕西、山东、湖北、蒙东电力等 10 余家兄弟单位来徐对徐州集控站建设和信号接入校核方法进行了考察学习。

此外，国网徐州供电公司还承接了国家电网有限公司设备监控专业 2022 年数字化应用建设试点“变电站接入集控系统及常规站自动验收试点工作”，基于的正是本项目成果，在试点工作完成后，将进一步提升成果推广价值。

**变电运维中心 QC 成果“运行设备遥控信号校核装置的研制”推广价值评价报告**

2022 年 10 月 14 日徐州供电公司变电运维中心会同设备部、调控中心、检修中心、发策部、科技互联网部等多位部门十余位技术专家对 2022 年 QC 成果“运行设备遥控信号校核装置的研制”进行技术考察和推广价值评估。

专家现场对该装置功能实用性、技术先进性、部署便捷性等方面进行了深入考察，一致认为：该装置基于“分段回路、批量触发、自动比对”的设计思想，实现了运行设备遥控信号的高效、安全、可靠接入，具有实用性好、创新性强、易于开发部署等优点，可以极大提高遥控信号校核工作效率，为集控站建设的稳步推进奠定了基础，具有良好的推广应用前景。

国网徐州供电公司

2022 年 10 月 14 日

图 27　推广应用价值评价报告

对于有推广应用价值的创新成果进行标准化，形成相应的技术标准、制度等。

## （二）形成技术标准

成果开发完成后，小组成员将成果中信号校核、报文比对、装置配置等技术要点及设备标准使用流程进行了总结，编写完成了《运行设备遥控信号校核装置技术报告》和《运行设备遥控信号校核装置作业指导书》等技术标准，并通过审核，如图 28 所示。

培训、专利、知识产权等，均不是标准化的内容。

此外，为让验收人员能够熟练掌握运行设备遥控信号校核装置的使用方法，小组还针对装置的使用为各操作队人员制定了培训计划，如表 20 所示。

图 28 成果技术报告和作业指导书

表 20 培训计划

| 培训对象 | 培训人员 | 培训时间 |
|---|---|---|
| 邵场操作队 | 郑阳 | 10 月 20 日 |
| 青山泉操作队 | 王功臣 | 10 月 21 日 |
| 刘湾操作队 | 娄德章 | 10 月 21 日 |
| 苏堤操作队 | 顾春阳 | 10 月 23 日 |

## 八、总结及下一步打算

从创新角度总结本次活动，重点总结专业技术、管理方法以及人员素质等方面，并提出下一次课题。

### （一）总结

本次 QC 活动，小组成功研制了“运行设备遥控信号校核装置”，完成了既定目标，大幅提高了信号校核效率，极大减轻了一线人员的工作量，同时保障了电网设备的安全性和稳定性。成果具有以下两个创新点：

（1）通过对远动报文、集控系统报文、后台机报文的三方比对，确保信号的正确性。

（2）实现对运行设备遥控信号的分段校核、批量触发，提高了验收效率。

对于人员素质的总结流于形式。

研制过程提升了小组成员在实际工作中发现问题、分析问题和解决问题的能力。小组成员将 PDCA 工作方法运用在解决实际问题中，做到了知行合一，并总结了此次活动的成效、不足和改进方向，如表 21 所示。

表 21　小组活动总结表

| 活动过程总结 | | 取得成效 | 不足之处 | 改进方向 |
|---|---|---|---|---|
| P | 选择课题 | 根据当前监控专业的遥控信号单间隔校核时间过长（10～60min 不等），无法满足信息接入的工作现状。通过借鉴监控信息自动验收装置与网络报文分析仪，选定了课题，方向明确，重点突出 | 思维发散还有欠缺，有一定局限 | 建立多元思维模型，与其他单位相互交流，吸取经验教训，共同进步 |
| | 设定合理目标 | 根据课题需要选定目标，满足了公司要求；通过试验论证确定了使遥控信号校核时间缩短至 2min 以内的目标的合理性与可行性 | 目标要求可以更高 | 在力所能及的范围内更进一步 |
| | 确定最佳方案 | 从六个方面将传统方案与改进方案进行试验比较，得出基于报文智能比对的运行设备遥控信号校核方案的最佳方案，支撑有力，严谨细致 | 个别方案的试验组数相对较少 | 试验样本可以更丰富，加强数据分析，避免一定的偶然性，使依据更加充分 |
| | 制定对策 | 针对最佳方案科学、客观地制定七个详细对策，系统联调联试，实施可行性高 | 没有充分利用公司提供的平台 | 促进多专业平台融合碰撞，可加强对数据统计方法的恰当应用 |
| D | 对策实施 | 运用了 Java、OpenVAS、流程图等工具，对策措施坚决执行到位，严格验证目标全达成 | 个别对策实施时间安排不够具体 | 涉及多部门协作时提前沟通，保持交流 |
| C | 效果检查 | 单间隔的遥控信号平均校核时间缩短至 1.8min，达到预期效果。信号校核效率提升 97%以上，平均每站验收时减少操作次数 100 次以上，电网影响更小，效果显著 | 适当关注成果的弊端 | 加强巩固阶段的效果监控，持续跟踪优化 |
| A | 标准化 | 及时形成标准化成果文件并进行推广应用；得到国网设备部认可 | 应用的范围还不够广泛 | 将推广至更多的地市电力企业 |

## （二）下一步打算

随着运行设备遥控信号校核装置的研制成功，运行设备遥控信号校核问题得到了较好的解决，验收效率大幅提高。小组负责人王浩对新投运或扩建变电站的新建设备遥控信号自动校核也提出了新思路，如图 29 所示。

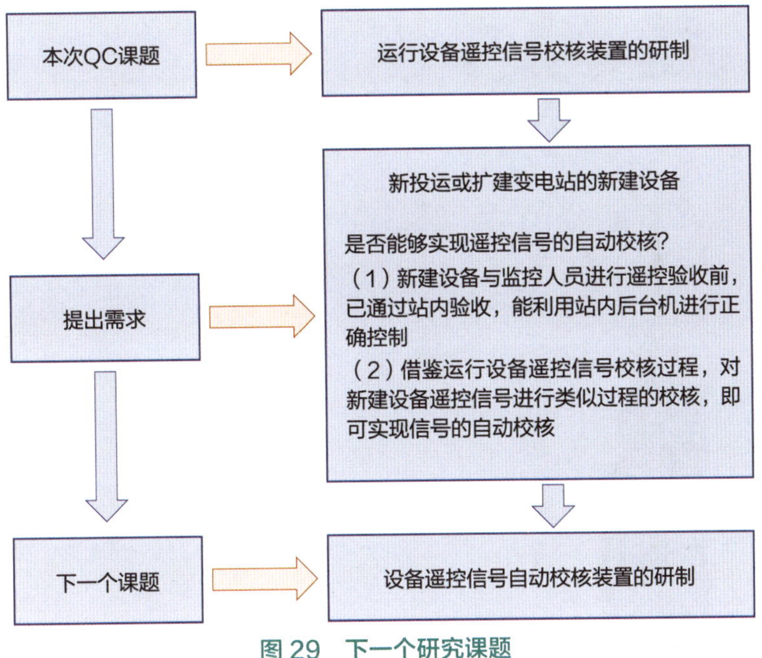


图 29　下一个研究课题

因此，小组确定活动的下一个课题为：设备遥控信号自动校核装置的研制。

# 02

# 缩短低压用户计量装置故障平均处理时间

国网南京市溧水区供电分公司创新 QC 小组

**主 创 人：** 张　峰、冯　超、罗克锋、徐华磊、陈宝根、卢　伟、张安婷、经　城、汪　甜、王　磊

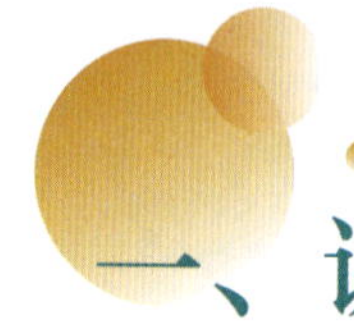

# 一、课题选择

选题理由直接明确，针对问题。

## （一）选题理由

1. 公司期望

低压用户计量装置故障平均处理时间≤60min。

2. 问题现状

小组针对低压用户故障及轮换表数量相对较多的 7—9 月故障处理情况展开调查，统计了 2021 年 7—9 月小组所在的和凤供电所辖区内低压用户计量装置故障平均处理时间，如表 1、图 1 所示。

表 1　平均处理时间统计表

| 月份 | 计量故障数（个） | 总时间（min） | 平均时间（min） |
| --- | --- | --- | --- |
| 7 | 51 | 4233 | 83 |
| 8 | 52 | 4732 | 91 |
| 9 | 37 | 2997 | 81 |
| 合计 | 140 | 11962 | 85 |

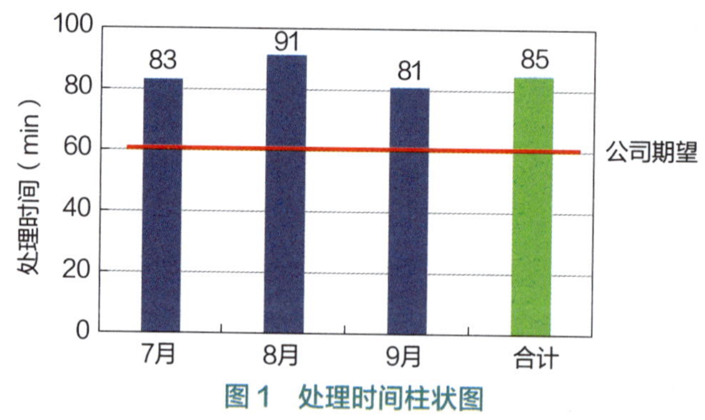


图 1　处理时间柱状图

由表 1 和图 1 可见，和凤供电所低压计量装置故障处理平均时间为 85min，明显高于国网南京市溧水区供电分公司的期望值，在目前能源改革与“乡村振兴”的大环境要求下，计量装置故障处理时间过长不仅降低了公司优质服务水平与企业形象，还成为数字化供电所建设过程中的痛点，是目前急需解决的问题。

3. 选择课题

缩短低压用户计量装置故障平均处理时间。

## （二）活动计划

如表 2 所示。

从活动推进表可以看出，是自定目标课题问题解决型活动程序。

表 2 活动计划推进表

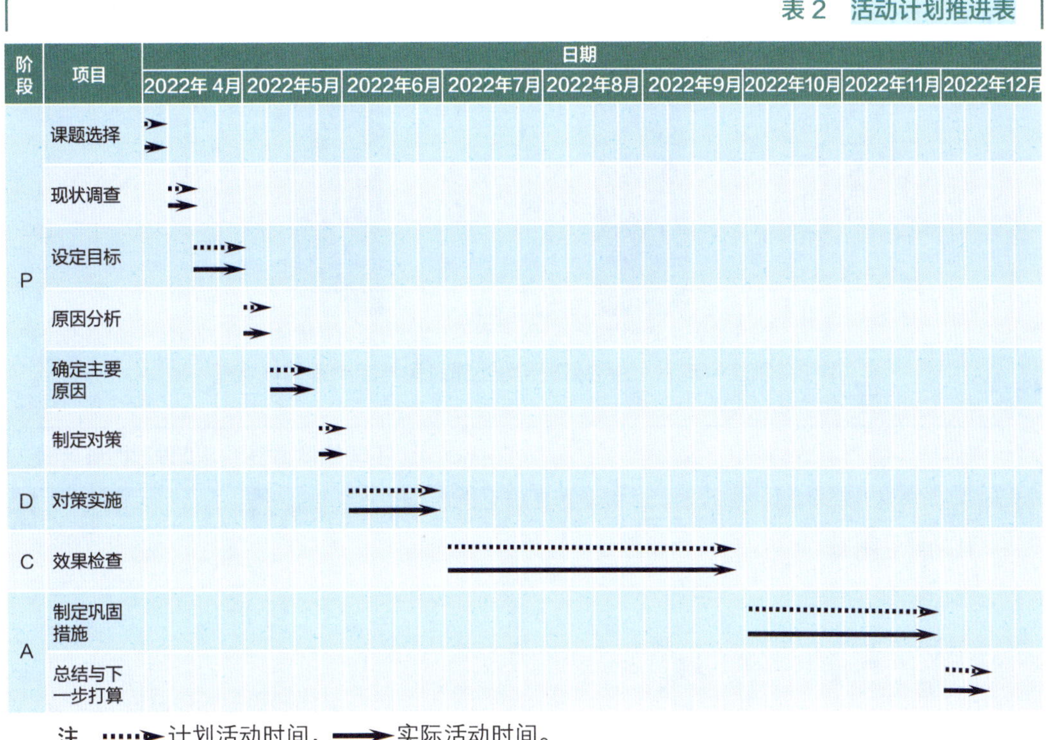


注 ┈┈➤计划活动时间，──➤实际活动时间。

## （三）现状调查

现状调查应该做到明确现状，找出症结，为目标设定和原因分析提供依据。

### 1. 明确现状

小组对和凤供电所 2021 年 7—9 月的低压计量装置故障平均处理时间进行了调查，并与公司期望用时差距进行了统计分析，如表 3、图 2 所示。

明确现状，是下一步运用分层法对问题进行分析的基础。

表 3 2021 年 7—9 月低压计量装置故障平均处理时间统计表

| 月份 | 计量故障业务数（个） | 总时间（min） | 平均处理时间（min） | 与期望差距（min） |
|---|---|---|---|---|
| 7 | 51 | 4233 | 83 | 23 |
| 8 | 52 | 4732 | 91 | 31 |
| 9 | 37 | 2997 | 81 | 21 |
| 合计 | 140 | 11962 | 85 | 25 |

由图 2 可知：和凤供电所低压计量装置故障平均处理时间为 85min，明显高于国网南京市溧水区供电分公司的期望值，存在 25min 的差距，这不仅影响了公司优质服务水平，降低了企业的工作效率，更是数字化供电所建设过程中的痛点难点，是个急需解决的问题。

运用分层法对课题的数据进行分析，找出“关键的少数”。

### 2. 查找症结

（1）按计量装置故障类型进行查找。

按故障类型进行第一次分层。

小组针对现状调查中低压计量装置故障的设备类型进行分析，分类并统计各设备的故障平均处理时间，绘制了故障类型统计表与频数统计表，还绘制了排列图，如表 4、表 5 和图 3 所示。

用平均处理时间进行分层，是不正确的。因为 85min 的平均时间是总时间除以故障总数得出。如果用平均处理时间来分层，就有可能出现，某一项故障频次很少，但平均时间很长，从平均时间看是症结，但放在总时间中，占比很小的情况。本例中就存在这类情况，总时间占比最高的“三相四线电能表故障”，8487min，占总时间的比重是 8487/11962=70.95%，如果用平均时间去计算，虽然同样是关键的少数，但占比却是，265/424=62.5%。数据的可比性出现了问题。

90
80
70
60
50
40
30
20
10
0
处理时间（min）
85
与期望值差距25min
60
平均时长
公司期望

图 2　2021 年 7—9 月故障平均处理时间与期望差值柱状图

表 4　不同故障类型平均处理时间统计表

| 故障类型 | 故障数量 | 处理总时间（min） | 平均处理时间（min） |
|---|---|---|---|
| 单相电能表故障 | 62 | 2450 | 40 |
| 三相四线电能表故障 | 32 | 8487 | 265 |
| 连接导线故障 | 38 | 620 | 16 |
| 互感器故障 | 3 | 165 | 55 |
| 接线盒故障 | 5 | 240 | 48 |
| 合计 | 140 | 11962 | 85 |

表 5　故障类型平均处理时间频数统计表

| 序号 | 项目 | 频数（min） | 累计频数（min） | 累计百分比 |
|---|---|---|---|---|
| A | 三相四线电能表故障 | 265 | 265 | 62.50% |
| B | 互感器故障 | 55 | 320 | 75.47% |
| C | 接线盒故障 | 48 | 368 | 86.79% |
| D | 单相电能表故障 | 40 | 408 | 96.23% |
| E | 连接导线故障 | 16 | 424 | 100.00% |

应该用时间总数进行排列。

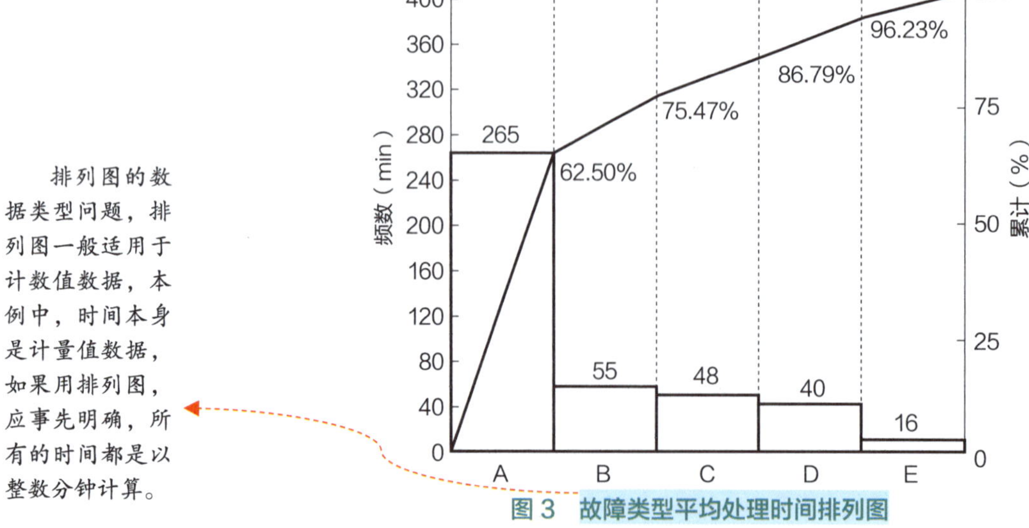


图 3　故障类型平均处理时间排列图

排列图的数据类型问题，排列图一般适用于计数值数据，本例中，时间本身是计量值数据，如果用排列图，应事先明确，所有的时间都是以整数分钟计算。

分析表 4、表 5 和图 3 可知，三相四线电能表故障平均处理时间为 265min，占比 62.50%，可见三相四线电能表故障平均处理时间长是导致低压用户计量装置故障平均处理时间长的主要原因。

（2）对三相四线电能表故障处理环节进行分解。

按处理环节进行第二次分层。

小组依据三相四线电能表故障处理环节的具体步骤，对故障处理时间按流程环节进行二级分解，并统计了各环节的具体时间，根据统计数据绘制了统计表与排列图，如表 6 和图 4 所示。

表 6 故障处理环节时间频数统计表

| 序号 | 项目 | 频数（min） | 累计频数（min） | 累计百分比 |
| --- | --- | --- | --- | --- |
| A | 表计更换时间 | 118 | 118 | 44.53% |
| B | 材料准备时间 | 115 | 233 | 87.92% |
| C | 抵达现场时间 | 10 | 243 | 91.70% |
| D | 安全措施时间 | 10 | 253 | 95.47% |
| E | 资料归档时间 | 8 | 261 | 98.49% |
| F | 工单派发时间 | 4 | 265 | 100% |

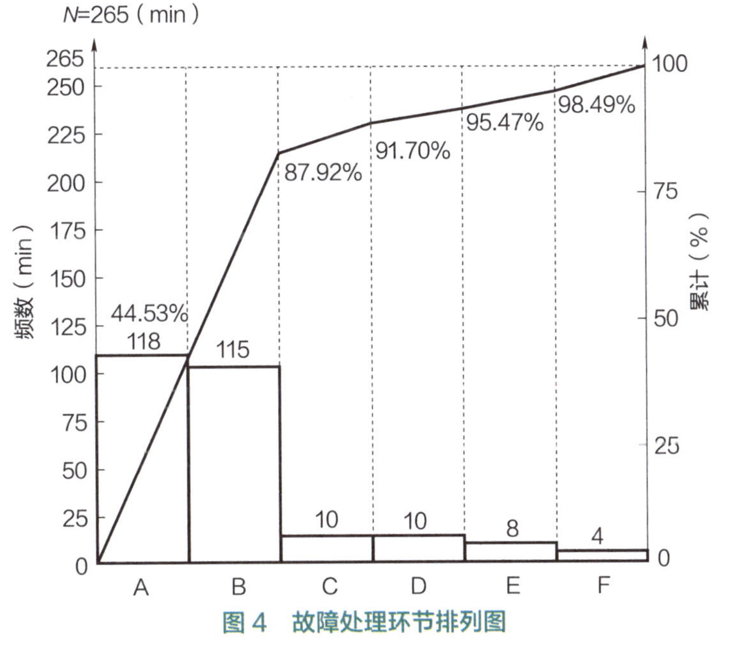


图 4 故障处理环节排列图

由表 6 和图 4 可以看出，表计更换时间与材料准备时间累计达到 233min，共占比 87.92%，由此可知表计更换时间长与材料准备时间长是和凤供电所低压用户计量装置故障处理时间长的症结所在。

两个症结分别占比，应明确。

## （四）目标值设定依据

小组自定目标可考虑，上级下达的考核指标或要求、顾客要求、组织曾达到的最好水平、国内外同行业先进水平，最重要的是，针对症结，预计其解决程度，从而测算课题目标能达到的水平。

### 1. 横向对比

小组调查了公司系统低压用户计量装置故障平均处理时间较短的兄弟单位进行了横向对比，分别统计了表计更换与材料准备环节的平均时间，并制作了统计表如表 7 所示。

从表 7 可以看出，国网南京市高淳区供电公司低压用户计量装置故障平均处理时间为 59min，其中表计更换平均时间为 15min，材料准备平均时间为 9min，症结总计时间 24min 占比较低，满足公司期望的故障处理流程时间，考虑到两家区公司具有相近的规模配置，因此数据具有参考价值。

表 7 症结横向比对统计表

| 单位名称 | 三相处理平均时间（min） | 表计更换平均时间（min） | 材料准备平均时间（min） | 症结环节平均时间（min） | 症结占比 |
|---|---|---|---|---|---|
| 国网南京市溧水区供电分公司 | 265 | 118 | 115 | 233 | 87.92% |
| 国网南京市高淳区供电分公司 | 59 | 15 | 9 | 24 | 47.46% |

本组织历史最好水平中，症结的数据是最有力的目标设定依据。

2. 纵向对比

小组继续调查了和凤供电所 2021 年低压三相四线用户计量装置故障流程，有部分流程的平均处理时间达到公司期望要求，如表 8 所示。

表 8 计量故障流程统计表

| 流程编号 | 开始时间 | 归档时间 | 平均处理时间（min） |
|---|---|---|---|
| 3221071100282109 | 2021 年 7 月 11 日 9:31 | 2021 年 7 月 11 日 10:22 | 51 |
| 3221080300089990 | 2020 年 8 月 3 日 8:17 | 2020 年 8 月 3 日 09:01 | 44 |
| 3221092300105706 | 2020 年 9 月 23 日 9:23 | 2020 年 9 月 23 日 10:05 | 42 |

从表 8 可以看出，2021 年部分低压三相四线用户计量装置故障流程时间达到了公司的期望值，最短时间为 42min，这也让目标制定有例可询。

3. 能力对比

小组在 2019—2021 年内的 3 项课题解决症结能力都达到了 80%以上，症结解决能力可作为参考，如表 9 所示。

表 9 症结解决程度统计表

| 年份 | 课题名称 | 解决症结程度 |
|---|---|---|
| 2019 | 提高 400V 同期分台区线损合格率 | 80% |
| 2020 | 降低低压居民月故障报修数量 | 90% |
| 2021 | 缩短溧水乡村低压光伏用户并网时间 | 82% |

4. 数据测算

小组结合横纵对比中同行业和自身最好成绩进行分析测算，两个症结的解决程度分别可以到达：

表计更换平均时间：（118－15）÷118＝87.29%

材料准备平均时间：（115－9）÷115＝92.17%

小组将自身平均水平提升至最好水平，同时与小组历史最好水平做比较，则低压用户计量装置故障平均处理时间可以缩短至：

故障处理平均总时间　材料准备可以解决的时间

$$265-118\times87.29\%-115\times92.17\%=56\text{min}<60\text{min}$$（公司期望）

表计更换可以解决的时间

结论：将低压用户计量装置故障平均处理时间缩短至 60min 以内，达到公司期望要求是完全可行的。

## 二、设定目标

小组以公司要求“低压用户计量装置故障平均处理时间≤60min”为依据，结合自身历史成绩案例、兄弟单位的故障处理时间以及数据测算结果，在适当留有一定裕度的情况下，决定把课题目标设定为“将低压用户计量装置故障平均处理时间缩短至 58min”，如图 5 所示。

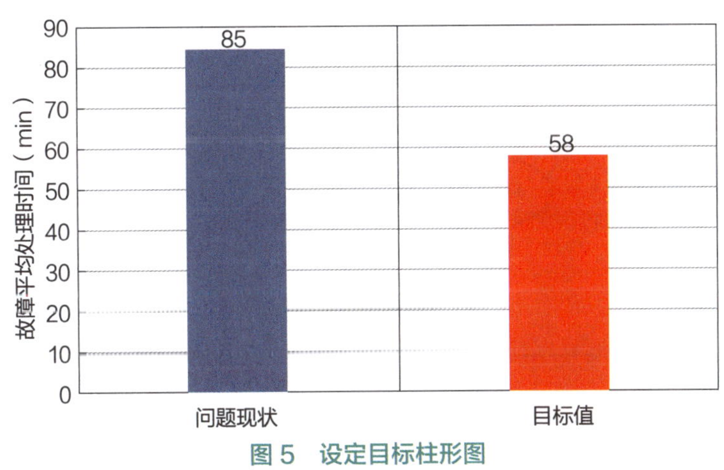


图 5　设定目标柱形图

## 三、原因分析

经过前期的准备以及对现状原因的分析，小组开展讨论分析会，大家集思广益，拓宽思路，从各方面角度考虑导致表计更换时间长与材料准备时间长的要素。为了更加直观明了地分析、查找原因，小组从关键症结出发，绘制出关联图如图 6 所示。

针对症结进行原因分析，采用适宜的工具。本例中，两个症结之间有关联，部分原因之间有纠缠，适用一张关联图。

最终，小组成员从图 6 中得到 9 个末端因素：

（1）表箱空间小。

（2）表箱无预设装接口。
（3）表箱位置过高。
（4）无防错接线处理手段。
（5）无配套现场参数调试工具。
（6）485 接口电压低。
（7）装拆人员技术水平低。
（8）无法自助领表。
（9）气温过高。

对于本小组能力范围之外的末端原因予以排除。

其中因素 9 气温过高是外部天气因素，非小组能力可控，不多做讨论，要因确认如表 10 所示。

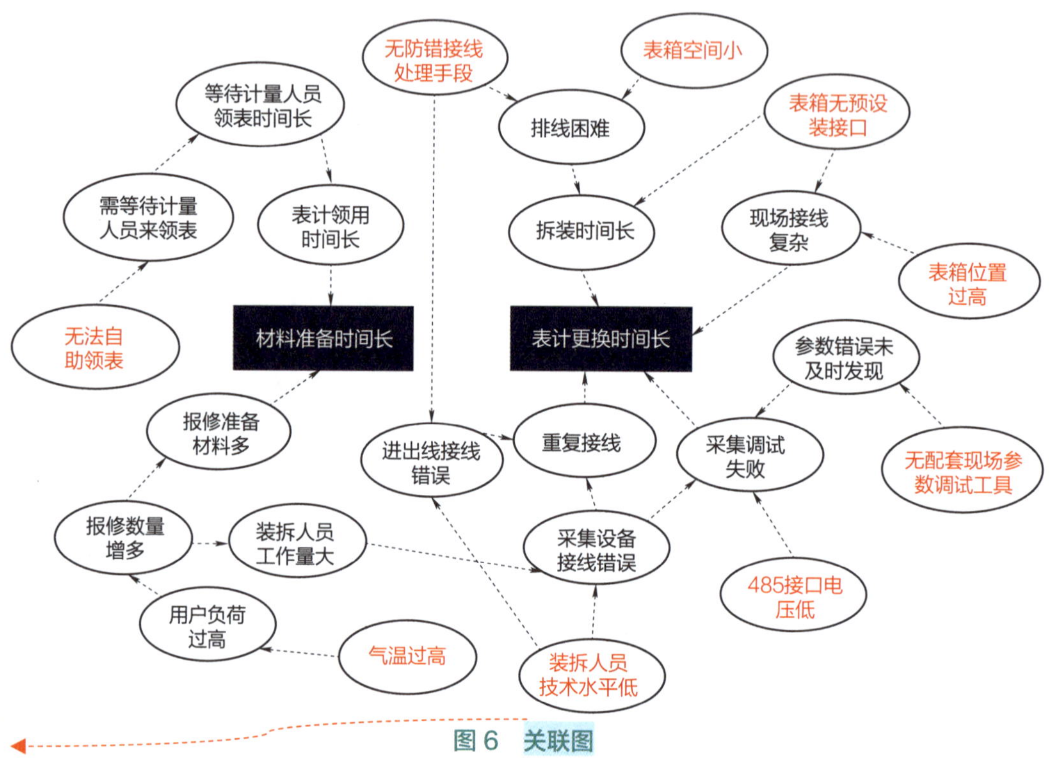

图 6 关联图

本例中原因分析逻辑关系基本清楚，分析也较为彻底。

仍然存在原因分析不彻底的问题，例如装拆人员技术水平低。

表 10 要因确认表

| 序号 | 末端因素 | 确认内容 | 确认方法 | 负责人 | 完成时间 |
|---|---|---|---|---|---|
| 1 | 表箱空间小 | 分析表箱空间大小对问题症结表计更换时间长的影响程度 | 调查分析、试验 | 冯超、徐华磊 | 2022 年 5 月 8 日 |
| 2 | 表箱无预设装接口 | 分析表箱装接口对问题症结表计更换时间长的影响程度 | 调查分析 | 卢伟、徐华磊 | 2022 年 5 月 10 日 |
| 3 | 表箱位置过高 | 进行降低高度的换表试验，分析表箱位置高度对问题症结表计更换时间长的影响程度 | 调查分析、试验 | 冯超、陈宝根 | 2022 年 5 月 15 日 |
| 4 | 无防错接线处理手段 | 分析防错接线处理对问题症结表计更换时间长的影响程度 | 调查分析、试验 | 罗克锋、汪甜 | 2022 年 5 月 16 日 |
| 5 | 无配套现场参数调试工具 | 分析有无现场参数调试工具对问题症结表计更换时间长的影响程度 | 调查分析、试验 | 冯超、徐华磊 | 2022 年 5 月 20 日 |

续表

| 序号 | 末端因素 | 确认内容 | 确认方法 | 负责人 | 完成时间 |
|---|---|---|---|---|---|
| 6 | 485接口电压低 | 现场测量485接口电压进行升压试验，分析电压对问题症结表计更换时间长的影响程度 | 现场测量、试验 | 汪甜、张安婷 | 2022年5月20日 |
| 7 | 装拆人员技术水平低 | 分析装拆人员技术水平对问题症结表计更换时间长的影响程度 | 调查分析 | 冯超、徐华磊 | 2022年5月22日 |
| 8 | 无法自助领表 | 通过试验分析模拟实现自助领表对问题症结材料准备时间长的影响程度 | 试验、调查分析 | 卢伟、张安婷 | 2022年5月25日 |

# 四、确定主要原因

5月5日起，小组严格按照要因确认表，对关键症结有影响的8个可人为控制的末端因素进行逐一确认，并判断各条末端因素对问题症结的影响程度。

## （一）要因确认一：表箱空间小

确认内容：调查用户的表箱空间大小情况，分析表箱大小对表计更换时间的影响程度。

确认过程：小组现场随机调查了用户的表箱型号，针对目前现场使用的主流型号表箱大小进行了统计，并进行了表计更换试验，统计了装拆时间，并判断表箱大小与症结之间的关系，如表11、表12和图7所示。

要因确认，一般应先确定末端原因的实际状态，也就是表箱空间小，具体有哪些尺寸。在此基础上，再进行比较。

表11　不同型号表箱表计更换模拟试验方案指导表

| 表计更换试验 | 模拟装表现场表计更换过程 | | | |
|---|---|---|---|---|
| 实验目的 | 统计不同表箱大小下表计更换的处理时间 | | | |
| 实验人员 | 陈宝根、冯超 | 实验地点 | 工作现场 | |
| 实验内容 | 在工作现场对3组通用型号表箱进行60组装拆试验，模拟不同大小表箱用户换表装拆工作，统计装拆时间。注：本实验不考虑装表更换其他设备及保护器安装等环节 | | | |

表12　不同型号表箱模拟表计更换试验数据统计表

| 550mm × 260mm × 120mm | | 555mm × 330mm × 135mm | | 460mm × 530mm × 165mm | |
|---|---|---|---|---|---|
| 序号 | 装拆时间（min） | 序号 | 装拆时间（min） | 序号 | 装拆时间（min） |
| 1 | 19 | 1 | 24 | 1 | 22 |
| 2 | 24 | 2 | 20 | 2 | 20 |
| 3 | 25 | 3 | 22 | 3 | 23 |

续表

| 550mm × 260mm × 120mm | | 555mm × 330mm × 135mm | | 460mm × 530mm × 165mm | |
|---|---|---|---|---|---|
| 序号 | 装拆时间（min） | 序号 | 装拆时间（min） | 序号 | 装拆时间（min） |
| 4 | 24 | 4 | 24 | 4 | 23 |
| 5 | 23 | 5 | 24 | 5 | 19 |
| 6 | 25 | 6 | 20 | 6 | 19 |
| 7 | 25 | 7 | 24 | 7 | 23 |
| 8 | 19 | 8 | 23 | 8 | 21 |
| 9 | 25 | 9 | 22 | 9 | 20 |
| 10 | 24 | 10 | 24 | 10 | 25 |
| 11 | 20 | 11 | 22 | 11 | 23 |
| 12 | 20 | 12 | 21 | 12 | 23 |
| 13 | 25 | 13 | 20 | 13 | 24 |
| 14 | 21 | 14 | 21 | 14 | 25 |
| 15 | 23 | 15 | 19 | 15 | 24 |
| 16 | 23 | 16 | 23 | 16 | 19 |
| 17 | 21 | 17 | 23 | 17 | 23 |
| 18 | 19 | 18 | 19 | 18 | 22 |
| 19 | 23 | 19 | 25 | 19 | 24 |
| 20 | 20 | 20 | 21 | 20 | 24 |

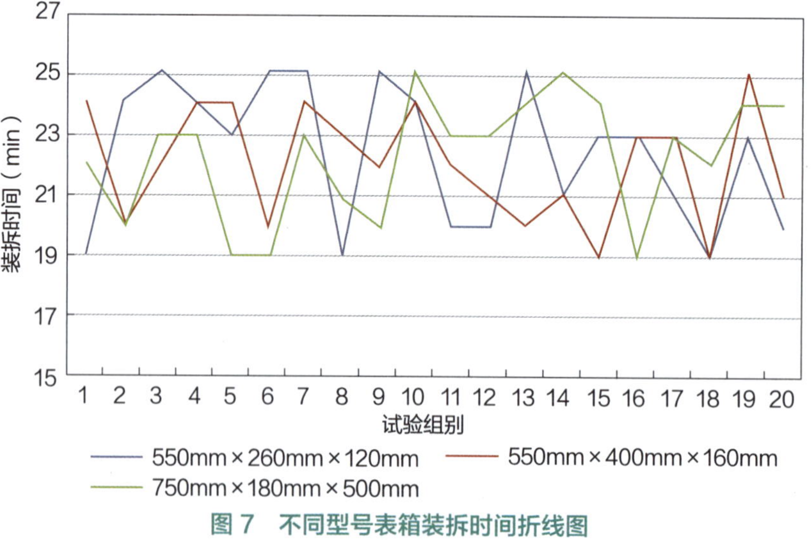

图 7　不同型号表箱装拆时间折线图

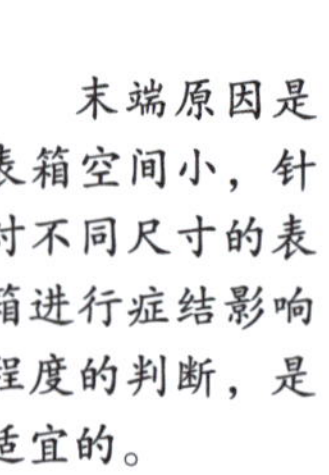

末端原因是表箱空间小，针对不同尺寸的表箱进行症结影响程度的判断，是适宜的。

在确认了现场各类表箱对症结影响程度小之后，进一步使用更大的表箱进行验证，确认更换大表箱之后症结影响程度是必要的。

通过表 11、表 12 和图 7 可以看出，不同表箱空间大小，表计更换时间大致接近，没有随体积变化而变化的趋势，说明对于目前几种主流国标表箱，表箱空间对于表计更换时间没有明显影响。

结论：非要因。

## （二）要因确认二：表箱无预设装接口

确认内容：现场调查表箱的现有型号与装接口配备情况，判断表箱预设装接口对于表计更换时间的影响程度。

确认过程：小组随机选取了 40 户近 3 个月有换表流程的用户，现场调查了表箱内置预设装接口的情况，并统计了表计更换时间，如表 13 和图 8 所示。

采用调查的方法，直接取得数据，判断末端原因对症结的影响程度。

表 13　预设装接口表箱换表时间统计表

| 表箱尺寸（mm × mm × mm） | 是否有预设装接口 | 更换时间（min） | 表箱尺寸（mm × mm × mm） | 是否有预设装接口 | 更换时间（min） |
|---|---|---|---|---|---|
| 750 × 180 × 500 | 是 | 108 | 550 × 400 × 160 | 否 | 89 |
| 650 × 400 × 180 | 是 | 97 | 550 × 260 × 120 | 否 | 101 |
| 750 × 180 × 500 | 是 | 98 | 650 × 400 × 180 | 否 | 111 |
| 550 × 400 × 160 | 是 | 87 | 550 × 260 × 120 | 否 | 88 |
| 550 × 400 × 160 | 是 | 97 | 550 × 400 × 160 | 否 | 126 |
| 550 × 400 × 160 | 是 | 95 | 750 × 180 × 500 | 否 | 100 |
| 550 × 260 × 120 | 是 | 126 | 550 × 260 × 120 | 否 | 124 |
| 650 × 400 × 180 | 是 | 85 | 550 × 400 × 160 | 否 | 128 |
| 550 × 400 × 160 | 是 | 108 | 550 × 260 × 120 | 否 | 106 |
| 650 × 400 × 180 | 是 | 88 | 750 × 180 × 500 | 否 | 98 |
| 550 × 400 × 160 | 是 | 117 | 550 × 400 × 160 | 否 | 119 |
| 650 × 400 × 180 | 是 | 102 | 750 × 180 × 500 | 否 | 99 |
| 650 × 400 × 180 | 是 | 95 | 550 × 260 × 120 | 否 | 95 |
| 550 × 260 × 120 | 是 | 110 | 650 × 400 × 180 | 否 | 117 |
| 550 × 260 × 120 | 是 | 98 | 550 × 400 × 160 | 否 | 126 |
| 650 × 400 × 180 | 是 | 108 | 650 × 400 × 180 | 否 | 120 |
| 750 × 180 × 500 | 是 | 111 | 550 × 260 × 120 | 否 | 100 |
| 550 × 260 × 120 | 是 | 85 | 550 × 400 × 160 | 否 | 108 |
| 550 × 260 × 120 | 是 | 81 | 650 × 400 × 180 | 否 | 102 |
| 750 × 180 × 500 | 是 | 99 | 750 × 180 × 500 | 否 | 108 |
| 平均 | | 99.75 | 平均 | | 108.25 |

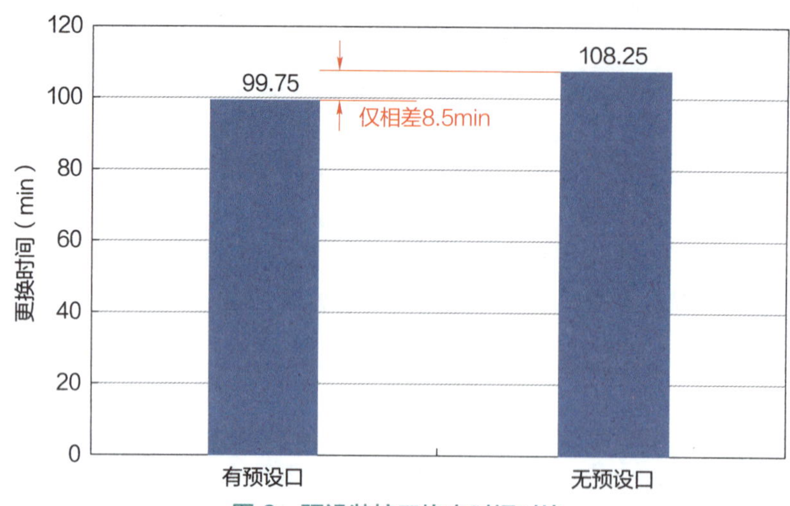


图 8　预设装接口换表时间对比

从表 13 与图 8 中可以看出，有预设装接口的表箱表计更换时间与无预设装接口的表箱表计更换时间基本接近，只相差 8.5min，表箱无预设装接口对症结影响较小。

结论：非要因。

## （三）要因确认三：表箱位置过高

确认内容：调查用户的表箱的安装高度，分析表箱高度对表计更换时间的影响程度。

用现场测量的方法，进行要因确认。

确认过程：小组随机选取了 50 户近 3 个月内有过换表的用户，现场测量了表箱安装高度，统计了换表时间，如图 9 和表 14 所示。

图 9　表箱高度测量

表 14　表箱安装高度与换表时间统计表

| 序号 | 表箱高度（m） | 更换时间（min） | 序号 | 表箱高度（m） | 更换时间（min） |
|---|---|---|---|---|---|
| 1 | 1.57 | 88 | 5 | 1.58 | 117 |
| 2 | 1.71 | 94 | 6 | 1.76 | 121 |
| 3 | 1.74 | 74 | 7 | 1.54 | 106 |
| 4 | 1.62 | 98 | 8 | 1.74 | 73 |

续表

| 序号 | 表箱高度（m） | 更换时间（min） | 序号 | 表箱高度（m） | 更换时间（min） |
|---|---|---|---|---|---|
| 9 | 1.52 | 85 | 30 | 1.75 | 91 |
| 10 | 1.54 | 91 | 31 | 1.59 | 111 |
| 11 | 1.62 | 95 | 32 | 1.56 | 73 |
| 12 | 1.8 | 89 | 33 | 1.72 | 74 |
| 13 | 1.67 | 110 | 34 | 1.8 | 124 |
| 14 | 1.64 | 94 | 35 | 1.8 | 80 |
| 15 | 1.67 | 114 | 36 | 1.63 | 127 |
| 16 | 1.65 | 78 | 37 | 1.53 | 73 |
| 17 | 1.75 | 90 | 38 | 1.8 | 74 |
| 18 | 1.51 | 112 | 39 | 1.57 | 72 |
| 19 | 1.7 | 109 | 40 | 1.78 | 91 |
| 20 | 1.61 | 112 | 41 | 1.81 | 97 |
| 21 | 1.71 | 72 | 42 | 1.62 | 71 |
| 22 | 1.64 | 110 | 43 | 1.71 | 110 |
| 23 | 1.76 | 72 | 44 | 1.65 | 101 |
| 24 | 1.73 | 119 | 45 | 1.7 | 106 |
| 25 | 1.69 | 111 | 46 | 1.69 | 94 |
| 26 | 1.7 | 117 | 47 | 1.51 | 99 |
| 27 | 1.69 | 80 | 48 | 1.56 | 119 |
| 28 | 1.68 | 113 | 49 | 1.6 | 92 |
| 29 | 1.72 | 95 | 50 | 1.59 | 116 |

为了更加严谨的分析表箱高度对问题症结的影响程度，小组整理以上 50 组数据，绘制出了散布图，并结合计算相关系数进行了分析，如图 10 所示。

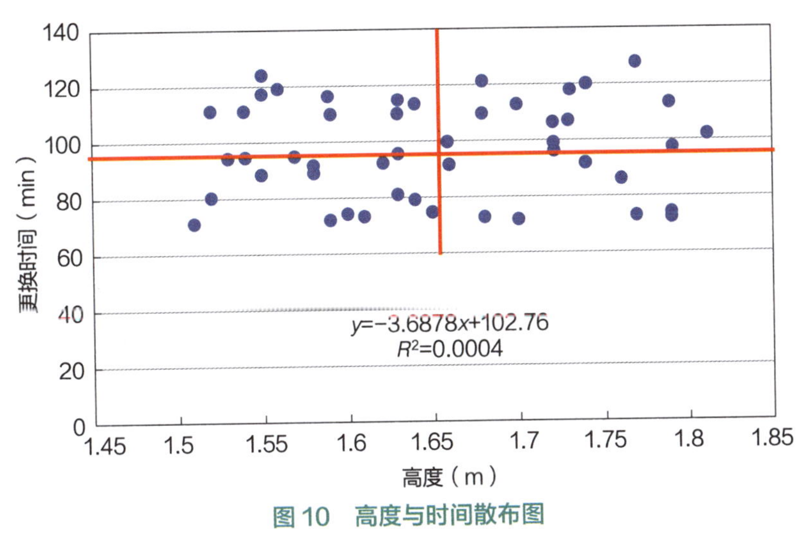


图 10　高度与时间散布图

通过图 10 可以看出，50 对数据点均匀分布至各象限内，表箱安装高度与表记更换时间成弱相关关系，同时计算相关系数可知 $y=-3.6878x+102.76$，$R^2=0.0004$，相关系数接近于 0，为了更加严谨的分析问题，小组还进行了降低高度安装试验，如表 15 和表 16 所示。

在对现场存在的不同高度进行确认之后，再用试验的方法，降低高度进行确认，是适宜的。

表 15　降低表箱高度表计更换试验方案指导表

| 表计更换试验 | 降低表箱安装高度后表计更换过程 | | |
|---|---|---|---|
| 实验目的 | 统计降低安装高度后表计更换的处理时间 | | |
| 实验人员 | 陈宝根、冯超 | 实验地点 | 工作现场 |
| 实验内容 | 在工作现场进行 20 组装拆试验，统计降低高度后换表装拆工作，统计装拆时间 | | |

表 16　降低高度后表计更换时间统计表

| 序号 | 原高度（m） | 降低前更换时间（min） | 降低后高度（m） | 降低后更换时间（min） |
|---|---|---|---|---|
| 1 | 1.76 | 121 | 1.4 | 101 |
| 2 | 1.54 | 106 | 1.4 | 104 |
| 3 | 1.74 | 73 | 1.4 | 91 |
| 4 | 1.52 | 85 | 1.4 | 96 |
| 5 | 1.54 | 91 | 1.4 | 109 |
| 6 | 1.62 | 95 | 1.4 | 102 |
| 7 | 1.8 | 89 | 1.4 | 91 |
| 8 | 1.69 | 80 | 1.4 | 90 |
| 9 | 1.68 | 113 | 1.4 | 109 |
| 10 | 1.72 | 95 | 1.4 | 101 |
| 11 | 1.75 | 91 | 1.4 | 90 |
| 12 | 1.59 | 111 | 1.4 | 99 |
| 13 | 1.56 | 73 | 1.4 | 102 |
| 14 | 1.72 | 74 | 1.4 | 107 |
| 15 | 1.8 | 124 | 1.4 | 91 |
| 16 | 1.8 | 80 | 1.4 | 92 |
| 17 | 1.81 | 97 | 1.4 | 98 |
| 18 | 1.62 | 71 | 1.4 | 105 |
| 19 | 1.71 | 110 | 1.4 | 90 |
| 20 | 1.65 | 101 | 1.4 | 105 |
| 平均 | 1.681 | 94 | 1.4 | 99 |

通过表 15 和表 16 可以看出，在试验调低表箱高度后电能表的装拆时间平均为 99min，表计更换时间并没有任何缩减，如图 11 所示。

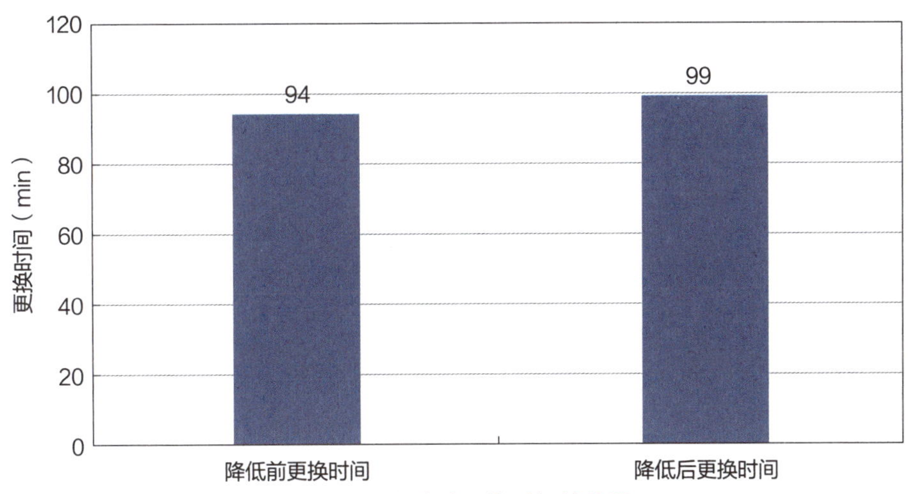


图 11　降低高度更换时间柱状图

由此可见表箱位置过高对于问题症结没有明显影响。

结论：非要因。

## （四）要因确认四：无防错接线处理手段

确认内容：调查换表接线情况，分析现场防错接线处理对表计更换时间的影响程度。

确认过程：小组调查了现场装表人员的换表接线操作流程，进行了 40 组换表试验，分别模拟有防错接线处理手段和无防错接线处理手段下表计更换的用时，如表 17、表 18 和图 12 所示。

应该先观察现场人员实际操作是有无放错接线处理手段，即末端原因的实际状态是什么，再去进行模拟试验。

表 17　防错接线模拟试验方案指导表

| 实验名称 | 模拟现场表计更换过程 | | |
|---|---|---|---|
| 实验目的 | 有防错接线处理和无防错接线处理情况下表计更换的处理时间 | | |
| 实验人员 | 罗克锋、汪甜 | 实验地点 | 工作现场 |
| 实验内容 | 在工作现场进行 40 组装表试验，利用接线固定套管结合人工监察分别模拟在有防错接线和无防错接线处理的情况下换表的时间长短。<br>注：本实验不考虑互感器、保护器安装等环节 | | |

表 18　防错接线换表试验时间统计表

| | 实验组别 | 装拆时间（min） | | 实验组别 | 装拆时间（min） |
|---|---|---|---|---|---|
| 无防错接线处理手段 | jxsy-1 | 23 | 有防错接线处理手段 | jxsy-21 | 10 |
| | jxsy-2 | 17 | | jxsy-22 | 13 |
| | jxsy-3 | 20 | | jxsy-23 | 10 |
| | jxsy-4 | 22 | | jxsy-24 | 12 |

续表

| | 实验组别 | 装拆时间（min） | | 实验组别 | 装拆时间（min） |
|---|---|---|---|---|---|
| 无防错接线处理手段 | jxsy-5 | 26 | 有防错接线处理手段 | jxsy-25 | 12 |
| | jxsy-6 | 28 | | jxsy-26 | 6 |
| | jxsy-7 | 25 | | jxsy-27 | 15 |
| | jxsy-8 | 23 | | jxsy-28 | 11 |
| | jxsy-9 | 25 | | jxsy-29 | 9 |
| | jxsy-10 | 21 | | jxsy-30 | 10 |
| | jxsy-11 | 28 | | jxsy-31 | 16 |
| | jxsy-12 | 23 | | jxsy-32 | 11 |
| | jxsy-13 | 28 | | jxsy-33 | 16 |
| | jxsy-14 | 31 | | jxsy-34 | 11 |
| | jxsy-15 | 26 | | jxsy-35 | 9 |
| | jxsy-16 | 24 | | jxsy-36 | 5 |
| | jxsy-17 | 23 | | jxsy-37 | 6 |
| | jxsy-18 | 24 | | jxsy-38 | 7 |
| | jxsy-19 | 25 | | jxsy-39 | 9 |
| | jxsy-20 | 20 | | jxsy-40 | 15 |
| 平均 | | 24.1 | 平均 | | 10.65 |

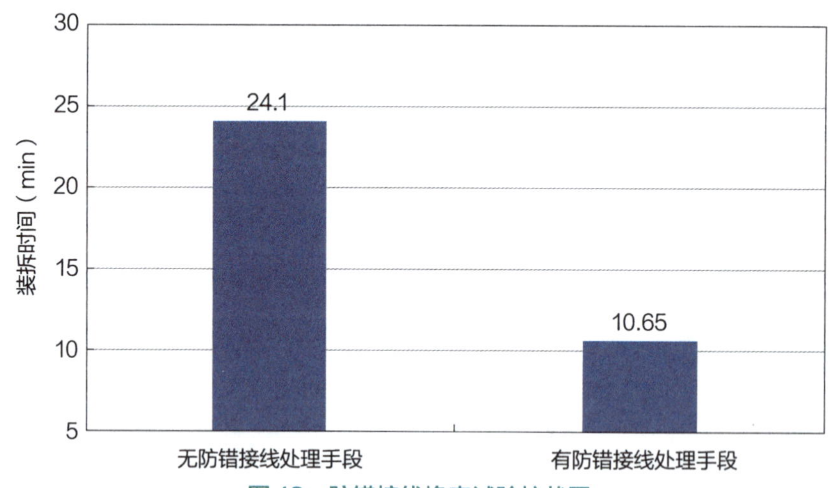


图 12　防错接线换表试验柱状图

从表 17、表 18 和图 12 可以看出无防错接线处理手段的平均换表时间为 24.1min，有防错接线处理手段的平均装拆时间为 10.65min，试验前后时间有很明显的缩减，可见现场防错接线处理对问题症结影响较大。

结论：要因。

## （五）要因确认五：无配套现场参数调试工具

确认内容：调查台区经理现场换表参数调试工具使用情况，分析现场参数调试工具对表计更换时间的影响程度。

确认过程：小组现场抽查了台区经理换表参数调试设备的使用情况，根据数字化供电所建设要求台区经理现场必须使用移动作业终端进行现场作业，随后小组调查了台区经理移动作业终端和采集运维闭环终端的配置情况如图 13 和表 19 所示。

图 13　现场参数调试

表 19　调试设备配置情况统计表

| 台区经理人数 | 台区经理移动作业终端数/配置率 | 采集运维闭环掌机数/配置率 |
|---|---|---|
| 15 | 15（100%） | 3（20%） |

从表 19 可以看出，台区经理移动作业终端的配置率达到了 100%，虽然采集闭环掌机的配置率只有 20%，但是移动作业终端完全满足现场设备参数调试的需要，不存在缺少现场参数调试设备的情况。

结论：非要因。

## （六）要因确认六：485 接口电压低

确认内容：现场测量有换表流程用户的 485 接口电压，分析 485 接口电压对问题症结影响程度。

确认过程：调查现场 485 接口电压情况，选取 20 组线路末端用户，进行了 485 接口升压试验，现场模拟表计更换与采集反馈环节。

小组选取线路末端用户进行了升压试验，统计数据如表 20、表 21 所示。

表 20　升压试验方案指导表

| 实验名称 | 485 接口升压试验 | | |
|---|---|---|---|
| 实验目的 | 统计升压后 485 接口电压对采集反馈与装表时间的影响 | | |
| 实验人员 | 张安婷、汪甜 | 实验地点 | 工作现场 |
| 实验内容 | 在工作现场进行 20 组升压试验，利用升压装置提升 485 接口电压，同时模拟电能表装拆工作，分别统计升压前后安装反馈和装拆时间，判定 485 接口电压对问题症结的影响程度 | | |

表 21　电压测量统计表

| 序号 | 升压前电压（V） | 采集反馈时间（min） | 表计更换时间（min） | 升压后电压（V） | 采集反馈时间（min） | 表计更换时间（min） |
|---|---|---|---|---|---|---|
| 1 | 203.2 | 26 | 85 | 220.3 | 24 | 105 |
| 2 | 198.4 | 23 | 104 | 223.9 | 17 | 98 |
| 3 | 208.8 | 28 | 83 | 226.1 | 19 | 85 |
| 4 | 203.5 | 18 | 86 | 224.5 | 20 | 106 |
| 5 | 203.3 | 20 | 88 | 226.7 | 31 | 110 |
| 6 | 203.3 | 19 | 105 | 224.4 | 27 | 80 |
| 7 | 200.2 | 29 | 98 | 226.9 | 31 | 108 |
| 8 | 209 | 22 | 109 | 224.3 | 24 | 104 |
| 9 | 206.9 | 28 | 99 | 223.5 | 19 | 108 |
| 10 | 198.9 | 19 | 103 | 223.3 | 24 | 109 |
| 11 | 204.6 | 21 | 95 | 223.2 | 18 | 80 |
| 12 | 207.7 | 18 | 84 | 225.5 | 23 | 83 |
| 13 | 199.6 | 33 | 107 | 222.9 | 20 | 99 |
| 14 | 205.3 | 19 | 108 | 226.4 | 30 | 90 |
| 15 | 207.2 | 15 | 107 | 224.9 | 13 | 109 |
| 16 | 203.1 | 26 | 86 | 226 | 19 | 100 |
| 17 | 205.5 | 13 | 99 | 225.6 | 20 | 90 |
| 18 | 198.8 | 21 | 82 | 226.4 | 17 | 88 |
| 19 | 205.5 | 15 | 107 | 222.7 | 23 | 110 |
| 20 | 203.5 | 31 | 110 | 222.7 | 19 | 102 |
| 平均 | 203.8 | 22.2 | 97.3 | 224.5 | 21.9 | 98.2 |

从表 20 和表 21 可以看出，升压前后表计更换时间没有明显变化，可见 485 接口电压低对问题症结无影响。

结论：非要因。

## （七）要因确认七：装拆人员技术水平低

确认内容：调查供电所台区经理实际操作装拆水平现状，分析台区经理实操装拆水平对问题症结换表时间长的影响程度。

确认过程：小组成员首先针对和凤供电所 15 名台区经理的技能水平等级进行了统计。同时，还随机统计了不同技术等级的台区经理所管辖用户 2022 年一季度部分用户的换表流程时间，绘制统计表加以分析，如表 22 所示。

表 22 技能水平及换表时间统计表

| 姓名 | 年龄 | 技能等级 | 换表数量（次） | 换表总时间（min） | 平均时间（min） |
|---|---|---|---|---|---|
| 张存辉 | 52 | 中级工 | 3 | 246 | 82 |
| 李建平 | 40 | 中级工 | 13 | 1430 | 101 |
| 夏友富 | 48 | 中级工 | 11 | 1078 | 98 |
| 李先洙 | 50 | 高级工 | 11 | 880 | 80 |
| 诸小牛 | 54 | 高级工 | 9 | 864 | 96 |
| 虞善胜 | 49 | 高级工 | 3 | 282 | 82 |
| 史云和 | 47 | 高级工 | 4 | 328 | 82 |
| 魏宏连 | 46 | 高级工 | 9 | 774 | 86 |
| 张绪彬 | 53 | 高级工 | 15 | 1200 | 80 |
| 张存钿 | 57 | 高级工 | 1 | 105 | 105 |
| 王文清 | 53 | 高级工 | 6 | 570 | 95 |
| 赵九顺 | 58 | 中级工 | 8 | 744 | 93 |
| 许成义 | 47 | 技　师 | 11 | 968 | 88 |
| 许家华 | 57 | 高级工 | 8 | 800 | 100 |
| 胡华洪 | 50 | 高级工 | 4 | 328 | 82 |

从表 22 可以看出，和凤供电所 15 名台区经理均取得中级工及以上专业技术等级证书，基本满足工作现场需求，达到高级工及以上的有 11 人，占比 73.33%，随后小组还将不同技能等级台区经理的装表平均时间绘制出了柱状图，如图 14 所示。

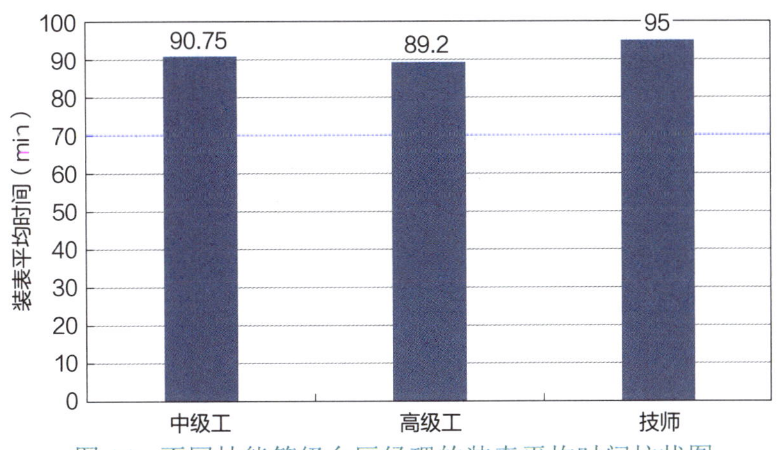


图 14 不同技能等级台区经理的装表平均时间柱状图

从图 14 可以看出，和凤供电所不同技能等级的台区经理对于表计更换时间都大致相等，满足工作要求，可见装拆人员技术水平低对于问题症结并没有影响。

结论：非要因。

## （八）要因确认八：无法自助领表

确认内容：调查供电所表计进出库情况的现状，分析自助领用表对问题症结材料准备时间长的影响程度。

确认过程：小组在表库调查了目前表计进出库流程运行情况，开展试验，分别模拟台区经理自助领表和计量人员现场领表的时间，并判断自助领表对问题症结的影响程度，如表 23、表 24 和图 15 所示。

表 23 自助领表模拟试验方案指导表

| 表计出库试验 | 模拟表计进出库领用过程 | | |
|---|---|---|---|
| 实验目的 | 统计不同情况下材料准备时间 | | |
| 实验人员 | 卢伟、张安婷 | 实验地点 | 工作现场 |
| 实验内容 | 在工作现场开展了 40 组表计领用试验，通过人工干预，模拟台区经理自助领表和传统计量人员装拆出库领表，分别统计材料准备环节的时间 | | |

表 24 自助领表模拟试验统计表

| 传统计量人员出库 | | | | 台区经理自助领表 | | | |
|---|---|---|---|---|---|---|---|
| 试验序号 | 表计领用时间（min） | 人员流程时间（min） | 材料准备时间（min） | 试验序号 | 表计领用时间（min） | 人员流程时间（min） | 材料准备时间（min） |
| jlry－1 | 20 | 7 | 27 | zzlb－1 | 4 | 0 | 4 |
| jlry－2 | 18 | 10 | 28 | zzlb－2 | 8 | 0 | 8 |
| jlry－3 | 17 | 9 | 26 | zzlb－3 | 3 | 0 | 3 |
| jlry－4 | 17 | 10 | 27 | zzlb－4 | 7 | 0 | 7 |
| jlry－5 | 20 | 7 | 27 | zzlb－5 | 8 | 0 | 8 |
| jlry－6 | 18 | 3 | 21 | zzlb－6 | 5 | 0 | 5 |
| jlry－7 | 18 | 3 | 21 | zzlb－7 | 6 | 0 | 6 |
| jlry－8 | 17 | 13 | 30 | zzlb－8 | 8 | 0 | 8 |
| jlry－9 | 16 | 7 | 23 | zzlb－9 | 8 | 0 | 8 |
| jlry－10 | 18 | 9 | 27 | zzlb－10 | 9 | 0 | 9 |
| jlry－11 | 16 | 10 | 26 | zzlb－11 | 9 | 0 | 9 |
| jlry－12 | 19 | 11 | 30 | zzlb－12 | 5 | 0 | 5 |
| jlry－13 | 21 | 3 | 24 | zzlb－13 | 6 | 0 | 6 |
| jlry－14 | 16 | 14 | 30 | zzlb－14 | 4 | 0 | 4 |
| jlry－15 | 20 | 5 | 25 | zzlb－15 | 5 | 0 | 5 |
| jlry－16 | 15 | 15 | 30 | zzlb－16 | 3 | 0 | 3 |
| jlry－17 | 20 | 7 | 27 | zzlb－17 | 5 | 0 | 5 |
| jlry－18 | 19 | 6 | 25 | zzlb－18 | 8 | 0 | 8 |
| jlry－19 | 21 | 4 | 25 | zzlb－19 | 9 | 0 | 9 |
| jlry－20 | 19 | 10 | 29 | zzlb－20 | 4 | 0 | 4 |
| 材料准备平均时间 | | 26.4 | | 材料准备平均时间 | | 6.2 | |

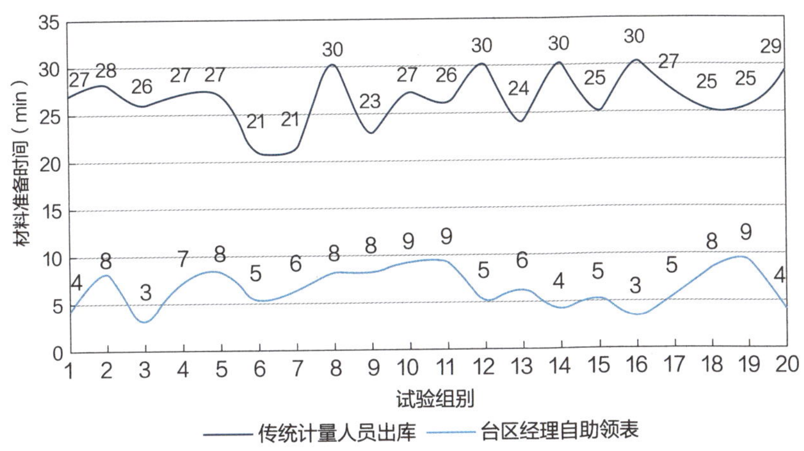


**图 15 自助领表与计量人员领表材料准备折线图**

从表 23、表 24 和图 15 可知，相比传统计量人员出库流程，台区经理自助领表不仅可以省去人员流程时间，更大大缩短了材料准备的时间，试验前后，材料准备平均时间由原来的 26.4min 缩减至 6.2min，可见无法自助领表设备对问题症结材料准备时间长的影响程度较大。

结论：要因。

综合以上分析，小组确认的要因为：

（1）无防错接线处理手段。

（2）无法自助领表。

# 五、制定对策

为了更好地解决要因，在制定对策计划之前，针对实施比较困难的第一条要因：无法自助领表，小组全体成员于和凤供电所会议室召开诸葛亮会议，围绕如何解决“台区经理自助领表”的问题展开分析，最后收集全体成员的意见整理出成果。

最终小组总结出三种解决方案：

方案一：建设智能化无人化库房管理系统。

方案二：使用 APP 远程遥控计量装置领用周转箱。

方案三：利用人脸识别门禁系统改造表计库房。

随后小组成员对三种方案进行比选，如表 25 所示。

必要时，提出多种对策，并用客观的方法进行比较和选择。

**表 25 方案比选分析表**

| | |
|---|---|
| 试验描述 | 小组成员为了得出材料准备时间长进行测试试验，分别建设智能化无人化库房管理系统、APP 远程遥控计量装置领用周转箱以及人脸识别门禁系统改造表计库房，模拟自助领用表计过程，并对同一表计采用理论计时的方式分别进行 30 组测试。分别记录三种方案实施后的数据计算平均值绘制成表。<br>（1）对比三种方案的领用时间及调试成功率。<br>（2）测算三种方案的成本。<br>最后通过对于核心性能调试时间、调试成功率及安全型等数据进行比较，结合成本与可行性的控制程度，选取最优方案 |

续表

<table>
<tr><th>方案</th><th>试验分析</th><th>方案分析</th><th>结论</th></tr>
<tr><td>建设智能化无人化库房管理系统</td><td>（1）小组成员为了得出领用时间及调试成功率进行测试试验，对同一表计采用理论计时的方式下分别进行 30 组测试。分别记录三种方案实施后的数据计算平均值绘制成表：<table><tr><th>平均领用时间（min）</th><th>平均调试成功率（%）</th></tr><tr><td>5</td><td>100</td></tr></table>（2）根据市场调研，建设智能化无人化库房系统需投入建设资金 300 万元</td><td>调试时间最短；但配置成本高</td><td>不选用</td></tr>
<tr><td>使用 APP 远程遥控计量装置领用周转箱</td><td>（1）小组成员为了得出领用时间及调试成功率进行测试试验，对同一表计采用理论计时的方式下分别进行 30 组测试。分别记录三种方案实施后的数据计算平均值绘制成表：<table><tr><th>平均领用时间（min）</th><th>平均调试成功率（%）</th></tr><tr><td>8</td><td>100</td></tr></table>（2）根据市场调研制作专用表计箱 1000 元，APP 专人遥控锁 500 元，合计 1500 元</td><td>调试时间短、成本适中；使用方便</td><td>选用</td></tr>
<tr><td>利用人脸识别门禁系统改造表计库房</td><td>（1）小组成员为了得出领用时间及调试成功率进行测试试验，对同一表计采用理论计时的方式下分别进行 30 组测试。分别记录三种方案实施后的数据计算平均值绘制成表：<table><tr><th>平均领用时间（min）</th><th>平均调试成功率（%）</th></tr><tr><td>10</td><td>98</td></tr></table>（2）根据市场调研改造人脸识别门禁系统，需花费 3500 元</td><td>成本适中；但是调试成功率不是 100%</td><td>不选用</td></tr>
</table>

按 5W1H 要求制定对策表，对策明确、措施具体、目标可测量、可检查。

通过表 25，我们所确定的最佳方案为：使用 APP 远程遥控计量装置领用周转箱。根据优化方案，小组制定对策计划如表 26 所示。

表 26　对策计划表

| 序号 | 要因 | 对策 | 目标 | 措施 | 地点 | 时间 | 负责人 |
|---|---|---|---|---|---|---|---|
| 1 | 无法自助领表 | 制作 APP 远程遥控计量装置领用周转箱 | 现场调试成功率 100% 且领用时间小于 8min | （1）针对不同三相四线表型号表计尺寸进行测量。<br>（2）画出计量装置领用周转箱图纸并制作出实物。<br>（3）制作出 APP 远程遥控锁。<br>（4）组装计量装置领用周转箱并进行调试。<br>（5）报验及出具认证书 | 和凤供电所 | 2022 年 6 月 30 日 | 卢　伟<br>王　磊 |
| 2 | 无防错接线装置 | 制作防错接线装置 | 安装正确率 100% 且表计更换时间小于 5min | （1）画出防错接线装置。<br>（2）根据图纸制作出实物。<br>（3）现场安装调试。<br>（4）报验及出具认证书 | 和凤供电所 | 2022 年 6 月 30 日 | 徐华磊<br>卢　伟 |

对策应明确，用什么技术或者方法思路制作防错接线装置。

# 六、对策实施

## （一）实施一

### 1. 针对不同三相四线表型号表计尺寸进行测量

小组成员卢伟6月2日在和凤供电所对不同三相四线表型号的表计尺寸进行测量，如图16所示。

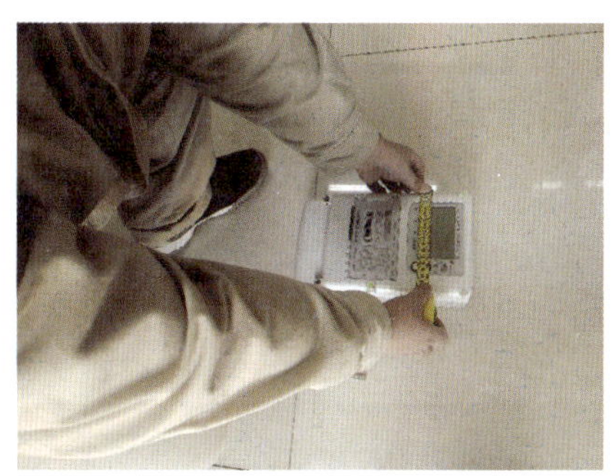

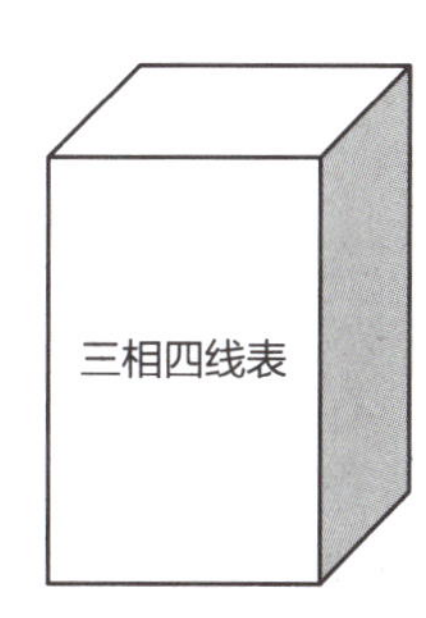


图16　三相四线电能表尺寸测量图

经过现场测量不同三相四线电能表型号尺寸基本一致，为长 30cm、宽 17cm、高 9cm，为下一步设计制作计量装置领用周转箱提供依据。

### 2. 画出计量装置领用周转箱图纸并制作出实物

（1）小组成员卢伟、王磊6月3日画出了计量装置领用周转箱图纸，如图17所示。

（2）小组成员卢伟、王磊6月10日与厂家合作，根据图纸制作出实物，如图18所示。

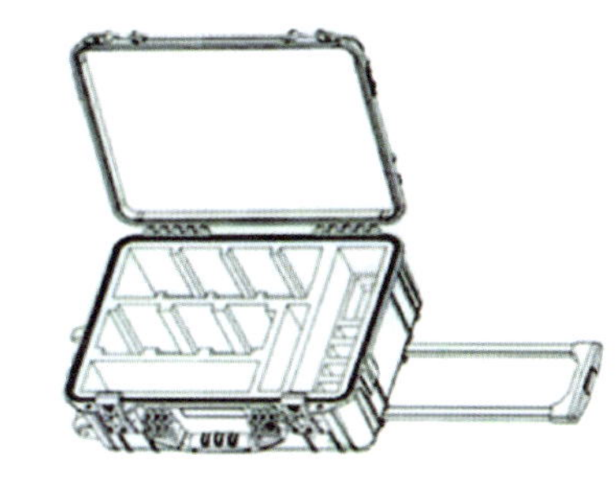

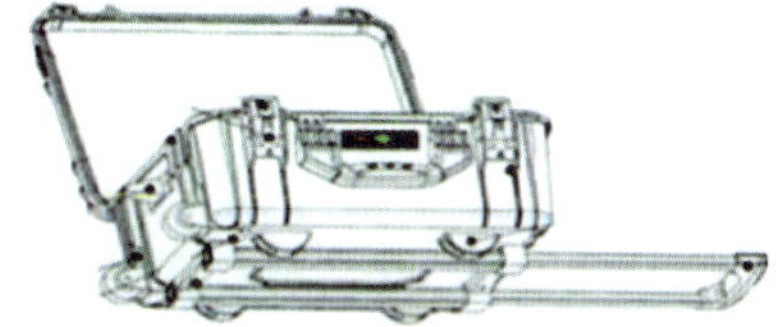

图17　计量周转箱图纸

图18　计量装置领用周转箱

### 3. 制作出APP远程遥控锁

6月15日，小组成员卢伟、王磊针对目前市场上的APP专人遥控锁进行调研，制作出APP远程遥控锁，该锁需专人利用APP程序进行远程授权解锁，异常打开会收到报警信息，如图 19 所示。

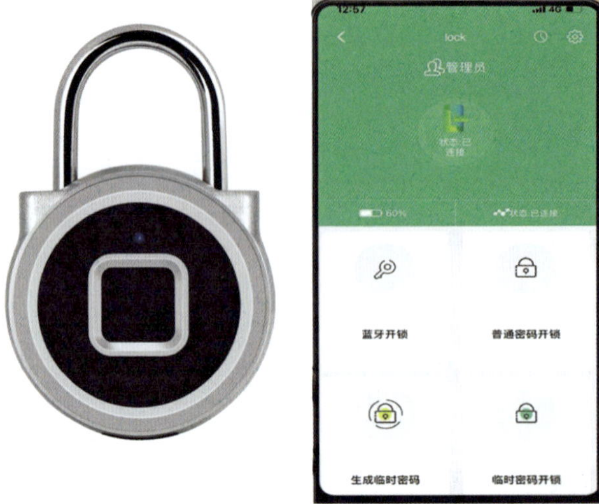


图 19　APP 远程遥控锁

### 4. 组装计量装置领用周转箱并进行调试

6 月 20 日小组成员卢伟、王磊指导厂家进行装置实物的现场制作与组装，并对进行现场调试，如图 20 所示。

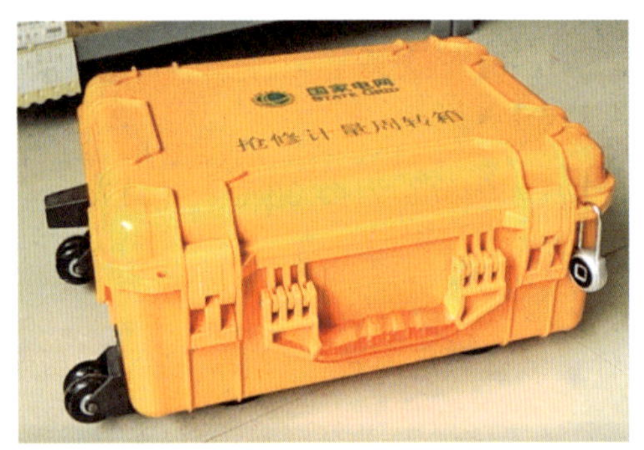

图 20　计量装置领用周转箱

通过以上实施，小组成员卢伟、王磊还进行现场试验测试，统计数据如表 27 所示。

表 27　专用表计箱领用试验统计表

| 测试次数 | 调试成功率（%） | 领用时间（min） | 测试次数 | 调试成功率（%） | 领用时间（min） |
|---|---|---|---|---|---|
| 1 | 100 | 6.51 | 11 | 100 | 6.77 |
| 2 | 100 | 6.62 | 12 | 100 | 7.07 |
| 3 | 100 | 6.88 | 13 | 100 | 6.97 |
| 4 | 100 | 6.88 | 14 | 100 | 7.27 |
| 5 | 100 | 6.98 | 15 | 100 | 7.37 |
| 6 | 100 | 7.01 | 16 | 100 | 7.27 |
| 7 | 100 | 6.42 | 17 | 100 | 6.77 |
| 8 | 100 | 7.02 | 18 | 100 | 7.07 |
| 9 | 100 | 7.05 | 19 | 100 | 6.97 |
| 10 | 100 | 6.87 | 20 | 100 | 6.97 |

续表

| 测试次数 | 调试成功率（%） | 领用时间（min） | 测试次数 | 调试成功率（%） | 领用时间（min） |
|---|---|---|---|---|---|
| 21 | 100 | 7.07 | 51 | 100 | 7.38 |
| 22 | 100 | 7.07 | 52 | 100 | 7.28 |
| 23 | 100 | 7.17 | 53 | 100 | 7.38 |
| 24 | 100 | 7.97 | 54 | 100 | 7.47 |
| 25 | 100 | 6.87 | 55 | 100 | 6.88 |
| 26 | 100 | 6.33 | 56 | 100 | 7.37 |
| 27 | 100 | 6.31 | 57 | 100 | 7.27 |
| 28 | 100 | 6.44 | 58 | 100 | 7.37 |
| 29 | 100 | 6.57 | 59 | 100 | 7.47 |
| 30 | 100 | 7.17 | 60 | 100 | 6.81 |
| 31 | 100 | 7.97 | 61 | 100 | 7.37 |
| 32 | 100 | 6.97 | 62 | 100 | 7.27 |
| 33 | 100 | 7.07 | 63 | 100 | 7.37 |
| 34 | 100 | 6.68 | 64 | 100 | 7.58 |
| 35 | 100 | 6.51 | 65 | 100 | 6.19 |
| 36 | 100 | 6.66 | 66 | 100 | 6.31 |
| 37 | 100 | 7.58 | 67 | 100 | 6.34 |
| 38 | 100 | 7.38 | 68 | 100 | 7.81 |
| 39 | 100 | 7.28 | 69 | 100 | 7.68 |
| 40 | 100 | 6.05 | 70 | 100 | 7.56 |
| 41 | 100 | 7.81 | 71 | 100 | 7.65 |
| 42 | 100 | 7.99 | 72 | 100 | 7.87 |
| 43 | 100 | 7.68 | 73 | 100 | 6.99 |
| 44 | 100 | 7.78 | 74 | 100 | 6.67 |
| 45 | 100 | 7.58 | 75 | 100 | 6.97 |
| 46 | 100 | 7.68 | 76 | 100 | 7.27 |
| 47 | 100 | 7.17 | 77 | 100 | 7.37 |
| 48 | 100 | 7.97 | 78 | 100 | 7.17 |
| 49 | 100 | 7.78 | 79 | 100 | 6.81 |
| 50 | 100 | 7.48 | 80 | 100 | 6.79 |
| 平均 | | | | | 7.13 |

为了更加直观地分析，小组成员根据调试时间的频数分布表和样本值计算结果画出直方图，如图 21 所示。

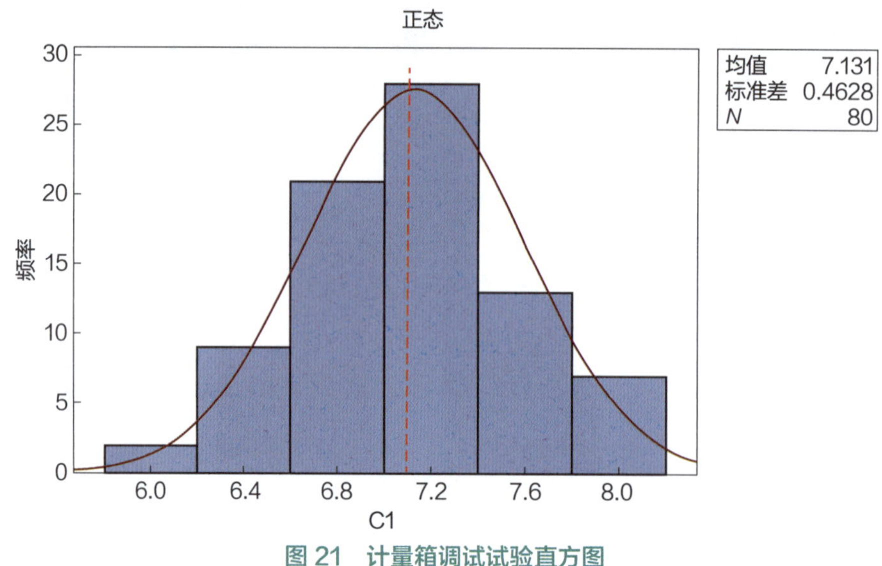


图 21 计量箱调试试验直方图

可以看出，图 21 中部有 1 个顶峰，左右两边逐渐降低，近似对称，为正常型直方图，这就说明小组对策实施后，现场调试成功率 100%且表计领用时间处于稳定状态，平均 7.13min，实施效果良好。

5. 报验及出具认证书

6 月 25 日小组成员请南京三新供电服务有限公司溧水分公司和国网南京市溧水区供电公司信通班组联合出具了书面报告（见图 22），对本小组研制的自助领用表计装置进行了认证，并准予投入使用。

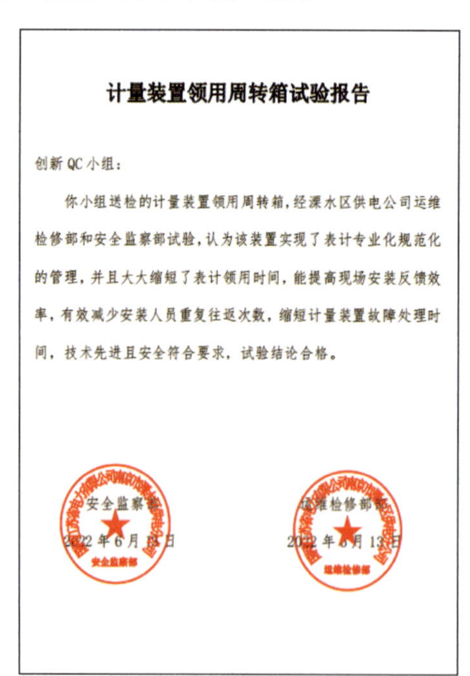

**计量装置领用周转箱试验报告**

创新 QC 小组：

你小组送检的计量装置领用周转箱，经溧水区供电公司运维检修部和安全监察部试验，认为该装置实现了表计专业化规范化的管理，并且大大缩短了表计领用时间，能提高现场安装反馈效率，有效减少安装人员重复往返次数，缩短计量装置故障处理时间，技术先进且安全符合要求，试验结论合格。

安全监察部

运维检修部 2022 年 6 月 13 日

**计量装置领用周转箱认证报告**

创新 QC 小组：

你小组自行研制的计量装置领用周转箱，已经南京三新供电服务有限公司溧水分公司相关技术部门和安全部门进行试验，认为该装置实现了表计专业化规范化的管理，并且大大缩短了表计领用时间，能提高现场安装反馈效率，有效减少安装人员重复往返次数，缩短计量装置故障处理时间，技术先进且安全符合要求，准予投入使用。

南京三新供电服务有限公司溧水分公司

2022 年 6 月 29 日

图 22 试验报告与认证报告

对策实施完，立即对照对策目标，确认其效果。

实施一结论：该专用表计箱通过调试，实现了表计专业化规范化的管理，并且大大缩短了表计领用时间，特别是在节假日期间，可以通过 APP 远程遥控，缩短了表计管理人员到表库领表的时间。80 组测试数据调试成功率都是 100%，领用表平均时间为 7.13min，所以实施一目标实现。

## （二）实施二

### 1. 画出防错接线装置图纸

6 月 10 日小组成员徐华磊、卢伟根据现场三相表计安装情况，经梳理后画出防错接线装置图纸如图 23、图 24 所示。

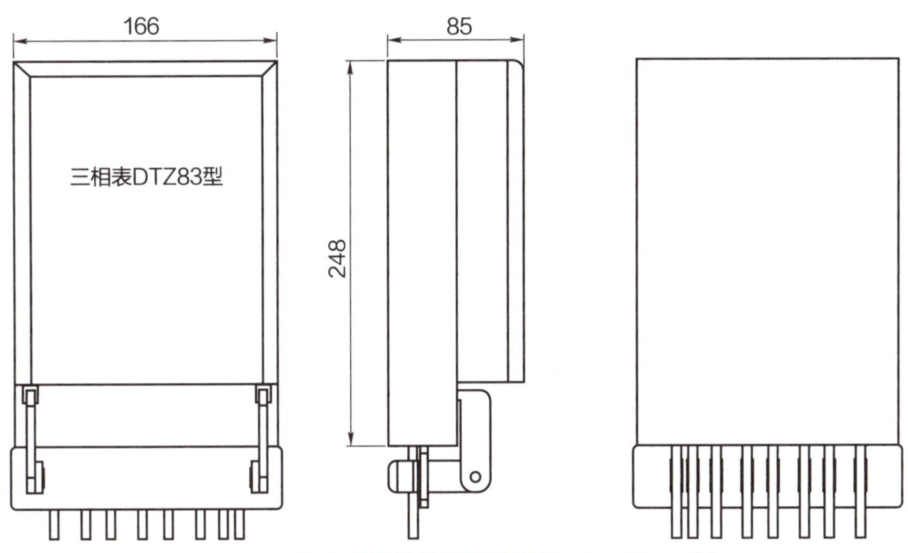


图 23　三相表防错接线装置（线径 10～16mm²）

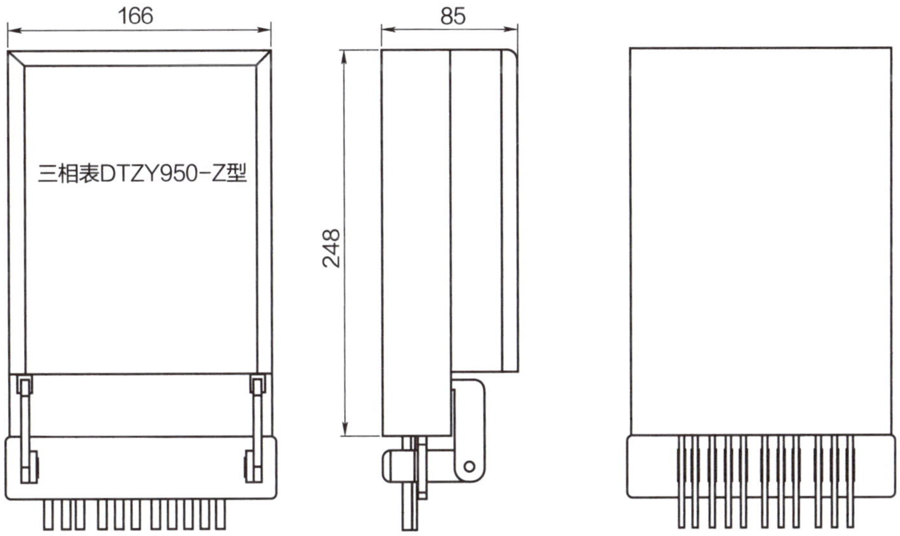

图 24　三相表防错接线装置（线径 4mm²）

### 2. 根据图纸制作出实物

6 月 15 日小组成员徐华磊、卢伟根据图纸选取制作材料（选取环氧树脂，因其优良的物理机械和电绝缘性能），制作出实物，如图 25 所示。

### 3. 现场安装调试

6 月 29 日小组成员徐华磊、卢伟现场安装调试并统计了表计更换时间，如图 26、图 27 和表 28 所示。

图 25　防错接线装置实物图

图 26　现场安装调试

表 28　防错接线装表试验统计表

| 测试组号 | 导线型号 | 安装时间（min） |
|---|---|---|
| ss1-1 | 线径 10～16mm$^2$ | 4.34 |
| ss1-2 | 线径 10～16mm$^2$ | 4.31 |
| ss1-3 | 线径 10～16mm$^2$ | 3.33 |
| ss1-4 | 线径 10～16mm$^2$ | 4.34 |
| ss1-5 | 线径 10～16mm$^2$ | 4.31 |
| ss1-6 | 线径 10～16mm$^2$ | 3.28 |
| ss1-7 | 线径 10～16mm$^2$ | 4.29 |
| ss1-8 | 线径 10～16mm$^2$ | 3.31 |
| ss1-9 | 线径 10～16mm$^2$ | 3.32 |
| ss1-10 | 线径 10～16mm$^2$ | 4.29 |
| ss1-11 | 线径 4mm$^2$ | 4.16 |
| ss1-12 | 线径 4mm$^2$ | 3.18 |
| ss1-13 | 线径 4mm$^2$ | 4.32 |
| ss1-14 | 线径 4mm$^2$ | 3.24 |
| ss1-15 | 线径 4mm$^2$ | 4.38 |
| ss1-16 | 线径 4mm$^2$ | 3.39 |
| ss1-17 | 线径 4mm$^2$ | 4.37 |

续表

| 测试组号 | 导线型号 | 安装时间（min） |
|---|---|---|
| ss1-18 | 线径 $4mm^2$ | 3.29 |
| ss1-19 | 线径 $4mm^2$ | 4.34 |
| ss1-20 | 线径 $4mm^2$ | 4.31 |
| 平均 | | 3.9 |

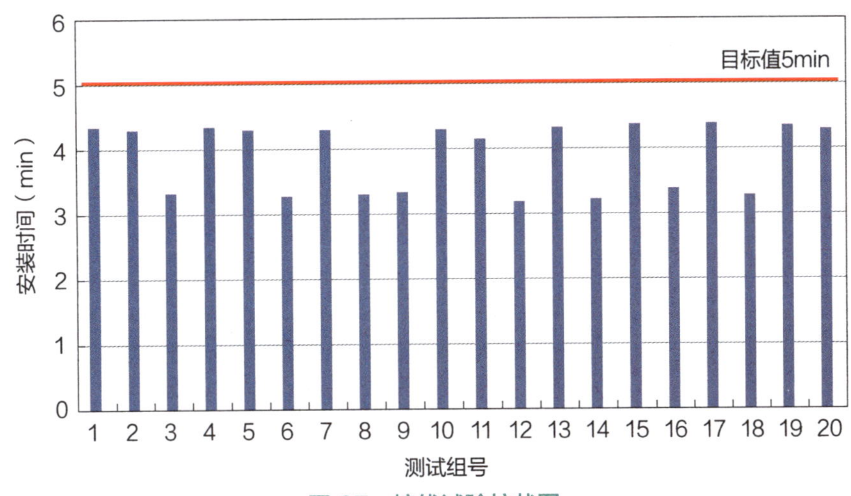


图 27　接线试验柱状图

### 4. 报验及出具认证书

6 月 30 日小组成员请南京三新供电服务有限公司溧水分公司出具了书面报告，对本小组研制的防错接线装置进行了认证（见图 28），并准予投入使用。

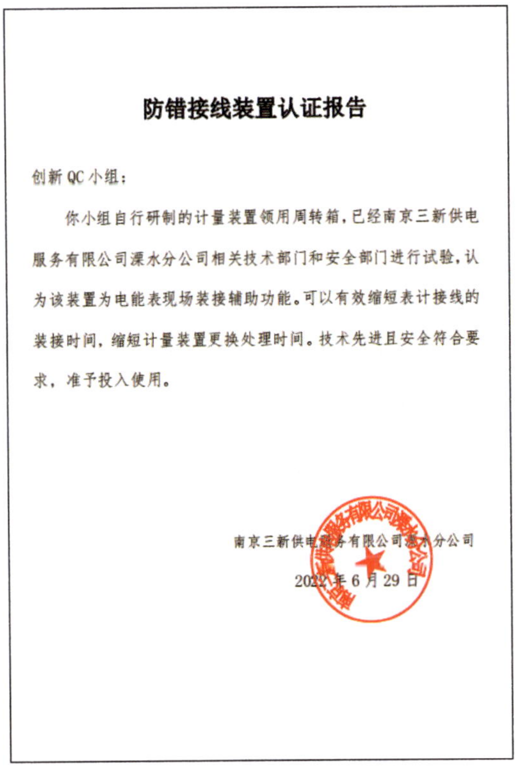

**防错接线装置认证报告**

创新 QC 小组：

你小组自行研制的计量装置领用周转箱，已经南京三新供电服务有限公司溧水分公司相关技术部门和安全部门进行试验，认为该装置为电能表现场装接辅助功能。可以有效缩短表计接线的装接时间，缩短计量装置更换处理时间。技术先进且安全符合要求，准予投入使用。

南京三新供电服务有限公司溧水分公司

2022 年 6 月 29 日

图 28　防错接线认证报告

实施二结论：通过三相表计防错误接线装置的制作，小组成员统计了利用该装置换表的时间统计，换表平均时间为 3.9min，所以实施二的目标也实现了。

# 七、效果检查

检查课题目标完成情况。

## （一）实施成效

方案实施以后，取得了很好的效果，小组成员陈宝根、冯超调查了 2022 年 7—9 月的低压计量装置故障平均处理时间，如表 29 所示。

表 29　2022 年 7—9 月低压计量装置故障处理时间

| 月份 | 计量故障业务数（个） | 总时间（min） | 平均处理时间（min） |
|---|---|---|---|
| 7 | 31 | 1426 | 46 |
| 8 | 29 | 1131 | 39 |
| 9 | 49 | 2107 | 43 |
| 合计 | 109 | 4664 | 43 |

由表 29 可知方案实施后和凤供电所低压计量装置故障平均处理时间达到了公司要求，故障平均处理时间缩短为 43min，可见当初设定的目标已经实现。

检查现状的改善程度。

## （二）症结检查

为了进一步验证“表计更换时间长与材料准备时间长”这两个关键症结是否解决，小组成员对低压计量装置故障平均处理时间进行了统计分析，制作了频数表和排列图如表 30、图 29 所示。

表 30　故障处理环节时间频数统计表

| 序号 | 项目 | 频数（min） | 累计频数（min） | 累计百分比 |
|---|---|---|---|---|
| A | 抵达现场时间 | 16 | 16 | 36.36% |
| B | 安全措施时间 | 10 | 26 | 59.09% |
| C | 材料准备时间 | 5 | 31 | 70.45% |
| D | 资料归档时间 | 5 | 36 | 81.82% |
| E | 工单派发时间 | 4 | 40 | 90.91% |
| F | 表计更换时间 | 4 | 44 | 100.00% |

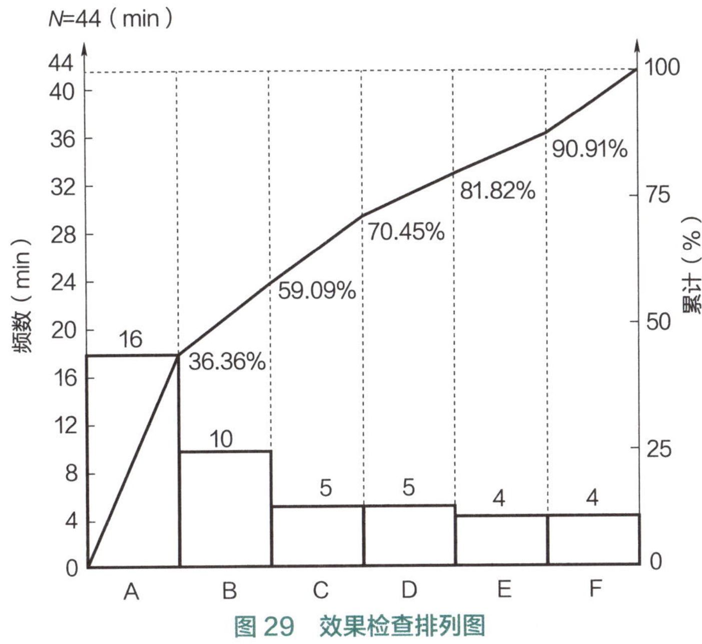

图 29 效果检查排列图

从表 30 和图 29 可以看出，表计更换时间长与材料准备时间长已经不是影响低压计量装置故障平均处理时间的关键症结了，表计更换和材料准备的平均时间有了很明显的降低，可见本次 QC 活动成功减少了症结时间，缩短低压用户计量装置故障平均处理时间。

## （三）经济效益

必要时，确认本次活动的经济效益，经济效益的测算要实事求是。

通过本次 QC 活动，小组从人力、设备、增供、增收等几个方面统计了活动的经济效益，如表 31 所示。

表 31 经济效益统计表

| 活动效果 | 活动前 | 活动后 | 效益 |
|---|---|---|---|
| 环节时间缩减 | 85min | 43min | 流程环节缩减 42min，在提升工作效率的同时提高了优质服务水平，提升了客户满意度。因故障停电时间减少，供售电量增加约 40727kWh，为公司增收电费 24016.71 元 |
| 人力投入减少 | 3~5 人 | 2 人 | 活动前，故障表更换反馈环节需要配表，装表，监护，后台调试等人员约 3~5 人，活动后可实现现场调试等功能，减少后台调试人员及重复装拆人员的投入，节约人工，提升效率。综合计算实施结束后减少报修车重复往返节省费用 500 元/月 |
| 低压采集成功率提升 | 98% | 100% | 活动前，由于部分故障表计更换不能及时领表，跨日后影响采集成功率，活动后，表计能及时更换，流程及时归档，表计采集成功率提升到 100% |
| 低压线损指标提升 | 表计故障处理时间大幅缩短，减少了电量损失，有效提升线损精益化管理水平，获评同期线损百强供电所 3 次。月电量损失减少 0.016 万 kWh | | |
| 开发成本 | 约 3500 元 | | |

公司财务与相关部门也对本活动的经济效益进行了认证，如图 30 所示。

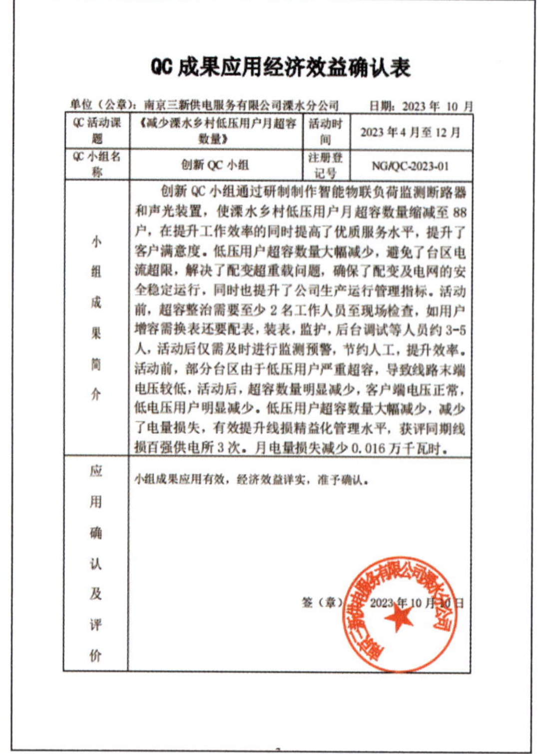

QC 成果应用经济效益确认表

单位（公章）：南京三新供电服务有限公司溧水分公司　　日期：2023 年 10 月

| QC 活动课题 | 《减少溧水乡村低压用户月超容数量》 | 活动时间 | 2023 年 4 月至 12 月 |
|---|---|---|---|
| QC 小组名称 | 创新 QC 小组 | 注册登记号 | NG/QC-2023-01 |
| 小组成果简介 | 创新 QC 小组通过研制制作智能物联负荷监测断路器和声光装置，使溧水乡村低压用户月超容数量缩减至 88 户，在提升工作效率的同时提高了优质服务水平，提升了客户满意度。低压用户超容数量大幅减少，避免了台区电流超限，解决了配变超重载问题，确保了配变及电网的安全稳定运行，同时也提升了公司生产运行管理指标。活动前，超容整治需要至少 2 名工作人员至现场检查，如用户增容需换表还要配表，装表，监护，后台调试等人员约 3-5 人，活动后仅需及时进行监测预警，节约人工，提升效率。活动前，部分台区由于低压用户严重超容，导致线路末端电压较低，活动后，超容数量明显减少，客户端电压正常，低电压用户明显减少。低压用户超容数量大幅减少，减少了电量损失，有效提升线损精益化管理水平，获评同期线损百强供电所 3 次。月电量损失减少 0.016 万千瓦时。 | | |
| 应用确认及评价 | 小组成果应用有效，经济效益详实，准予确认。<br>签（章）：2023 年 10 月 10 日 | | |

图 30　经济效益确认表

# 八、制定巩固措施

## （一）巩固措施

应该将对策表中经过实践证明有效的措施纳入标准。具体的措施，而不是对策。

小组根据对策实施表对每条行之有效的措施纳入防错接线装置管理使用规定与遥控锁表计箱使用说明，如表 32 所示。

表 32　巩固措施

| 序号 | 措施 | 巩固形式 | 相应条款 | 批准单位 |
|---|---|---|---|---|
| 1 | 制作 APP 远程遥控计量装置领用周转箱 | 编写基于 APP 远程遥控计量装置领用周转箱的使用说明 | 1.1　所有计量装置必须由专人管理，不得擅自领用计量装置<br>2.2　对领用的计量装置必须登记在案，以便后期档案核查。<br>3.1　对计量装置领用周转箱要进行日常维护，以确保能正常使用 | 国网南京市溧水区供电分公司 |
| 2 | 制作防错接线装置 | 使用防错线装置，并编写使用规定 | 1. 在电力系统和电力用户中，计量装置的错误接线是可能发生的，错误接线常常会使计量的电能值发生错误甚至无法计算，严重的还可能造成人身伤亡或仪器仪表、设备的损坏。<br>2. 使用该装置，必须戴纱棉手套，在使用过程中注意带电部位的安全距离 | 国网南京市溧水区供电分公司 |

小组针对取得效果的自助领表装置编写了使用说明书，报国网南京市溧水区供电公司审核批准，并制定了防错接线装置使用规定，如图 31 所示。

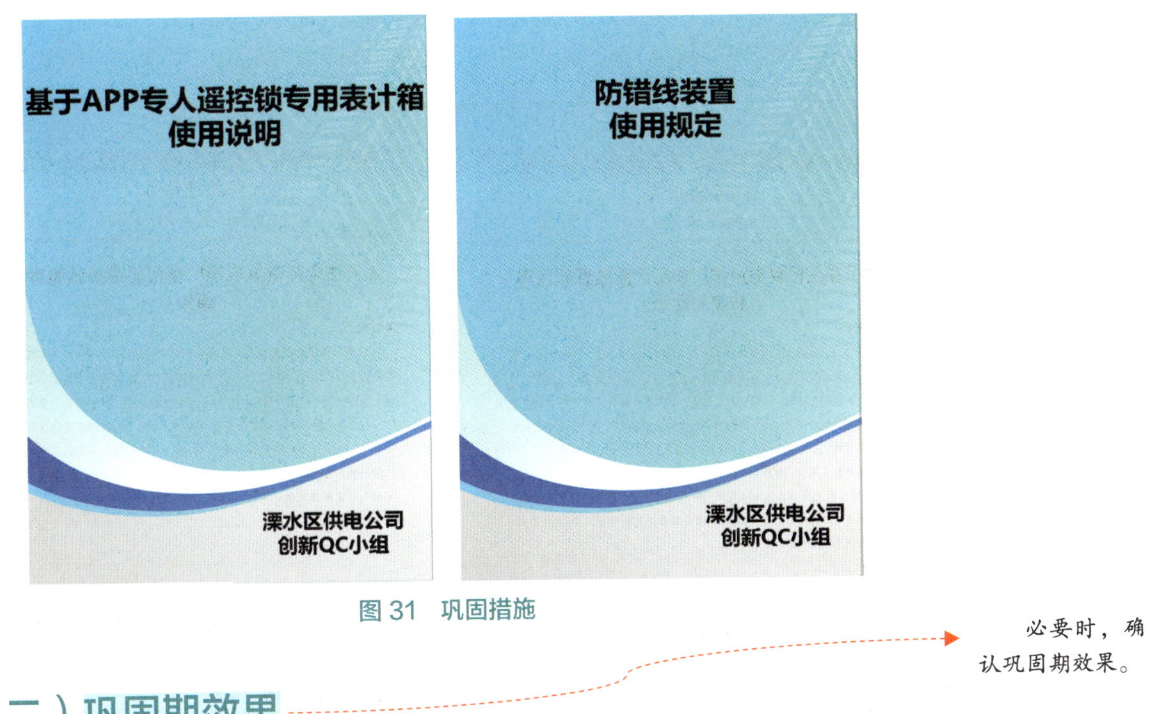


图 31 巩固措施

必要时，确认巩固期效果。

## （二）巩固期效果

在推广使用自助领表装置和防错接线装置以后，小组跟踪调查了 2022 年 10—11 月和凤供电所低压计量装置故障平均处理时间，统计结果如表 33 和图 32 所示。

表 33 巩固期故障平均处理时间统计表

| 月份 | 换表业务数量（个） | 总时间（min） | 平均时间（min） |
|---|---|---|---|
| 10 | 37 | 1443 | 39 |
| 11 | 29 | 1160 | 40 |
| 合计 | 66 | 2607 | 39.5 |

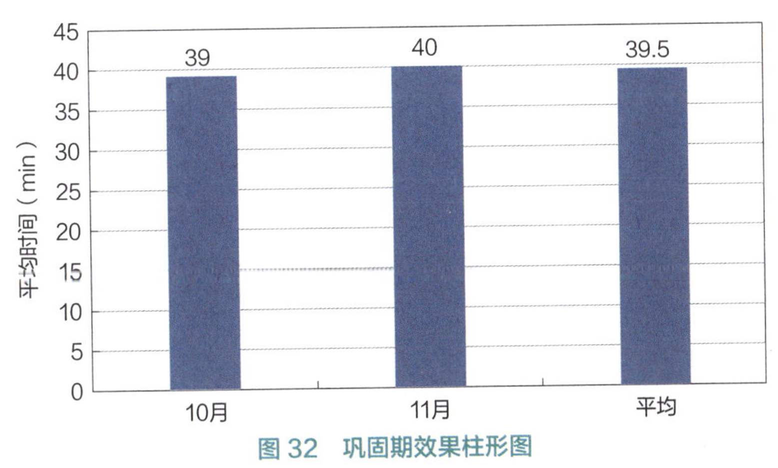


图 32 巩固期效果柱形图

经过 2 个月的巩固检查，可以看出，和凤供电所低压计量装置故障平均处理时间为 39.5min，达到了公司期望值，巩固效果稳定且显著，这再一次证明我们采取的措施有效，且达到了预期，如图 33 所示。

南京三新供电服务有限公司溧水分公司
内部通知单

三新溧字[2022]20 号

**关于在全区供电所推广使用计量装置领用周转箱的通知**

**各供电所：**

南京三新供电服务有限公司溧水分公司创新 QC 小组自行研制的计量装置领用周转箱，经溧水区供电公司生产技术部、安全监察部、信通部门等有关部门实验合格，并经营销（农电）部等相关部门人员现场查看了研制的该装置现场测后，认为该装置有便捷领表功能，实现了表计专业化规范化的管理，并且大大缩短了表计领用时间，特别是在节假日期间，可以通过 APP 专人遥控，缩短了表计管理人员需到表库领导的时间。为此，营销（农电）部决定在全区供电所推广使用计量装置领用周转箱，希望各供电所在使用过程中积累经验，并将有关还需要改进的地方及时营销（农电）部，以便及时改进。

特此通知。

南京溧水三新供电服务有限公司溧水分公司
二〇二二年十月十七日

**主题词：计量　接线　设备**

**南京三新供电服务有限公司溧水分公司　2022 年 10 月 17 日发**

南京三新供电服务有限公司溧水分公司
内部通知单

三新溧字[2022]21 号

**关于在全区供电所推广使用防错接线装置的通知**

**各供电所：**

南京三新供电服务有限公司溧水分公司创新 QC 小组自行研制的防错接线装置，经溧水区供电公司生产技术部和安全监察部等有关部门实验合格，并经营销（农电）部等相关部门人员现场查看了研制的该装置现场测后，认为该装置为电能表现场装接辅助功能。可以有效缩短表计接线的装接时间，缩短计量装置更换处理时间。为此，营销（农电）部决定在全区供电所推广使用防错接线装置，希望各供电所在使用过程中积累经验，并将有关还需要改进的地方及时营销（农电）部，以便及时改进。

特此通知。

南京溧水三新供电服务有限公司溧水分公司
二〇二二年十月十七日

**主题词：计量　接线　设备**

**南京三新供电服务有限公司溧水分公司　2022 年 10 月 17 日发**

图 33　内部通知单

# 九、总结与下一步打算

## （一）总结

通过 QC 小组的活动，光伏流程的管理水平得到了提高，减少了人力投入成本，增加了客户满意度，提高电力系统运行经济性和灵活性。小组活动结束后，我们从专业技术、管理方法、综合素质几个方面对活动进行了总结，如表 34 所示。

表 34　总结评价表

| 总结内容 | 取得成效 | 不足之处 | 今后方向 |
| --- | --- | --- | --- |
| 专业技术 | 以计量装置故障处理为课题，紧扣乡村振兴、数字化供电所建设等重点工作，根据日常工作存在的问题，选定课题，针对性和实效性强。结合现有的设备加以创新与数字、全能型化供电所推广工作相结合，完美解决计量装置故障处理流程中的问题 | 有些部件无法实现完全的自主研制 | 进一步培养小组成员的动手能力与基础技术素养，充分利用公司设备与工程部门技术，解决部件制造难点 |

续表

| 总结内容 | 取得成效 | 不足之处 | 今后方向 |
| --- | --- | --- | --- |
| 管理方法 | 小组从人、机、料、法、环等方面分析小组所拥有的资源、具备的能力，以及课题难易程度等，从装置的制作核心技术出发，提出可供选择的方案，利用实验数据选定每一步的最佳方案，对策制定彻底、到位，具有可操作性。适当运用 QC 工具对对策实施的效果进行验证，使实施效果更具有说服力 | 试验计划、方法、步骤不到位，实验考虑的环境等外界因素不全面。对策的制定还不够细致。对策实施造成一定的材料浪费，增加了成本 | 试验要有计划、方法、步骤、地点，充分考虑环境因素，细化对策制定并分享经验，在确保对策目标的完成的情况下，一切从节约成本出发 |
| 综合素质 | 通过 QC 小组的活动，光伏流程的管理水平得到了提高，减少了人力投入成本，增加了客户满意度，提高电力系统运行经济性和灵活性。本次 QC 开展 16 次活动，公司也组织 1 次 QC 培训，小组成员学习收获较多 | QC 流程最新解读存在不足，小组成员参与积极性有待提高 | 保持与其他 QC 小组交流分享经验 |

从表 34 中可以看出：

（1）以缩短计量装置故障处理时间为课题，紧扣乡村振兴、数字化供电所建设等重点工作，根据日常工作存在的问题选定课题，针对性和实效性强。

（2）QC 小组进取精神一直很好，十四年如一日现在已保持下来。

（3）在创新意识上有了明显提高，对于 QC 流程已经熟练掌握。

（4）在团队精神、质量意识、QC 工具运用技巧和工作热情干劲上比活动前有所进步。在 QC 工具运用技巧上仍有所欠缺，课题高度可以再稍微拔高，小组今后应在此上有所突破。

## （二）今后打算

由于目前农网改造进程加快，低压线路工程较多，在低压线路施工过程中，发现配电箱螺栓松紧的时候比较困难，耗费了大量的人力、物力，因此，小组将 2023 年的 QC 课题定为：低压配电箱活动扳手的研制。

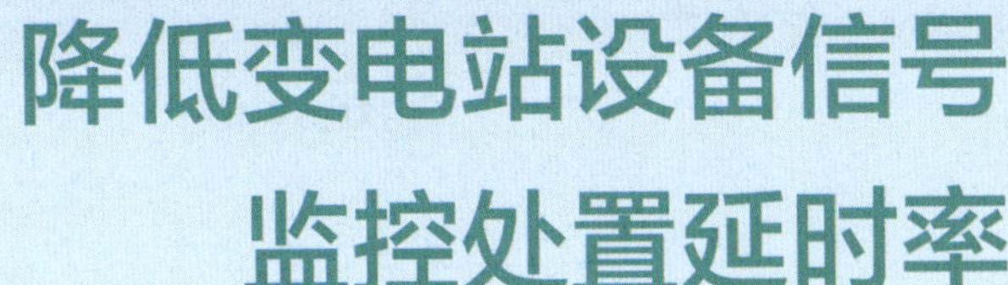

# 降低变电站设备信号监控处置延时率

国网南通供电公司电网哨兵 QC 小组

**主创人：** 朱敏彦、汪东旭、马洪宇、黄　霆、陈燕林、花　冉、黄　峰、邵建新、韩　锋、张瀛文

# 一、选择课题

选题理由直接、明确，有数据。

## （一）确定课题

### 1. 上级要求

国网江苏省电力有限公司《变电站设备监控运行管理规范细则》中规定：监控员负责监控范围内告警信息的集中监控处置，负责监控处置电网运行方式、主设备、辅助设备和消防设备状态、主设备负载、电压水平。

### 2. 部门要求

国网南通供电公司变电运维中心工作要求：应及时监控处置变电站设备异常状况，确保变电站设备信号监控处置延时率在 1%及以下。

### 3. 现状

小组对 2021 年 6—11 月的变电站设备信号监控处置延时情况进行了调查统计，如表 1 和图 1 所示。

表 1　2021 年 6—11 月变电站设备信号监控处置延时率情况统计表

| 项目 | 6 月 | 7 月 | 8 月 | 9 月 | 10 月 | 11 月 | 平均 |
|---|---|---|---|---|---|---|---|
| 信号监控处置延时率 | 1.36% | 1.85% | 1.10% | 1.54% | 0.85% | 1.77% | 1.50% |



图 1　2021 年 6—11 月变电站设备信号监控处置延时率情况统计图

现状和目标的差距降低了电网运行的安全稳定性。

统计调查发现，现阶段变电站设备信号实际平均监控处置延时率为 1.70%（统计样本中平均监控处置延时率为统计时间区间内累计未能被及时监控处置的有效信号数量与该时间区间内的累计总有效信号数量之比）。

### 4. 选定课题

降低变电站设备信号监控处置延时率。

## （二）活动计划

指令性目标问题解决型课题。

如表 2 所示。

表 2　活动计划推进表

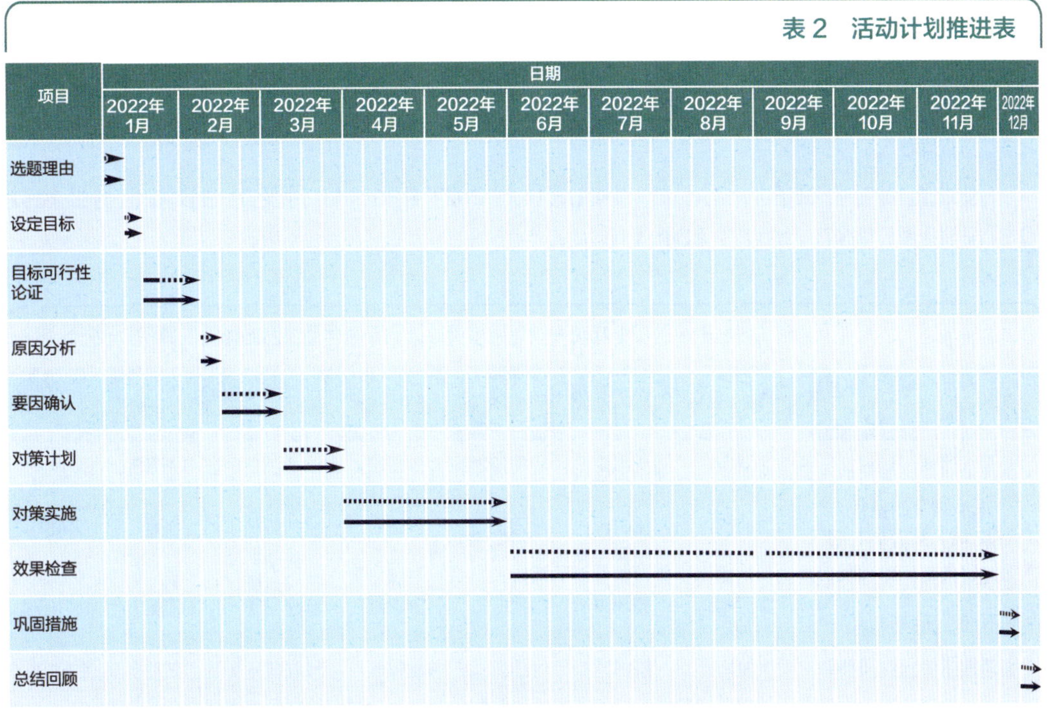


注 ··········➤ 计划活动时间，———➤ 实际活动时间。

# 二、设定目标

直接用上级的要求作为目标值。

根据国网南通供电公司变电运维中心要求，小组设定本次 QC 课题活动目标为变电站设备信号监控处置延时率≤1%，如图 2 所示。

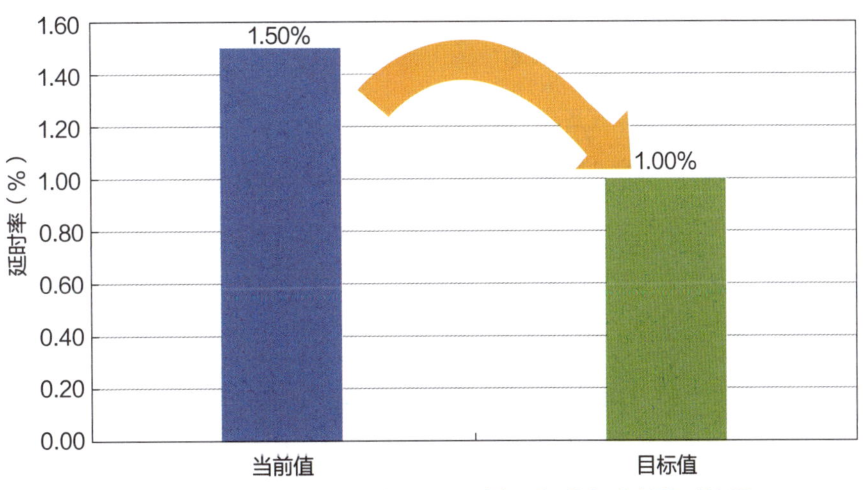


图 2　变电站设备信号监控处置延时率目标值与当前值对比图

# 三、目标可行性论证

目标可行性论证，首先把握现状。

## （一）论证一：把握现状

通过查阅告警窗的历史记录，小组成员对 2021 年 6—11 月变电站设备信号监控处置情况进行了调查，如表 3 和图 3 所示。

表 3　2021 年 6—11 月变电站设备信号监控处置延时率情况统计表

| 项目 | 2021 年 6 月 | 2021 年 7 月 | 2021 年 8 月 | 2021 年 9 月 | 2021 年 10 月 | 2021 年 11 月 | 合计 |
|---|---|---|---|---|---|---|---|
| 有效信号总条数 | 26104 | 33432 | 20392 | 34765 | 17260 | 33798 | |
| 未能被及时监控处置到的有效信号数 | 356 | 618 | 225 | 537 | 147 | 597 | 2480 |
| 被及时监控处置到的有效信号数 | 25748 | 32814 | 20167 | 34228 | 17113 | 33201 | 163271 |
| 信号监控处置延时率 | 1.36% | 1.85% | 1.10% | 1.54% | 0.85% | 1.77% | 1.50% |

通过把握现状，明确下一步分层的对象，就是未能被及时监控处置的 2480 个有效信号。

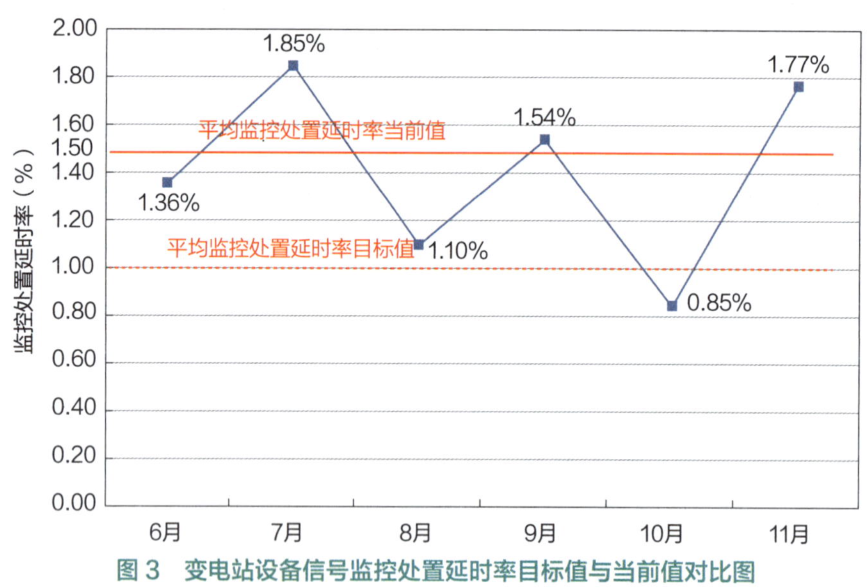


图 3　变电站设备信号监控处置延时率目标值与当前值对比图

结论：从图 3 可以看出，2021 年 6—11 月变电站设备信号监控处置延时率依次为 1.36%、1.85%、1.10%、1.54%、0.85%、1.77%，平均值为 1.50%，高于变电运维中心要求的 1%。

## （二）论证二：以变电站工作场景为分层标志

针对 2021 年 6—11 月内未能被及时监控处置的有效信号，小组从延时监控处置信号时对应变电站的工作场景的维度展开调查，从变电站在设备检修期间、新建接入期间、升级改造期间、间隔扩建期间、其他工作场景五种情况展开分析，统计结果如表4、表5和图4所示。

针对工作场景的分层，同时也是针对时间的分层。

表4 2021年6—11月不同工作场景时变电站设备信号监控处置延时数量统计表

| 工作场景 | 2021年6月 | 2021年7月 | 2021年8月 | 2021年9月 | 2021年10月 | 2021年11月 | 合计 |
|---|---|---|---|---|---|---|---|
| 设备检修期间 | 297 | 571 | 167 | 429 | 125 | 535 | 2124 |
| 新建接入期间 | 26 | 21 | 16 | 41 | 9 | 29 | 142 |
| 升级改造期间 | 17 | 11 | 29 | 30 | 4 | 11 | 102 |
| 间隔扩建期间 | 6 | 9 | 7 | 22 | 4 | 10 | 58 |
| 其他工作场景 | 10 | 6 | 6 | 15 | 5 | 12 | 54 |
| 合计 | 356 | 618 | 225 | 537 | 147 | 597 | 2480 |

表5 频数统计表

| 工作场景 | 频数 | 百分比 | 累计百分比 |
|---|---|---|---|
| 设备检修期间 | 2124 | 85.65% | 85.65% |
| 新建接入期间 | 142 | 5.73% | 91.37% |
| 升级改造期间 | 102 | 4.11% | 95.48% |
| 间隔扩建期间 | 58 | 2.34% | 97.82% |
| 其他工作场景 | 54 | 2.18% | 100.00% |
| 合计 | 2480 | 100.00% | — |

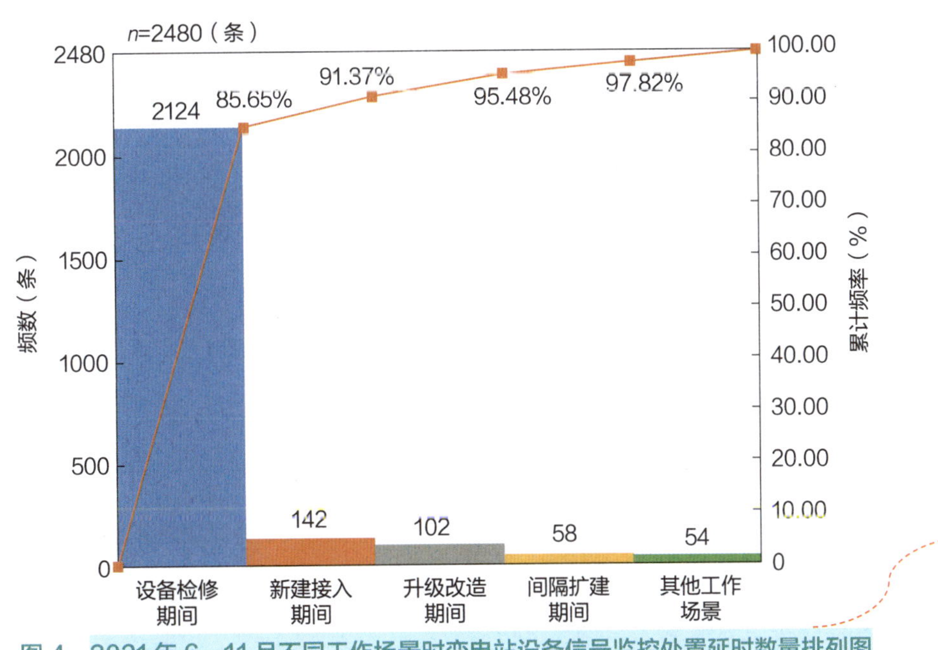


图4 2021年6—11月不同工作场景时变电站设备信号监控处置延时数量排列图

分层法结合排列图，找出课题的第一层症结。下一步将针对第一层症结“设备检修期间”的2124个问题进行进一步分层。

结论：经调查分析，设备检修期间变电站设备信号监控处置延时数量占比85.65%。

## （三）论证三：以信号类型为分层标志

第二次分层标志为缺陷的类型。

根据论证二得出的结论，小组成员对 2021 年 6—11 月设备检修期间未被及时监控处置的有效信号按信号类型进行了进一步分层统计，调查结果如表 6 和表 7 所示。

表 6　各信号类型变电站设备信号监控处置延时情况统计表

| 项目 | 事故类 | 异常类 | 越限类 | 变位类 | 告知类 | 合计 |
|---|---|---|---|---|---|---|
| 设备检修期间未被及时监控处置的有效信号条数 | 8 | 1988 | 39 | 37 | 52 | 2124 |

表 7　频数统计表

| 信号类型 | 频数 | 百分比 | 累计百分比 |
|---|---|---|---|
| 异常类 | 1988 | 93.60% | 93.60% |
| 告知类 | 52 | 2.45% | 96.05% |
| 越限类 | 39 | 1.84% | 97.88% |
| 变位类 | 37 | 1.74% | 99.62% |
| 事故类 | 8 | 0.38% | 100.00% |
| 合计 | 2124 | 100.00% | — |

随后根据频数统计表绘制了排列图，如图 5 所示。

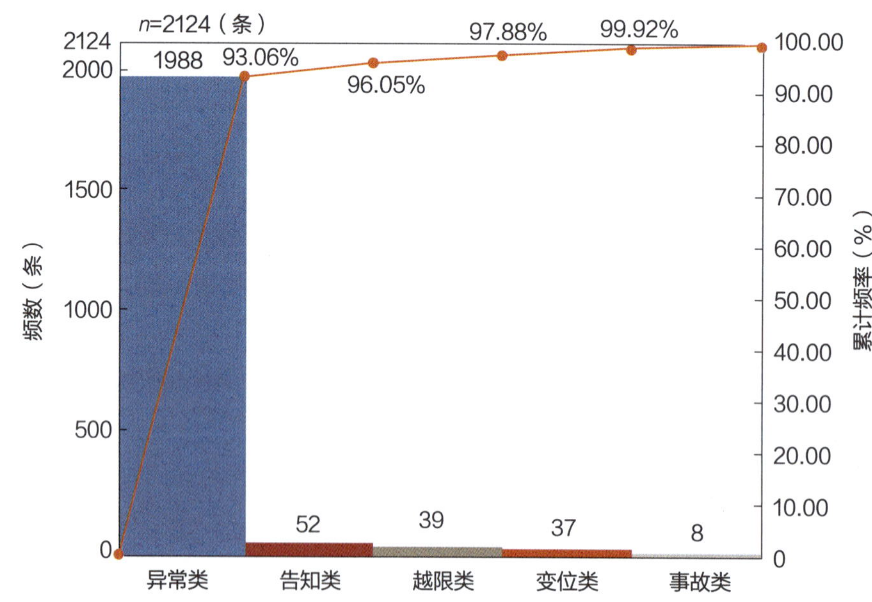


图 5　设备检修期间各类型变电站设备信号监控处置延时数量排列图

经过两次分层，找出课题的症结。

从图 5 可以看出，设备检修期间，异常类信号监控处置延时条数达到 1988 条，占各类信号监控处置延时总条数的 93.60%。

结论：设备检修期间异常类信号监控处置延时数量多是造成变电站设备信号监控处置延时率高的主要症结。

## （四）论证四：历史水平对比分析

为了给设定的目标提供充足依据，小组成员进行了历史水平对比。小组统计了 2021 年 6—11 月南通电网变电站设备异常信号监控处置延时情况，相关结果如表 8 和图 6 所示。

表 8　2021 年 6—11 月设备检修期间异常类信号监控处置延时情况统计表

| 项目 | 2021 年 6 月 | 2021 年 7 月 | 2021 年 8 月 | 2021 年 9 月 | 2021 年 10 月 | 2021 年 11 月 | 合计 |
| --- | --- | --- | --- | --- | --- | --- | --- |
| 设备检修期间异常类有效信号总条数 | 20963 | 28006 | 15433 | 28800 | 11798 | 28167 | 133167 |
| 设备检修期间异常类信号中未能被及时监控处置的信号总条数 | 261 | 537 | 158 | 431 | 90 | 511 | 1988 |
| 设备检修期间异常类信号中被及时监控处置到的信号数 | 20702 | 27469 | 15275 | 28369 | 11708 | 27656 | 131179 |
| 设备检修期间异常类信号中信号监控处置延时率 | 1.25% | 1.92% | 1.02% | 1.50% | 0.76% | 1.81% | 1.49% |

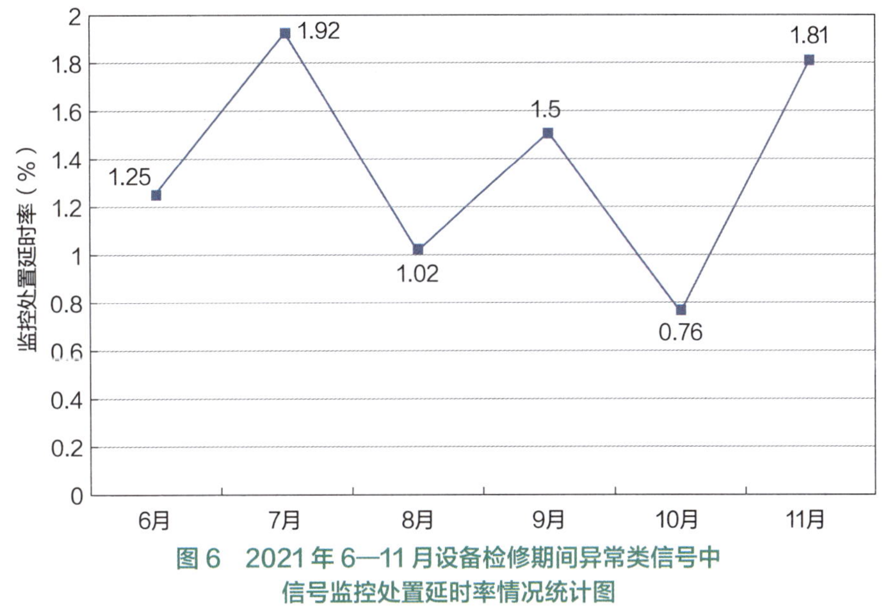


图 6　2021 年 6—11 月设备检修期间异常类信号中信号监控处置延时率情况统计图

从表 9 和图 6 可以看出，在 2021 年 10 月，设备检修期间异常类信号监控处置延时率为 0.76%。同时，根据表 4 和图 3 可知，2021 年 10 月信号监控处置延时率低于南通地区变电站设备信号监控处置延时率的平均值，且达到了公司部门要求的目标值 1%。

## （五）论证五：同业水平对比分析

为了给设定的目标提供充足依据，同时对标兄弟单位查找自身不足，小组在系统中抽取 2021 年 6—11 月国网济南供电公司地区变电站设备信号监控处置延时情况，进行调查统计，相关结果如表 9、图 7 所示。

表 9　同行业变电站设备信号监控处置延时情况表

| 项目 | 国网济南供电公司 | 国网南通供电公司 |
| --- | --- | --- |
| 有效信号总条数 | 181988 | 165751 |
| 未能被及时监控处置的有效信号总条数 | 1274 | 2480 |
| 总有效信号监控处置延时率 | 0.70% | 1.50% |
| 设备检修期间异常类信号总条数 | 166454 | 133167 |
| 设备检修期间异常类信号中未能被及时监控处置的信号总条数 | 849 | 1988 |
| 设备检修期间异常类信号监控处置延时率 | 0.51% | 1.49% |

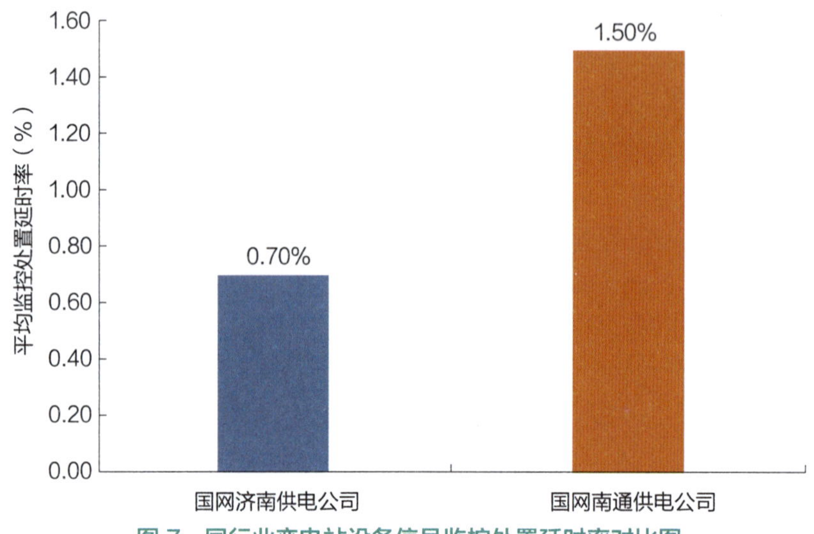


图 7　同行业变电站设备信号监控处置延时率对比图

从表 10、图 7 中看出，国网济南供电公司变电站设备信号监控处置延时率比较低，调查统计显示，同一时间段总有效信号监控处置延时率达到了 0.70%，达到了国网南通供电公司部门要求的目标值 1%。

## （六）论证六：目标值测算

将本组织历史上曾经达到的症结最好水平，作为症结解决程度的依据。

由表 9 分析可知，2021 年 10 月设备检修期间异常类信号监控处置延时率是历史最低水平，为 0.76%。由表 10 分析可知，同行业中国网济南供电公司在 2021 年 6—11 月期间设备检修期间异常类信号监控处置延时率为 0.51%。小组分析后认为，国网南通供电公司和国网济南供电公司在工作环境、管理模式、设备维护、人员配置等方面有差距，不一定能达到，故将设备检修期间异常类信号监控处置延时率目标定为：降低至历史最佳水平 0.76%。以此为目标值设定的依据，当其他条件不变时，变电站设备信号监控处置延时率可以降低至：

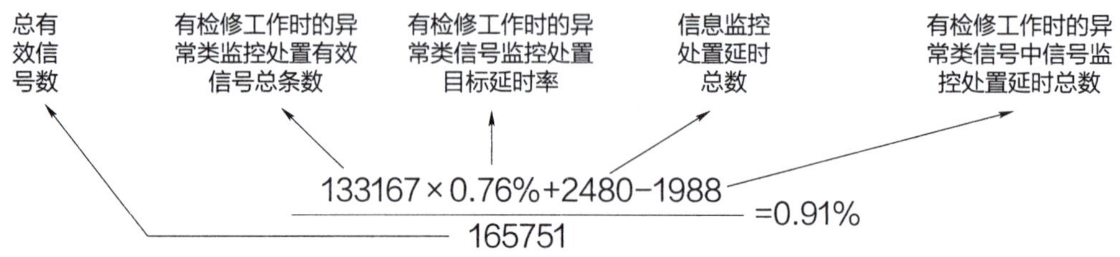

结论：变电站设备信号监控处置延时率≤1%的目标值是可以实现的。

# 四、原因分析

经过前期的准备及对现状原因的分析，本小组全体成员于 2022 年 2 月 3 日召开讨论分析会，小组成员展开头脑风暴，大家集思广益，拓宽思路，在展开分析的同时听取调度人员、运维人员、部分施工单位人员的建议，认真研究归纳，从各个角度考虑导致设备检修期间异常类信号监控处置延时的原因并制作关联图如图 8 所示。

针对一个问题，也可以做关联图。

原因分析仅进行头脑风暴是不够的，应结合现场、现实、现物，从原理和原则的角度进行分析。

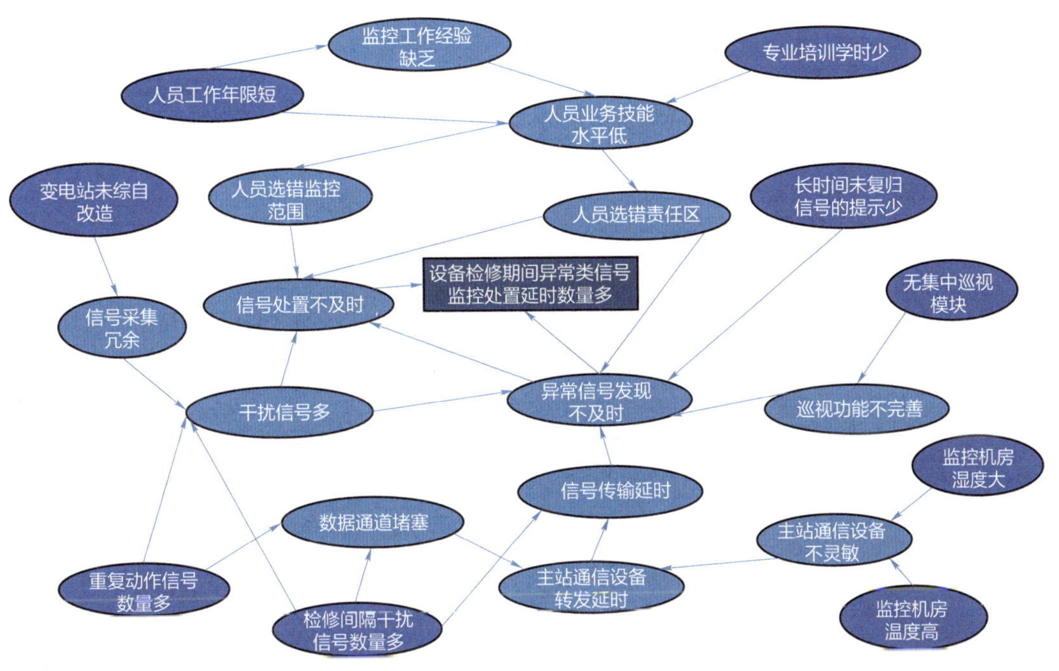


图 8　关联图

最终，小组成员从图 8 中得出造成症结的 9 个末端原因：

（1）专业培训学时少。

（2）变电站未综自改造。

（3）检修间隔干扰信号数量多。

（4）重复动作信号数量多。

（5）长时间未复归信号的提示少。

（6）无集中巡视模块。

（7）监控机房湿度大。

（8）监控机房温度高。

（9）人员工作年限短。

# 五、确定主要原因

对末端原因逐一进行确认，排除小组能力范围外的末端原因。

9 个末端原因中，“人员工作年限短”非小组能力可控，不多做讨论。

小组对末端原因 9 以外的 8 个末端原因制定要因确认计划表，如表 10 所示。

必要时，制定要因确认计划表。

表 10 要因确认表

| 序号 | 末端原因 | 确认内容 | 确认依据 | 确认方法 | 确认人 | 完成时间 |
|---|---|---|---|---|---|---|
| 1 | 专业培训学时少 | （1）将监控人员按照培训时长多少分成 3 组。<br>（2）模拟触发同一设备检修期间的变电站设备信号。<br>（3）统计各组人员异常类信号的监控处置延时情况 | 确定对症结影响程度的大小 | 现场试验 | 黄霆 | 2022 年 2 月 10 日 |
| 2 | 变电站未综自改造 | （1）选取某 220kV 综自改造已完成变电站和某 220kV 综自改造尚未完成的变电站。<br>（2）调查一个月内每日设备检修期间异常类信号监控处置延时情况 | 确定对症结影响程度的大小 | 调查分析 | 冯博 | 2022 年 2 月 10 日 |
| 3 | 检修间隔干扰信号数量多 | （1）选取有检修工作的几个变电站，在相同的时间段内统计其干扰信号数量。<br>（2）调查检修间隔干扰信号数量与设备检修期间异常类信号监控处置延时数量的关系 | 确定对课题影响程度的大小 | 调查分析 | 黄峰 | 2022 年 2 月 10 日 |
| 4 | 重复动作信号数量多 | （1）选取三位监控员在模拟实验室进行试验，在主站后台模拟触发同一设备检修期间的变电站设备信号（其中重复动作信号数量不断增加）。<br>（2）统计重复动作信号数量与设备检修期间异常类信号监控处置延时数量的关系 | 确定对课题影响程度的大小 | 现场试验 | 花冉 | 2022 年 2 月 15 日 |
| 5 | 长时间未复归信号的提示少 | （1）选取设备检修期间的 5 个工作日（班组管理人员上班，有人工提示）和 5 个休息日（班组管理人员休息，无人工提示）。<br>（2）统计有无人工提示对设备检修期间异常类信号监控处置延时数量的影响 | 确定对症结影响程度的大小 | 调查分析 | 马洪宇 | 2022 年 2 月 15 日 |
| 6 | 无集中巡视模块 | （1）请自动化人员增加对变电站若干个方面巡视的集中巡视模块。<br>（2）统计当有效信号数量相同时，有无集中巡视模块对设备检修期间异常类信号监控处置延时数量的影响 | 确定对症结影响程度的大小 | 现场试验 | 黄峰 | 2022 年 2 月 25 日 |
| 7 | 监控机房湿度大 | （1）用加湿器和除湿器模拟机房不同湿度。<br>（2）验证当有效信号数量相同时，监控机房湿度大对设备检修期间异常类信号监控处置延时数量的影响 | 确定对症结影响程度的大小 | 现场试验 | 马洪宇 | 2022 年 3 月 15 日 |
| 8 | 监控机房温度高 | （1）将监控实训室机房空调分别调至不同温度。<br>（2）验证当有效信号数量相同时，监控机房温度高对设备检修期间异常类信号监控处置延时数量的影响 | 确定对症结影响程度的大小 | 现场试验 | 朱敏彦 | 2022 年 3 月 15 |

## （一）末端原因一：专业培训学时少

### 1. 确认过程

（1）通过部门培训员查阅监控人员 2021 年培训记录，详细见表 11 和表 12。经调查，2021 年监控人员培训参与率 100%，最长学时 68h，最短 16h。

表 11 监控培训统计表

| 序号 | 培训内容 | 参加培训人员 | 培训学时（h） | 考核结果 | 是否取得证书 |
|---|---|---|---|---|---|
| 1 | 监控信息接入流程培训 | 韩锋、黄霆、花冉、马洪宇、印康、孙志豪、李伟、黄峰、刘蓉梅、龚晓曦、仇建军、朱敏彦、吴晓东、黄雅琴 | 8 | 合格 | 取得 |
| 2 | 监控专业典型事故案例分析培训 | 黄峰、刘蓉梅、龚晓曦、孙志豪、仇建军、张懿、朱敏彦、吴晓东、黄雅琴 | 8 | 合格 | 取得 |
| 3 | 监控信号回路分析培训 | 韩锋、黄霆、花冉、马洪宇、印康、孙志豪、李伟、黄峰、黄雅琴 | 16 | 合格 | 取得 |
| 4 | 调度新技术调研培训 | 韩锋、黄霆、花冉、马洪宇、印康、孙志豪、李伟、黄峰、龚晓曦、仇建军、张懿、朱敏彦、吴晓东 | 8 | 合格 | 取得 |
| 5 | 智能站监控信息流分析培训 | 黄霆、花冉、马洪宇、印康、孙志豪、黄峰、刘蓉梅、龚晓曦、孙志豪 | 8 | 合格 | 取得 |
| 6 | 监控专业业务培训 | 花冉、马洪宇、印康、孙志豪、李伟、黄峰、龚晓曦 | 20 | 合格 | 取得 |

表 12 监控人员培训学时统计表

| 姓名 | 培训学时（h） | 姓名 | 培训学时（h） | 姓名 | 培训学时（h） |
|---|---|---|---|---|---|
| 张懿 | 16 | 韩锋 | 32 | 印康 | 60 |
| 刘蓉梅 | 24 | 黄雅琴 | 32 | 花冉 | 60 |
| 仇建军 | 24 | 黄霆 | 40 | 马洪宇 | 60 |
| 朱敏彦 | 24 | 李伟 | 52 | 孙志豪 | 68 |
| 吴晓东 | 24 | 龚晓曦 | 52 | 黄峰 | 68 |

（2）小组将监控人员按培训学时长短分成三组（第一小组，培训学时 0～30h；第二小组，培训学时 30～60h；第三小组，培训学时 60～90h），抽调至监控室，模拟触发同一设备检修期间的变电站设备信号，并对异常类信号监控处置延时数量进行统计调查，结果如表 13～表 15 和图 9 所示。

表 13 第一小组监控处置延时数量统计表

| 姓名 | 培训学时（h） | 监控处置延时数量 | 平均监控处置延时数量 |
|---|---|---|---|
| 张懿 | 16 | 7 | 5 |
| 刘蓉梅 | 24 | 4 | |
| 仇建军 | 24 | 4 | |
| 朱敏彦 | 24 | 4 | |
| 吴晓东 | 24 | 6 | |

表 14　第二小组监控处置延时数量统计表

| 姓名 | 培训学时（h） | 监控处置延时数量 | 平均监控处置延时数量 |
|---|---|---|---|
| 韩锋 | 32 | 5 | 4.6 |
| 黄雅琴 | 32 | 6 | |
| 黄霆 | 40 | 5 | |
| 李伟 | 52 | 4 | |
| 龚晓曦 | 52 | 3 | |

表 15　第三小组监控处置延时数量统计表

| 姓名 | 培训学时（h） | 监控处置延时数量 | 平均监控处置延时数量 |
|---|---|---|---|
| 印康 | 60 | 6 | 5.2 |
| 花冉 | 60 | 5 | |
| 马洪宇 | 60 | 4 | |
| 孙志豪 | 68 | 7 | |
| 黄峰 | 68 | 4 | |

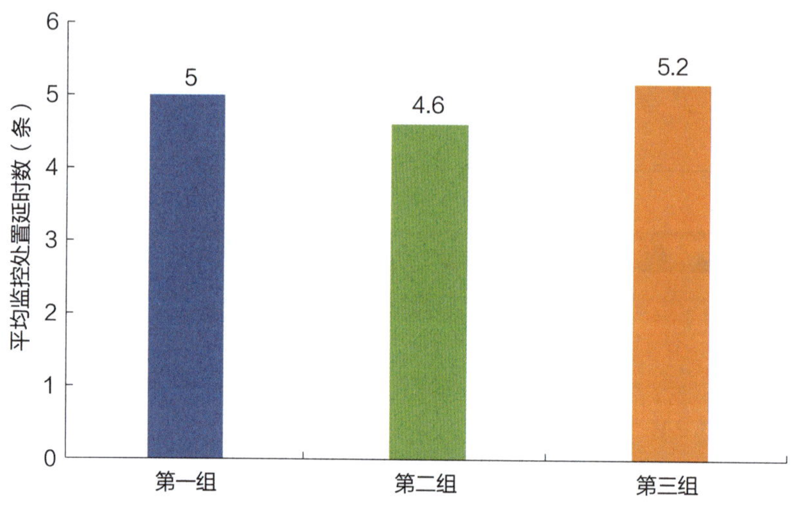


图 9　不同专业培训时长的小组人员平均监控处置延时数量情况统计图

如果能在现有基础上，增加培训力度，再进行模拟试验，则更完整。

经验证，监控人员专业培训学时不同时，设备检修期间异常类信号监控处置延时数量无相关关系，所以“专业培训学时少”对主要症结无明显影响。

2. 结论：非要因

## （二）末端原因二：变电站未综自改造

应先明确变电站综自改造的整体情况，再进行试验或者调查。

### 1. 确认过程

未综自改造过的变电站采集的一些信号未按照新的监控信息采集标准采集，故一些站端信号未进行合并，信号总量和不规范程度较大，可能造成干扰信号增多，降低异常类信号监控处置延时数量。为验证变电站未综自改造对主要症结的影响，小组选取同一地区，综自改造已完成的某 220kV 变电站与综自改造尚未完成的某 220kV 变电站，统计一个月内设备检修期间每日前 100 条有效信号的异常类信号监控处置延时情况。详情如表 16 所示。

表 16　设备检修期间不同变电站异常类信号监控处置延时数量统计表

| 日期 | 港城变电站（综自改造未完成） | 马塘变电站（综自改造已完成） |
| --- | --- | --- |
| 1月1日 | 1 | 0 |
| 1月2日 | 0 | 1 |
| 1月3日 | 2 | 1 |
| 1月4日 | 2 | 0 |
| 1月5日 | 0 | 2 |
| 1月6日 | 1 | 1 |
| 1月7日 | 2 | 1 |
| 1月8日 | 0 | 1 |
| 1月9日 | 1 | 0 |
| 1月10日 | 1 | 2 |
| 1月11日 | 0 | 1 |
| 1月12日 | 1 | 2 |
| 1月13日 | 1 | 1 |
| 1月14日 | 1 | 0 |
| 1月15日 | 0 | 1 |
| 1月16日 | 2 | 3 |
| 1月17日 | 3 | 0 |
| 1月18日 | 1 | 1 |
| 1月19日 | 0 | 2 |
| 1月20日 | 1 | 0 |
| 1月21日 | 2 | 0 |
| 1月22日 | 1 | 1 |
| 1月23日 | 0 | 2 |
| 1月24日 | 1 | 1 |
| 1月25日 | 1 | 3 |
| 1月26日 | 0 | 1 |
| 1月27日 | 2 | 2 |
| 1月28日 | 1 | 0 |
| 1月29日 | 1 | 2 |
| 1月30日 | 2 | 3 |
| 1月31日 | 1 | 0 |

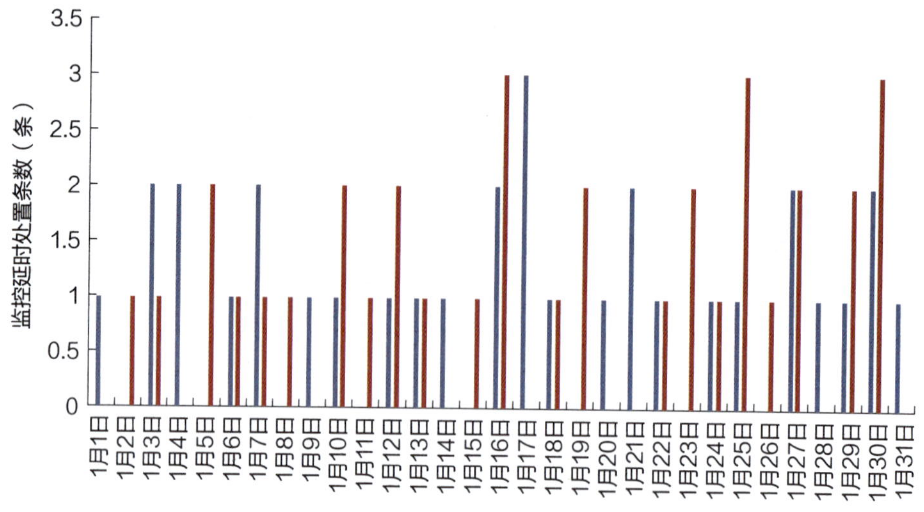


图 10　设备检修期间不同变电站异常类信号监控处置延时数

从图 10 可以看出，在一个月内综自改造已完成的马塘变电站与尚未完成综自改造的港城变电站的异常类信号监控处置延时条数没有明显区别，所以“变电站未综自改造”对主要症结无明显影响。

2. 结论：非要因

## （三）末端原因三：检修间隔干扰信号数量多

### 1. 确认过程

小组选取了设备检修期间的几个变电站，收集它们某天产生的前 1000 条有效信号，统计其中检修间隔干扰信号数量以及相应异常类信号监控信号延时处置数量，详细结果如表 17 和图 11 所示。

表 17　检修间隔干扰信号数量—异常类信号监控延时处置数量统计表

| 编号 | 变电站 | 检修间隔干扰信号数量 | 有效信号总数量 | 异常类信号监控处置延时数量 |
|---|---|---|---|---|
| 1 | 张校变电站 | 36 | 1000 | 3 |
| 2 | 金城变电站 | 54 | 1000 | 5 |
| 3 | 田庄变电站 | 61 | 1000 | 6 |
| 4 | 五义变电站 | 65 | 1000 | 7 |
| 5 | 江舍变电站 | 65 | 1000 | 6 |
| 6 | 临江变电站 | 79 | 1000 | 7 |
| 7 | 钟秀变电站 | 82 | 1000 | 8 |
| 8 | 闸东变电站 | 98 | 1000 | 9 |
| 9 | 东余变电站 | 106 | 1000 | 10 |
| 10 | 神农变电站 | 107 | 1000 | 10 |
| 11 | 银河变电站 | 110 | 1000 | 11 |
| 12 | 海门变电站 | 136 | 1000 | 14 |
| 13 | 如港变电站 | 140 | 1000 | 15 |
| 14 | 马塘变电站 | 149 | 1000 | 14 |

续表

| 编号 | 变电站 | 检修间隔干扰信号数量 | 有效信号总数量 | 异常类信号监控处置延时数量 |
|---|---|---|---|---|
| 15 | 常青变电站 | 154 | 1000 | 16 |
| 16 | 兴园变电站 | 157 | 1000 | 16 |
| 17 | 汇龙变电站 | 174 | 1000 | 17 |
| 18 | 齐心变电站 | 174 | 1000 | 17 |
| 19 | 东郊变电站 | 183 | 1000 | 17 |
| 20 | 刘桥变电站 | 184 | 1000 | 18 |
| 21 | 娄子变电站 | 191 | 1000 | 20 |
| 22 | 姜灶变电站 | 197 | 1000 | 19 |
| 23 | 六匡变电站 | 212 | 1000 | 22 |
| 24 | 民生变电站 | 229 | 1000 | 21 |
| 25 | 常乐变电站 | 229 | 1000 | 22 |
| 26 | 港城变电站 | 233 | 1000 | 23 |
| 27 | 石庄变电站 | 235 | 1000 | 22 |
| 28 | 江庄变电站 | 248 | 1000 | 26 |
| 29 | 洋口变电站 | 266 | 1000 | 26 |
| 30 | 海安变电站 | 274 | 1000 | 28 |

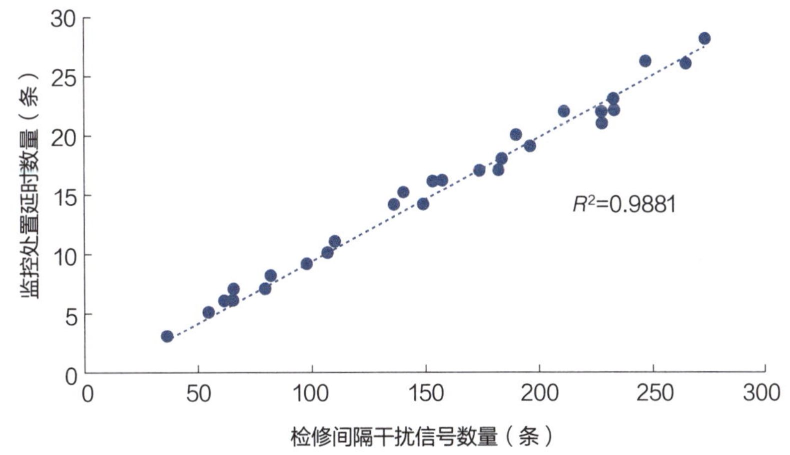


图 11　干扰信号占比—设备检修期间的异常类信号监控处置延时数量散点图

通过散布图可以看出强正相关，没有必要再进行相关系数的计算。

从表 17 和图 11 可以看出，随着检修间隔干扰信号数量不断增多，设备检修期间异常类信号监控处置延时数量也不断增加，且计算二者之间的相关系数可知 $R^2=0.9881$。由此可以认为“检修间隔干扰信号数量多”和主要症结强相关。小组又将这 30 个变电站按检修间隔干扰信号数量多少分为三个组（第一小组，检修间隔干扰信号数量 0～109；第二小组，检修间隔干扰信号数量 110～190；第三小组 191～180），统计其异常类信号监控处置延时数量，如表 18～表 20 和图 12 所示。

表 18 第一小组变电站监控处置延时数量统计表

| 变电站 | 检修间隔干扰信号数量 | 有效信号总数量 | 异常类信号监控处置延时数量 | 平均异常类信号监控处置延时数量 |
|---|---|---|---|---|
| 张校变电站 | 36 | 1000 | 3 | 7.1 |
| 金城变电站 | 54 | 1000 | 5 | |
| 田庄变电站 | 61 | 1000 | 6 | |
| 五义变电站 | 65 | 1000 | 7 | |
| 江舍变电站 | 65 | 1000 | 6 | |
| 临江变电站 | 79 | 1000 | 7 | |
| 钟秀变电站 | 82 | 1000 | 8 | |
| 闸东变电站 | 98 | 1000 | 9 | |
| 东余变电站 | 106 | 1000 | 10 | |
| 神农变电站 | 107 | 1000 | 10 | |

表 19 第二小组变电站监控处置延时数量统计表

| 变电站 | 检修间隔干扰信号数量 | 有效信号总数量 | 异常类信号监控处置延时数量 | 平均异常类信号监控处置延时数量 |
|---|---|---|---|---|
| 银河变电站 | 110 | 1000 | 11 | 15.5 |
| 海门变电站 | 136 | 1000 | 14 | |
| 如港变电站 | 140 | 1000 | 15 | |
| 马塘变电站 | 149 | 1000 | 14 | |
| 常青变电站 | 154 | 1000 | 16 | |
| 兴园变电站 | 157 | 1000 | 16 | |
| 汇龙变电站 | 174 | 1000 | 17 | |
| 齐心变电站 | 174 | 1000 | 17 | |
| 东郊变电站 | 183 | 1000 | 17 | |
| 刘桥变电站 | 184 | 1000 | 18 | |

表 20 第三小组变电站监控处置延时数量统计表

| 变电站 | 检修间隔干扰信号数量 | 有效信号总数量 | 异常类信号监控处置延时数量 | 平均异常类信号监控处置延时数量 |
|---|---|---|---|---|
| 娄子变电站 | 191 | 1000 | 20 | 22.9 |
| 姜灶变电站 | 197 | 1000 | 19 | |
| 六匡变电站 | 212 | 1000 | 22 | |
| 民生变电站 | 229 | 1000 | 21 | |
| 常乐变电站 | 229 | 1000 | 22 | |
| 港城变电站 | 233 | 1000 | 23 | |

续表

| 变电站 | 检修间隔干扰信号数量 | 有效信号总数量 | 异常类信号监控处置延时数量 | 平均异常类信号监控处置延时数量 |
|---|---|---|---|---|
| 石庄变电站 | 235 | 1000 | 22 | 22.9 |
| 江庄变电站 | 248 | 1000 | 26 | |
| 洋口变电站 | 266 | 1000 | 26 | |
| 海安变电站 | 274 | 1000 | 28 | |

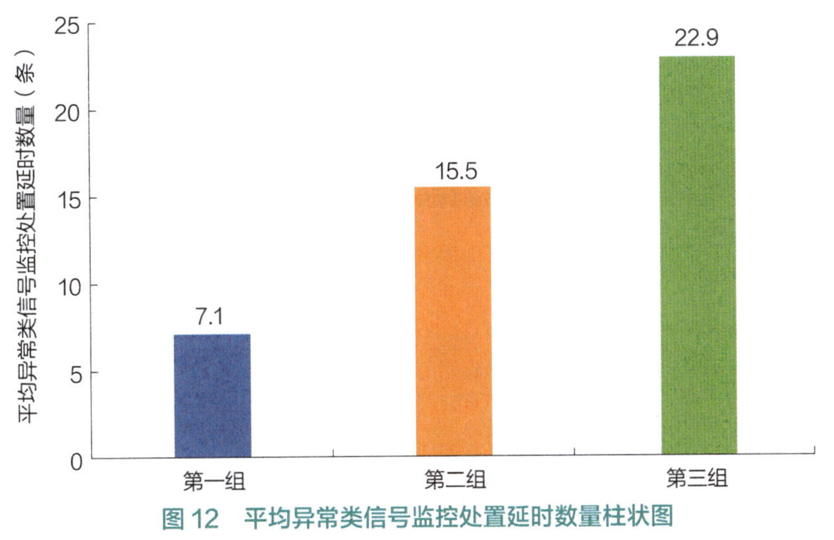


图 12　平均异常类信号监控处置延时数量柱状图

通过表 18～表 20 和图 20 可以看出，随着检修间隔干扰信号数量不断增加，设备检修期间异常类信号监控处置延时数量也不断增加，由此可以认为“检修间隔干扰信号数量多”对主要症结的影响程度大。

散布图只能确认是否相关，影响程度的大小还需要小组进一步确认。

2. 结论：要因

## （四）末端原因四：重复动作信号数量多

1. 确认过程

大量重复动作信号会对正常监控处置造成严重干扰，从而可能导致设备检修时异常类信号监控处置延时数量增加。为进一步确认重复动作信号数量对设备检修期间异常类信号监控处置延时数量的影响，2 月 8—12 日，本小组选取三位监控值班员（甲、乙、丙）在模拟实训室中进行五次测试，在每次试验中均匀速触发 1500 条有效信号的基础上，不断提高其中重复动作信号的数量，并统计三位值班人员对设备检修期间异常类信号监控处置延时数量，结果如表 21～表 23 和图 13 所示。

表 21　监控值班员甲　设备检修期间异常类信号监控处置延时数量统计表

| 测试日期 | 重复动作信号数量 | 有效信号数量 | 正常处置数量 | 设备检修期间异常类信号监控处置延时数量 |
|---|---|---|---|---|
| 2 月 8 日 | 100 | 1500 | 1490 | 10 |
| 2 月 9 日 | 200 | 1500 | 1481 | 19 |
| 2 月 10 日 | 300 | 1500 | 1472 | 28 |
| 2 月 11 日 | 400 | 1500 | 1463 | 37 |
| 2 月 12 日 | 500 | 1500 | 1450 | 50 |

表 22　监控值班员乙　设备检修期间异常类信号监控处置延时数量统计表

| 测试日期 | 重复动作信号数量 | 有效信号数量 | 正常处置数量 | 设备检修期间异常类信号监控处置延时数量 |
|---|---|---|---|---|
| 2 月 8 日 | 100 | 1500 | 1485 | 15 |
| 2 月 9 日 | 200 | 1500 | 1465 | 35 |
| 2 月 10 日 | 300 | 1500 | 1452 | 48 |
| 2 月 11 日 | 400 | 1500 | 1445 | 55 |
| 2 月 12 日 | 500 | 1500 | 1424 | 76 |

表 23　监控值班员丙　设备检修期间异常类信号监控处置延时数量统计表

| 测试日期 | 重复动作信号数量 | 有效信号数量 | 正常处置数量 | 设备检修期间异常类信号监控处置延时数量 |
|---|---|---|---|---|
| 2 月 8 日 | 100 | 1500 | 1483 | 17 |
| 2 月 9 日 | 200 | 1500 | 1465 | 35 |
| 2 月 10 日 | 300 | 1500 | 1456 | 44 |
| 2 月 11 日 | 400 | 1500 | 1442 | 58 |
| 2 月 12 日 | 500 | 1500 | 1428 | 72 |

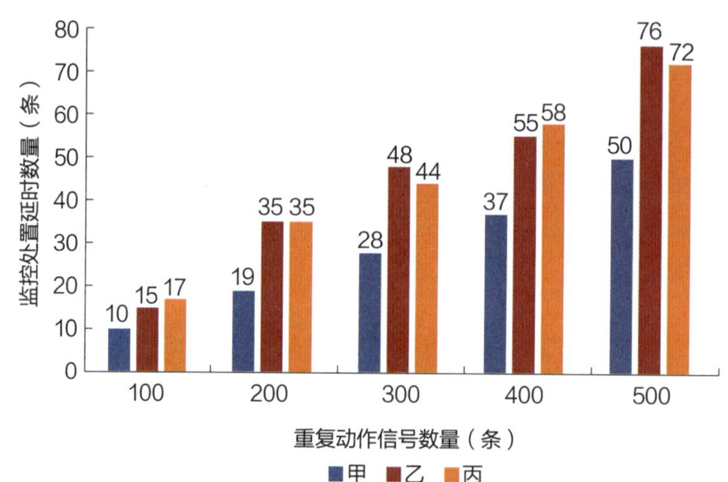


图 13　重复动作信号数量—设备检修期间异常类信号监控处置延时数量柱状图

通过表 21～表 23 和图 13 可以看出，随着重复动作信号数量不断增加，设备检修期间异常类信号监控处置延时数量均不断增加，由此可以认为“重复动作信号数量多”对主要症结的影响程度大。

2. 结论：要因

## （五）末端原因五：长时间未复归信号的提示少

### 1. 确认过程

对长时间未复归信号进行提示，可以提醒监控值班员检查并处置相应的信号，从而可能降低异常类信号监控处置延时数量。经咨询有关专家，得出：超过 3min 未复归的信号可定义为长时间未复归信号。小组调查发现：现阶段的提示主要依赖班组管理人员人工提示。为进一步确认长时间未复归信号的提示对设备检修期间异常类信号监控处置延时数量的影响，小组采用调查分析的方法，选取设备检修期间的 5 个工作日

（班组管理人员上班，长时间未复归信号有一定提示）和 5 个休息日（班组管理人员休息，长时间未复归信号无提示），统计这些时间内监控相同数量有效信号时，异常类信号监控处置延时数量。结果如表 24、表 25 和图 14 所示。

表 24　有提示（工作日）—设备检修期间异常类信号监控处置延时数量

| 日期 | 有效信号数量 | 异常类信号监控处置延时数量 | 平均异常类信号监控处置延时数量 |
|---|---|---|---|
| 工作日一 | 1500 | 8 | 8.2 |
| 工作日二 | 1500 | 9 | |
| 工作日三 | 1500 | 8 | |
| 工作日四 | 1500 | 7 | |
| 工作日五 | 1500 | 9 | |

表 25　无提示（休息日）—设备检修期间异常类信号监控处置延时数量

| 日期 | 有效信号数量 | 异常类信号监控处置延时数量 | 平均异常类信号监控处置延时数量 |
|---|---|---|---|
| 休息日一 | 1500 | 23 | 22.6 |
| 休息日二 | 1500 | 25 | |
| 休息日三 | 1500 | 18 | |
| 休息日四 | 1500 | 19 | |
| 休息日五 | 1500 | 28 | |

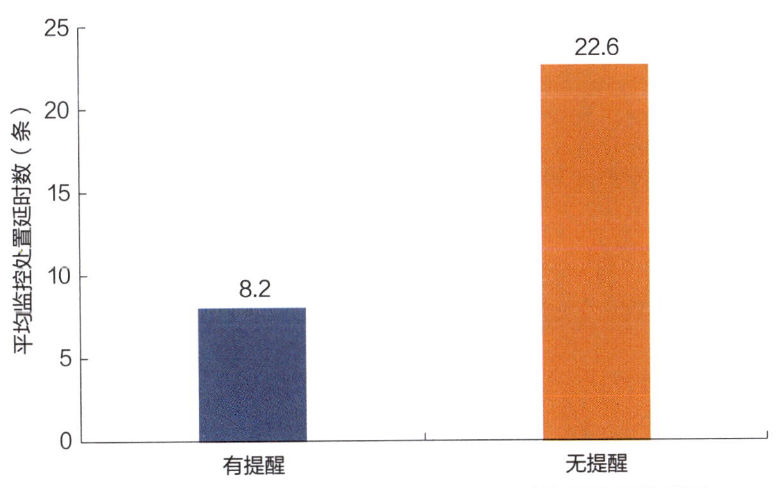


图 14　有无提示时异常类信号监控处置延时数量统计情况图

通过表 24、表 25 和图 14 可以看出，无长时间未复归信号提示时，设备检修期间异常类信号监控处置延时数量明显增加。由此可以认为“长时间未复归信号的提示少”对主要症结的影响程度大。

2. 结论：要因

## （六）末端原因六：无集中巡视模块

1. 确认过程

集中巡视模块能够对主变油温、可疑量测等方面的电网运行状态数据进行集中巡视。通过集中巡视列表可以针对特定类型数据进行集中巡视，从而可能降低设备检修期间异常类信号监控处置延时数量。小组 2 月 16 日请自动化人员增加集中巡视模块。

小组在增加集中巡视模块前后，在设备检修工作相同的不同日期分别调阅当日前 1500 条有效信号中异常类信号监控处置延时数量并加以统计，结果如表 26、表 27 和图 15 所示。

表 26　增加集中巡视模块前—设备检修期间异常类信号的监控处置延时数量统计表

| 日期 | 有效信号数量 | 设备检修期间异常类信号监控处置延时数量 |
| --- | --- | --- |
| 2 月 11 日 | 1500 | 27 |
| 2 月 12 日 | 1500 | 22 |
| 2 月 13 日 | 1500 | 34 |
| 2 月 14 日 | 1500 | 18 |
| 2 月 15 日 | 1500 | 20 |

表 27　增加集中巡视模块后—设备检修期间异常类信号监控处置延时数量统计表

| 日期 | 有效信号数量 | 设备检修期间异常类信号监控处置延时数量 |
| --- | --- | --- |
| 2 月 17 日 | 1500 | 20 |
| 2 月 18 日 | 1500 | 19 |
| 2 月 19 日 | 1500 | 36 |
| 2 月 20 日 | 1500 | 23 |
| 2 月 21 日 | 1500 | 22 |

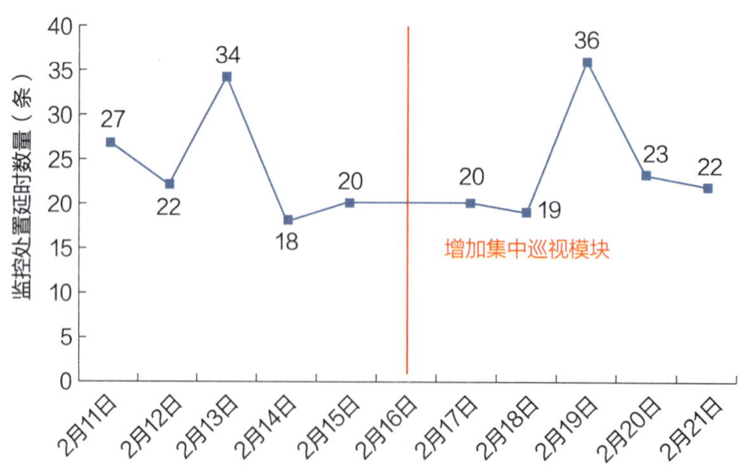


图 15　增加集中巡视模块前后设备检修期间异常类信号监控处置延时数量折线图

从图 15 可以看出，增加集中巡视模块后，设备检修期间异常类信号监控处置延时数量与之前相比无明显变化，由此可见无集中巡视模块对主要症结无明显影响。

2. 结论：非要因

## （七）末端原因七：监控机房湿度大

1. 确认过程

小组挖掘可能要因：随着监控机房湿度的变化，机房内的主站通信设备的灵敏度也会产生相应变化。为验证监控机房湿度对设备检修期间异常类信号监控处置延时数量的影响，小组以天为单位，在监控机房用加湿器和除湿器模拟不同湿度情况，在设备检修工作相同的不同日期分别调阅当日前1500条有效信号中异常类信号监控处置延时数量并加以统计，验证当有效信号数量相同时，监控机房湿度对设备检修期间异常类信号监控处置延时数量的影响程度，如表28和图16所示。

表28 监控机房湿度—设备检修期间异常类信号监控处置延时数量统计表

| 空气湿度 | 日期 | 有效信号数量 | 异常类信号监控处置延时数量 |
|---|---|---|---|
| 10% | 2月23日 | 1500 | 15 |
| 20% | 2月24日 | 1500 | 14 |
| 30% | 2月25日 | 1500 | 16 |
| 40% | 2月26日 | 1500 | 17 |
| 50% | 2月27日 | 1500 | 13 |
| 60% | 2月28日 | 1500 | 18 |
| 70% | 3月1日 | 1500 | 14 |
| 80% | 3月2日 | 1500 | 16 |

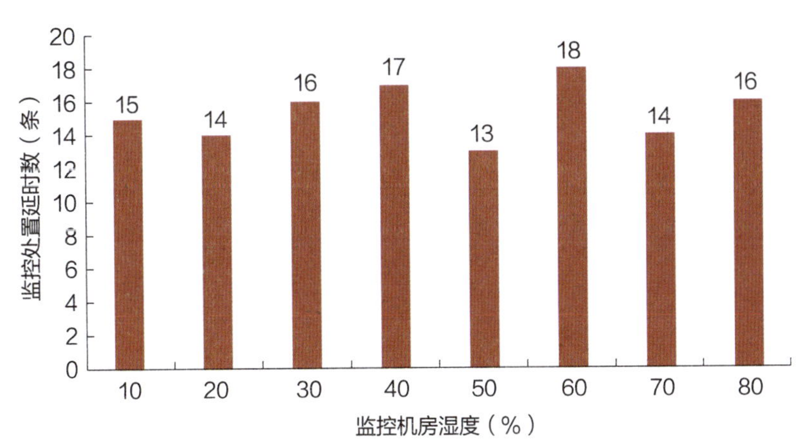


图16 监控机房湿度—相同设备检修期间异常类信号监控处置延时数量柱状图

从图16可以看出，监控机房湿度变化时，设备检修期间异常类信号监控处置延时数量无明显变化，所以监控机房湿度大对主要症结无明显影响。

2. 结论：非要因

## （八）末端原因八：监控机房温度高

1. 确认过程

小组挖掘可能要因：随着监控机房温度的变化，机房内的主站通信设备的灵敏度也会产生相应变化。为验证监控机房温度对设备检修期间异常类信号监控处置延时数量的影响，小组以天为单位，采用模拟实验的方法，将监控机房空调分别调至不同温度，在设备检修工作相同的不同日期分别调阅当日前 1500 条有效信号中异常类信号监控处置延时数量并加以统计，验证当有效信号数量相同时，监控机房温度对设备检修期间异常类信号监控处置延时数量的影响程度，如表 29 和图 17 所示。

表 29　监控机房温度—设备检修期间异常类信号监控处置延时数量统计表

| 机房温度 | 日期 | 有效信号数量 | 设备检修期间异常类信号监控处置延时数量 |
|---|---|---|---|
| 6℃ | 3 月 3 日 | 1500 | 30 |
| 8℃ | 3 月 4 日 | 1500 | 36 |
| 10℃ | 3 月 5 日 | 1500 | 31 |
| 12℃ | 3 月 6 日 | 1500 | 42 |
| 14℃ | 3 月 7 日 | 1500 | 30 |
| 16℃ | 3 月 8 日 | 1500 | 29 |
| 18℃ | 3 月 9 日 | 1500 | 38 |
| 20℃ | 3 月 10 日 | 1500 | 26 |
| 22℃ | 3 月 11 日 | 1500 | 32 |
| 24℃ | 3 月 12 日 | 1500 | 31 |

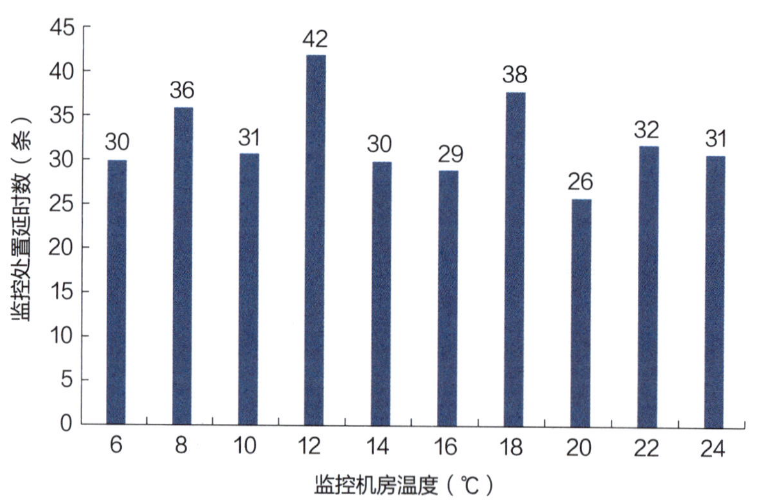


图 17　监控机房温度—设备检修期间异常类信号监控处置延时数量柱状图

通过表 29 和图 17 可以看出，随着监控机房温度不断变化，设备检修期间异常类信号监控处置延时数量无明显变化规律，由此可以认为“监控机房温度高”对主要症结的影响程度小。

2. 结论：非要因

通过以上分析，小组确认影响主要症结“设备检修期间异常类信号监控处置延时数量多”的主要因素是：

（1）检修间隔干扰信号数量多。

（2）重复动作信号数量多。

（3）长时间未复归信号的提示少。

# 六、制订对策

先制定对策，才能定目标。

经咨询相关监控专业专家，并结合变电运维中心的相关专业要求，确定三个要因的对策目标分别为：上传告警窗每日检修间隔干扰信号数量≤10 条、每日重复动作信号数量≤5 条、长时间未复归信号的提示准确率达 100%。针对确定的三个主要原因，小组邀请监控信息管理系统开发人员对主要原因进一步深入综合论证分析，按照 5W1H 原则制定了对策表，如表 30 所示。

按 5W1H 的要求，制定对策表，对策明确、措施具体、目标可测量、可检查。

表 30 对策表

| 序号 | 主要原因 | 对策 | 目标 | 措施 | 负责人 | 地点 | 完成日期 |
|---|---|---|---|---|---|---|---|
| 1 | 检修间隔干扰信号数量多 | 自动对检修间隔置检修标志牌来降低检修间隔干扰信号数量 | 上传告警窗每日检修间隔干扰信号数量≤10 条 | （1）设计检修标志牌功能。<br>（2）制作对检修间隔自动置带有屏蔽功能的检修标志牌模块。<br>（3）测试检修标志牌。<br>（4）对策目标检查 | 韩锋 | 模拟实验室 | 2022 年 4 月 30 日 |
| 2 | 重复动作信号数量多 | 自动对重复动作信号告警抑制来降低重复动作信号数量 | 上传告警窗每日重复动作信号数量≤5 条 | （1）设置告警抑制功能。<br>（2）制作自动告警抑制功能模块。<br>（3）测试告警抑制功能。<br>（4）对策目标检查 | 花冉 | 模拟实验室 | 2022 年 5 月 14 日 |
| 3 | 长时间未复归信号的提示少 | 对长时间未复归信号开发音响提示功能模块 | 对长时间未复归信号的提示准确率达 100% | （1）设计未复归信号音响提示功能。<br>（2）制作音响提示功能模块。<br>（3）测试对长时间未复归信号的音响提示功能。<br>（4）对策目标检查 | 黄霆 | 模拟实验室 | 2022 年 5 月 20 日 |

# 七、对策实施

按对策表逐一实施对策。

## （一）实施一：自动对检修间隔置检修标志牌来降低检修间隔干扰信号数量

### 1. 设计检修标志牌功能

2022 年 4 月 16 日小组讨论设计检修标志牌主要功能，如表 31 所示。

表 31　检修标志牌功能表

| 序号 | 功能 | 作　用 |
| --- | --- | --- |
| 1 | 遥信被屏蔽、遥测被封锁 | 置牌后，间隔内遥信、遥测信息均被屏蔽【遥信不上传告警窗，但可通过前置查阅相关信号，该检修间隔被屏蔽的干扰信号会有“（检修）”字样；一次图遥测数据不刷新】 |
| 2 | 自动置牌 | 三区和一区打通，系统自动捕捉调度人员在检修申请单上填写的工作开始时间，并在一次图对应间隔置检修牌 |
| 3 | 自动拆牌 | 三区和一区打通，系统自动捕捉调度人员在检修申请单上填写的工作结束时间，并在一次图对应间隔拆检修牌 |

## 2. 监控系统增加自动置检修标志牌功能

2022 年 4 月 20 日小组成员韩锋会同调度自动化人员在监控值班室 ntl-ws11 席位，在监控系统对检修间隔自动置带有屏蔽功能的检修标志牌，具体增加设置情况如图 18 所示。

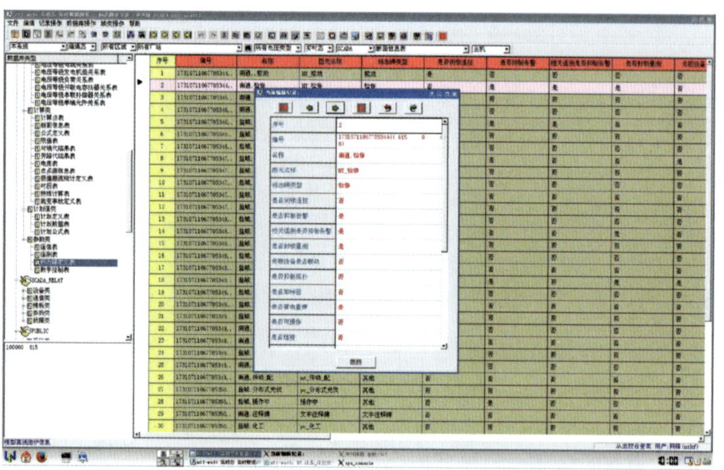

图 18　监控系统增加自动置检修标志牌功能情况展示图

## 3. 测试检修标志牌

为了检验调试标志牌的效果，2022 年 4 月 21 日，江庄 110kV 学圩 64A、学弘 649 间隔正好有设备检修。小组在当天检查系统对相应检修间隔自动装设和拆除检修标志牌的情况，检查发现系统能在该间隔自动置检修标志牌，检查过程如图 19～图 22 所示。

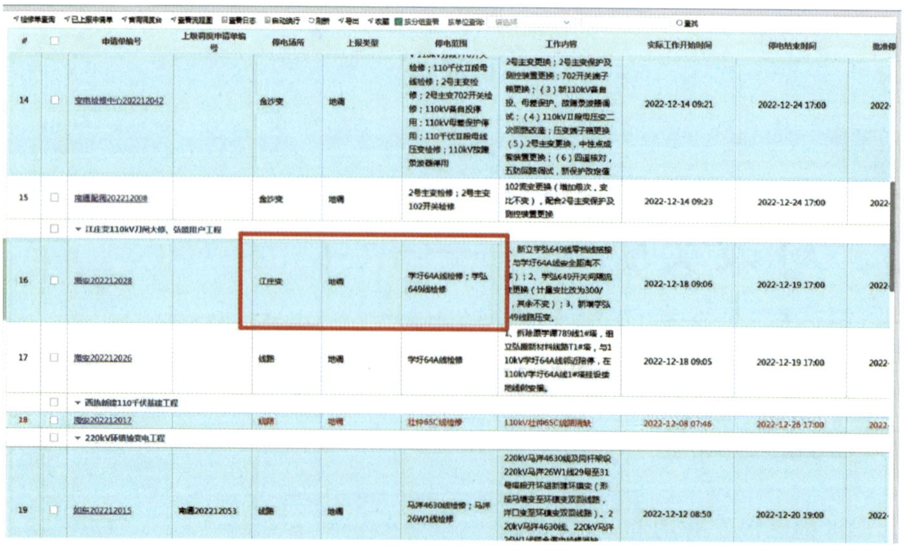

图 19　检修申请单设备检修的间隔展示图

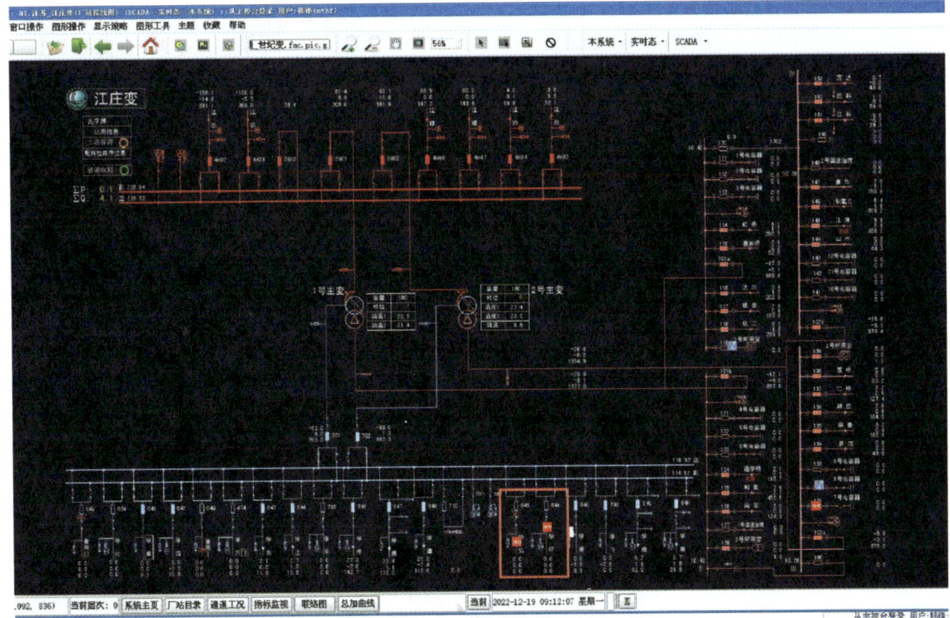

图 20 未开工时一次图待检修间隔未置检修标志牌展示图

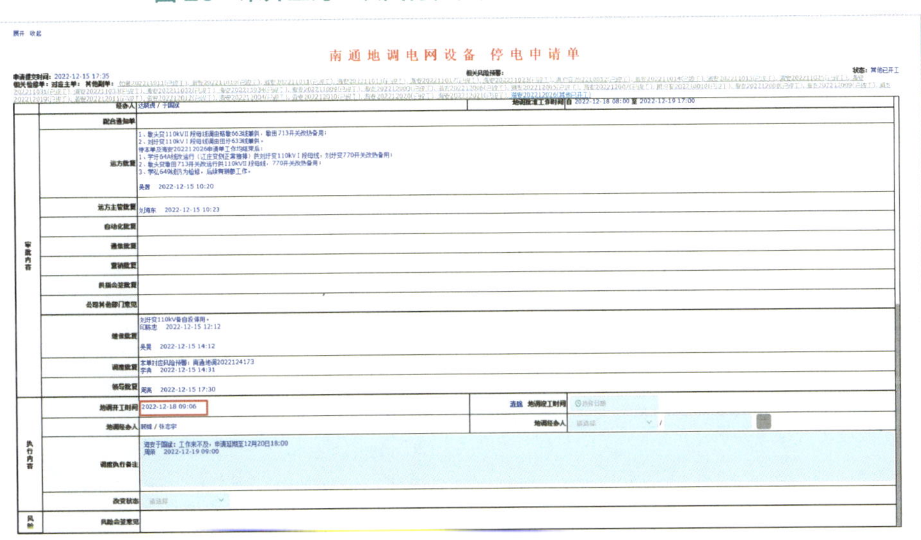

图 21 检修申请单调度开工时间展示图

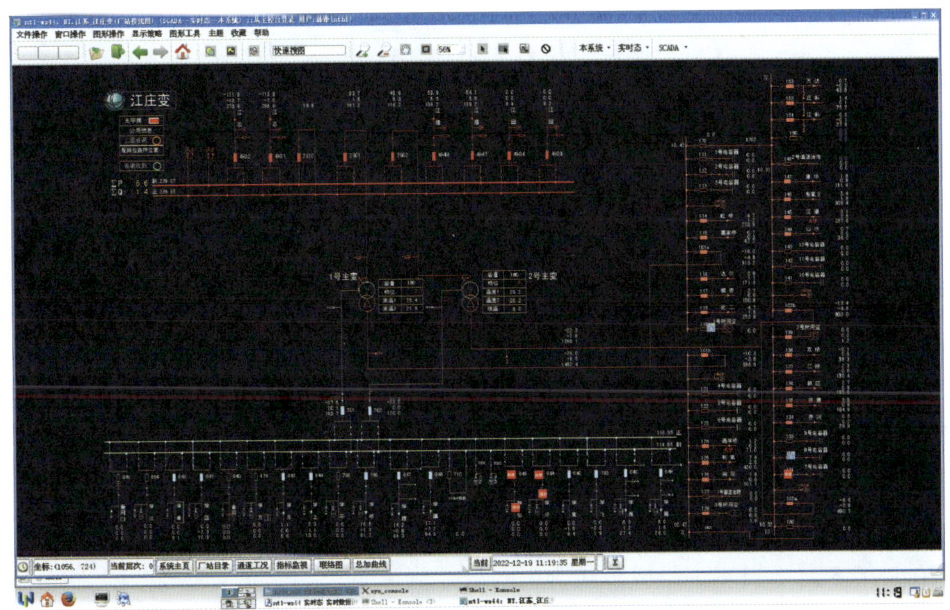

图 22 开工后一次图对检修间隔自动置检修标志牌展示图

小组进一步检查发现，此时监控系统告警窗上该间隔无信号上传，且一次图中遥测数据灰化，说明自动置检修标志牌功能测试合格。

4. 对策目标检查

小组成员与自动化运维人员约定于 2022 年 4 月 26 日将对有设备检修的变电站相关间隔自动装设检修标志牌功能投运。

2022 年 4 月 21—30 日，针对系统运行中检修间隔干扰信号数量，小组成员调查统计结果如表 32 所示。

表 32　2022 年 4 月 21—30 日自动装设检修标志牌前后检修间隔干扰信号数量统计表

| 日期 | 4 月 21 日 | 4 月 22 日 | 4 月 23 日 | 4 月 24 日 | 4 月 25 日 | 平均 |
|---|---|---|---|---|---|---|
| 日干扰信号总数量（条） | 201 | 188 | 198 | 212 | 205 | 200.8 |
| 日期 | 4 月 26 日 | 4 月 27 日 | 4 月 28 日 | 4 月 29 日 | 4 月 30 日 | 平均 |
| 日干扰信号总数量（条） | 8 | 5 | 7 | 3 | 4 | 5.4 |

将上表统计的自动装设检修标志牌前后检修间隔干扰信号数量绘制折线图，如图 23 所示。

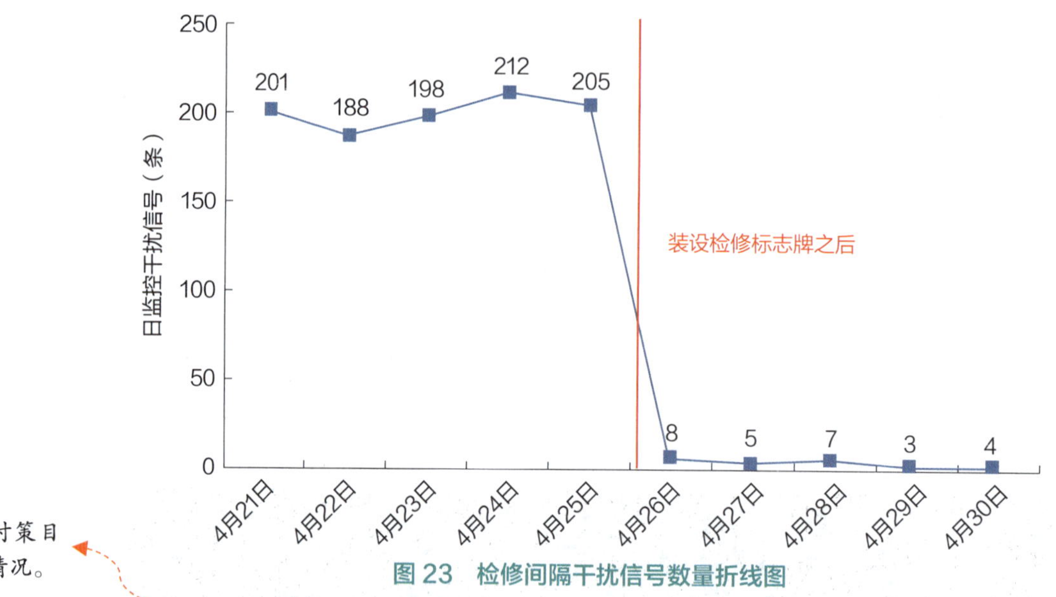


图 23　检修间隔干扰信号数量折线图

检查对策目标的实现情况。

结论：在监控系统中增加对检修间隔自动置带有屏蔽功能的检修标志牌功能后，每日监控告警窗中检修间隔产生的干扰信号数量从“平均 200.8 条”下降至“平均 5.4 条”，比例大幅度降低，并且达到了“检修间隔干扰信号数量≤10 条”的目标要求。

## （二）实施二：自动对重复动作信号告警抑制来降低重复动作信号数量

1. 设计告警抑制功能

2022 年 5 月 1 日本小组成员结合电网运行信息的紧急程度及影响范围，与一线值班员深入交流，并咨询了业内有关专家，共同设计了自动告警抑制功能，如表 33 所示。

表 33 告警抑制功能表

| 序号 | 发信频率 | 模块功能 |
| --- | --- | --- |
| 1 | 超过 10 次/3min | 判断该信号为重复动作信号并对该信号进行自动告警抑制，在数据库中予以记录。对该重复动作信号进行自动告警抑制后，该信号只入库，不上告警窗，并且在光字牌上显示不同颜色（提示功能） |
| 2 | 低于 10 次/3min | 自动解除对该信号的告警抑制 |

## 2. 制作告警抑制功能

2022 年 5 月 3 日，小组成员黄峰、花冉会同自动化人员对自动告警抑制功能进行制作，结果如图 24 所示。

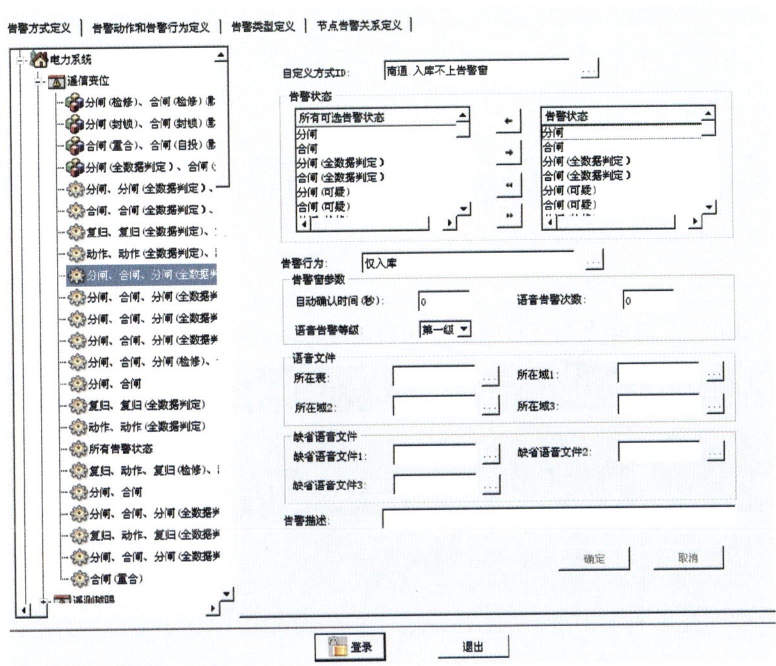


图 24 自动告警抑制功能属性选择模块展示图

## 3. 测试告警抑制功能

2022 年 5 月 6 日，小组成员马洪宇、韩锋会同自动化人员对自动告警抑制功能进行测试，结果如图 25 和图 26 所示。

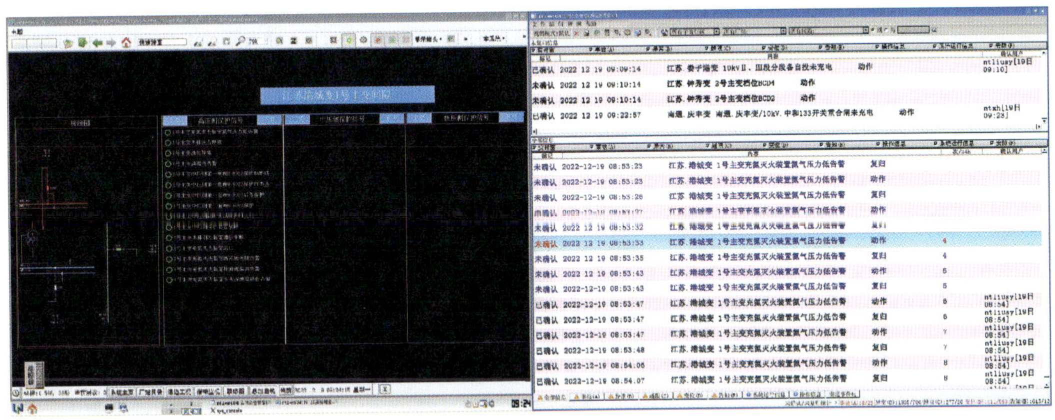

图 25 发信频率展示图

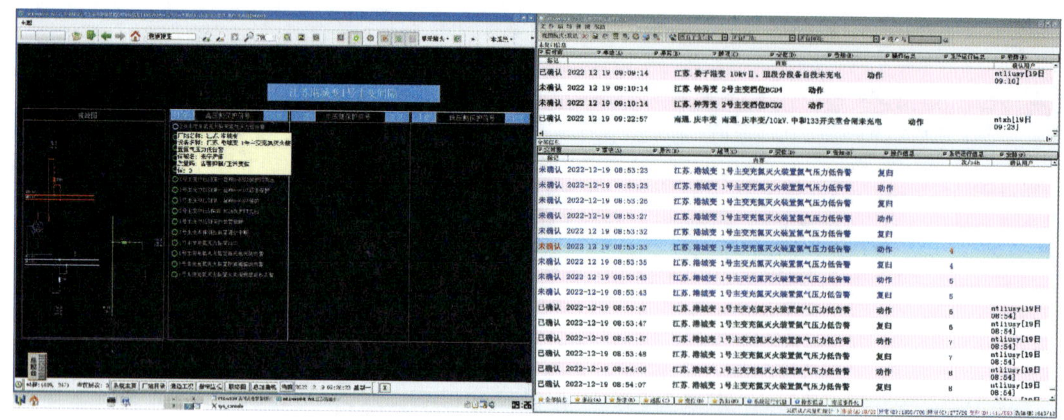

图 26 告警抑制功能展示图

当对某一重复动作信号进行自动告警抑制后，该信号只入库，不上告警窗，并且在光字牌上显示淡蓝色，满足使用要求。

#### 4. 对策目标检查

小组成员与自动化运维人员约定于 2022 年 5 月 10 日将自动告警抑制功能投运。

2022 年 5 月 5—14 日，针对系统运行中产生的重复动作信号，小组成员调查统计结果如表 34 所示。

表 34 2022 年 5 月 5—14 日装设自动告警抑制功能前后重复动作信号数量统计表

| 日期 | 5 月 5 日 | 5 月 6 日 | 5 月 7 日 | 5 月 8 日 | 5 月 9 日 | 平均 |
|---|---|---|---|---|---|---|
| 日重复动作信号数量（条） | 85 | 134 | 124 | 168 | 135 | 129.2 |
| 日期 | 5 月 10 日 | 5 月 11 日 | 5 月 12 日 | 5 月 13 日 | 5 月 14 日 | 平均 |
| 日重复动作信号数量（条） | 5 | 4 | 1 | 3 | 2 | 3 |

将表 34 装设告警抑制功能前后重复动作信号数量绘制折线图，如图 27 所示。

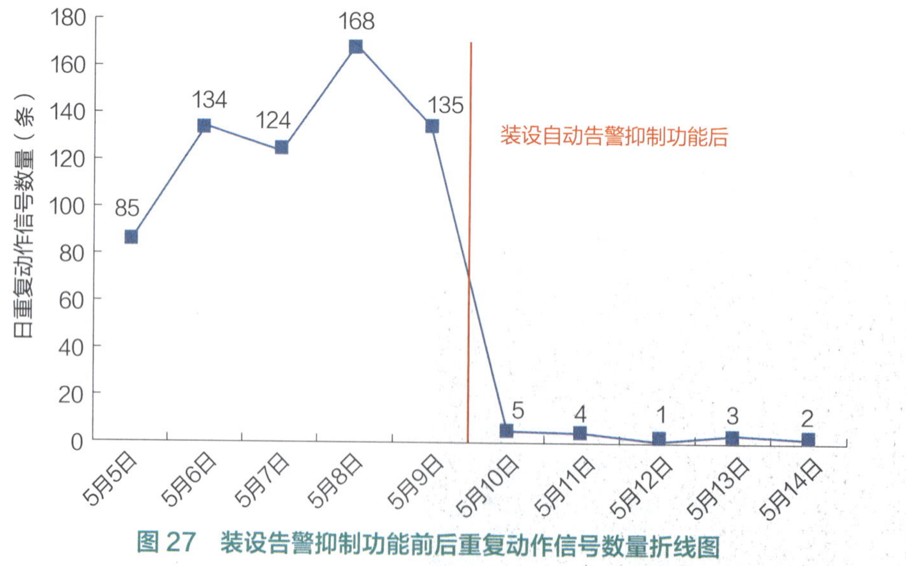


图 27 装设告警抑制功能前后重复动作信号数量折线图

结论：装设自动告警抑制功能后，每日监控告警窗上重复动作信号数量从“平均 129.2 条”下降至“平均 3 条”，比例大幅度降低，并且达到了“重复动作信号数量≤3 条”的目标要求。

## （三）实施三：针对长时间未复归信号开发音响提示功能模块

### 1. 设计未复归信号音响提示功能

2022 年 5 月 15 日，本小组成员结合电网运行信息的紧急程度及影响范围，通过与一线值班员深入交流，并咨询了业内有关专家，共同设计了未复归信号音响提示功能，如表 35 所示。

表 35　音响提示功能表

| 信号 | 音响文件 | 音响设置 | 自动化关联设置 |
|---|---|---|---|
| 开关事故分闸 | 2 冲的冲锋号 | 该音响文件瞬时播放 99 次（用户确认后停止播放） | （1）各保护出口关联开关位置。<br>（2）间隔事故总关联开关位置 |
| 事故（A）类所有信号 | 叮咚音 | 未自动复归或未点击用户确认，发信延时 3min 后连续播放 | |
| 异常（B）类所有信号 | 叮咚音 | 未自动复归或未点击用户确认，发信延时 3min 后连续播放 | |
| 220kV 力率越限 | “力率”语音 | 瞬时发信及播放 3 次语音 | |

### 2. 制作音响提示功能模块

2022 年 5 月 16 日，小组成员马洪宇、韩锋会同自动化人员对未复归信号的音响提示功能进行制作。

### 3. 测试未复归信号音响提示功能

2022 年 5 月 17 日，小组成员马洪宇、朱敏彦会同自动化人员对未复归信号的音响提示功能进行测试，结果如图 28 所示。

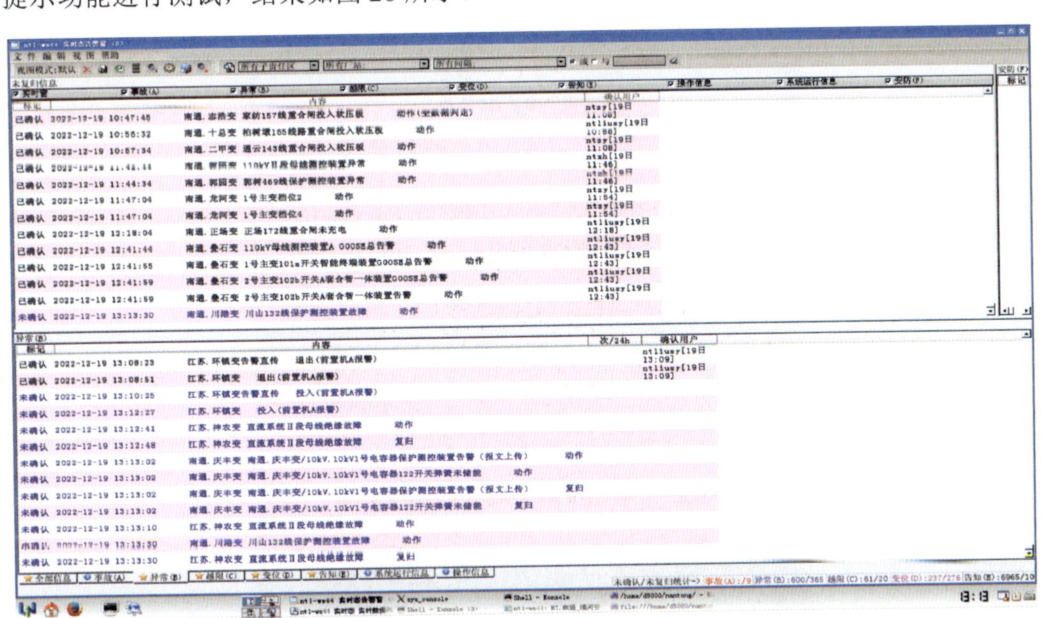

图 28　音响提示功能测试图

通过测试可以看出，未确认的信号 3min 未复归时就会触发提示音响，满足使用需求。

### 4. 对策目标检查

小组成员与自动化运维人员于 2022 年 5 月 18 日将长时间未复归信号音响提示功

能投运。

2022 年 5 月 20—29 日，针对值班过程中每日长时间未复归信号的提示准确率进行统计，小组成员调查统计结果如表 36 所示。

表 36　2022 年 5 月 20—29 日每日长时间未复归信号的提示情况统计表

| 日期 | 5 月 20 日 | 5 月 21 日 | 5 月 22 日 | 5 月 23 日 | 5 月 24 日 |
|---|---|---|---|---|---|
| 长时间未复归信号产生条数 | 12 | 8 | 16 | 18 | 11 |
| 长时间未复归信号音响提示条数 | 12 | 8 | 16 | 18 | 11 |
| 提示准确率 | 100% | 100% | 100% | 100% | 100% |
| 长时间未复归信号产生条数 | 20 | 16 | 9 | 15 | 19 |
| 长时间未复归信号音响提示条数 | 20 | 16 | 9 | 15 | 19 |
| 提示准确率 | 100% | 100% | 100% | 100% | 100% |

结论：装设未复归信号音响提示功能后，每日长时间未复归信号的提示准确率均达 100%，达到预期效果。

## （四）实施的措施对原有系统的影响

必要时，验证对策实施结果的负面影响。

专家深度剖析了自动置带有屏蔽功能的检修标志牌模块、自动告警抑制模块、音响提示功能模块这三个新增模块的工作运行原理，确认这三个模块对原有系统的信号均只有读取权限，无写入权限，不会影响其他遥信的监视、不会影响遥测数据的上送、不会影响遥控操作的执行。其中检修标志牌模块增加后，系统根据检修申请单开竣工执行的自动置牌拆牌正确率达 100%；自动告警抑制模块增加后，系统根据重复动作信号设置的发信频率自动告警/解除告警抑制正确率达 100%，不影响系统安全运行。故新增模块对原系统安全方面无负面影响，论证意见如图 29 所示。

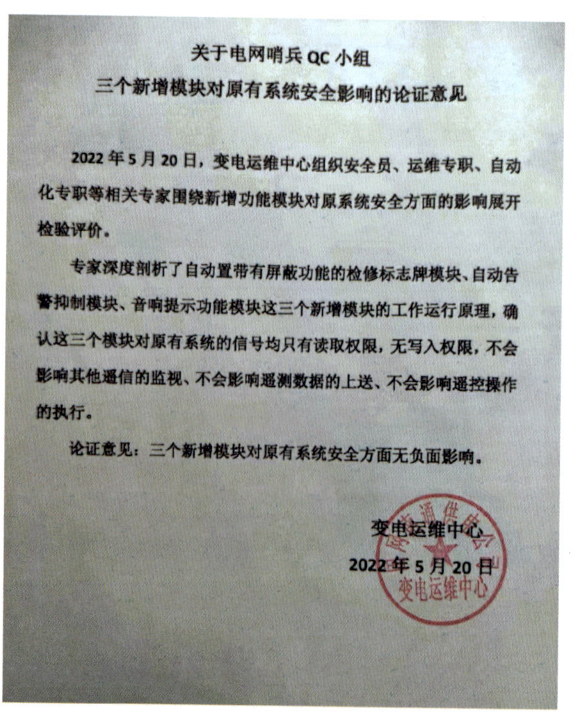

关于电网哨兵 QC 小组
三个新增模块对原有系统安全影响的论证意见

2022 年 5 月 20 日，变电运维中心组织安全员、运维专职、自动化专职等相关专家围绕新增功能模块对原系统安全方面的影响展开检验评价。

专家深度剖析了自动置带有屏蔽功能的检修标志牌模块、自动告警抑制模块、音响提示功能模块这三个新增模块的工作运行原理，确认这三个模块对原有系统的信号均只有读取权限，无写入权限，不会影响其他遥信的监视、不会影响遥测数据的上送、不会影响遥控操作的执行。

论证意见：三个新增模块对原有系统安全方面无负面影响。

变电运维中心
2022 年 5 月 20 日

图 29　新增模块对原有系统安全影响论证意见

# 八、效果检查

## （一）目标检查

检查课题目标的完成情况。

2022 年 6—11 月，小组实施对策。2022 年 12 月 1 日小组在对策实施后对变电站设备信号监控处置延时率进行调查，结果如表 37 所示。

表 37　2022 年 6—11 月变电站设备信号监控处置延时率统计表

| 项目 | 2022 年 6 月 | 2022 年 7 月 | 2022 年 8 月 | 2022 年 9 月 | 2022 年 10 月 | 2022 年 11 月 | 合计 |
|---|---|---|---|---|---|---|---|
| 总有效信号数量 | 28729 | 16825 | 20471 | 37980 | 35662 | 36017 | 175684 |
| 未能被及时监控处置的有效信号数量 | 233 | 112 | 157 | 259 | 314 | 255 | 1330 |
| 被及时监控处置的有效信号数量 | 28496 | 16713 | 20314 | 37721 | 35348 | 35762 | 174354 |
| 变电站设备信号监控处置延时率 | 0.81% | 0.67% | 0.77% | 0.68% | 0.88% | 0.71% | 0.76% |

小组绘制对策实施前、后及目标值柱状图，如图 30 所示。

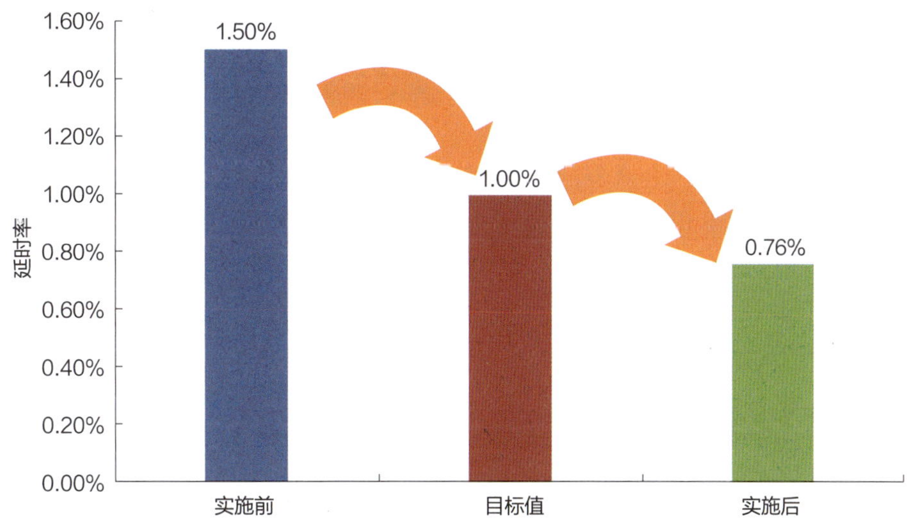


图 30　对策实施前后变电站设备信号监控处置延时率效果对比图

结论：小组课题达到预定的目标，变电站设备信号监控处置延时率平均值已从实施前的 1.50%降低到现在的 0.76%。

## （二）症结改善程度

明确现状的改善程度。

（1）小组对 2022 年 6—11 月监控处置延时的变电站设备信号按变电站工作场景分别统计，结果如表 38 所示。

表 38　2022 年 6—11 月各工作场景时变电站设备信号监控处置延时情况统计表

| 工作场景 | 2022 年 6 月 | 2022 年 7 月 | 2022 年 8 月 | 2022 年 9 月 | 2022 年 10 月 | 2022 年 11 月 | 合计 | 占比 |
|---|---|---|---|---|---|---|---|---|
| 设备检修期间 | 68 | 39 | 34 | 74 | 81 | 76 | 372 | 27.97% |
| 新建接入期间 | 63 | 29 | 51 | 85 | 97 | 86 | 411 | 30.90% |
| 升级改造期间 | 47 | 22 | 33 | 59 | 67 | 51 | 279 | 20.98% |
| 间隔扩建期间 | 28 | 9 | 28 | 20 | 26 | 18 | 129 | 9.70% |
| 其他工作场景 | 27 | 13 | 11 | 21 | 43 | 24 | 139 | 10.45% |
| 合计 | 233 | 112 | 157 | 259 | 314 | 255 | 1330 | 100.00% |

结论：经调查分析，设备检修期间信号监控处置延时数量占比从原来的 85.65%降低到目前的 27.97%。

（2）进一步对设备检修期间监控处置延时的信号按信号类型统计，结果如表 39、表 40 和图 31、图 32 所示。

表 39　设备检修期间各信号类型的信号延时监控处置数量统计表

| 项目 | 事故类 | 异常类 | 越限类 | 变位类 | 告知类 | 合计 |
|---|---|---|---|---|---|---|
| 未被及时监控处置到的有效信号数量 | 16 | 166 | 80 | 47 | 63 | 372 |

表 40　频数统计表

| 信号类型 | 频数 | 百分比 | 累计百分比 |
|---|---|---|---|
| 异常类 | 166 | 44.62% | 44.62% |
| 越限类 | 80 | 21.51% | 66.13% |
| 告知类 | 63 | 16.94% | 83.06% |
| 变位类 | 47 | 12.63% | 95.70% |
| 事故类 | 16 | 4.30% | 100.00% |
| 合计 | 372 | 100.00% | — |

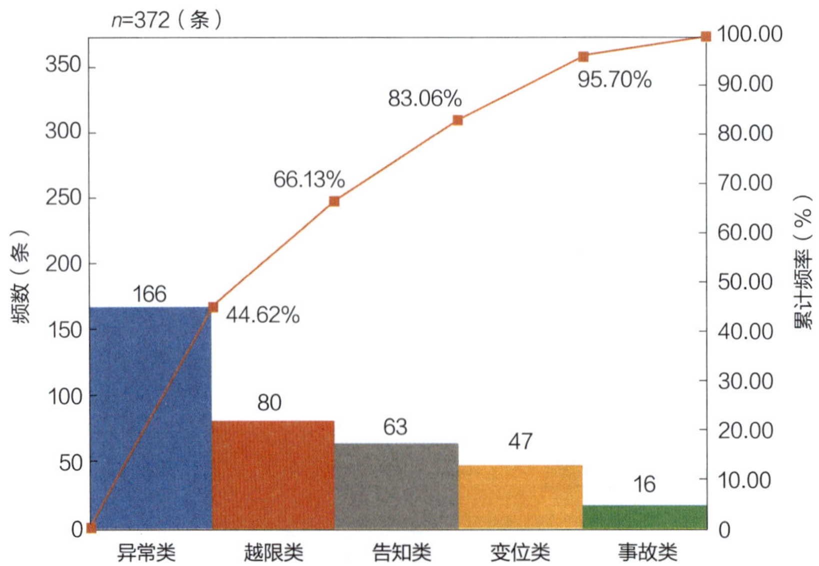


图 31　对策实施后设备检修期间各信号类型的信号监控处置延时数量排列图

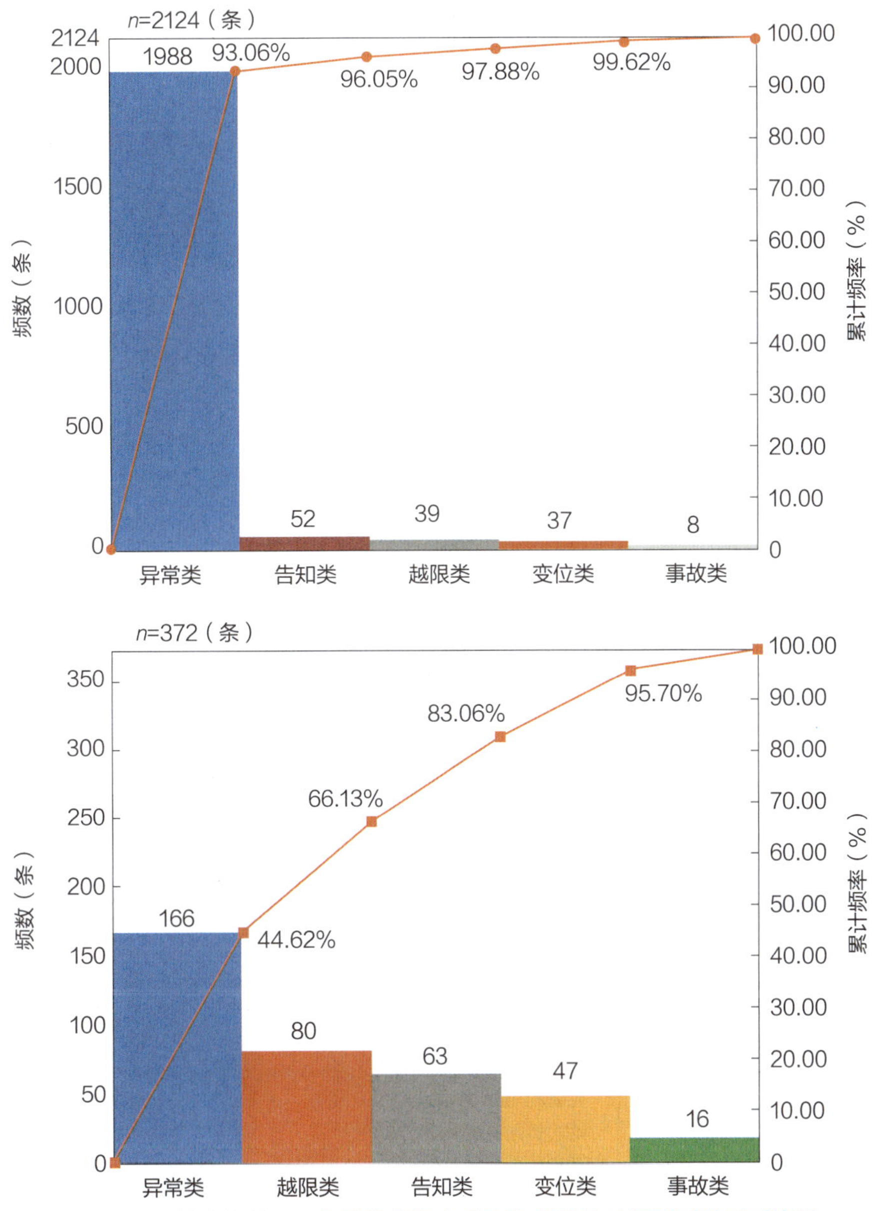


图 32　对策实施前后设备检修期间各类型信号监控处置延时数量对比图

结论：通过对比分析对策实施前后各信号类型的信号监控处置延时情况可知，异常类信号监控处置延时数量占比从对策实施前的 93.60%降低到对策实施后 44.62%，说明本次 QC 活动所实施是有效的。

## （三）效益分析

小组此次活动目标顺利实现，为公司带来了显著的社会效益。

（1）通过本次活动，小组寻找出一条行之有效的处理问题的方法，解决了变电站设备信号监控处置延时率相对偏高的问题，变电站设备信号监控处置延时率平均值由 1.50%下降到 0.76%，提高了电网安全稳定运行的可靠性。

（2）通过本次活动，小组积累了变电站监控信息设置、监控系统修改和参数配置等相关的技术经验，为自动化模块的进一步改进提供了可借鉴的参考，间接提高了变电运维部门的精细化管理能力。

# 九、制定巩固措施

2022 年 12 月，小组成员根据本次活动的情况，把有效的措施纳入相关的制度和标准中，制定了《南通供电公司变电运维中心频发信号处置细则》（定义“重复动作信号”为“频发信号”），修订了《南通供电公司变电运维中心监控系统告警功能规范》《南通供电公司变电运维中心监控系统置牌管理规定》，并报南通供电公司变电运维中心批准，如表 41 和图 33～图 35 所示。

将对策表中经实践证明有效的措施纳入标准。

表 41　巩固措施表

| 序号 | 有效措施 | 文件名称 | 具体内容 | 文件编号 | 批准单位 | 批准时间 |
| --- | --- | --- | --- | --- | --- | --- |
| 1 | 监控系统增加自动置带有屏蔽功能的检修标志牌 | 《南通供电公司变电运维中心监控系统置牌管理规定》 | 确定系统自动置牌标准，总结归纳为置牌管理规定，完善对其余工作的置牌规定和流程，开发系统自动置牌模块 | 通供电变运〔2022〕15 号 | 南通供电公司变电运维中心 | 2022 年 12 月 5 日 |
| 2 | 针对重复动作信号装设自动告警抑制模块 | 《南通供电公司变电运维中心频发信号处置细则》 | 制定频发信号统一认定标准，将标准编入信号处置手册，强化对频发信号的监管和统计，针对频发信号推广相应的告警抑制模块 | 通供电变运〔2022〕10 号 | 南通供电公司变电运维中心 | 2022 年 12 月 5 日 |
| 3 | 针对长时间未复归信号开发音响提示功能 | 《南通供电公司变电运维中心监控系统告警功能规范》 | 确定长时间未复归信号的认定标准，制定告警功能规范，完善对各种类型信号的告警功能，针对长时间未复归信号开发相应的音响提示模块 | 通供电变运〔2022〕12 号 | 南通供电公司变电运维中心 | 2022 年 12 月 5 日 |

图 33 《南通供电公司变电运维中心频发信号处置细则》封面

图 34 《南通供电公司变电运维中心监控系统告警功能规范》封面

图 35 《南通供电公司变电运维中心监控系统置牌管理规定》封面

# 十、总结和下一步打算

## （一）总结

通过本次活动，小组实现了降低变电站设备信号监控处置延时率的既定目标，并将成果应用于南通供电公司变电运维中心设备监控班组，有效提升了班组的工作效率和业务准确率。活动后，小组成员从专业技术、管理方法和综合素质等方面进行了总结，如表42所示。

表42 总结评价表

| 总结内容 | 取得成效 | 努力方向 |
| --- | --- | --- |
| 专业技术 | 本次活动以降低变电站设备信号监控处置延时率为课题，紧扣国网南通供电公司监控业务中提升工作安全性和准确性的目标要求，以日常工作中实际存在的问题为切入点选定课题，具有较强的针对性和实效性。活动挖掘出了影响变电站设备信号监控处置延时率的关键因素，针对性地提出了降低相关信号监控处置延时率的优化方案，提高了监控班组成员电网信息数据分析和系统功能模块开发的能力 | 进一步培养小组成员的动手能力 |
| 管理方法 | 小组以PDCA循环逻辑为依据开展每一项活动。在原因分析部分，通过头脑风暴法等方式快速建立了要因确认表。在确定主要原因部分，小组成员循环反馈，用调查分析、现场试验等方式进行逻辑验证、要因归纳，把握了影响症结的要因所在。在制定巩固措施部分，小组成员快速分工，多渠道与部门的相关专职沟通，成功把对策实施中取得的有效成果纳入部门相关的制度和标准中 | 加强小组成员对表格、图形等分析方法和工具的理解和应用，提升团队协作能力 |
| 综合素质 | 通过木次活动，团队的协作能力和工作积极性得到了提升，小组成员锻炼了运用QC方法解决实际问题的能力，强化了专业技能和管理水平，发挥了各自的主观能动性，提高了质量管控意识，增强了小组成员敢于发现、用于创新的信心，为今后的活动打下了扎实的基础 | 加强与其他小组的沟通和经验分享 |

## （二）下一步打算

由于现在视频巡检靠人工巡检，巡检时间较长。为了节约人力支出，提高工作效率，小组决定探索视频自动巡检的方法，确定了下一个QC课题为：缩短视频自动巡检时间。

# 低压架空线剩余电流定位告警装置的研制

04

国网南京市江北新区供电分公司远航 QC 小组

主创人：曹欣皓、胡　君、刘　玉、卢熙元、吕欣瑶、金淋芳、孙　盛、田　锋、陈浩天、齐　飞

# 一、选择课题

## （一）识别需求

国网南京市江北新区供电分公司大力推广农村电网改造升级。珠江供电所作为江北新区五星级供电所，积极发挥带头模范作用，在响应过程中，其管辖台区的用电客户提出目前产生剩余电流故障后，会导致总门跳闸，从而生产进程受阻，相应台区经理前往台区，进行剩余电流故障点的排查定位，但是排查定位故障点流程繁杂，台区经理完成一次故障点定位排查平均用时 3600s，为及时恢复生产，减少经济损失，用电客户希望改变排查故障点方式，缩短排查定位故障点时间。因此珠江供电所联合远航 QC 小组，寻求解决方案，如图 1 所示。

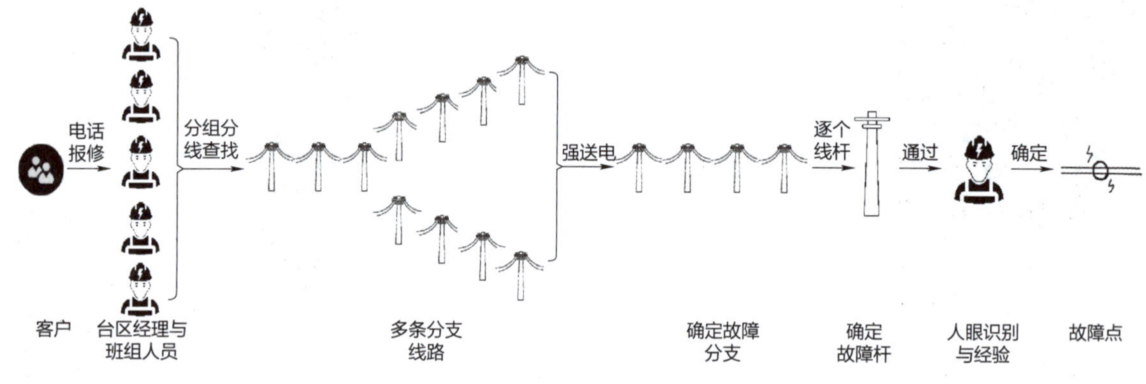


图 1　目前故障诊断模式

为了满足用电客户提出的剩余电流故障点的排查定位工作在 600s 内完成的需求，珠江供电所通过增加人员、多分支同时排查定位故障点等方式，始终无法满足客户需求。因此远航 QC 小组进一步提出了确定故障点定位新模式。

## （二）借鉴

借鉴 1 如表 1 所示。

表 1　交通道路视频监控系统借鉴表

| 借鉴来源 | 交通管理部门通过交通道路视频监控系统建立覆盖城市主要干道及路口的数字网络，可将交通路口车辆运行状况实时传送到调度中心，对道路车辆运行状况进行监控 |
| --- | --- |
| 借鉴内容 | 交通道路视频监控系统以高清晰智能 CCD 摄像机作为图像采集主体，单台摄像机覆盖单向 2～3 车道，根据实际需求，在被监控路口的每一个方向均安装 1 套路口前端设备，可监控 2～3 车道的车辆通行情况。前端组成结构如下： |

续表

| | |
|---|---|
| 借鉴内容 | 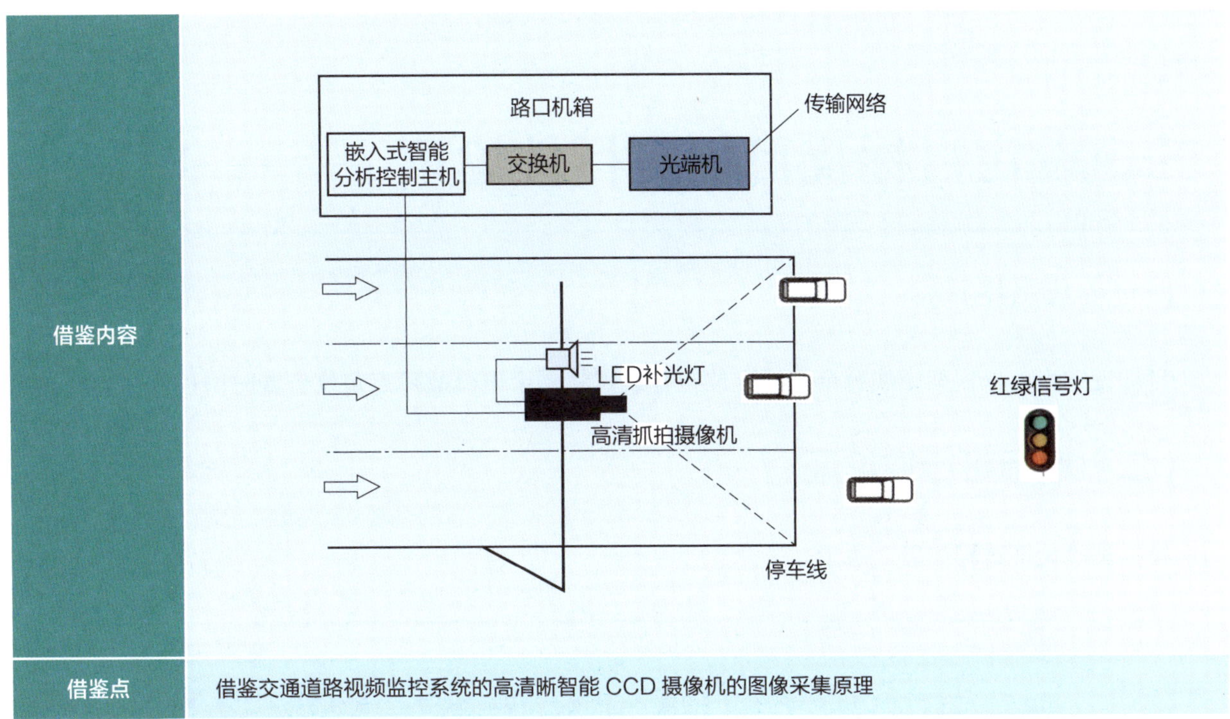 |
| 借鉴点 | 借鉴交通道路视频监控系统的高清晰智能 CCD 摄像机的图像采集原理 |

借鉴 2 如表 2 所示。

**表 2　车流量监控系统借鉴表**

| | |
|---|---|
| 借鉴来源 | 探测系统向目标发射波束，波束被目标表面放射产生回波信号。回波信号中直接或间接地包含待测信息。接收与信号处理系统通过接收和分析回波信号，获得被测量 |
| 借鉴内容 | 如图所示，这种使用方式一般固定到高速或者重要路口的龙门架上，激光发射和接收垂直地面向下，对准一条车道的中间位置，当有车辆通行时，激光测距传感器能实时输出所测得的距离值的相对改变值，进而描绘出所测车的轮廓。对车流限高、限长、车辆分型等都能实时分辨，并能快速输出结果<br>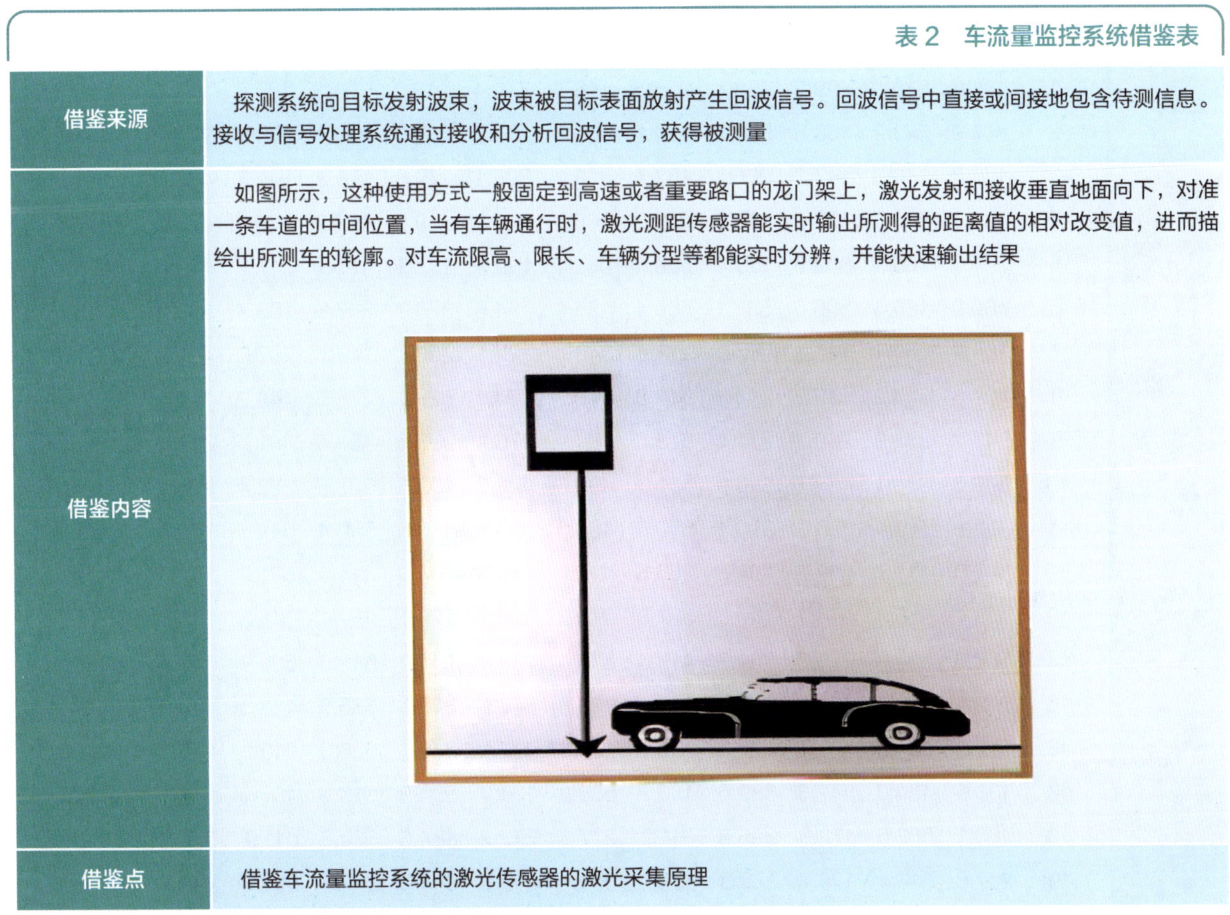 |
| 借鉴点 | 借鉴车流量监控系统的激光传感器的激光采集原理 |

综上，将课题确定为：低压架空线剩余电流定位告警装置的研制。

# 二、设定目标及目标可行性论证

## （一）设定目标

目标设定为：低压架空线剩余电流定位告警装置将剩余电流故障点定位告警时间控制在 600s 内。

## （二）目标可行性论证

模拟试验论证过程如表 3 所示。

表 3　借鉴模拟试验表

| 模拟试验 | 小组成员在低压架空线路上对两个装置各设置 11 组由外力破坏线路后产生接地故障的测试，测试故障点定位告警时间和告警成功率 |
|---|---|
| 试验结果 | 摄像设备告警试验结果： |

摄像设备告警时间试验测试表（单位：s）

| 组数 | 1 | 2 | 3 | 4 | 5 | 6 | 7 | 8 | 9 | 10 | 11 | 平均时间 |
|---|---|---|---|---|---|---|---|---|---|---|---|---|
| 1 | 105.5 | 536.0 | 199.2 | 358.4 | 326.5 | 148.4 | 379.4 | 443.0 | 261.1 | 123.4 | 167.3 | 277.1 |
| 2 | 364.9 | 521.2 | 168.8 | 583.2 | 194.1 | 406.0 | 429.7 | 485.0 | 253.7 | 421.9 | 379.2 | 382.5 |
| 3 | 198.8 | 140.5 | 147.7 | 206.1 | 162.7 | 110.1 | 505.1 | 177.8 | 176.8 | 311.8 | 403.6 | 231.0 |
| 4 | 427.6 | 541.0 | 127.7 | 165.2 | 459.0 | 588.0 | 540.4 | 339.6 | 490.2 | 430.2 | 478.2 | 417.0 |
| 5 | 504.2 | 166.3 | 342.9 | 100.4 | 568.4 | 561.4 | 190.9 | 142.2 | 485.1 | 217.2 | 419.0 | 336.2 |
| 6 | 462.0 | 185.6 | 506.5 | 587.1 | 566.4 | 535.0 | 254.8 | 373.2 | 337.5 | 106.7 | 210.2 | 375.0 |
| 7 | 165.6 | 547.1 | 107.9 | 517.0 | 112.2 | 340.3 | 122.1 | 290.7 | 149.2 | 237.9 | 401.2 | 271.9 |
| 8 | 407.6 | 338.2 | 137.5 | 344.6 | 349.8 | 498.2 | 474.1 | 528.1 | 276.5 | 444.2 | 119.5 | 356.2 |
| 9 | 343.7 | 247.9 | 260.2 | 271.4 | 578.6 | 188.9 | 476.4 | 295.6 | 450.4 | 361.7 | 294.3 | 342.6 |
| 10 | 339.3 | 370.1 | 488.7 | 550.9 | 161.0 | 495.6 | 428.3 | 133.6 | 327.5 | 372.4 | 326.1 | 363.0 |
| 11 | 303.5 | 140.9 | 126.7 | 390.1 | 575.6 | 455.0 | 235.3 | 482.6 | 599.4 | 546.1 | 389.6 | 385.9 |
| 12 | 366.0 | 111.6 | 510.2 | 298.9 | 256.5 | 112.1 | 464.3 | 404.8 | 314.8 | 521.0 | 107.5 | 315.2 |
| 13 | 113.1 | 555.4 | 291.1 | 440.5 | 527.8 | 213.7 | 405.4 | 178.1 | 131.4 | 545.8 | 167.3 | 324.5 |
| 14 | 508.6 | 537.8 | 270.2 | 369.7 | 418.0 | 378.4 | 180.4 | 511.0 | 542.8 | 589.2 | 540.9 | 440.6 |
| 15 | 273.8 | 556.7 | 121.7 | 256.9 | 319.6 | 590.5 | 546.6 | 336.6 | 586.5 | 463.5 | 408.0 | 405.5 |
| 16 | 312.9 | 391.5 | 116.2 | 377.3 | 239.7 | 195.3 | 177.1 | 348.4 | 556.3 | 510.0 | 447.5 | 333.8 |
| 17 | 106.6 | 480.0 | 542.6 | 389.6 | 430.7 | 588.8 | 129.9 | 534.8 | 313.1 | 407.0 | 100.2 | 365.8 |
| 18 | 166.1 | 503.6 | 172.3 | 398.8 | 311.2 | 277.3 | 272.2 | 584.5 | 520.3 | 111.9 | 596.5 | 355.9 |
| 19 | 247.5 | 516.4 | 176.7 | 178.3 | 104.1 | 554.9 | 243.9 | 345.6 | 297.7 | 493.8 | 259.4 | 310.8 |
| 20 | 584.6 | 328.3 | 116.0 | 140.4 | 274.2 | 251.4 | 118.3 | 106.9 | 597.1 | 217.1 | 379.2 | 283.0 |
| 平均时间 | | | | 343.7 | | | | | | | | |

续表

试验结果

摄像设备告警成功率试验测试表

| 组数 | 1 | 2 | 3 | 4 | 5 | 6 | 7 | 8 | 9 | 10 | 11 | 平均成功率 |
|---|---|---|---|---|---|---|---|---|---|---|---|---|
| 1 | 100% | 100% | 100% | 100% | 100% | 100% | 100% | 100% | 100% | 100% | 100% | 100% |
| 2 | 100% | 100% | 100% | 100% | 100% | 100% | 100% | 100% | 100% | 100% | 100% | 100% |
| 3 | 100% | 100% | 100% | 100% | 100% | 100% | 100% | 100% | 100% | 100% | 100% | 100% |
| 4 | 100% | 100% | 100% | 100% | 100% | 100% | 100% | 100% | 100% | 100% | 100% | 100% |
| 5 | 100% | 100% | 100% | 100% | 100% | 100% | 100% | 100% | 100% | 100% | 100% | 100% |
| 6 | 100% | 100% | 100% | 100% | 100% | 100% | 100% | 100% | 100% | 100% | 100% | 100% |
| 7 | 100% | 100% | 100% | 100% | 100% | 100% | 100% | 100% | 100% | 100% | 100% | 100% |
| 8 | 100% | 100% | 100% | 100% | 100% | 100% | 100% | 100% | 100% | 100% | 100% | 100% |
| 9 | 100% | 100% | 100% | 100% | 100% | 100% | 100% | 100% | 100% | 100% | 100% | 100% |
| 10 | 100% | 100% | 100% | 100% | 100% | 100% | 100% | 100% | 100% | 100% | 100% | 100% |
| 11 | 100% | 100% | 100% | 100% | 100% | 100% | 100% | 100% | 100% | 100% | 100% | 100% |
| 12 | 100% | 100% | 100% | 100% | 100% | 100% | 100% | 100% | 100% | 100% | 100% | 100% |
| 13 | 100% | 100% | 100% | 100% | 100% | 100% | 100% | 100% | 100% | 100% | 100% | 100% |
| 14 | 100% | 100% | 100% | 100% | 100% | 100% | 100% | 100% | 100% | 100% | 100% | 100% |
| 15 | 100% | 100% | 100% | 100% | 100% | 100% | 100% | 100% | 100% | 100% | 100% | 100% |
| 16 | 100% | 100% | 100% | 100% | 100% | 100% | 100% | 100% | 100% | 100% | 100% | 100% |
| 17 | 100% | 100% | 100% | 100% | 100% | 100% | 100% | 100% | 100% | 100% | 100% | 100% |
| 18 | 100% | 100% | 100% | 100% | 100% | 100% | 100% | 100% | 100% | 100% | 100% | 100% |
| 19 | 100% | 100% | 100% | 100% | 100% | 100% | 100% | 100% | 100% | 100% | 100% | 100% |
| 20 | 100% | 100% | 100% | 100% | 100% | 100% | 100% | 100% | 100% | 100% | 100% | 100% |
| 平均成功率 | | | | 100% | | | | | | | | |

激光传感器采集告警试验结果：

激光传感器采集告警时间试验测试表（单位：s）

| 组数 | 1 | 2 | 3 | 4 | 5 | 6 | 7 | 8 | 9 | 10 | 11 | 平均时间 |
|---|---|---|---|---|---|---|---|---|---|---|---|---|
| 1 | 379.1 | 542.8 | 231.7 | 560.1 | 334.6 | 592.2 | 124.3 | 529.7 | 561.3 | 302.4 | 578.1 | 430.6 |
| 2 | 287.1 | 182.1 | 163.8 | 262.9 | 189.5 | 424.9 | 112.7 | 363.2 | 573.7 | 191.2 | 198.5 | 268.1 |
| 3 | 569.6 | 502.7 | 408.2 | 578.6 | 140.3 | 135.9 | 201.7 | 539.6 | 454.0 | 502.2 | 504.8 | 412.5 |
| 4 | 136.4 | 443.0 | 178.2 | 237.1 | 559.5 | 150.1 | 513.9 | 170.9 | 479.2 | 558.4 | 225.4 | 332.0 |
| 5 | 536.5 | 515.6 | 500.9 | 281.7 | 497.7 | 328.7 | 406.9 | 294.9 | 388.8 | 516.3 | 285.7 | 414.0 |
| 6 | 269.8 | 269.8 | 194.1 | 201.8 | 552.5 | 243.3 | 128.3 | 265.3 | 411.4 | 125.2 | 423.2 | 280.4 |
| 7 | 577.5 | 246.0 | 251.8 | 524.5 | 276.5 | 555.0 | 408.7 | 163.1 | 396.2 | 313.2 | 217.7 | 357.3 |

续表

试验结果

| 组数 | 1 | 2 | 3 | 4 | 5 | 6 | 7 | 8 | 9 | 10 | 11 | 平均时间 |
|---|---|---|---|---|---|---|---|---|---|---|---|---|
| 8 | 341.1 | 444.3 | 436.3 | 120.2 | 269.8 | 571.1 | 231.3 | 114.2 | 364.5 | 417.0 | 380.0 | 335.4 |
| 9 | 110.6 | 127.9 | 315.4 | 343.4 | 232.5 | 364.7 | 450.5 | 150.2 | 396.0 | 391.2 | 585.7 | 315.3 |
| 10 | 249.0 | 467.6 | 253.2 | 556.8 | 290.2 | 250.3 | 592.7 | 293.8 | 122.0 | 289.1 | 173.8 | 321.7 |
| 11 | 565.6 | 590.5 | 486.0 | 488.8 | 109.5 | 424.8 | 516.9 | 376.4 | 211.9 | 505.2 | 370.4 | 422.4 |
| 12 | 378.8 | 345.9 | 278.2 | 512.2 | 285.5 | 400.8 | 507.9 | 526.6 | 326.3 | 444.6 | 425.1 | 402.9 |
| 13 | 251.2 | 273.9 | 235.8 | 271.2 | 551.8 | 170.4 | 468.4 | 200.1 | 314.9 | 448.2 | 200.7 | 307.9 |
| 14 | 551.4 | 116.7 | 520.6 | 277.5 | 166.2 | 382.1 | 149.0 | 302.2 | 424.6 | 516.6 | 482.7 | 353.6 |
| 15 | 531.1 | 151.5 | 239.2 | 497.0 | 565.2 | 441.3 | 121.7 | 598.4 | 579.4 | 553.5 | 351.5 | 420.9 |
| 16 | 429.2 | 470.2 | 565.3 | 504.7 | 242.8 | 392.4 | 425.9 | 247.0 | 243.7 | 550.9 | 225.9 | 390.7 |
| 17 | 590.1 | 339.1 | 336.5 | 430.6 | 452.1 | 299.3 | 278.0 | 344.6 | 344.6 | 446.7 | 426.2 | 389.8 |
| 18 | 394.8 | 352.5 | 430.8 | 560.6 | 219.0 | 561.3 | 130.1 | 513.5 | 260.6 | 162.2 | 447.5 | 366.6 |
| 19 | 528.4 | 413.7 | 242.0 | 468.8 | 100.6 | 235.1 | 373.9 | 474.2 | 190.2 | 470.2 | 361.6 | 350.8 |
| 20 | 114.6 | 536.6 | 196.1 | 266.3 | 277.2 | 444.1 | 110.3 | 192.1 | 385.0 | 594.0 | 340.4 | 314.2 |
| 平均时间 | | | | 359.4 | | | | | | | | |

激光传感器采集告警成功率试验测试表

| 组数 | 1 | 2 | 3 | 4 | 5 | 6 | 7 | 8 | 9 | 10 | 11 | 平均成功率 |
|---|---|---|---|---|---|---|---|---|---|---|---|---|
| 1 | 100% | 100% | 100% | 100% | 100% | 100% | 100% | 100% | 100% | 100% | 100% | 100% |
| 2 | 100% | 100% | 100% | 100% | 100% | 100% | 100% | 100% | 100% | 100% | 100% | 100% |
| 3 | 100% | 100% | 100% | 100% | 100% | 100% | 100% | 100% | 100% | 100% | 100% | 100% |
| 4 | 100% | 100% | 100% | 100% | 100% | 100% | 100% | 100% | 100% | 100% | 100% | 100% |
| 5 | 100% | 100% | 100% | 100% | 100% | 100% | 100% | 100% | 100% | 100% | 100% | 100% |
| 6 | 100% | 100% | 100% | 100% | 100% | 100% | 100% | 100% | 100% | 100% | 100% | 100% |
| 7 | 100% | 100% | 100% | 100% | 100% | 100% | 100% | 100% | 100% | 100% | 100% | 100% |
| 8 | 100% | 100% | 100% | 100% | 100% | 100% | 100% | 100% | 100% | 100% | 100% | 100% |
| 9 | 100% | 100% | 100% | 100% | 100% | 100% | 100% | 100% | 100% | 100% | 100% | 100% |
| 10 | 100% | 100% | 100% | 100% | 100% | 100% | 100% | 100% | 100% | 100% | 100% | 100% |
| 11 | 100% | 100% | 100% | 100% | 100% | 100% | 100% | 100% | 100% | 100% | 100% | 100% |
| 12 | 100% | 100% | 100% | 100% | 100% | 100% | 100% | 100% | 100% | 100% | 100% | 100% |
| 13 | 100% | 100% | 100% | 100% | 100% | 100% | 100% | 100% | 100% | 100% | 100% | 100% |
| 14 | 100% | 100% | 100% | 100% | 100% | 100% | 100% | 100% | 100% | 100% | 100% | 100% |
| 15 | 100% | 100% | 100% | 100% | 100% | 100% | 100% | 100% | 100% | 100% | 100% | 100% |

续表

| | 组数 | 1 | 2 | 3 | 4 | 5 | 6 | 7 | 8 | 9 | 10 | 11 | 平均成功率 |
|---|---|---|---|---|---|---|---|---|---|---|---|---|---|
| 试验结果 | 16 | 100% | 100% | 100% | 100% | 100% | 100% | 100% | 100% | 100% | 100% | 100% | 100% |
| | 17 | 100% | 100% | 100% | 100% | 100% | 100% | 100% | 100% | 100% | 100% | 100% | 100% |
| | 18 | 100% | 100% | 100% | 100% | 100% | 100% | 100% | 100% | 100% | 100% | 100% | 100% |
| | 19 | 100% | 100% | 100% | 100% | 100% | 100% | 100% | 100% | 100% | 100% | 100% | 100% |
| | 20 | 100% | 100% | 100% | 100% | 100% | 100% | 100% | 100% | 100% | 100% | 100% | 100% |
| | 平均成功率 | 100% | | | | | | | | | | | |
| 结论 | 由试验结果可知，制作的两种简易装置均能在低压架空线受到外力破坏产生接地故障后在 600s 内定位告警，且成功率均为 100% | | | | | | | | | | | | |

结论：综上所述，本课题将剩余电流故障点定位告警时间控制在 600s 内是可行的。

# 三、提出方案并确定最佳方案

## （一）总体方案

小组成员根据以上分析，结合借鉴提出了两种总体方案，如图 2 所示。

| 低压架空线剩余电流定位告警装置 | 图像采集低压架空线剩余电流定位告警装置 |
|---|---|
| | 激光感应低压架空线剩余电流定位告警装置 |

图 2 总体方案示意图

为进一步对比分析，小组成员卢熙元设计了试验方案，如表 4 所示。

表 4 试验方案比较表

| 总体方案 | 图像采集低压架空线剩余电流定位告警装置 | 激光感应低压架空线剩余电流定位告警装置 |
|---|---|---|
| 试验内容 | 小组将摄像设备通过单片机连接至电脑，并将摄像设备架设于电线杆上，测试其在不同射频场强度下的抗干扰性 | |

图像采集抗干扰率测试表

| 射频场强度 | 组数 | | | | | | | | | |
|---|---|---|---|---|---|---|---|---|---|---|
| | 1 | 2 | 3 | 4 | 5 | 6 | 7 | 8 | 9 | 10 |
| 5V/m | 正确 | 正确 | 正确 | 正确 | 正确 | 正确 | 正确 | 正确 | 正确 | 正确 |
| 10V/m | 正确 | 正确 | 正确 | 正确 | 正确 | 正确 | 正确 | 正确 | 正确 | 正确 |

续表

| 总体方案 | 图像采集低压架空线剩余电流定位告警装置 | 激光感应低压架空线剩余电流定位告警装置 |
| --- | --- | --- |

试验内容

| 射频场强度 | 组数 | | | | | | | | | |
| --- | --- | --- | --- | --- | --- | --- | --- | --- | --- | --- |
| | 1 | 2 | 3 | 4 | 5 | 6 | 7 | 8 | 9 | 10 |
| 50V/m | 正确 | 正确 | 正确 | 正确 | 正确 | 正确 | 正确 | 正确 | 正确 | 正确 |
| 100V/m | 正确 | 正确 | 正确 | 正确 | 错误 | 正确 | 正确 | 正确 | 正确 | 正确 |
| 150V/m | 正确 | 正确 | 正确 | 正确 | 正确 | 正确 | 正确 | 正确 | 正确 | 正确 |
| 200V/m | 正确 | 正确 | 错误 | 正确 | 正确 | 正确 | 正确 | 正确 | 正确 | 正确 |
| 250V/m | 正确 | 正确 | 正确 | 错误 | 正确 | 正确 | 正确 | 正确 | 正确 | 正确 |
| 300V/m | 错误 | 正确 | 错误 | 正确 | 正确 | 正确 | 正确 | 正确 | 错误 | 正确 |
| 350V/m | 错误 | 正确 | 错误 | 正确 | 错误 | 正确 | 正确 | 错误 | 错误 | 正确 |
| 500V/m | 错误 | 错误 | 错误 | 错误 | 错误 | 错误 | 错误 | 错误 | 错误 | 错误 |
| 平均抗干扰率 | 79% | | | | | | | | | |

激光感应采集抗干扰性测试表

| 射频场强度 | 组数 | | | | | | | | | |
| --- | --- | --- | --- | --- | --- | --- | --- | --- | --- | --- |
| | 1 | 2 | 3 | 4 | 5 | 6 | 7 | 8 | 9 | 10 |
| 5V/m | 正确 | 正确 | 正确 | 正确 | 正确 | 正确 | 正确 | 正确 | 正确 | 正确 |
| 10V/m | 正确 | 正确 | 正确 | 正确 | 正确 | 正确 | 正确 | 正确 | 正确 | 正确 |
| 50V/m | 正确 | 正确 | 正确 | 正确 | 正确 | 正确 | 正确 | 错误 | 正确 | 正确 |
| 100V/m | 正确 | 正确 | 正确 | 正确 | 正确 | 正确 | 正确 | 正确 | 正确 | 正确 |
| 150V/m | 正确 | 正确 | 正确 | 正确 | 正确 | 正确 | 正确 | 正确 | 正确 | 正确 |
| 200V/m | 正确 | 正确 | 正确 | 正确 | 正确 | 正确 | 正确 | 正确 | 正确 | 正确 |
| 250V/m | 正确 | 正确 | 错误 | 正确 | 正确 | 正确 | 正确 | 正确 | 正确 | 正确 |
| 300V/m | 正确 | 正确 | 正确 | 正确 | 正确 | 正确 | 正确 | 正确 | 正确 | 正确 |
| 350V/m | 正确 | 正确 | 正确 | 正确 | 正确 | 正确 | 正确 | 正确 | 正确 | 正确 |
| 500V/m | 正确 | 正确 | 正确 | 正确 | 正确 | 正确 | 正确 | 正确 | 正确 | 正确 |
| 平均抗干扰率 | 98% | | | | | | | | | |

| 选择 | 不选用 | 选用 |
| --- | --- | --- |

## （二）确定最佳方案

小组召开会议，制定了具体方案，如图 3 所示。

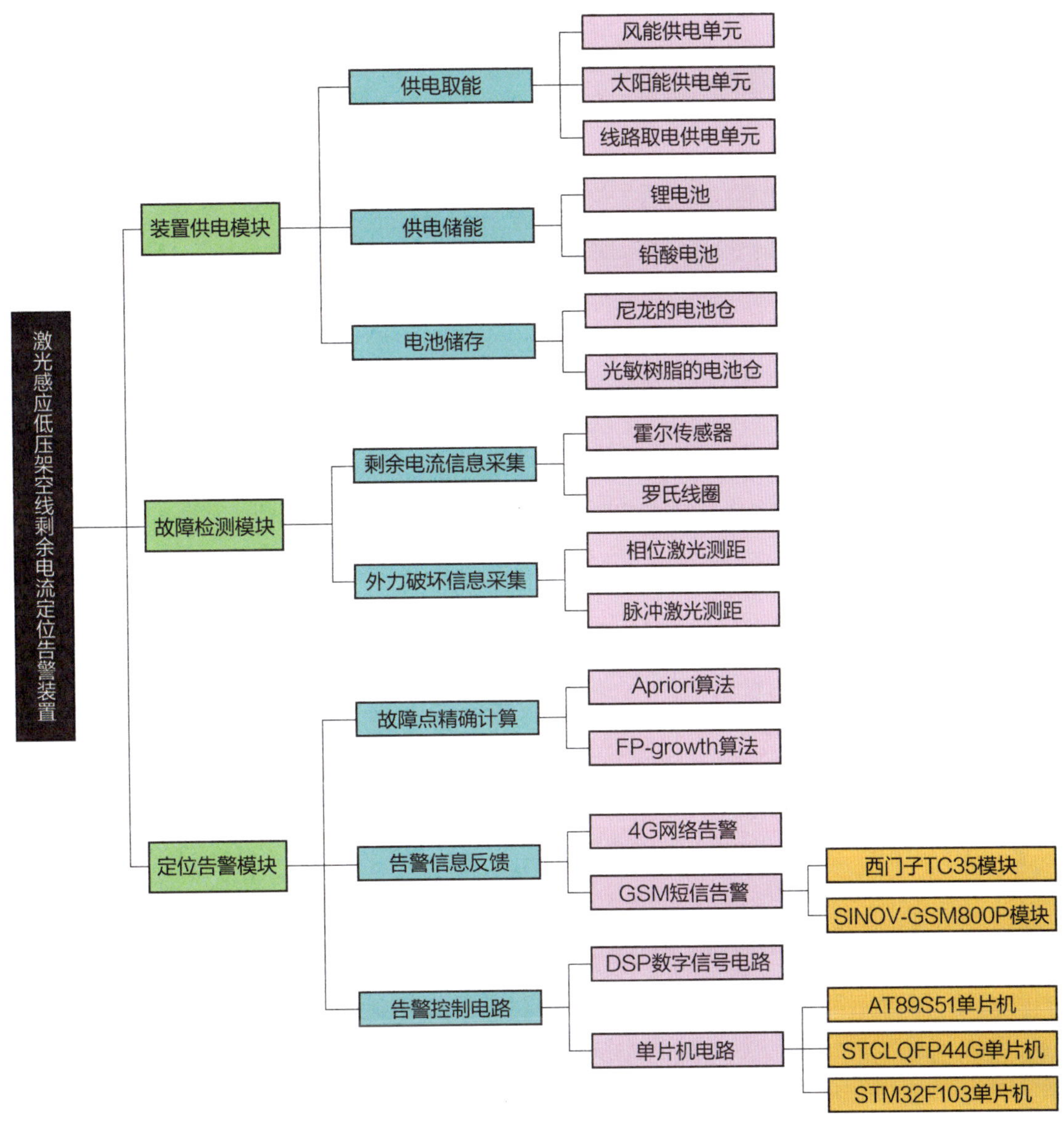


图 3 方案分解示意图

## 1. 一级方案选择

（1）装置供电模块

1）供电取能。选择过程如表 5 所示。

表 5 供电取能的对比选择表

| 方案 | 风能供电单元 | 太阳能供电单元 | 线路取电供电单元 |
|---|---|---|---|
| 方案目标 | （1）续航性≥80h。<br>（2）损失电能<0.1kVA | | |
| 方案描述 | 试验描述：<br>小组成员进行了线路测试 | | |

风能续航时间测试表（单位：h）

| 组数 | 户外充能 | | | | | | | | | | | |
|---|---|---|---|---|---|---|---|---|---|---|---|---|
| | 12h | 24h | 36h | 48h | 60h | 72h | 84h | 96h | 108h | 120h | 132h | 平均值 |
| 1 | 13.329 | 33.738 | 37.333 | 53.053 | 58.471 | 70.394 | 77.960 | 96.553 | 104.871 | 114.451 | 136.260 | 72.4 |

续表

| 方案 | 风能供电单元 | 太阳能供电单元 | 线路取电供电单元 |
|---|---|---|---|
| 方案描述 | | | |

| 组数 | 户外充能 | | | | | | | | | | | |
|---|---|---|---|---|---|---|---|---|---|---|---|---|
| | 12h | 24h | 36h | 48h | 60h | 72h | 84h | 96h | 108h | 120h | 132h | 平均值 |
| 2 | 22.036 | 27.569 | 39.734 | 46.326 | 50.455 | 66.560 | 86.926 | 88.940 | 101.158 | 113.608 | 127.541 | 70.1 |
| 3 | 23.680 | 28.866 | 32.185 | 55.325 | 52.838 | 73.328 | 78.964 | 99.116 | 102.244 | 123.090 | 136.393 | 73.3 |
| 4 | 22.248 | 33.928 | 38.363 | 51.320 | 57.325 | 62.804 | 78.675 | 88.169 | 111.238 | 116.115 | 136.951 | 72.5 |
| 5 | 15.466 | 28.629 | 32.605 | 47.415 | 56.404 | 71.009 | 83.729 | 97.806 | 100.703 | 123.614 | 129.314 | 71.5 |
| 6 | 13.179 | 35.385 | 43.221 | 53.168 | 55.704 | 69.731 | 80.445 | 94.666 | 102.856 | 119.351 | 136.349 | 73.1 |
| 7 | 23.520 | 26.485 | 33.975 | 46.971 | 61.259 | 73.518 | 79.629 | 91.353 | 108.635 | 122.190 | 137.395 | 73.2 |
| 8 | 23.044 | 25.104 | 40.301 | 52.688 | 58.400 | 69.714 | 81.755 | 93.090 | 100.784 | 113.275 | 136.576 | 72.3 |
| 9 | 22.364 | 31.916 | 39.629 | 49.200 | 51.090 | 71.635 | 83.810 | 90.159 | 105.814 | 114.739 | 132.598 | 72.1 |
| 10 | 14.526 | 27.019 | 42.994 | 53.360 | 61.870 | 64.495 | 80.881 | 95.860 | 105.519 | 124.821 | 131.405 | 73.0 |
| 11 | 21.968 | 31.609 | 36.421 | 46.546 | 57.016 | 65.433 | 76.505 | 88.615 | 108.686 | 122.470 | 132.475 | 71.6 |
| 12 | 21.756 | 32.819 | 39.135 | 48.030 | 60.920 | 64.909 | 83.323 | 98.264 | 111.365 | 121.181 | 126.301 | 73.5 |
| 13 | 14.648 | 32.780 | 32.738 | 50.650 | 58.223 | 73.583 | 80.193 | 89.006 | 102.523 | 115.146 | 135.913 | 71.4 |
| 14 | 18.971 | 29.011 | 40.240 | 54.056 | 62.316 | 65.439 | 85.535 | 94.499 | 107.108 | 120.776 | 130.725 | 73.5 |
| 15 | 19.086 | 35.156 | 35.505 | 49.945 | 57.944 | 67.620 | 80.890 | 96.714 | 111.690 | 116.796 | 135.873 | 73.4 |
| 16 | 17.955 | 30.643 | 34.140 | 50.006 | 59.710 | 64.858 | 86.789 | 93.654 | 107.154 | 118.969 | 133.684 | 72.5 |
| 17 | 23.861 | 35.353 | 31.514 | 51.528 | 51.683 | 65.780 | 83.495 | 89.425 | 100.289 | 124.836 | 134.250 | 72.0 |
| 18 | 23.236 | 36.108 | 36.335 | 47.760 | 54.415 | 64.763 | 81.464 | 96.111 | 112.219 | 112.600 | 128.189 | 72.1 |
| 19 | 20.534 | 29.404 | 39.269 | 49.090 | 57.076 | 73.248 | 78.311 | 91.790 | 100.948 | 122.494 | 133.441 | 72.3 |
| 20 | 18.525 | 36.649 | 37.035 | 49.373 | 61.201 | 69.711 | 78.230 | 93.066 | 109.818 | 123.010 | 125.026 | 72.9 |
| 平均值 | | | | 72.4 | | | | | | | | |

风能损失电能测试表（单位：kVA）

| 组数 | 1 | 2 | 3 | 4 | 5 | 6 | 7 | 8 | 9 | 10 | 11 | 平均值 |
|---|---|---|---|---|---|---|---|---|---|---|---|---|
| 1 | 0.00 | 0.00 | 0.00 | 0.00 | 0.00 | 0.00 | 0.00 | 0.00 | 0.00 | 0.00 | 0.00 | 0.0 |
| 2 | 0.00 | 0.00 | 0.00 | 0.00 | 0.00 | 0.00 | 0.00 | 0.00 | 0.00 | 0.00 | 0.00 | 0.0 |
| 3 | 0.00 | 0.00 | 0.00 | 0.00 | 0.00 | 0.00 | 0.00 | 0.00 | 0.00 | 0.00 | 0.00 | 0.0 |
| 4 | 0.00 | 0.00 | 0.00 | 0.00 | 0.00 | 0.00 | 0.00 | 0.00 | 0.00 | 0.00 | 0.00 | 0.0 |
| 5 | 0.00 | 0.00 | 0.00 | 0.00 | 0.00 | 0.00 | 0.00 | 0.00 | 0.00 | 0.00 | 0.00 | 0.0 |
| 6 | 0.00 | 0.00 | 0.00 | 0.00 | 0.00 | 0.00 | 0.00 | 0.00 | 0.00 | 0.00 | 0.00 | 0.0 |
| 7 | 0.00 | 0.00 | 0.00 | 0.00 | 0.00 | 0.00 | 0.00 | 0.00 | 0.00 | 0.00 | 0.00 | 0.0 |
| 8 | 0.00 | 0.00 | 0.00 | 0.00 | 0.00 | 0.00 | 0.00 | 0.00 | 0.00 | 0.00 | 0.00 | 0.0 |
| 9 | 0.00 | 0.00 | 0.00 | 0.00 | 0.00 | 0.00 | 0.00 | 0.00 | 0.00 | 0.00 | 0.00 | 0.0 |
| 10 | 0.00 | 0.00 | 0.00 | 0.00 | 0.00 | 0.00 | 0.00 | 0.00 | 0.00 | 0.00 | 0.00 | 0.0 |

续表

| 方案 | 风能供电单元 | 太阳能供电单元 | 线路取电供电单元 |
|---|---|---|---|
| 方案描述 | （见下列两表） | | |

| 组数 | 1 | 2 | 3 | 4 | 5 | 6 | 7 | 8 | 9 | 10 | 11 | 平均值 |
|---|---|---|---|---|---|---|---|---|---|---|---|---|
| 11 | 0.00 | 0.00 | 0.00 | 0.00 | 0.00 | 0.00 | 0.00 | 0.00 | 0.00 | 0.00 | 0.00 | 0.0 |
| 12 | 0.00 | 0.00 | 0.00 | 0.00 | 0.00 | 0.00 | 0.00 | 0.00 | 0.00 | 0.00 | 0.00 | 0.0 |
| 13 | 0.00 | 0.00 | 0.00 | 0.00 | 0.00 | 0.00 | 0.00 | 0.00 | 0.00 | 0.00 | 0.00 | 0.0 |
| 14 | 0.00 | 0.00 | 0.00 | 0.00 | 0.00 | 0.00 | 0.00 | 0.00 | 0.00 | 0.00 | 0.00 | 0.0 |
| 15 | 0.00 | 0.00 | 0.00 | 0.00 | 0.00 | 0.00 | 0.00 | 0.00 | 0.00 | 0.00 | 0.00 | 0.0 |
| 16 | 0.00 | 0.00 | 0.00 | 0.00 | 0.00 | 0.00 | 0.00 | 0.00 | 0.00 | 0.00 | 0.00 | 0.0 |
| 17 | 0.00 | 0.00 | 0.00 | 0.00 | 0.00 | 0.00 | 0.00 | 0.00 | 0.00 | 0.00 | 0.00 | 0.0 |
| 18 | 0.00 | 0.00 | 0.00 | 0.00 | 0.00 | 0.00 | 0.00 | 0.00 | 0.00 | 0.00 | 0.00 | 0.0 |
| 19 | 0.00 | 0.00 | 0.00 | 0.00 | 0.00 | 0.00 | 0.00 | 0.00 | 0.00 | 0.00 | 0.00 | 0.0 |
| 20 | 0.00 | 0.00 | 0.00 | 0.00 | 0.00 | 0.00 | 0.00 | 0.00 | 0.00 | 0.00 | 0.00 | 0.0 |
| 平均值 | | | | | 0.0 | | | | | | | |

太阳能续航时间测试表（单位：h）

| 组数 | 户外充能 | | | | | | | | | | | |
|---|---|---|---|---|---|---|---|---|---|---|---|---|
| | 12h | 24h | 36h | 48h | 60h | 72h | 84h | 96h | 108h | 120h | 132h | 平均值 |
| 1 | 22.296 | 57.580 | 56.956 | 70.786 | 86.512 | 113.174 | 127.028 | 148.614 | 176.542 | 194.228 | 216.136 | 115.4 |
| 2 | 36.114 | 51.556 | 62.774 | 74.176 | 94.888 | 119.852 | 128.558 | 155.212 | 175.658 | 181.016 | 212.686 | 117.5 |
| 3 | 30.952 | 57.046 | 69.654 | 79.756 | 90.068 | 106.388 | 126.422 | 146.906 | 166.776 | 192.632 | 215.680 | 116.6 |
| 4 | 24.590 | 41.486 | 52.082 | 80.780 | 83.174 | 112.662 | 127.726 | 145.254 | 161.598 | 186.336 | 208.588 | 111.3 |
| 5 | 33.412 | 55.870 | 52.946 | 80.806 | 86.496 | 106.356 | 133.034 | 156.310 | 174.568 | 180.888 | 214.832 | 116.0 |
| 6 | 23.898 | 56.386 | 57.072 | 76.988 | 81.800 | 102.988 | 139.874 | 156.956 | 161.494 | 186.370 | 205.100 | 113.5 |
| 7 | 34.484 | 44.574 | 60.560 | 75.888 | 91.882 | 104.806 | 131.522 | 154.200 | 170.790 | 196.036 | 204.884 | 115.4 |
| 8 | 31.254 | 53.604 | 69.910 | 77.214 | 83.816 | 115.760 | 130.636 | 154.842 | 169.512 | 186.678 | 217.590 | 117.3 |
| 9 | 37.814 | 58.798 | 55.624 | 89.018 | 91.000 | 114.552 | 122.862 | 149.816 | 172.032 | 190.184 | 214.356 | 117.8 |
| 10 | 33.970 | 42.738 | 65.668 | 73.450 | 99.406 | 107.766 | 138.006 | 155.886 | 160.510 | 189.584 | 217.966 | 116.8 |
| 11 | 39.064 | 59.208 | 68.450 | 77.960 | 97.688 | 107.476 | 129.086 | 144.950 | 161.420 | 199.384 | 209.432 | 117.6 |
| 12 | 20.378 | 40.326 | 60.214 | 84.260 | 84.244 | 104.952 | 124.564 | 154.796 | 173.748 | 189.738 | 202.834 | 112.7 |
| 13 | 29.690 | 56.644 | 59.656 | 71.842 | 98.776 | 100.624 | 136.458 | 157.402 | 163.764 | 192.182 | 203.776 | 115.5 |
| 14 | 30.890 | 56.948 | 66.366 | 77.472 | 80.362 | 118.856 | 133.014 | 140.338 | 162.700 | 193.834 | 210.712 | 115.6 |
| 15 | 36.258 | 44.886 | 59.848 | 71.460 | 95.710 | 107.078 | 130.900 | 159.198 | 174.906 | 199.592 | 214.748 | 117.7 |
| 16 | 33.770 | 54.666 | 58.908 | 88.640 | 82.540 | 104.138 | 139.760 | 149.094 | 171.324 | 199.074 | 200.940 | 116.6 |
| 17 | 22.470 | 57.178 | 61.746 | 82.748 | 87.528 | 104.866 | 133.274 | 159.244 | 160.638 | 181.672 | 205.902 | 114.3 |
| 18 | 31.132 | 48.948 | 50.496 | 81.818 | 91.914 | 105.552 | 134.954 | 143.398 | 164.028 | 199.386 | 217.818 | 115.4 |
| 19 | 27.250 | 44.346 | 68.298 | 76.602 | 81.038 | 116.690 | 134.980 | 145.536 | 166.482 | 181.884 | 218.160 | 114.7 |
| 20 | 31.876 | 59.350 | 61.712 | 78.310 | 82.158 | 102.306 | 129.564 | 151.962 | 177.222 | 189.740 | 212.342 | 116.0 |
| 平均值 | | | | | 115.7 | | | | | | | |

续表

| 方案 | 风能供电单元 | 太阳能供电单元 | 线路取电供电单元 |
|---|---|---|---|

方案描述

太阳能损失电能测试表（单位：kVA）

| 组数 | 1 | 2 | 3 | 4 | 5 | 6 | 7 | 8 | 9 | 10 | 11 | 平均值 |
|---|---|---|---|---|---|---|---|---|---|---|---|---|
| 1 | 0.00 | 0.00 | 0.00 | 0.00 | 0.00 | 0.00 | 0.00 | 0.00 | 0.00 | 0.00 | 0.00 | 0.0 |
| 2 | 0.00 | 0.00 | 0.00 | 0.00 | 0.00 | 0.00 | 0.00 | 0.00 | 0.00 | 0.00 | 0.00 | 0.0 |
| 3 | 0.00 | 0.00 | 0.00 | 0.00 | 0.00 | 0.00 | 0.00 | 0.00 | 0.00 | 0.00 | 0.00 | 0.0 |
| 4 | 0.00 | 0.00 | 0.00 | 0.00 | 0.00 | 0.00 | 0.00 | 0.00 | 0.00 | 0.00 | 0.00 | 0.0 |
| 5 | 0.00 | 0.00 | 0.00 | 0.00 | 0.00 | 0.00 | 0.00 | 0.00 | 0.00 | 0.00 | 0.00 | 0.0 |
| 6 | 0.00 | 0.00 | 0.00 | 0.00 | 0.00 | 0.00 | 0.00 | 0.00 | 0.00 | 0.00 | 0.00 | 0.0 |
| 7 | 0.00 | 0.00 | 0.00 | 0.00 | 0.00 | 0.00 | 0.00 | 0.00 | 0.00 | 0.00 | 0.00 | 0.0 |
| 8 | 0.00 | 0.00 | 0.00 | 0.00 | 0.00 | 0.00 | 0.00 | 0.00 | 0.00 | 0.00 | 0.00 | 0.0 |
| 9 | 0.00 | 0.00 | 0.00 | 0.00 | 0.00 | 0.00 | 0.00 | 0.00 | 0.00 | 0.00 | 0.00 | 0.0 |
| 10 | 0.00 | 0.00 | 0.00 | 0.00 | 0.00 | 0.00 | 0.00 | 0.00 | 0.00 | 0.00 | 0.00 | 0.0 |
| 11 | 0.00 | 0.00 | 0.00 | 0.00 | 0.00 | 0.00 | 0.00 | 0.00 | 0.00 | 0.00 | 0.00 | 0.0 |
| 12 | 0.00 | 0.00 | 0.00 | 0.00 | 0.00 | 0.00 | 0.00 | 0.00 | 0.00 | 0.00 | 0.00 | 0.0 |
| 13 | 0.00 | 0.00 | 0.00 | 0.00 | 0.00 | 0.00 | 0.00 | 0.00 | 0.00 | 0.00 | 0.00 | 0.0 |
| 14 | 0.00 | 0.00 | 0.00 | 0.00 | 0.00 | 0.00 | 0.00 | 0.00 | 0.00 | 0.00 | 0.00 | 0.0 |
| 15 | 0.00 | 0.00 | 0.00 | 0.00 | 0.00 | 0.00 | 0.00 | 0.00 | 0.00 | 0.00 | 0.00 | 0.0 |
| 16 | 0.00 | 0.00 | 0.00 | 0.00 | 0.00 | 0.00 | 0.00 | 0.00 | 0.00 | 0.00 | 0.00 | 0.0 |
| 17 | 0.00 | 0.00 | 0.00 | 0.00 | 0.00 | 0.00 | 0.00 | 0.00 | 0.00 | 0.00 | 0.00 | 0.0 |
| 18 | 0.00 | 0.00 | 0.00 | 0.00 | 0.00 | 0.00 | 0.00 | 0.00 | 0.00 | 0.00 | 0.00 | 0.0 |
| 19 | 0.00 | 0.00 | 0.00 | 0.00 | 0.00 | 0.00 | 0.00 | 0.00 | 0.00 | 0.00 | 0.00 | 0.0 |
| 20 | 0.00 | 0.00 | 0.00 | 0.00 | 0.00 | 0.00 | 0.00 | 0.00 | 0.00 | 0.00 | 0.00 | 0.0 |
| 平均值 | | | | | 0.0 | | | | | | | |

线路取电损失电能测试表（单位：kVA）

| 组数 | 1 | 2 | 3 | 4 | 5 | 6 | 7 | 8 | 9 | 10 | 11 | 平均值 |
|---|---|---|---|---|---|---|---|---|---|---|---|---|
| 1 | 0.112 | 0.124 | 0.130 | 0.101 | 0.114 | 0.193 | 0.128 | 0.126 | 0.175 | 0.115 | 0.156 | 0.1 |
| 2 | 0.178 | 0.196 | 0.116 | 0.120 | 0.151 | 0.195 | 0.154 | 0.118 | 0.125 | 0.118 | 0.189 | 0.2 |
| 3 | 0.115 | 0.113 | 0.160 | 0.191 | 0.197 | 0.149 | 0.144 | 0.148 | 0.153 | 0.105 | 0.153 | 0.1 |
| 4 | 0.182 | 0.132 | 0.192 | 0.188 | 0.124 | 0.154 | 0.113 | 0.115 | 0.140 | 0.160 | 0.194 | 0.2 |
| 5 | 0.117 | 0.157 | 0.162 | 0.133 | 0.123 | 0.196 | 0.129 | 0.145 | 0.168 | 0.104 | 0.111 | 0.1 |
| 6 | 0.161 | 0.169 | 0.129 | 0.140 | 0.185 | 0.128 | 0.130 | 0.108 | 0.120 | 0.149 | 0.127 | 0.1 |
| 7 | 0.194 | 0.103 | 0.140 | 0.120 | 0.150 | 0.154 | 0.133 | 0.172 | 0.137 | 0.146 | 0.121 | 0.1 |
| 8 | 0.143 | 0.178 | 0.186 | 0.117 | 0.106 | 0.137 | 0.158 | 0.124 | 0.195 | 0.197 | 0.160 | 0.2 |
| 9 | 0.116 | 0.106 | 0.107 | 0.140 | 0.172 | 0.198 | 0.176 | 0.193 | 0.127 | 0.161 | 0.156 | 0.2 |
| 10 | 0.179 | 0.138 | 0.131 | 0.108 | 0.177 | 0.200 | 0.125 | 0.184 | 0.155 | 0.165 | 0.143 | 0.2 |

续表

| 方案 | 风能供电单元 | 太阳能供电单元 | 线路取电供电单元 |
|---|---|---|---|

方案描述

| 组数 | 1 | 2 | 3 | 4 | 5 | 6 | 7 | 8 | 9 | 10 | 11 | 平均值 |
|---|---|---|---|---|---|---|---|---|---|---|---|---|
| 11 | 0.167 | 0.170 | 0.103 | 0.186 | 0.135 | 0.131 | 0.150 | 0.197 | 0.134 | 0.170 | 0.150 | 0.2 |
| 12 | 0.156 | 0.107 | 0.126 | 0.148 | 0.174 | 0.115 | 0.163 | 0.115 | 0.119 | 0.151 | 0.162 | 0.1 |
| 13 | 0.136 | 0.184 | 0.193 | 0.103 | 0.195 | 0.191 | 0.115 | 0.124 | 0.140 | 0.179 | 0.190 | 0.2 |
| 14 | 0.152 | 0.172 | 0.100 | 0.198 | 0.135 | 0.182 | 0.164 | 0.126 | 0.117 | 0.138 | 0.114 | 0.1 |
| 15 | 0.168 | 0.119 | 0.182 | 0.156 | 0.173 | 0.186 | 0.150 | 0.158 | 0.200 | 0.155 | 0.118 | 0.2 |
| 16 | 0.149 | 0.111 | 0.157 | 0.126 | 0.186 | 0.161 | 0.101 | 0.133 | 0.193 | 0.127 | 0.195 | 0.1 |
| 17 | 0.127 | 0.180 | 0.101 | 0.148 | 0.136 | 0.131 | 0.183 | 0.176 | 0.178 | 0.101 | 0.131 | 0.1 |
| 18 | 0.105 | 0.128 | 0.164 | 0.122 | 0.180 | 0.145 | 0.133 | 0.137 | 0.168 | 0.137 | 0.147 | 0.1 |
| 19 | 0.189 | 0.158 | 0.167 | 0.108 | 0.197 | 0.178 | 0.101 | 0.181 | 0.115 | 0.168 | 0.164 | 0.2 |
| 20 | 0.176 | 0.185 | 0.131 | 0.119 | 0.101 | 0.179 | 0.107 | 0.173 | 0.148 | 0.123 | 0.101 | 0.1 |
| 平均值 | | | | | 0.1 | | | | | | | |

| 选择 | 不选用 | 选用 | 不选用 |
|---|---|---|---|

2）供电储能。选择过程如表 6 所示。

**表 6　供电储能的对比选择表**

| 方案 | 锂电池 | 铅酸电池 |
|---|---|---|
| 方案目标 | （1）充电速率≥1000mA/h。<br>（2）放电速率≤0.05V/min | |

方案描述

试验描述：
小组成员对两种蓄电池进行了充放电试验。

锂电池充电容量试验测试表（单位：mA）

| 时间 | 组数 | | | | | | | | | | |
|---|---|---|---|---|---|---|---|---|---|---|---|
| | 1 | 2 | 3 | 4 | 5 | 6 | 7 | 8 | 9 | 10 | 平均值 |
| 15h | 92 | 89 | 95 | 89 | 92 | 92 | 90 | 87 | 88 | 89 | 90 |
| 30h | 595 | 598 | 596 | 593 | 599 | 596 | 592 | 598 | 592 | 590 | 595 |
| 45h | 1048 | 1048 | 1044 | 1041 | 1047 | 1050 | 1048 | 1043 | 1050 | 1049 | 1047 |
| 60h | 1570 | 1563 | 1568 | 1565 | 1568 | 1562 | 1569 | 1570 | 1563 | 1562 | 1566 |
| 75h | 2103 | 2106 | 2108 | 2105 | 2110 | 2103 | 2101 | 2109 | 2104 | 2105 | 2105 |
| 90h | 2563 | 2563 | 2568 | 2562 | 2563 | 2562 | 2567 | 2566 | 2563 | 2562 | 2564 |
| 105h | 3034 | 3032 | 3032 | 3038 | 3037 | 3034 | 3031 | 3035 | 3040 | 3035 | 3035 |
| 120h | 3556 | 3551 | 3553 | 3550 | 3552 | 3553 | 3558 | 3553 | 3555 | 3555 | 3554 |
| 135h | 4049 | 4049 | 4050 | 4042 | 4048 | 4047 | 4048 | 4042 | 4047 | 4045 | 4047 |
| 150h | 5047 | 5045 | 5042 | 5043 | 5043 | 5050 | 5048 | 5040 | 5049 | 5049 | 5046 |
| 平均值 | | | | | 2364.8 | | | | | | |

续表

| 方案 | 锂电池 | 铅酸电池 |
|---|---|---|

方案描述

锂电池放电实时电压试验测试表（单位：V）

| 时间 | 组数 | | | | | | | | | | |
|---|---|---|---|---|---|---|---|---|---|---|---|
| | 1 | 2 | 3 | 4 | 5 | 6 | 7 | 8 | 9 | 10 | 平均值 |
| 10min | 7.435 | 7.424 | 7.437 | 7.572 | 7.486 | 7.460 | 7.577 | 7.538 | 7.580 | 7.466 | 7.498 |
| 20min | 7.185 | 7.200 | 7.181 | 7.122 | 7.171 | 7.189 | 7.198 | 7.167 | 7.198 | 7.117 | 7.173 |
| 30min | 6.935 | 6.927 | 6.902 | 6.998 | 6.913 | 6.945 | 6.985 | 6.933 | 6.944 | 6.939 | 6.942 |
| 40min | 6.858 | 6.803 | 6.834 | 6.807 | 6.891 | 6.899 | 6.866 | 6.854 | 6.868 | 6.885 | 6.857 |
| 50min | 6.793 | 6.720 | 6.716 | 6.710 | 6.796 | 6.784 | 6.764 | 6.756 | 6.757 | 6.758 | 6.755 |
| 60min | 6.683 | 6.639 | 6.674 | 6.603 | 6.666 | 6.645 | 6.602 | 6.649 | 6.615 | 6.626 | 6.640 |
| 70min | 6.524 | 6.545 | 6.524 | 6.576 | 6.560 | 6.530 | 6.555 | 6.524 | 6.539 | 6.592 | 6.547 |
| 80min | 6.145 | 6.167 | 6.115 | 6.168 | 6.115 | 6.177 | 6.135 | 6.173 | 6.180 | 6.156 | 6.153 |
| 90min | 5.674 | 5.632 | 5.660 | 5.649 | 5.661 | 5.651 | 5.601 | 5.652 | 5.700 | 5.694 | 5.657 |
| 100min | 5.315 | 5.311 | 5.349 | 5.374 | 5.391 | 5.373 | 5.342 | 5.388 | 5.316 | 5.317 | 5.348 |
| 平均值 | | | | | 6.557 | | | | | | |

铅酸电池充电容量试验测试表（单位：mA）

| 时间 | 组数 | | | | | | | | | | |
|---|---|---|---|---|---|---|---|---|---|---|---|
| | 1 | 2 | 3 | 4 | 5 | 6 | 7 | 8 | 9 | 10 | 平均值 |
| 15h | 73 | 66 | 66 | 72 | 73 | 68 | 66 | 75 | 72 | 67 | 70 |
| 30h | 478 | 504 | 505 | 450 | 472 | 493 | 507 | 494 | 454 | 458 | 482 |
| 45h | 845 | 811 | 835 | 832 | 879 | 830 | 875 | 841 | 848 | 881 | 848 |
| 60h | 1171 | 1202 | 1210 | 1195 | 1190 | 1185 | 1208 | 1207 | 1210 | 1194 | 1197 |
| 75h | 1579 | 1584 | 1508 | 1523 | 1599 | 1563 | 1597 | 1511 | 1518 | 1502 | 1548 |
| 90h | 1962 | 1910 | 1958 | 1915 | 1912 | 1894 | 1891 | 1913 | 1951 | 1879 | 1919 |
| 105h | 2331 | 2350 | 2333 | 2347 | 2355 | 2364 | 2349 | 2332 | 2359 | 2344 | 2346 |
| 120h | 2862 | 2915 | 2905 | 2874 | 2929 | 2913 | 2876 | 2850 | 2922 | 2925 | 2897 |
| 135h | 3380 | 3397 | 3435 | 3344 | 3409 | 3432 | 3415 | 3432 | 3431 | 3345 | 3402 |
| 150h | 4040 | 4047 | 4046 | 4046 | 4044 | 4041 | 4044 | 4049 | 4047 | 4040 | 4044 |
| 平均值 | | | | | 1875.3 | | | | | | |

续表

| 方案 | 锂电池 | 铅酸电池 |
| --- | --- | --- |
| 方案描述 | | |

铅酸电池放电实时电压试验测试表（单位：V）

| 时间 | 组数 | | | | | | | | | | |
| --- | --- | --- | --- | --- | --- | --- | --- | --- | --- | --- | --- |
| | 1 | 2 | 3 | 4 | 5 | 6 | 7 | 8 | 9 | 10 | 平均值 |
| 10h | 7.220 | 7.226 | 7.223 | 7.232 | 7.285 | 7.270 | 7.290 | 7.216 | 7.221 | 7.231 | 7.241 |
| 20h | 6.940 | 6.910 | 7.038 | 7.039 | 6.907 | 6.932 | 7.018 | 6.969 | 6.945 | 7.055 | 6.975 |
| 30h | 6.761 | 6.811 | 6.775 | 6.860 | 6.824 | 6.736 | 6.716 | 6.849 | 6.720 | 6.742 | 6.779 |
| 40h | 6.679 | 6.551 | 6.676 | 6.566 | 6.676 | 6.548 | 6.529 | 6.570 | 6.667 | 6.588 | 6.605 |
| 50h | 6.454 | 6.423 | 6.432 | 6.393 | 6.424 | 6.423 | 6.301 | 6.422 | 6.337 | 6.475 | 6.408 |
| 60h | 6.219 | 6.149 | 6.119 | 6.166 | 6.156 | 6.232 | 6.225 | 6.170 | 6.124 | 6.180 | 6.174 |
| 70h | 5.848 | 5.715 | 5.901 | 5.807 | 5.745 | 5.875 | 5.885 | 5.834 | 5.804 | 5.725 | 5.814 |
| 80h | 5.487 | 5.478 | 5.341 | 5.323 | 5.265 | 5.422 | 5.231 | 5.269 | 5.421 | 5.358 | 5.360 |
| 90h | 4.793 | 4.764 | 4.894 | 4.761 | 4.889 | 4.811 | 4.898 | 4.900 | 4.843 | 4.776 | 4.833 |
| 100h | 4.383 | 4.381 | 4.398 | 4.339 | 4.324 | 4.347 | 4.354 | 4.379 | 4.355 | 4.386 | 4.365 |
| 平均值 | | | | | 6.055 | | | | | | |

| 选用 | 选用 | 不选用 |
| --- | --- | --- |

3）电池储存。选择过程如表 7 所示。

**表 7　电池储存的对比表**

| 方案 | 尼龙的电池仓 | 光敏树脂的电池仓 |
| --- | --- | --- |
| 方案目标 | （1）平均耐磨度≥100g/cm²。<br>（2）绝缘电流≤3mA | |
| 方案描述 | 试验描述：<br>小组成员对两种电池仓进行了试验。 | |

尼龙电池仓耐磨度试验测试表（单位：g/cm²）

| 转数 | 组数 | | | | | | | | | | 平均值 |
| --- | --- | --- | --- | --- | --- | --- | --- | --- | --- | --- | --- |
| | 1 | 2 | 3 | 4 | 5 | 6 | 7 | 8 | 9 | 10 | |
| 1000r/min | 315.89 | 324.82 | 312.95 | 310.02 | 312.71 | 311.29 | 326.87 | 311.38 | 310.73 | 311.14 | 314.78 |
| 2000r/min | 227.94 | 242.76 | 249.61 | 246.68 | 224.53 | 240.22 | 224.24 | 222.58 | 228.10 | 248.58 | 235.52 |
| 3000r/min | 190.62 | 195.80 | 199.61 | 187.63 | 193.32 | 181.52 | 195.51 | 194.00 | 195.28 | 197.13 | 193.04 |
| 4000r/min | 165.07 | 151.59 | 162.99 | 168.36 | 154.12 | 154.78 | 153.41 | 168.45 | 151.82 | 161.43 | 159.20 |
| 5000r/min | 143.87 | 138.43 | 147.20 | 140.99 | 145.73 | 135.34 | 148.67 | 142.29 | 147.33 | 140.66 | 143.05 |
| 6000r/min | 129.46 | 128.68 | 129.69 | 126.57 | 125.30 | 127.11 | 125.46 | 129.81 | 128.73 | 126.95 | 127.78 |

续表

| 方案 | 尼龙的电池仓 | 光敏树脂的电池仓 |
|---|---|---|

方案描述

| 转数 | 组数 | | | | | | | | | | 平均值 |
|---|---|---|---|---|---|---|---|---|---|---|---|
| | 1 | 2 | 3 | 4 | 5 | 6 | 7 | 8 | 9 | 10 | |
| 7000r/min | 117.29 | 118.65 | 116.67 | 111.54 | 111.00 | 119.18 | 113.01 | 114.50 | 115.54 | 112.46 | 114.98 |
| 8000r/min | 102.80 | 102.44 | 104.26 | 95.31 | 99.02 | 103.31 | 96.06 | 103.48 | 104.09 | 104.18 | 101.50 |
| 9000r/min | 82.05 | 86.26 | 81.03 | 80.64 | 83.34 | 82.72 | 81.99 | 83.69 | 80.88 | 86.33 | 82.89 |
| 10000r/min | 67.00 | 61.84 | 60.54 | 62.23 | 66.86 | 66.25 | 60.76 | 64.03 | 61.42 | 66.56 | 63.75 |
| 平均值 | | | | | 153.65 | | | | | | |

光敏树脂电池仓耐磨度试验测试表（单位：g/cm²）

| 转数 | 组数 | | | | | | | | | | 平均值 |
|---|---|---|---|---|---|---|---|---|---|---|---|
| | 1 | 2 | 3 | 4 | 5 | 6 | 7 | 8 | 9 | 10 | |
| 1000r/min | 282.30 | 287.53 | 281.24 | 299.84 | 297.18 | 287.32 | 293.24 | 297.40 | 296.65 | 288.76 | 291.15 |
| 2000r/min | 177.14 | 194.46 | 178.25 | 195.89 | 173.11 | 175.28 | 192.85 | 181.85 | 181.36 | 193.22 | 184.34 |
| 3000r/min | 172.99 | 157.15 | 159.76 | 153.01 | 159.37 | 169.22 | 151.56 | 171.25 | 160.84 | 165.71 | 162.09 |
| 4000r/min | 141.87 | 145.97 | 135.90 | 139.40 | 146.11 | 136.60 | 139.35 | 143.25 | 145.83 | 146.79 | 142.11 |
| 5000r/min | 128.97 | 126.98 | 126.87 | 128.16 | 127.20 | 128.83 | 133.32 | 132.35 | 129.24 | 129.26 | 129.12 |
| 6000r/min | 118.68 | 112.30 | 112.42 | 116.60 | 121.06 | 112.36 | 117.92 | 116.46 | 123.37 | 117.25 | 116.84 |
| 7000r/min | 107.41 | 112.43 | 105.98 | 107.42 | 108.04 | 106.04 | 111.51 | 109.92 | 109.35 | 109.03 | 108.71 |
| 8000r/min | 91.75 | 85.35 | 91.05 | 93.34 | 93.20 | 85.53 | 93.94 | 90.83 | 92.59 | 93.71 | 91.13 |
| 9000r/min | 73.58 | 70.96 | 75.31 | 72.11 | 74.57 | 73.48 | 74.46 | 73.28 | 73.79 | 72.23 | 73.38 |
| 10000r/min | 52.28 | 65.46 | 64.35 | 66.65 | 66.83 | 60.01 | 62.39 | 60.77 | 60.83 | 61.80 | 62.14 |
| 平均值 | | | | | 136.10 | | | | | | |

尼龙电池仓绝缘性试验测试表（单位：mA）

| 组数 | 直流电压 | | | | | | | | | | | 平均值 |
|---|---|---|---|---|---|---|---|---|---|---|---|---|
| | 100V | 200V | 220V | 380V | 400V | 500V | 600V | 700V | 800V | 900V | 1000V | |
| 1 | 0.286 | 0.339 | 0.450 | 0.594 | 0.767 | 0.889 | 1.055 | 1.265 | 1.317 | 1.499 | 1.635 | 0.918 |
| 2 | 0.243 | 0.315 | 0.463 | 0.596 | 0.729 | 0.887 | 1.076 | 1.200 | 1.418 | 1.475 | 1.745 | 0.922 |
| 3 | 0.205 | 0.338 | 0.489 | 0.647 | 0.666 | 0.827 | 1.039 | 1.173 | 1.379 | 1.550 | 1.727 | 0.913 |
| 4 | 0.238 | 0.334 | 0.417 | 0.686 | 0.707 | 0.931 | 1.060 | 1.249 | 1.314 | 1.594 | 1.704 | 0.930 |
| 5 | 0.208 | 0.456 | 0.415 | 0.709 | 0.673 | 0.849 | 1.099 | 1.152 | 1.305 | 1.517 | 1.723 | 0.919 |
| 6 | 0.213 | 0.457 | 0.535 | 0.621 | 0.744 | 0.834 | 1.018 | 1.220 | 1.358 | 1.506 | 1.794 | 0.936 |
| 7 | 0.218 | 0.360 | 0.504 | 0.586 | 0.767 | 0.908 | 1.025 | 1.157 | 1.413 | 1.502 | 1.767 | 0.928 |
| 8 | 0.268 | 0.338 | 0.419 | 0.659 | 0.776 | 0.959 | 1.105 | 1.225 | 1.332 | 1.610 | 1.820 | 0.956 |

续表

| 方案 | 尼龙的电池仓 | 光敏树脂的电池仓 |
| --- | --- | --- |

方案描述

| 组数 | 直流电压 | | | | | | | | | | | 平均值 |
| --- | --- | --- | --- | --- | --- | --- | --- | --- | --- | --- | --- | --- |
| | 100V | 200V | 220V | 380V | 400V | 500V | 600V | 700V | 800V | 900V | 1000V | |
| 9 | 0.166 | 0.427 | 0.415 | 0.618 | 0.783 | 0.838 | 0.982 | 1.169 | 1.465 | 1.512 | 1.755 | 0.921 |
| 10 | 0.266 | 0.447 | 0.424 | 0.673 | 0.713 | 0.902 | 1.124 | 1.231 | 1.387 | 1.539 | 1.766 | 0.952 |
| 11 | 0.164 | 0.421 | 0.529 | 0.700 | 0.681 | 0.844 | 0.973 | 1.215 | 1.351 | 1.509 | 1.720 | 0.919 |
| 12 | 0.201 | 0.334 | 0.547 | 0.599 | 0.724 | 0.865 | 1.007 | 1.199 | 1.317 | 1.478 | 1.691 | 0.906 |
| 13 | 0.177 | 0.432 | 0.450 | 0.603 | 0.794 | 0.859 | 1.131 | 1.204 | 1.353 | 1.479 | 1.814 | 0.936 |
| 14 | 0.253 | 0.397 | 0.410 | 0.685 | 0.674 | 0.811 | 1.113 | 1.145 | 1.372 | 1.593 | 1.785 | 0.931 |
| 15 | 0.277 | 0.306 | 0.468 | 0.679 | 0.647 | 0.829 | 0.971 | 1.156 | 1.332 | 1.490 | 1.775 | 0.903 |
| 16 | 0.208 | 0.309 | 0.390 | 0.681 | 0.782 | 0.959 | 0.976 | 1.201 | 1.437 | 1.513 | 1.768 | 0.929 |
| 17 | 0.243 | 0.406 | 0.417 | 0.636 | 0.636 | 0.823 | 0.994 | 1.289 | 1.438 | 1.507 | 1.745 | 0.921 |
| 18 | 0.144 | 0.398 | 0.524 | 0.691 | 0.712 | 0.942 | 1.057 | 1.202 | 1.425 | 1.619 | 1.691 | 0.946 |
| 19 | 0.225 | 0.415 | 0.415 | 0.597 | 0.702 | 0.815 | 1.030 | 1.162 | 1.423 | 1.604 | 1.728 | 0.920 |
| 20 | 0.136 | 0.466 | 0.506 | 0.664 | 0.703 | 0.953 | 1.044 | 1.186 | 1.428 | 1.556 | 1.692 | 0.939 |
| 平均值 | | | | | 0.927 | | | | | | | |

光敏树脂电池仓绝缘性试验测试表（单位：mA）

| 组数 | 直流电压 | | | | | | | | | | | 平均值 |
| --- | --- | --- | --- | --- | --- | --- | --- | --- | --- | --- | --- | --- |
| | 100V | 200V | 220V | 380V | 400V | 500V | 600V | 700V | 800V | 900V | 1000V | |
| 1 | 0.272 | 0.356 | 0.456 | 0.680 | 0.822 | 0.982 | 1.100 | 1.298 | 1.403 | 1.610 | 1.756 | 0.976 |
| 2 | 0.179 | 0.493 | 0.481 | 0.641 | 0.757 | 0.840 | 1.067 | 1.273 | 1.396 | 1.548 | 1.705 | 0.944 |
| 3 | 0.247 | 0.417 | 0.578 | 0.676 | 0.760 | 0.956 | 1.023 | 1.277 | 1.450 | 1.574 | 1.668 | 0.966 |
| 4 | 0.214 | 0.339 | 0.461 | 0.621 | 0.743 | 0.949 | 1.027 | 1.223 | 1.500 | 1.581 | 1.717 | 0.943 |
| 5 | 0.183 | 0.480 | 0.532 | 0.659 | 0.738 | 0.976 | 1.003 | 1.180 | 1.368 | 1.508 | 1.719 | 0.941 |
| 6 | 0.304 | 0.456 | 0.418 | 0.697 | 0.740 | 0.846 | 1.166 | 1.177 | 1.405 | 1.632 | 1.785 | 0.966 |
| 7 | 0.249 | 0.457 | 0.470 | 0.689 | 0.681 | 0.971 | 1.077 | 1.228 | 1.442 | 1.555 | 1.749 | 0.961 |
| 8 | 0.311 | 0.474 | 0.548 | 0.676 | 0.686 | 0.918 | 1.114 | 1.323 | 1.413 | 1.567 | 1.792 | 0.984 |
| 9 | 0.208 | 0.403 | 0.464 | 0.716 | 0.715 | 0.837 | 1.091 | 1.304 | 1.407 | 1.632 | 1.780 | 0.960 |
| 10 | 0.250 | 0.480 | 0.474 | 0.750 | 0.748 | 0.898 | 1.160 | 1.303 | 1.416 | 1.533 | 1.675 | 0.971 |
| 11 | 0.226 | 0.414 | 0.533 | 0.621 | 0.786 | 0.886 | 1.148 | 1.240 | 1.403 | 1.511 | 1.816 | 0.962 |
| 12 | 0.197 | 0.486 | 0.428 | 0.593 | 0.780 | 0.892 | 1.077 | 1.280 | 1.491 | 1.657 | 1.686 | 0.961 |
| 13 | 0.207 | 0.365 | 0.550 | 0.600 | 0.746 | 0.854 | 1.024 | 1.247 | 1.493 | 1.600 | 1.683 | 0.943 |
| 14 | 0.196 | 0.478 | 0.576 | 0.688 | 0.724 | 0.916 | 1.059 | 1.269 | 1.496 | 1.555 | 1.817 | 0.979 |

续表

| 方案 | 尼龙的电池仓 | 光敏树脂的电池仓 |
|---|---|---|
| 方案描述 | | |

| 组数 | 直流电压 | | | | | | | | | | | 平均值 |
|---|---|---|---|---|---|---|---|---|---|---|---|---|
| | 100V | 200V | 220V | 380V | 400V | 500V | 600V | 700V | 800V | 900V | 1000V | |
| 15 | 0.267 | 0.454 | 0.524 | 0.628 | 0.729 | 0.882 | 1.166 | 1.199 | 1.448 | 1.659 | 1.785 | 0.976 |
| 16 | 0.309 | 0.362 | 0.569 | 0.624 | 0.800 | 0.870 | 1.080 | 1.199 | 1.477 | 1.626 | 1.673 | 0.963 |
| 17 | 0.310 | 0.479 | 0.441 | 0.726 | 0.691 | 0.850 | 1.145 | 1.199 | 1.367 | 1.603 | 1.787 | 0.963 |
| 18 | 0.211 | 0.408 | 0.486 | 0.645 | 0.752 | 0.912 | 1.091 | 1.199 | 1.400 | 1.515 | 1.817 | 0.949 |
| 19 | 0.288 | 0.403 | 0.538 | 0.723 | 0.728 | 0.851 | 1.093 | 1.302 | 1.478 | 1.565 | 1.672 | 0.967 |
| 20 | 0.176 | 0.484 | 0.518 | 0.673 | 0.681 | 0.972 | 1.022 | 1.328 | 1.444 | 1.524 | 1.772 | 0.963 |
| 平均值 | | | | | 0.962 | | | | | | | |

| 选用 | 选用 | 不选用 |
|---|---|---|

（2）故障检测模块。

1）剩余电流信息采集。选择过程如表 8 所示。

**表 8　剩余电流信息采集对比表**

| 方案 | 霍尔传感器 | 罗氏线圈 |
|---|---|---|
| 方案目标 | （1）平均误差值≤0.2。<br>（2）测量时间≤5s | |
| 方案描述 | 试验描述：<br>小组成员进行了测量精度试验和测量时间试验。 | |

霍尔传感器测量精度试验测试表

| 电流 | 组数 | | | | | | | | | | 标准偏差 |
|---|---|---|---|---|---|---|---|---|---|---|---|
| | 1 | 2 | 3 | 4 | 5 | 6 | 7 | 8 | 9 | 10 | |
| 10A | 10.02 | 10.00 | 9.98 | 9.97 | 9.97 | 10.03 | 9.95 | 9.97 | 10.01 | 10.02 | 0.02 |
| 20A | 20.08 | 20.00 | 19.96 | 20.01 | 20.10 | 19.90 | 20.08 | 19.99 | 19.90 | 19.99 | 0.06 |
| 30A | 30.08 | 30.04 | 30.04 | 30.04 | 30.10 | 29.92 | 29.98 | 29.90 | 30.00 | 29.95 | 0.06 |
| 40A | 39.90 | 39.91 | 39.93 | 40.08 | 40.00 | 39.93 | 39.96 | 40.10 | 40.01 | 39.96 | 0.06 |
| 50A | 49.93 | 49.90 | 50.10 | 50.00 | 50.05 | 49.94 | 49.96 | 49.92 | 50.01 | 49.94 | 0.06 |
| 60A | 59.99 | 59.98 | 59.99 | 60.04 | 60.09 | 60.03 | 60.02 | 59.93 | 59.90 | 59.98 | 0.05 |
| 70A | 69.98 | 70.04 | 70.07 | 69.97 | 69.96 | 69.93 | 70.08 | 70.09 | 69.99 | 69.93 | 0.06 |
| 80A | 79.92 | 80.08 | 79.92 | 79.96 | 80.00 | 80.06 | 80.06 | 80.10 | 80.10 | 79.97 | 0.06 |
| 90A | 89.94 | 90.07 | 90.04 | 90.00 | 89.99 | 89.99 | 89.99 | 90.06 | 90.10 | 89.93 | 0.05 |
| 100A | 99.93 | 100.00 | 100.04 | 99.90 | 100.02 | 100.08 | 99.92 | 99.93 | 99.91 | 99.94 | 0.06 |
| 平均值 | | | | | 0.05 | | | | | | |

续表

| 方案 | 霍尔传感器 | 罗氏线圈 |
|---|---|---|
| 方案描述 | | |

霍尔传感器测量时间试验测试表（单位：s）

| 次数 | 组数 | | | | | | | | | |
|---|---|---|---|---|---|---|---|---|---|---|
| | 1 | 2 | 3 | 4 | 5 | 6 | 7 | 8 | 9 | 10 |
| 1 | 2.95 | 1.41 | 2.03 | 2.41 | 1.76 | 2.11 | 2.66 | 2.34 | 2.68 | 2.84 |
| 2 | 1.02 | 2.13 | 1.70 | 1.09 | 1.18 | 1.74 | 1.36 | 1.12 | 1.17 | 2.22 |
| 3 | 1.30 | 1.71 | 2.12 | 1.34 | 2.53 | 2.11 | 1.25 | 1.79 | 2.22 | 1.76 |
| 4 | 1.48 | 2.66 | 2.72 | 1.49 | 1.98 | 2.83 | 2.22 | 2.15 | 2.25 | 2.69 |
| 5 | 1.68 | 1.00 | 1.04 | 1.32 | 2.87 | 1.44 | 2.10 | 2.86 | 2.98 | 2.61 |
| 6 | 2.47 | 2.43 | 2.20 | 1.08 | 2.58 | 1.46 | 1.72 | 2.11 | 1.30 | 2.36 |
| 7 | 2.28 | 1.11 | 1.66 | 1.93 | 1.78 | 1.01 | 1.58 | 2.02 | 1.62 | 1.04 |
| 8 | 1.10 | 2.83 | 2.52 | 1.92 | 2.47 | 1.14 | 2.29 | 1.46 | 1.20 | 1.74 |
| 9 | 2.94 | 1.55 | 2.55 | 1.94 | 2.94 | 1.65 | 2.48 | 2.68 | 2.70 | 2.87 |
| 10 | 1.58 | 2.96 | 1.84 | 2.72 | 1.23 | 2.90 | 1.17 | 2.46 | 1.51 | 2.42 |
| 平均值 | | | | | 1.98 | | | | | |

罗氏线圈测量精度试验测试表

| 电流 | 组数 | | | | | | | | | | 标准偏差 |
|---|---|---|---|---|---|---|---|---|---|---|---|
| | 1 | 2 | 3 | 4 | 5 | 6 | 7 | 8 | 9 | 10 | |
| 10A | 10.00 | 10.15 | 9.91 | 9.76 | 9.81 | 9.97 | 9.72 | 9.91 | 9.99 | 9.78 | 0.12 |
| 20A | 19.84 | 19.71 | 19.88 | 19.98 | 20.00 | 19.71 | 19.99 | 19.71 | 19.99 | 20.10 | 0.13 |
| 30A | 29.96 | 29.85 | 29.98 | 29.94 | 30.14 | 30.08 | 30.16 | 30.08 | 29.90 | 29.86 | 0.10 |
| 40A | 39.91 | 39.73 | 39.73 | 39.82 | 40.13 | 40.18 | 39.74 | 40.13 | 39.70 | 39.86 | 0.17 |
| 50A | 50.20 | 50.05 | 49.97 | 49.84 | 50.05 | 50.12 | 49.97 | 49.83 | 50.04 | 49.97 | 0.10 |
| 60A | 59.70 | 59.82 | 59.90 | 60.07 | 59.78 | 59.89 | 60.01 | 60.08 | 60.14 | 59.80 | 0.14 |
| 70A | 70.13 | 69.83 | 69.99 | 69.72 | 70.08 | 69.81 | 70.04 | 69.85 | 69.91 | 69.95 | 0.12 |
| 80A | 80.14 | 80.20 | 79.72 | 79.82 | 79.73 | 80.04 | 80.16 | 80.15 | 79.76 | 79.99 | 0.18 |
| 90A | 89.71 | 90.19 | 90.00 | 90.11 | 90.00 | 90.11 | 89.87 | 89.84 | 90.02 | 89.76 | 0.14 |
| 100A | 99.85 | 99.92 | 99.94 | 100.19 | 99.78 | 99.99 | 99.72 | 100.08 | 99.86 | 100.05 | 0.13 |
| 平均值 | | | | | 0.13 | | | | | | |

续表

| 方案 | 霍尔传感器 | 罗氏线圈 |
| --- | --- | --- |
| 方案描述 | 罗氏线圈测量时间试验测试表（单位：s） | |

| 次数 | 组数 | | | | | | | | | |
| --- | --- | --- | --- | --- | --- | --- | --- | --- | --- | --- |
| | 1 | 2 | 3 | 4 | 5 | 6 | 7 | 8 | 9 | 10 |
| 1 | 3.22 | 4.37 | 3.72 | 4.57 | 4.47 | 4.99 | 3.18 | 4.02 | 3.38 | 4.70 |
| 2 | 4.51 | 4.47 | 4.37 | 4.51 | 3.53 | 4.82 | 4.80 | 4.78 | 3.67 | 4.60 |
| 3 | 3.51 | 4.67 | 3.74 | 3.95 | 3.38 | 3.38 | 4.68 | 4.15 | 4.37 | 3.78 |
| 4 | 3.68 | 4.47 | 3.40 | 4.06 | 4.94 | 4.28 | 4.29 | 4.30 | 3.39 | 3.89 |
| 5 | 4.64 | 4.34 | 4.14 | 4.49 | 4.57 | 4.73 | 4.54 | 4.37 | 4.40 | 4.62 |
| 6 | 4.11 | 4.74 | 4.32 | 3.93 | 4.22 | 3.27 | 3.17 | 3.76 | 4.61 | 4.20 |
| 7 | 3.15 | 3.77 | 3.70 | 4.19 | 4.67 | 3.72 | 4.02 | 4.16 | 3.00 | 3.56 |
| 8 | 3.97 | 3.41 | 3.45 | 453 | 4.29 | 4.44 | 4.13 | 3.69 | 3.27 | 3.97 |
| 9 | 3.24 | 3.86 | 4.24 | 4.56 | 3.91 | 3.92 | 3.10 | 3.14 | 3.47 | 3.75 |
| 10 | 4.10 | 3.48 | 4.81 | 4.83 | 3.18 | 4.14 | 4.96 | 4.85 | 3.09 | 3.79 |
| 平均值 | | | | | 4.06 | | | | | |

| 选用 | 选用 | 不选用 |
| --- | --- | --- |

2）外力破坏信息采集。选择过程如表 9 所示。

表 9　外力破坏信息采集对比表

| 方案 | 相位激光测距 | 脉冲激光测距 |
| --- | --- | --- |
| 方案目标 | （1）平均误差值≤0.2。<br>（2）测量时间≤20s | |
| 方案描述 | 试验描述：<br>小组成员进行了测量精度试验和测量时间试验。<br>相位测距测量精度试验测试表 | |

| 距离 | 组数 | | | | | | | | | | 标准偏差 |
| --- | --- | --- | --- | --- | --- | --- | --- | --- | --- | --- | --- |
| | 1 | 2 | 3 | 4 | 5 | 6 | 7 | 8 | 9 | 10 | |
| 10m | 9.98 | 9.99 | 10.03 | 10.02 | 9.98 | 9.99 | 9.98 | 10.00 | 9.98 | 9.98 | 0.02 |
| 20m | 19.97 | 20.00 | 19.97 | 20.00 | 20.02 | 20.00 | 20.00 | 19.98 | 19.99 | 19.99 | 0.01 |
| 30m | 30.03 | 29.99 | 30.02 | 29.99 | 30.01 | 29.99 | 29.98 | 30.03 | 30.02 | 30.01 | 0.02 |
| 40m | 39.98 | 39.99 | 39.98 | 40.01 | 40.00 | 40.02 | 40.00 | 40.00 | 39.98 | 39.98 | 0.01 |
| 50m | 50.01 | 50.02 | 50.00 | 49.98 | 50.02 | 49.98 | 49.99 | 50.01 | 50.01 | 50.00 | 0.01 |
| 60m | 60.03 | 59.99 | 59.99 | 59.99 | 60.01 | 60.00 | 60.00 | 60.00 | 59.98 | 59.99 | 0.01 |
| 70m | 69.97 | 69.96 | 69.98 | 70.01 | 69.96 | 69.97 | 69.99 | 70.03 | 69.98 | 69.98 | 0.02 |
| 80m | 80.04 | 80.01 | 79.95 | 79.96 | 79.98 | 80.04 | 80.05 | 79.97 | 80.02 | 79.96 | 0.03 |
| 90m | 90.04 | 89.97 | 90.04 | 89.97 | 90.07 | 90.01 | 89.97 | 89.98 | 89.98 | 90.02 | 0.03 |
| 100m | 99.96 | 100.02 | 100.02 | 100.00 | 99.96 | 100.04 | 100.04 | 100.06 | 100.05 | 100.07 | 0.04 |
| 平均值 | | | | | 0.02 | | | | | | |

续表

| 方案 | 相位激光测距 | 脉冲激光测距 |
|---|---|---|

方案描述

相位测距测量时间试验测试表（单位：s）

| 次数 | 组数 | | | | | | | | | |
|---|---|---|---|---|---|---|---|---|---|---|
| | 1 | 2 | 3 | 4 | 5 | 6 | 7 | 8 | 9 | 10 |
| 1 | 11.60 | 11.90 | 11.26 | 11.14 | 11.69 | 11.84 | 11.30 | 11.62 | 11.64 | 11.38 |
| 2 | 10.94 | 11.61 | 11.83 | 12.13 | 11.36 | 11.62 | 11.99 | 11.53 | 11.92 | 11.37 |
| 3 | 10.90 | 10.81 | 11.35 | 10.78 | 10.51 | 11.99 | 10.53 | 10.78 | 11.78 | 11.36 |
| 4 | 12.13 | 11.46 | 10.60 | 11.31 | 11.30 | 11.97 | 11.33 | 10.61 | 11.59 | 12.13 |
| 5 | 10.92 | 11.37 | 11.95 | 11.61 | 10.74 | 11.77 | 10.67 | 11.74 | 11.21 | 10.56 |
| 6 | 10.82 | 11.88 | 11.45 | 11.38 | 11.63 | 11.16 | 11.67 | 11.81 | 11.17 | 12.00 |
| 7 | 12.01 | 11.71 | 11.91 | 10.70 | 11.97 | 11.70 | 11.33 | 10.94 | 11.40 | 11.23 |
| 8 | 11.42 | 10.77 | 11.95 | 11.89 | 10.88 | 10.51 | 11.07 | 11.57 | 11.70 | 11.37 |
| 9 | 10.57 | 10.54 | 11.89 | 11.06 | 11.28 | 11.28 | 11.98 | 11.26 | 11.30 | 10.72 |
| 10 | 11.30 | 12.08 | 12.16 | 12.19 | 12.06 | 11.27 | 11.36 | 10.54 | 11.46 | 11.28 |
| 平均值 | | | | | 11.40 | | | | | |

脉冲激光测距测量精度试验测试表

| 距离 | 组数 | | | | | | | | | | 标准偏差 |
|---|---|---|---|---|---|---|---|---|---|---|---|
| | 1 | 2 | 3 | 4 | 5 | 6 | 7 | 8 | 9 | 10 | |
| 10m | 9.81 | 9.95 | 10.02 | 10.05 | 10.01 | 10.15 | 9.91 | 9.81 | 10.11 | 10.04 | 0.10 |
| 20m | 20.10 | 19.90 | 20.18 | 19.81 | 19.97 | 20.20 | 20.12 | 20.17 | 19.94 | 20.03 | 0.12 |
| 30m | 30.03 | 29.89 | 29.85 | 30.00 | 29.92 | 29.93 | 30.14 | 29.80 | 30.20 | 30.14 | 0.12 |
| 40m | 39.93 | 40.19 | 39.85 | 40.01 | 39.99 | 39.91 | 40.09 | 39.82 | 40.08 | 40.11 | 0.11 |
| 50m | 49.89 | 49.80 | 49.96 | 50.12 | 50.05 | 49.98 | 50.05 | 50.19 | 49.87 | 50.06 | 0.11 |
| 60m | 60.15 | 60.19 | 60.02 | 60.18 | 59.92 | 59.82 | 60.10 | 60.09 | 60.01 | 59.96 | 0.11 |
| 70m | 69.94 | 70.06 | 69.90 | 70.20 | 69.82 | 69.89 | 70.19 | 69.93 | 70.00 | 70.05 | 0.11 |
| 80m | 79.93 | 79.91 | 80.05 | 79.80 | 80.14 | 79.94 | 80.00 | 80.10 | 80.11 | 79.85 | 0.10 |
| 90m | 89.82 | 89.93 | 90.04 | 90.18 | 89.99 | 90.13 | 90.10 | 90.12 | 90.13 | 90.17 | 0.11 |
| 100m | 100.12 | 99.94 | 100.00 | 99.83 | 100.12 | 99.88 | 100.01 | 100.19 | 100.20 | 99.93 | 0.12 |
| 平均值 | | | | | 0.11 | | | | | | |

脉冲激光测距测量时间试验测试表（单位：s）

| 次数 | 组数 | | | | | | | | | |
|---|---|---|---|---|---|---|---|---|---|---|
| | 1 | 2 | 3 | 4 | 5 | 6 | 7 | 8 | 9 | 10 |
| 1 | 4.03 | 3.86 | 4.64 | 5.61 | 3.79 | 4.29 | 5.59 | 5.10 | 3.52 | 3.89 |
| 2 | 5.47 | 4.74 | 4.34 | 4.58 | 3.57 | 3.61 | 4.59 | 5.00 | 3.93 | 4.89 |

续表

| 方案 | 相位激光测距 | 脉冲激光测距 |
| --- | --- | --- |

方案描述

| 次数 | 组数 | | | | | | | | | |
| --- | --- | --- | --- | --- | --- | --- | --- | --- | --- | --- |
| | 1 | 2 | 3 | 4 | 5 | 6 | 7 | 8 | 9 | 10 |
| 3 | 4.04 | 5.38 | 3.81 | 4.61 | 3.82 | 4.63 | 4.61 | 4.26 | 5.35 | 5.07 |
| 4 | 3.66 | 4.04 | 5.69 | 4.26 | 3.51 | 5.07 | 4.28 | 5.09 | 5.72 | 5.65 |
| 5 | 3.95 | 3.80 | 4.85 | 4.92 | 4.80 | 3.87 | 4.03 | 5.02 | 5.05 | 5.28 |
| 6 | 5.73 | 4.14 | 4.61 | 4.75 | 4.00 | 4.19 | 5.22 | 4.55 | 4.21 | 5.17 |
| 7 | 4.93 | 3.77 | 3.77 | 4.71 | 4.97 | 5.78 | 5.33 | 3.98 | 3.74 | 4.73 |
| 8 | 5.17 | 4.54 | 5.68 | 4.83 | 4.40 | 4.67 | 5.56 | 5.10 | 3.91 | 5.35 |
| 9 | 4.72 | 4.41 | 4.71 | 4.99 | 4.27 | 4.95 | 4.12 | 5.42 | 5.08 | 3.50 |
| 10 | 5.23 | 5.63 | 4.08 | 5.16 | 4.15 | 4.48 | 5.78 | 5.13 | 3.73 | 5.52 |
| 平均值 | | | | | 4.64 | | | | | |

| 选用 | 不选用 | 选用 |
| --- | --- | --- |

（3）定位告警模块。

1）剩余电流故障点精确计算。选择过程如表 10 所示。

**表 10　剩余电流故障点精确计算对比表**

| 方案 | Apriori 算法 | FP-growth 算法 |
| --- | --- | --- |
| 方案目标 | （1）计算准确率>99%。<br>（2）平均运算时间<30s | |

方案描述

Apriori 算法计算准确率试验测试表

| 组数 | 1 | 2 | 3 | 4 | 5 | 6 | 7 | 8 | 9 | 10 |
| --- | --- | --- | --- | --- | --- | --- | --- | --- | --- | --- |
| 1 | 正确 | 正确 | 正确 | 正确 | 正确 | 正确 | 正确 | 正确 | 正确 | 正确 |
| 2 | 正确 | 正确 | 正确 | 正确 | 正确 | 正确 | 正确 | 正确 | 正确 | 正确 |
| 3 | 正确 | 正确 | 正确 | 正确 | 正确 | 正确 | 正确 | 正确 | 正确 | 正确 |
| 4 | 正确 | 正确 | 正确 | 正确 | 正确 | 正确 | 正确 | 正确 | 正确 | 正确 |
| 5 | 正确 | 正确 | 正确 | 正确 | 正确 | 正确 | 正确 | 正确 | 正确 | 正确 |
| 6 | 正确 | 正确 | 正确 | 正确 | 正确 | 正确 | 正确 | 错误 | 正确 | 正确 |
| 7 | 正确 | 正确 | 正确 | 正确 | 正确 | 正确 | 正确 | 正确 | 正确 | 正确 |
| 8 | 正确 | 正确 | 正确 | 正确 | 正确 | 正确 | 正确 | 正确 | 正确 | 正确 |
| 9 | 正确 | 正确 | 正确 | 正确 | 正确 | 正确 | 正确 | 正确 | 正确 | 正确 |
| 10 | 正确 | 正确 | 正确 | 正确 | 正确 | 正确 | 正确 | 正确 | 正确 | 正确 |
| 准确率 | | | 99% | | | | | | | |

续表

| 方案 | Apriori 算法 | FP-growth 算法 |
| --- | --- | --- |
| 方案描述 | | |

Apriori 算法计算时间试验测试表（单位：s）

| 组数 | 1 | 2 | 3 | 4 | 5 | 6 | 7 | 8 | 9 | 10 |
| --- | --- | --- | --- | --- | --- | --- | --- | --- | --- | --- |
| 1 | 28.5 | 21.4 | 24.9 | 22.3 | 22.8 | 22.5 | 23.3 | 29.2 | 22.6 | 29.5 |
| 2 | 22.7 | 24.2 | 29.7 | 27.4 | 22.1 | 21.0 | 21.5 | 30.0 | 26.3 | 29.6 |
| 3 | 25.2 | 28.4 | 22.5 | 25.5 | 27.9 | 20.1 | 21.1 | 29.5 | 24.3 | 20.9 |
| 4 | 28.6 | 29.3 | 25.0 | 23.3 | 25.9 | 28.1 | 28.1 | 23.9 | 28.7 | 25.7 |
| 5 | 27.2 | 25.6 | 24.1 | 28.8 | 23.6 | 24.4 | 22.6 | 21.2 | 25.9 | 23.6 |
| 6 | 23.0 | 28.1 | 29.3 | 20.0 | 24.3 | 25.2 | 22.2 | 28.2 | 28.6 | 25.6 |
| 7 | 26.3 | 29.0 | 20.1 | 20.7 | 23.8 | 22.0 | 28.8 | 24.8 | 28.1 | 22.5 |
| 8 | 21.1 | 21.9 | 20.7 | 27.5 | 26.2 | 23.9 | 28.2 | 27.4 | 21.6 | 22.4 |
| 9 | 22.1 | 24.2 | 23.4 | 25.8 | 21.0 | 25.6 | 28.8 | 24.9 | 21.7 | 22.6 |
| 10 | 28.1 | 24.1 | 26.6 | 22.3 | 23.9 | 25.4 | 28.0 | 20.0 | 27.5 | 26.5 |
| 平均时间 | | 24.95 | | | | | | | | |

FP-growth 算法计算准确率试验测试表

| 组数 | 1 | 2 | 3 | 4 | 5 | 6 | 7 | 8 | 9 | 10 |
| --- | --- | --- | --- | --- | --- | --- | --- | --- | --- | --- |
| 1 | 正确 | 正确 | 正确 | 正确 | 正确 | 正确 | 正确 | 正确 | 正确 | 正确 |
| 2 | 正确 | 正确 | 正确 | 正确 | 正确 | 正确 | 正确 | 正确 | 正确 | 正确 |
| 3 | 正确 | 正确 | 正确 | 正确 | 正确 | 正确 | 正确 | 正确 | 正确 | 正确 |
| 4 | 正确 | 正确 | 正确 | 正确 | 正确 | 正确 | 正确 | 正确 | 正确 | 正确 |
| 5 | 正确 | 正确 | 正确 | 正确 | 正确 | 正确 | 正确 | 正确 | 正确 | 正确 |
| 6 | 正确 | 正确 | 正确 | 正确 | 正确 | 正确 | 正确 | 正确 | 正确 | 正确 |
| 7 | 正确 | 正确 | 正确 | 正确 | 正确 | 正确 | 正确 | 正确 | 正确 | 正确 |
| 8 | 正确 | 正确 | 正确 | 正确 | 正确 | 正确 | 正确 | 正确 | 正确 | 正确 |
| 9 | 正确 | 正确 | 正确 | 正确 | 正确 | 正确 | 正确 | 正确 | 正确 | 正确 |
| 10 | 正确 | 正确 | 正确 | 正确 | 正确 | 正确 | 正确 | 正确 | 正确 | 正确 |
| 准确率 | | 100% | | | | | | | | |

FP-growth 算法计算时间试验测试表（单位：s）

| 组数 | 1 | 2 | 3 | 4 | 5 | 6 | 7 | 8 | 9 | 10 |
| --- | --- | --- | --- | --- | --- | --- | --- | --- | --- | --- |
| 1 | 17.2 | 17.2 | 19.9 | 17.5 | 17.2 | 19.0 | 16.4 | 15.0 | 18.6 | 15.3 |
| 2 | 17.5 | 20.0 | 19.2 | 15.1 | 17.9 | 16.6 | 15.6 | 18.6 | 15.9 | 17.4 |
| 3 | 17.0 | 18.0 | 18.7 | 18.3 | 15.8 | 16.8 | 17.0 | 17.1 | 16.5 | 15.7 |
| 4 | 18.2 | 15.3 | 18.0 | 15.1 | 17.0 | 16.1 | 15.4 | 19.3 | 15.9 | 18.9 |

续表

<table>
<tr><th>方案</th><th>Apriori 算法</th><th>FP-growth 算法</th></tr>
<tr><td>方案描述</td><td colspan="2">
<table>
<tr><th>组数</th><th>1</th><th>2</th><th>3</th><th>4</th><th>5</th><th>6</th><th>7</th><th>8</th><th>9</th><th>10</th></tr>
<tr><td>5</td><td>16.9</td><td>16.0</td><td>16.1</td><td>15.7</td><td>16.6</td><td>19.6</td><td>16.6</td><td>16.3</td><td>16.3</td><td>18.0</td></tr>
<tr><td>6</td><td>15.4</td><td>18.6</td><td>18.1</td><td>19.8</td><td>16.6</td><td>15.6</td><td>19.6</td><td>18.3</td><td>16.4</td><td>18.1</td></tr>
<tr><td>7</td><td>16.2</td><td>19.3</td><td>17.2</td><td>19.8</td><td>16.0</td><td>20.0</td><td>16.5</td><td>16.0</td><td>18.2</td><td>18.2</td></tr>
<tr><td>8</td><td>17.4</td><td>15.1</td><td>19.3</td><td>17.4</td><td>19.9</td><td>16.8</td><td>15.0</td><td>18.1</td><td>15.3</td><td>15.9</td></tr>
<tr><td>9</td><td>15.9</td><td>19.9</td><td>16.9</td><td>16.2</td><td>17.5</td><td>17.8</td><td>17.1</td><td>16.4</td><td>18.4</td><td>17.0</td></tr>
<tr><td>10</td><td>15.0</td><td>15.4</td><td>15.3</td><td>16.3</td><td>16.5</td><td>15.8</td><td>19.4</td><td>16.7</td><td>17.0</td><td>19.2</td></tr>
<tr><td colspan="3">平均时间</td><td colspan="8">17.19</td></tr>
</table>
</td></tr>
<tr><td>选用</td><td>不选用</td><td>选用</td></tr>
</table>

2）告警信息反馈。选择过程如表 11 所示。

**表 11　告警信息反馈对比表**

<table>
<tr><th>方案</th><th>4G 网络告警</th><th>GSM 短信模块告警</th></tr>
<tr><td>方案目标</td><td colspan="2">（1）抗磁干扰率≥95%。<br>（2）告警信息反馈时长≤10s</td></tr>
<tr><td>方案描述</td><td colspan="2">
4G 网络告警时间试验测试表（单位：s）
<table>
<tr><th rowspan="2">次数</th><th colspan="10">组数</th></tr>
<tr><th>1</th><th>2</th><th>3</th><th>4</th><th>5</th><th>6</th><th>7</th><th>8</th><th>9</th><th>10</th></tr>
<tr><td>1</td><td>9.38</td><td>8.17</td><td>8.37</td><td>8.48</td><td>9.27</td><td>9.44</td><td>9.50</td><td>9.76</td><td>8.56</td><td>8.44</td></tr>
<tr><td>2</td><td>8.87</td><td>8.59</td><td>7.62</td><td>9.80</td><td>7.41</td><td>7.75</td><td>8.60</td><td>8.94</td><td>9.27</td><td>9.03</td></tr>
<tr><td>3</td><td>8.25</td><td>7.62</td><td>8.21</td><td>8.65</td><td>9.40</td><td>9.64</td><td>7.73</td><td>8.56</td><td>9.63</td><td>8.42</td></tr>
<tr><td>4</td><td>8.76</td><td>9.29</td><td>9.75</td><td>9.74</td><td>8.95</td><td>9.51</td><td>7.62</td><td>8.31</td><td>9.08</td><td>9.16</td></tr>
<tr><td>5</td><td>8.51</td><td>8.93</td><td>9.24</td><td>9.38</td><td>8.42</td><td>7.97</td><td>7.65</td><td>9.61</td><td>8.93</td><td>8.22</td></tr>
<tr><td>6</td><td>9.45</td><td>9.79</td><td>9.63</td><td>8.98</td><td>7.66</td><td>8.34</td><td>9.20</td><td>8.32</td><td>8.07</td><td>9.32</td></tr>
<tr><td>7</td><td>8.48</td><td>8.69</td><td>8.56</td><td>7.56</td><td>8.24</td><td>8.95</td><td>8.85</td><td>8.98</td><td>9.21</td><td>7.80</td></tr>
<tr><td>8</td><td>9.07</td><td>8.78</td><td>7.82</td><td>8.74</td><td>8.08</td><td>9.15</td><td>9.22</td><td>9.25</td><td>9.67</td><td>7.75</td></tr>
<tr><td>9</td><td>9.78</td><td>9.19</td><td>9.72</td><td>7.96</td><td>8.14</td><td>8.76</td><td>8.16</td><td>8.13</td><td>8.77</td><td>7.50</td></tr>
<tr><td>10</td><td>7.63</td><td>8.86</td><td>7.47</td><td>8.77</td><td>9.60</td><td>7.65</td><td>7.48</td><td>8.97</td><td>7.54</td><td>8.76</td></tr>
<tr><td colspan="5">平均值</td><td colspan="6">8.69</td></tr>
</table>
</td></tr>
</table>

续表

| 方案 | 4G 网络告警 | GSM 短信模块告警 |
|---|---|---|
| 方案描述 | | |

4G 网络告警抗磁干扰率试验测试表

| 组数 | 1 | 2 | 3 | 4 | 5 | 6 | 7 | 8 | 9 | 10 |
|---|---|---|---|---|---|---|---|---|---|---|
| 1 | 100% | 100% | 100% | 100% | 100% | 100% | 100% | 100% | 100% | 100% |
| 2 | 100% | 100% | 100% | 100% | 100% | 100% | 100% | 100% | 0% | 100% |
| 3 | 100% | 100% | 100% | 100% | 100% | 100% | 100% | 100% | 100% | 100% |
| 4 | 100% | 100% | 100% | 100% | 100% | 100% | 100% | 0% | 100% | 100% |
| 5 | 100% | 100% | 100% | 100% | 100% | 100% | 100% | 100% | 100% | 100% |
| 6 | 100% | 100% | 0% | 100% | 100% | 100% | 100% | 100% | 100% | 100% |
| 7 | 100% | 100% | 100% | 100% | 100% | 100% | 100% | 100% | 100% | 100% |
| 8 | 100% | 100% | 100% | 100% | 100% | 0% | 100% | 100% | 100% | 100% |
| 9 | 100% | 100% | 100% | 100% | 100% | 100% | 100% | 100% | 100% | 100% |
| 10 | 100% | 100% | 100% | 100% | 100% | 100% | 100% | 100% | 100% | 100% |
| 平均抗磁干扰率 | | | 96% | | | | | | | |

GSM 短信告警时间试验测试表（单位：s）

| 次数 | 组数 | | | | | | | | | |
|---|---|---|---|---|---|---|---|---|---|---|
| | 1 | 2 | 3 | 4 | 5 | 6 | 7 | 8 | 9 | 10 |
| 1 | 5.70 | 5.55 | 6.64 | 4.43 | 5.88 | 6.35 | 5.36 | 5.40 | 6.77 | 4.58 |
| 2 | 5.13 | 6.68 | 5.69 | 6.47 | 5.79 | 4.86 | 4.43 | 5.17 | 4.40 | 4.66 |
| 3 | 6.16 | 5.15 | 6.12 | 4.82 | 6.10 | 5.98 | 5.78 | 5.46 | 6.27 | 4.54 |
| 4 | 5.15 | 6.04 | 6.61 | 4.63 | 5.31 | 4.75 | 4.68 | 6.00 | 4.36 | 6.70 |
| 5 | 6.28 | 6.43 | 4.32 | 5.40 | 6.48 | 5.87 | 5.57 | 4.81 | 4.34 | 6.65 |
| 6 | 4.88 | 6.46 | 4.57 | 5.58 | 4.81 | 4.77 | 5.66 | 6.05 | 5.74 | 5.08 |
| 7 | 5.10 | 6.43 | 6.48 | 5.18 | 6.33 | 6.56 | 6.32 | 6.07 | 5.42 | 5.93 |
| 8 | 4.59 | 5.41 | 6.59 | 5.75 | 4.85 | 6.51 | 4.84 | 5.30 | 5.91 | 6.23 |
| 9 | 6.69 | 4.56 | 4.79 | 5.17 | 5.57 | 6.75 | 6.03 | 6.13 | 4.94 | 6.05 |
| 10 | 5.34 | 5.31 | 4.74 | 5.81 | 5.45 | 6.17 | 6.73 | 4.31 | 6.59 | 5.07 |
| 平均值 | | | | | 5.58 | | | | | |

GSM 短信告警抗磁干扰率试验测试表

| 组数 | 1 | 2 | 3 | 4 | 5 | 6 | 7 | 8 | 9 | 10 |
|---|---|---|---|---|---|---|---|---|---|---|
| 1 | 100% | 100% | 100% | 100% | 100% | 100% | 100% | 100% | 100% | 100% |
| 2 | 100% | 100% | 100% | 100% | 100% | 100% | 100% | 100% | 100% | 100% |
| 3 | 100% | 100% | 100% | 100% | 100% | 100% | 100% | 100% | 100% | 100% |
| 4 | 100% | 100% | 100% | 100% | 100% | 100% | 100% | 100% | 100% | 100% |

续表

| 方案 | 4G 网络告警 | GSM 短信模块告警 |
|---|---|---|

方案描述

| 组数 | 1 | 2 | 3 | 4 | 5 | 6 | 7 | 8 | 9 | 10 |
|---|---|---|---|---|---|---|---|---|---|---|
| 5 | 0% | 100% | 100% | 100% | 100% | 100% | 100% | 100% | 100% | 100% |
| 6 | 100% | 100% | 100% | 100% | 100% | 100% | 100% | 100% | 100% | 100% |
| 7 | 100% | 100% | 100% | 100% | 100% | 100% | 100% | 100% | 100% | 100% |
| 8 | 100% | 100% | 100% | 100% | 100% | 100% | 100% | 100% | 100% | 100% |
| 9 | 100% | 100% | 100% | 100% | 0% | 100% | 100% | 100% | 100% | 100% |
| 10 | 100% | 100% | 100% | 100% | 100% | 100% | 100% | 100% | 100% | 100% |
| 平均抗磁干扰率 | | | 98% | | | | | | | |

| 选用 | 不选用 | 选用 |
|---|---|---|

3）告警控制电路。选择过程如表 12 所示。

表 12　告警控制电路对比表

| 方案 | DSP 数字信号电路 | 单片机电路 |
|---|---|---|
| 方案目标 | （1）告警准确率＞99%。<br>（2）平均运算时间＜20s | |

方案描述

DSP 数字信号电路告警准确率测试表

| 组数 | 1 | 2 | 3 | 4 | 5 | 6 | 7 | 8 | 9 | 10 |
|---|---|---|---|---|---|---|---|---|---|---|
| 1 | 正确 | 正确 | 正确 | 正确 | 正确 | 正确 | 正确 | 正确 | 正确 | 正确 |
| 2 | 正确 | 正确 | 正确 | 正确 | 正确 | 正确 | 正确 | 正确 | 正确 | 正确 |
| 3 | 正确 | 正确 | 正确 | 正确 | 正确 | 正确 | 正确 | 正确 | 正确 | 正确 |
| 4 | 正确 | 正确 | 正确 | 正确 | 错误 | 正确 | 正确 | 正确 | 正确 | 正确 |
| 5 | 正确 | 正确 | 正确 | 正确 | 正确 | 正确 | 正确 | 正确 | 正确 | 正确 |
| 6 | 正确 | 正确 | 正确 | 正确 | 正确 | 正确 | 正确 | 错误 | 正确 | 正确 |
| 7 | 正确 | 正确 | 正确 | 正确 | 正确 | 正确 | 正确 | 正确 | 正确 | 正确 |
| 8 | 正确 | 正确 | 正确 | 正确 | 正确 | 正确 | 正确 | 正确 | 正确 | 正确 |
| 9 | 正确 | 正确 | 正确 | 正确 | 正确 | 正确 | 正确 | 正确 | 正确 | 正确 |
| 10 | 正确 | 正确 | 正确 | 正确 | 正确 | 正确 | 正确 | 正确 | 正确 | 正确 |
| 准确率 | | | | 98% | | | | | | |

续表

| 方案 | DSP 数字信号电路 | 单片机电路 |
| --- | --- | --- |
| 方案描述 | | |

DSP 数字信号电路告警用时测试表（单位：s）

| 组数 | 1 | 2 | 3 | 4 | 5 | 6 | 7 | 8 | 9 | 10 |
| --- | --- | --- | --- | --- | --- | --- | --- | --- | --- | --- |
| 1 | 21.2 | 21.1 | 21.7 | 23.3 | 23.1 | 21.5 | 23.6 | 23.5 | 22.1 | 23.3 |
| 2 | 23.2 | 21.5 | 22.8 | 22.8 | 22.7 | 22.6 | 21.8 | 23.6 | 22.1 | 23.2 |
| 3 | 23.0 | 23.0 | 22.1 | 21.3 | 21.0 | 23.0 | 23.6 | 21.4 | 23.4 | 21.2 |
| 4 | 23.2 | 21.2 | 21.7 | 22.8 | 21.1 | 21.3 | 23.2 | 23.4 | 22.4 | 21.0 |
| 5 | 22.9 | 22.9 | 22.0 | 22.7 | 23.6 | 22.7 | 22.2 | 21.5 | 21.3 | 21.9 |
| 6 | 23.4 | 21.8 | 22.4 | 21.5 | 22.8 | 23.6 | 22.4 | 23.0 | 22.2 | 21.4 |
| 7 | 22.2 | 22.0 | 22.2 | 23.3 | 22.0 | 23.1 | 22.4 | 22.6 | 21.2 | 22.2 |
| 8 | 22.1 | 21.9 | 23.7 | 23.1 | 23.3 | 21.5 | 21.4 | 22.6 | 22.2 | 23.4 |
| 9 | 22.6 | 21.2 | 23.1 | 21.1 | 22.7 | 22.9 | 21.1 | 22.0 | 22.8 | 21.2 |
| 10 | 22.8 | 23.2 | 21.9 | 22.8 | 22.2 | 21.4 | 23.1 | 21.0 | 21.8 | 22.2 |
| 平均时间 | | | 22.3 | | | | | | | |

单片机电路告警准确率测试表

| 组数 | 1 | 2 | 3 | 4 | 5 | 6 | 7 | 8 | 9 | 10 |
| --- | --- | --- | --- | --- | --- | --- | --- | --- | --- | --- |
| 1 | 正确 | 正确 | 正确 | 正确 | 正确 | 正确 | 正确 | 正确 | 正确 | 正确 |
| 2 | 正确 | 正确 | 正确 | 正确 | 正确 | 正确 | 正确 | 正确 | 正确 | 正确 |
| 3 | 正确 | 正确 | 正确 | 正确 | 正确 | 正确 | 正确 | 正确 | 正确 | 正确 |
| 4 | 正确 | 正确 | 正确 | 正确 | 错误 | 正确 | 正确 | 正确 | 正确 | 正确 |
| 5 | 正确 | 正确 | 正确 | 正确 | 正确 | 正确 | 正确 | 正确 | 正确 | 正确 |
| 6 | 正确 | 正确 | 正确 | 正确 | 正确 | 正确 | 正确 | 错误 | 正确 | 正确 |
| 7 | 正确 | 正确 | 正确 | 正确 | 正确 | 正确 | 正确 | 正确 | 正确 | 正确 |
| 8 | 正确 | 正确 | 正确 | 正确 | 正确 | 正确 | 正确 | 正确 | 正确 | 正确 |
| 9 | 正确 | 正确 | 正确 | 正确 | 正确 | 正确 | 正确 | 正确 | 正确 | 正确 |
| 10 | 正确 | 正确 | 正确 | 正确 | 正确 | 正确 | 正确 | 正确 | 正确 | 正确 |
| 准确率 | | | 100% | | | | | | | |

单片机电路告警用时测试表（单位：s）

| 组数 | 1 | 2 | 3 | 4 | 5 | 6 | 7 | 8 | 9 | 10 |
| --- | --- | --- | --- | --- | --- | --- | --- | --- | --- | --- |
| 1 | 15.8 | 14.7 | 16.4 | 16.6 | 16.9 | 14.5 | 14.2 | 14.0 | 16.0 | 14.7 |
| 2 | 16.7 | 14.3 | 14.8 | 15.1 | 15.4 | 14.0 | 15.1 | 15.7 | 15.0 | 15.4 |
| 3 | 16.2 | 16.5 | 14.5 | 15.8 | 14.4 | 16.6 | 16.1 | 16.6 | 15.4 | 14.3 |
| 4 | 14.8 | 16.1 | 15.0 | 14.9 | 16.6 | 14.0 | 17.0 | 14.1 | 15.1 | 16.6 |

续表

| 方案 | DSP 数字信号电路 | 单片机电路 |
| --- | --- | --- |
| 方案描述 | （见下表） | |
| 选用 | 不选用 | 选用 |

| 组数 | 1 | 2 | 3 | 4 | 5 | 6 | 7 | 8 | 9 | 10 |
| --- | --- | --- | --- | --- | --- | --- | --- | --- | --- | --- |
| 5 | 16.7 | 15.7 | 14.2 | 15.6 | 15.7 | 14.4 | 15.8 | 15.8 | 15.2 | 16.0 |
| 6 | 16.8 | 14.6 | 16.0 | 17.0 | 16.6 | 15.4 | 15.2 | 16.0 | 16.6 | 14.1 |
| 7 | 15.0 | 16.7 | 17.0 | 16.3 | 15.8 | 16.8 | 15.3 | 15.6 | 15.7 | 14.6 |
| 8 | 15.9 | 16.7 | 15.8 | 16.1 | 16.1 | 16.1 | 15.9 | 16.7 | 15.3 | 17.0 |
| 9 | 15.0 | 15.0 | 14.4 | 15.3 | 16.1 | 16.6 | 15.5 | 17.0 | 16.5 | 14.0 |
| 10 | 16.1 | 14.0 | 16.1 | 15.1 | 15.4 | 17.0 | 15.6 | 15.3 | 16.5 | 15.0 |
| 平均时间 | | 15.6 | | | | | | | | |

### 2. 二级方案选择

（1）告警信息反馈分级方案。选择过程如表 13 所示。

表 13　短信告警部分对比表

| 方案 | 西门子 TC35 模块 | SINOV-GSM800P 模块 |
| --- | --- | --- |
| 方案目标 | 1. 数据传输误码率≤$1\times10^{-5}$。<br>2. 数据传输准确率≥99%。<br>3. 抗攻击成功率≥99% | |
| 方案描述 | （见下表） | |

西门子 TC35 模块传输误码率测试表

| 组数 | 1 | 2 | 3 | 4 | 5 | 6 | 7 | 8 | 9 | 10 |
| --- | --- | --- | --- | --- | --- | --- | --- | --- | --- | --- |
| 1 组 | $1\times10^{-6}$ | $1\times10^{-6}$ | $1\times10^{-6}$ | $1\times10^{-6}$ | $1\times10^{-6}$ | $1\times10^{-6}$ | $1\times10^{-6}$ | $1\times10^{-6}$ | $1\times10^{-6}$ | $1\times10^{-6}$ |
| 2 组 | $1\times10^{-6}$ | $1\times10^{-6}$ | $1\times10^{-6}$ | $1\times10^{-6}$ | $1\times10^{-6}$ | $1\times10^{-6}$ | $1\times10^{-6}$ | $1\times10^{-6}$ | $1\times10^{-6}$ | $1\times10^{-6}$ |
| 3 组 | $1\times10^{-6}$ | $1\times10^{-6}$ | $1\times10^{-6}$ | $1\times10^{-6}$ | $1\times10^{-6}$ | $1\times10^{-6}$ | $1\times10^{-6}$ | $1\times10^{-6}$ | $1\times10^{-6}$ | $1\times10^{-6}$ |
| 4 组 | $1\times10^{-6}$ | $1\times10^{-6}$ | $1\times10^{-6}$ | $1\times10^{-6}$ | $1\times10^{-6}$ | $1\times10^{-6}$ | $1\times10^{-6}$ | $1\times10^{-6}$ | $1\times10^{-6}$ | $1\times10^{-6}$ |
| 5 组 | $1\times10^{-6}$ | $1\times10^{-6}$ | $1\times10^{-6}$ | $1\times10^{-6}$ | $1\times10^{-6}$ | $1\times10^{-6}$ | $1\times10^{-6}$ | $1\times10^{-6}$ | $1\times10^{-6}$ | $1\times10^{-6}$ |
| 传输误码率 | | $1\times10^{-6}$ | | | | | | | | |

西门子 TC35 模块传输准确率测试表

| 组数 | 1 | 2 | 3 | 4 | 5 | 6 | 7 | 8 | 9 | 10 |
| --- | --- | --- | --- | --- | --- | --- | --- | --- | --- | --- |
| 1 组 | 1 | 1 | 1 | 1 | 1 | 1 | 1 | 1 | 1 | 1 |
| 2 组 | 1 | 1 | 1 | 1 | 1 | 1 | 1 | 1 | 1 | 1 |
| 3 组 | 1 | 1 | 1 | 1 | 1 | 1 | 1 | 1 | 1 | 1 |
| 4 组 | 1 | 1 | 1 | 1 | 1 | 1 | 1 | 1 | 1 | 1 |
| 5 组 | 1 | 1 | 1 | 1 | 1 | 1 | 1 | 1 | 1 | 1 |
| 传输准确率 | | 100% | | | | | | | | |

续表

| 方案 | 西门子 TC35 模块 | SINOV-GSM800P 模块 |
|---|---|---|

方案描述

西门子 TC35 模块抗击成功率测试表

| 组数 | 1 | 2 | 3 | 4 | 5 | 6 | 7 | 8 | 9 | 10 |
|---|---|---|---|---|---|---|---|---|---|---|
| 1 组 | 1 | 1 | 1 | 1 | 1 | 1 | 1 | 1 | 1 | 1 |
| 2 组 | 1 | 1 | 1 | 1 | 1 | 1 | 1 | 1 | 1 | 1 |
| 3 组 | 1 | 1 | 1 | 1 | 1 | 1 | 1 | 1 | 1 | 1 |
| 4 组 | 1 | 1 | 1 | 1 | 1 | 1 | 1 | 1 | 1 | 1 |
| 5 组 | 1 | 1 | 1 | 1 | 1 | 1 | 1 | 1 | 1 | 1 |
| 抗击成功率 | 100% | | | | | | | | | |

SINOV-GSM800P 模块传输误码率测试表

| 组数 | 1 | 2 | 3 | 4 | 5 | 6 | 7 | 8 | 9 | 10 |
|---|---|---|---|---|---|---|---|---|---|---|
| 1 组 | $1\times10^{-6}$ | $1\times10^{-6}$ | $1\times10^{-6}$ | $1\times10^{-6}$ | $1\times10^{-6}$ | $1\times10^{-6}$ | $1\times10^{-6}$ | $1\times10^{-6}$ | $1\times10^{-6}$ | $1\times10^{-6}$ |
| 2 组 | $1\times10^{-6}$ | $1\times10^{-6}$ | $1\times10^{-6}$ | $1\times10^{-6}$ | $1\times10^{-6}$ | $1\times10^{-6}$ | $1\times10^{-6}$ | $1\times10^{-6}$ | $1\times10^{-6}$ | $1\times10^{-6}$ |
| 3 组 | $1\times10^{-6}$ | $1\times10^{-6}$ | $1\times10^{-6}$ | $1\times10^{-6}$ | $1\times10^{-6}$ | $1\times10^{-6}$ | $1\times10^{-6}$ | $1\times10^{-6}$ | $1\times10^{-6}$ | $1\times10^{-6}$ |
| 4 组 | $1\times10^{-6}$ | $1\times10^{-6}$ | $1\times10^{-6}$ | $1\times10^{-6}$ | $1\times10^{-6}$ | $1\times10^{-6}$ | $1\times10^{-6}$ | $1\times10^{-6}$ | $1\times10^{-6}$ | $1\times10^{-6}$ |
| 5 组 | $1\times10^{-6}$ | $1\times10^{-6}$ | $1\times10^{-6}$ | $1\times10^{-6}$ | $1\times10^{-6}$ | $1\times10^{-6}$ | $1\times10^{-6}$ | $1\times10^{-6}$ | $1\times10^{-6}$ | $1\times10^{-6}$ |
| 传输误码率 | $1\times10^{-6}$ | | | | | | | | | |

SINOV-GSM800P 模块传输准确率测试表

| 组数 | 1 | 2 | 3 | 4 | 5 | 6 | 7 | 8 | 9 | 10 |
|---|---|---|---|---|---|---|---|---|---|---|
| 1 组 | 1 | 1 | 1 | 1 | 1 | 1 | 1 | 1 | 1 | 1 |
| 2 组 | 1 | 1 | 1 | 1 | 1 | 1 | 1 | 1 | 1 | 1 |
| 3 组 | 1 | 1 | 1 | 1 | 1 | 1 | 1 | 1 | 1 | 1 |
| 4 组 | 1 | 1 | 1 | 1 | 1 | 1 | 1 | 1 | 1 | 1 |
| 5 组 | 1 | 1 | 1 | 1 | 1 | 1 | 1 | 1 | 1 | 1 |
| 传输准确率 | 100% | | | | | | | | | |

SINOV-GSM800P 模块抗击成功率测试表

| 组数 | 1 | 2 | 3 | 4 | 5 | 6 | 7 | 8 | 9 | 10 |
|---|---|---|---|---|---|---|---|---|---|---|
| 1 组 | 1 | 1 | 1 | 1 | 1 | 1 | 1 | 1 | 1 | 1 |
| 2 组 | 1 | 1 | 1 | 1 | 1 | 1 | 1 | 1 | 1 | 1 |
| 3 组 | 1 | 1 | 1 | 1 | 1 | 0 | 1 | 1 | 1 | 1 |
| 4 组 | 1 | 1 | 1 | 1 | 1 | 1 | 1 | 1 | 1 | 1 |
| 5 组 | 1 | 1 | 1 | 1 | 1 | 1 | 1 | 1 | 1 | 1 |
| 抗击成功率 | 98% | | | | | | | | | |

| 选用 | 选用 | 不选用 |
|---|---|---|

（2）告警控制电路分级方案。选择过程如表 14 所示。

表 14　单片机电路对比表

| 方案 | AT89S51 | STCLQFP44G | STM32F103 |
|---|---|---|---|
| 方案目标 | （1）数据处理准确率≥99%。<br>（2）数据处理时长≤20s | | |
| 方案描述 | | | |

AT89S51 数据处理用时测试表（单位：s）

| 组数 | 1 | 2 | 3 | 4 | 5 | 6 | 7 | 8 | 9 | 10 |
|---|---|---|---|---|---|---|---|---|---|---|
| 1 | 15.2 | 10.8 | 16.5 | 11.5 | 16.0 | 17.4 | 19.7 | 11.4 | 15.9 | 12.5 |
| 2 | 15.2 | 10.9 | 18.2 | 15.1 | 18.5 | 10.9 | 18.1 | 19.5 | 18.9 | 19.4 |
| 3 | 14.0 | 14.2 | 11.6 | 19.8 | 14.8 | 13.1 | 20.0 | 13.5 | 17.3 | 16.7 |
| 4 | 11.2 | 10.6 | 12.9 | 14.1 | 12.4 | 10.9 | 14.8 | 10.3 | 19.0 | 11.1 |
| 5 | 18.4 | 17.1 | 12.7 | 13.1 | 12.8 | 15.9 | 14.0 | 13.3 | 19.7 | 13.4 |
| 6 | 18.0 | 11.5 | 10.0 | 11.0 | 19.5 | 19.7 | 12.4 | 18.9 | 18.7 | 12.8 |
| 7 | 19.2 | 16.8 | 14.5 | 16.4 | 14.8 | 16.4 | 11.5 | 13.1 | 10.4 | 18.6 |
| 8 | 15.1 | 18.9 | 17.4 | 18.2 | 14.8 | 14.3 | 19.6 | 14.7 | 13.4 | 10.6 |
| 9 | 12.9 | 17.0 | 10.9 | 15.2 | 17.9 | 11.7 | 16.6 | 18.9 | 18.9 | 15.5 |
| 10 | 10.5 | 18.6 | 18.1 | 15.0 | 18.8 | 19.0 | 12.0 | 15.7 | 18.7 | 12.8 |
| 平均时间 | | | 15.2 | | | | | | | |

AT89S51 数据处理准确率测试表

| 组数 | 1 | 2 | 3 | 4 | 5 | 6 | 7 | 8 | 9 | 10 |
|---|---|---|---|---|---|---|---|---|---|---|
| 1 | 100% | 100% | 100% | 100% | 100% | 100% | 100% | 100% | 100% | 100% |
| 2 | 100% | 100% | 100% | 100% | 100% | 100% | 100% | 100% | 100% | 100% |
| 3 | 100% | 100% | 100% | 100% | 100% | 100% | 100% | 100% | 100% | 100% |
| 4 | 100% | 100% | 100% | 100% | 100% | 100% | 100% | 100% | 100% | 100% |
| 5 | 100% | 100% | 100% | 100% | 100% | 100% | 100% | 100% | 100% | 100% |
| 6 | 100% | 100% | 100% | 100% | 100% | 100% | 100% | 100% | 100% | 100% |
| 7 | 100% | 100% | 100% | 100% | 100% | 100% | 100% | 100% | 100% | 100% |
| 8 | 100% | 100% | 100% | 100% | 100% | 100% | 100% | 100% | 100% | 100% |
| 9 | 100% | 100% | 100% | 100% | 100% | 100% | 100% | 100% | 100% | 100% |
| 10 | 100% | 100% | 100% | 100% | 100% | 100% | 100% | 100% | 100% | 100% |
| 准确率 | | | 100% | | | | | | | |

STCLQFP44G 数据处理用时测试表（单位：s）

| 组数 | 1 | 2 | 3 | 4 | 5 | 6 | 7 | 8 | 9 | 10 |
|---|---|---|---|---|---|---|---|---|---|---|
| 1 | 17.6 | 10.9 | 15.9 | 10.7 | 17.5 | 13.2 | 12.3 | 17.4 | 11.2 | 15.6 |
| 2 | 13.8 | 19.3 | 15.8 | 18.4 | 14.5 | 14.7 | 12.3 | 15.9 | 17.1 | 16.9 |
| 3 | 19.2 | 18.6 | 13.3 | 13.3 | 16.3 | 12.8 | 15.1 | 19.5 | 12.0 | 12.1 |
| 4 | 14.7 | 19.4 | 11.5 | 15.5 | 12.1 | 19.8 | 12.7 | 16.6 | 16.8 | 18.0 |

续表

| 方案 | AT89S51 | STCLQFP44G | STM32F103 |
|---|---|---|---|
| 方案描述 | | | |

| 组数 | 1 | 2 | 3 | 4 | 5 | 6 | 7 | 8 | 9 | 10 |
|---|---|---|---|---|---|---|---|---|---|---|
| 5 | 20.0 | 16.5 | 10.8 | 10.6 | 15.8 | 12.0 | 11.2 | 14.9 | 19.4 | 11.7 |
| 6 | 18.5 | 11.1 | 16.3 | 16.1 | 19.1 | 13.4 | 10.7 | 11.1 | 13.7 | 15.1 |
| 7 | 15.8 | 10.3 | 14.4 | 13.0 | 19.8 | 13.5 | 17.5 | 14.1 | 12.4 | 11.2 |
| 8 | 19.8 | 12.2 | 19.5 | 16.4 | 14.8 | 15.7 | 11.0 | 19.0 | 11.2 | 10.5 |
| 9 | 18.9 | 10.3 | 16.0 | 16.1 | 12.8 | 11.9 | 10.2 | 14.3 | 15.0 | 12.7 |
| 10 | 19.2 | 14.9 | 16.8 | 10.4 | 14.2 | 13.9 | 18.5 | 13.2 | 14.3 | 15.3 |
| 平均时间 | | | 14.8 | | | | | | | |

STCLQFP44G 数据处理准确率测试表

| 组数 | 1 | 2 | 3 | 4 | 5 | 6 | 7 | 8 | 9 | 10 |
|---|---|---|---|---|---|---|---|---|---|---|
| 1 | 100% | 100% | 100% | 100% | 100% | 100% | 100% | 100% | 100% | 100% |
| 2 | 100% | 100% | 100% | 100% | 100% | 100% | 100% | 100% | 100% | 100% |
| 3 | 100% | 100% | 100% | 100% | 100% | 100% | 100% | 100% | 100% | 100% |
| 4 | 100% | 100% | 100% | 100% | 100% | 100% | 100% | 100% | 100% | 100% |
| 5 | 100% | 100% | 100% | 100% | 100% | 100% | 100% | 100% | 100% | 100% |
| 6 | 100% | 100% | 100% | 100% | 100% | 100% | 100% | 100% | 100% | 100% |
| 7 | 100% | 100% | 100% | 100% | 100% | 100% | 100% | 100% | 100% | 100% |
| 8 | 100% | 100% | 100% | 100% | 100% | 100% | 100% | 100% | 100% | 100% |
| 9 | 100% | 100% | 100% | 100% | 100% | 100% | 100% | 100% | 100% | 100% |
| 10 | 100% | 100% | 100% | 100% | 100% | 100% | 100% | 100% | 100% | 100% |
| 准确率 | | | 100% | | | | | | | |

STM32F103 数据处理用时测试表（单位：s）

| 组数 | 1 | 2 | 3 | 4 | 5 | 6 | 7 | 8 | 9 | 10 |
|---|---|---|---|---|---|---|---|---|---|---|
| 1 | 11.3 | 11.4 | 13.1 | 6.5 | 14.9 | 11.6 | 8.9 | 13.8 | 6.7 | 5.3 |
| 2 | 10.2 | 11.6 | 11.9 | 10 | 14.2 | 14.8 | 10.5 | 5.7 | 6.9 | 8.5 |
| 3 | 12.6 | 14.7 | 5.2 | 11.2 | 11.6 | 10.5 | 13 | 12 | 5.2 | 13.8 |
| 4 | 5.4 | 15 | 7.6 | 7.7 | 6.9 | 5 | 6.3 | 5.9 | 7.1 | 9.8 |
| 5 | 7.3 | 7.5 | 8.7 | 5.8 | 7 | 6.7 | 12.4 | 12.7 | 10.1 | 13 |
| 6 | 8.6 | 14.4 | 7.5 | 5.6 | 9.6 | 5.4 | 12.3 | 8.2 | 8.4 | 8.4 |
| 7 | 9.9 | 13.1 | 7.6 | 11.7 | 11.9 | 12.1 | 13 | 11 | 9.9 | 6 |
| 8 | 13 | 6.6 | 9.8 | 14.3 | 9.2 | 7.8 | 13 | 10.9 | 8 | 6 |
| 9 | 9.6 | 11.9 | 7.9 | 5.3 | 8.5 | 13.7 | 13.7 | 13.6 | 10.5 | 14.7 |
| 10 | 5.5 | 6.1 | 13.9 | 10.9 | 14.2 | 7.3 | 12.5 | 10.7 | 9.3 | 13.8 |
| 平均时间（s） | | | 9.9 | | | | | | | |

续表

| 方案 | AT89S51 | STCLQFP44G | STM32F103 |
|---|---|---|---|
| 方案描述 | STM32F103 数据处理准确率测试表 | | |
| 选用 | 不选用 | 不选用 | 选用 |

STM32F103 数据处理准确率测试表

| 组数 | 1 | 2 | 3 | 4 | 5 | 6 | 7 | 8 | 9 | 10 |
|---|---|---|---|---|---|---|---|---|---|---|
| 1 | 100% | 100% | 100% | 100% | 100% | 100% | 100% | 100% | 100% | 100% |
| 2 | 100% | 100% | 100% | 100% | 100% | 100% | 100% | 100% | 100% | 100% |
| 3 | 100% | 100% | 100% | 100% | 100% | 100% | 100% | 100% | 100% | 100% |
| 4 | 100% | 100% | 100% | 100% | 100% | 100% | 100% | 100% | 100% | 100% |
| 5 | 100% | 100% | 100% | 100% | 100% | 100% | 100% | 100% | 100% | 100% |
| 6 | 100% | 100% | 100% | 100% | 100% | 100% | 100% | 100% | 100% | 100% |
| 7 | 100% | 100% | 100% | 100% | 100% | 100% | 100% | 100% | 100% | 100% |
| 8 | 100% | 100% | 100% | 100% | 100% | 100% | 100% | 100% | 100% | 100% |
| 9 | 100% | 100% | 100% | 100% | 100% | 100% | 100% | 100% | 100% | 100% |
| 10 | 100% | 100% | 100% | 100% | 100% | 100% | 100% | 100% | 100% | 100% |
| 准确率 | | | 100% | | | | | | | |

根据以上方案的分析选择，小组最终确定总体方案如图 4 所示。

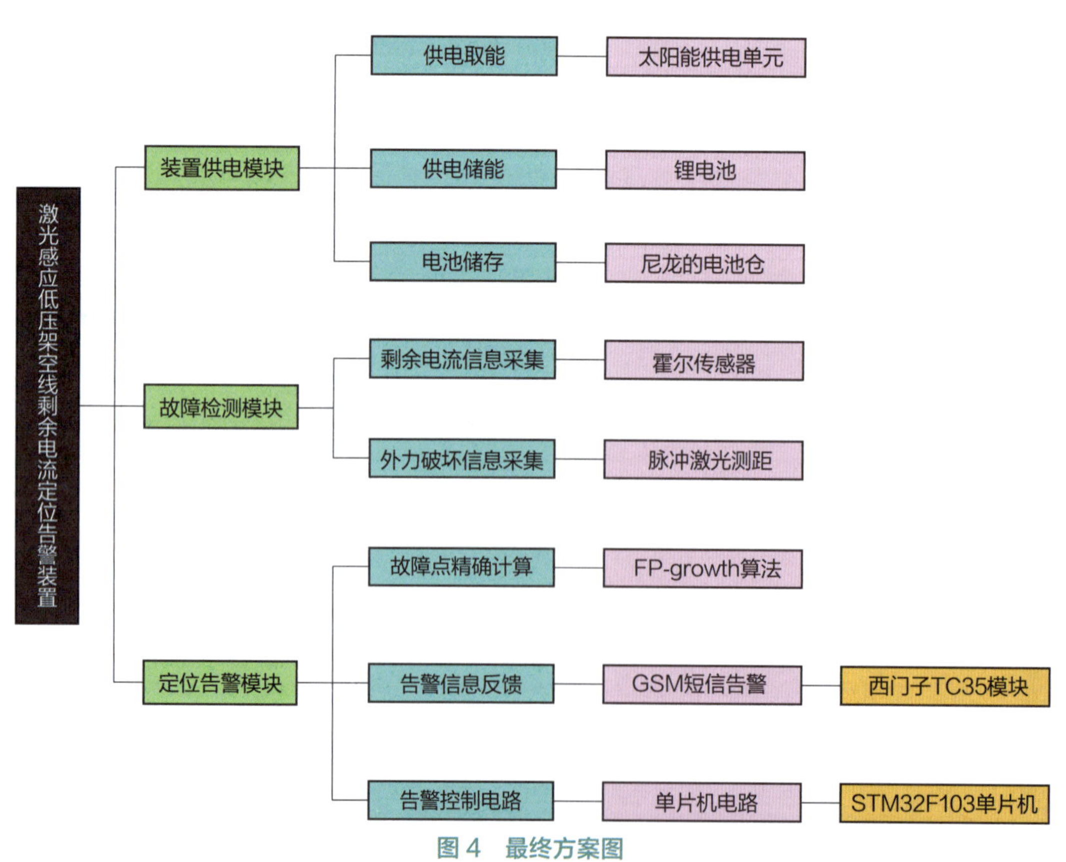


图 4　最终方案图

# 四、制定对策

远航 QC 小组召开会议，对最佳方案展开讨论，根据最佳方案的细化设计方案逐项制定对策及相应措施，如表 15 所示。

表 15 对策计划表

| 序号 | 对策 | 目标 | 措施 | 地点 | 负责人 | 完成时间 |
|---|---|---|---|---|---|---|
| 1 | 太阳能供电单元取能 | （1）续航性≥80h。<br>（2）损失电能<0.1kVA | （1）按照设计尺寸，制作太阳能板。<br>（2）检查太阳能电池板 | 实验室 | 吕欣瑶 | 4月10日 |
| 2 | 锂电池 | （1）充电速率≥1000mA/h。<br>（2）放电速率≤0.05V/min | （1）定制锂电池。<br>（2）检查锂电池性能。<br>（3）组装太阳能电池板、锂电池 | 实验室 | 吕欣瑶、陈浩天 | 4月15日 |
| 3 | 尼龙电池仓 | （1）平均耐磨度≥100。<br>（2）绝缘电流≤3mA | （1）搭建电池仓框架。<br>（2）制作电池仓。<br>（3）组装电池仓。<br>（4）将电池与电池仓进行组装 | 实验室 | 刘玉 | 4月29日 |
| 4 | 霍尔传感器 | （1）平均误差值≤0.2。<br>（2）测量时间≤5s | （1）检查霍尔传感器。<br>（2）测试霍尔传感器。<br>（3）组装霍尔传感器 | 实验室 | 吕欣瑶、陈浩天 | 5月13日 |
| 5 | 脉冲测距式激光传感器 | （1）平均误差值≤0.2。<br>（2）测量时间≤30s | （1）制作脉冲测距式激光感应器。<br>（2）检测脉冲测距式激光感应器。<br>（3）安装脉冲测距式激光感应器 | 实验室 | 吕欣瑶、卢熙元 | 5月27日 |
| 6 | FP-growth 算法 | （1）准确率>99%。<br>（2）平均运算时间<30s | （1）建立核心数据库。<br>（2）数据特征处理。<br>（3）分类模型调试 | 实验室 | 卢熙元 | 6月10日 |
| 7 | 西门子 TC35 模块告警 | （1）数据传输误码率≤$1\times10^{-5}$。<br>（2）数据传输准确率≥99%。<br>（3）抗攻击成功率≥99% | （1）调试 TC35 短信模块，搭建相应的电路。<br>（2）连接 STM32F103 单片机与 TC35 短信模块。<br>（3）编写短信发送程序 | 实验室 | 卢熙元 | 6月25日 |
| 8 | STM32F103 单片机 | （1）准确率≥99%。<br>（2）数据处理时长≤20s | （1）调试单片机。<br>（2）下载 DSP 编译器软件并安装。<br>（3）下载、学习 DSP 相关库文件。<br>（4）编写模块程序 | 实验室 | 曹欣皓、刘玉 | 7月15日 |
| 9 | 整体调试 | （1）告警准确率≥99%。<br>（2）定位偏差值±0.1m | （1）装置示意图。<br>（2）整体组装。<br>（3）设备安全防护检查。<br>（4）安装调试设备 | 实验室 | 刘玉、陈浩天 | 7月29日 |

# 五、对策实施

## （一）对策实施一：太阳能供电取能

措施一：制作太阳能板。

措施二：检查太阳能电池板，如图 5 所示。

图 5　太阳能供电系统

效果检查：小组成员吕欣瑶将装置放置于户外，进行试验，结果如表 16 和表 17 所示。

表 16　续航性试验测试表（单位：h）

| 组数 | 户外充能 | | | | | | | | | | | 平均值 |
|---|---|---|---|---|---|---|---|---|---|---|---|---|
| | 12h | 24h | 36h | 48h | 60h | 72h | 84h | 96h | 108h | 120h | 132h | |
| 1 | 30.610 | 57.076 | 55.968 | 81.620 | 87.022 | 107.674 | 132.938 | 154.610 | 173.170 | 212.542 | 210.336 | 118.506 |
| 2 | 33.438 | 54.662 | 71.834 | 89.912 | 94.450 | 112.958 | 137.790 | 144.660 | 175.240 | 195.510 | 254.770 | 124.111 |
| 3 | 26.566 | 56.838 | 73.658 | 82.372 | 81.968 | 100.254 | 129.134 | 145.580 | 162.524 | 188.886 | 214.104 | 114.717 |
| 4 | 35.492 | 44.748 | 63.138 | 84.470 | 91.220 | 104.874 | 126.070 | 157.004 | 172.444 | 225.636 | 221.576 | 120.607 |
| 5 | 30.500 | 47.328 | 54.320 | 77.556 | 82.394 | 101.182 | 125.016 | 144.112 | 165.776 | 205.134 | 214.102 | 113.402 |
| 6 | 32.360 | 57.654 | 54.422 | 74.138 | 81.778 | 112.876 | 129.236 | 162.714 | 163.828 | 231.138 | 234.972 | 121.374 |
| 7 | 34.248 | 51.316 | 57.014 | 76.962 | 99.898 | 108.508 | 125.090 | 194.368 | 162.648 | 230.982 | 212.892 | 123.084 |
| 8 | 25.596 | 58.214 | 69.594 | 78.110 | 90.144 | 114.054 | 133.346 | 151.366 | 173.188 | 222.874 | 201.012 | 119.773 |
| 9 | 24.950 | 52.584 | 70.464 | 90.790 | 97.078 | 110.098 | 134.452 | 152.716 | 175.008 | 215.756 | 250.312 | 124.928 |
| 10 | 24.048 | 56.646 | 63.358 | 82.318 | 94.252 | 102.136 | 126.058 | 149.762 | 179.630 | 232.500 | 210.248 | 120.087 |
| 11 | 25.930 | 56.184 | 57.120 | 72.696 | 87.566 | 101.320 | 124.114 | 152.146 | 168.686 | 230.584 | 257.624 | 121.270 |
| 12 | 39.700 | 46.094 | 59.714 | 77.624 | 89.854 | 117.638 | 128.120 | 150.854 | 150.658 | 195.206 | 212.352 | 115.256 |

续表

| 组数 | 户外充能 | | | | | | | | | | | 平均值 |
|---|---|---|---|---|---|---|---|---|---|---|---|---|
| | 12h | 24h | 36h | 48h | 60h | 72h | 84h | 96h | 108h | 120h | 132h | |
| 13 | 31.300 | 59.894 | 68.840 | 78.044 | 89.190 | 102.250 | 136.450 | 154.274 | 176.630 | 206.492 | 256.218 | 123.598 |
| 14 | 34.846 | 52.160 | 70.990 | 93.012 | 95.032 | 108.344 | 139.282 | 157.230 | 165.600 | 190.028 | 248.142 | 123.151 |
| 15 | 32.600 | 53.014 | 60.378 | 82.488 | 82.490 | 113.572 | 129.090 | 153.278 | 170.386 | 222.536 | 232.558 | 121.126 |
| 16 | 24.608 | 50.446 | 65.126 | 86.050 | 98.488 | 118.896 | 137.880 | 155.650 | 178.624 | 194.658 | 206.684 | 119.737 |
| 17 | 27.472 | 57.146 | 70.200 | 82.002 | 97.794 | 113.474 | 139.034 | 144.004 | 171.608 | 212.210 | 208.790 | 120.339 |
| 18 | 33.394 | 55.032 | 67.466 | 82.488 | 90.874 | 112.316 | 132.370 | 160.678 | 171.406 | 212.320 | 215.952 | 121.300 |
| 19 | 32.108 | 52.002 | 62.220 | 82.822 | 95.176 | 116.914 | 133.928 | 152.632 | 166.328 | 223.568 | 233.396 | 122.827 |
| 20 | 39.244 | 47.172 | 64.960 | 92.096 | 97.692 | 104.398 | 122.434 | 156.660 | 166.220 | 210.330 | 255.798 | 123.364 |
| 平均值 | | | | | 120.6 | | | | | | | |

表 17　损失电量试验测试表

| 组数 | 1 | 2 | 3 | 4 | 5 | 6 | 7 | 8 | 9 | 10 | 11 | 平均值 |
|---|---|---|---|---|---|---|---|---|---|---|---|---|
| 1 | 0.00 | 0.00 | 0.00 | 0.00 | 0.00 | 0.00 | 0.00 | 0.00 | 0.00 | 0.00 | 0.00 | 0.0 |
| 2 | 0.00 | 0.00 | 0.00 | 0.00 | 0.00 | 0.00 | 0.00 | 0.00 | 0.00 | 0.00 | 0.00 | 0.0 |
| 3 | 0.00 | 0.00 | 0.00 | 0.00 | 0.00 | 0.00 | 0.00 | 0.00 | 0.00 | 0.00 | 0.00 | 0.0 |
| 4 | 0.00 | 0.00 | 0.00 | 0.00 | 0.00 | 0.00 | 0.00 | 0.00 | 0.00 | 0.00 | 0.00 | 0.0 |
| 5 | 0.00 | 0.00 | 0.00 | 0.00 | 0.00 | 0.00 | 0.00 | 0.00 | 0.00 | 0.00 | 0.00 | 0.0 |
| 6 | 0.00 | 0.00 | 0.00 | 0.00 | 0.00 | 0.00 | 0.00 | 0.00 | 0.00 | 0.00 | 0.00 | 0.0 |
| 7 | 0.00 | 0.00 | 0.00 | 0.00 | 0.00 | 0.00 | 0.00 | 0.00 | 0.00 | 0.00 | 0.00 | 0.0 |
| 8 | 0.00 | 0.00 | 0.00 | 0.00 | 0.00 | 0.00 | 0.00 | 0.00 | 0.00 | 0.00 | 0.00 | 0.0 |
| 9 | 0.00 | 0.00 | 0.00 | 0.00 | 0.00 | 0.00 | 0.00 | 0.00 | 0.00 | 0.00 | 0.00 | 0.0 |
| 10 | 0.00 | 0.00 | 0.00 | 0.00 | 0.00 | 0.00 | 0.00 | 0.00 | 0.00 | 0.00 | 0.00 | 0.0 |
| 11 | 0.00 | 0.00 | 0.00 | 0.00 | 0.00 | 0.00 | 0.00 | 0.00 | 0.00 | 0.00 | 0.00 | 0.0 |
| 12 | 0.00 | 0.00 | 0.00 | 0.00 | 0.00 | 0.00 | 0.00 | 0.00 | 0.00 | 0.00 | 0.00 | 0.0 |
| 13 | 0.00 | 0.00 | 0.00 | 0.00 | 0.00 | 0.00 | 0.00 | 0.00 | 0.00 | 0.00 | 0.00 | 0.0 |
| 14 | 0.00 | 0.00 | 0.00 | 0.00 | 0.00 | 0.00 | 0.00 | 0.00 | 0.00 | 0.00 | 0.00 | 0.0 |
| 15 | 0.00 | 0.00 | 0.00 | 0.00 | 0.00 | 0.00 | 0.00 | 0.00 | 0.00 | 0.00 | 0.00 | 0.0 |
| 16 | 0.00 | 0.00 | 0.00 | 0.00 | 0.00 | 0.00 | 0.00 | 0.00 | 0.00 | 0.00 | 0.00 | 0.0 |
| 17 | 0.00 | 0.00 | 0.00 | 0.00 | 0.00 | 0.00 | 0.00 | 0.00 | 0.00 | 0.00 | 0.00 | 0.0 |
| 18 | 0.00 | 0.00 | 0.00 | 0.00 | 0.00 | 0.00 | 0.00 | 0.00 | 0.00 | 0.00 | 0.00 | 0.0 |
| 19 | 0.00 | 0.00 | 0.00 | 0.00 | 0.00 | 0.00 | 0.00 | 0.00 | 0.00 | 0.00 | 0.00 | 0.0 |
| 20 | 0.00 | 0.00 | 0.00 | 0.00 | 0.00 | 0.00 | 0.00 | 0.00 | 0.00 | 0.00 | 0.00 | 0.0 |
| 平均值 | | | | | 0.0 | | | | | | | |

结论：实施一，目标达成。

## （二）对策实施二：锂电池

措施一：定制锂电池。
措施二：检查锂电池性能，如图 6 所示。
措施三：组装太阳能电池板、锂电池，如图 7 所示。

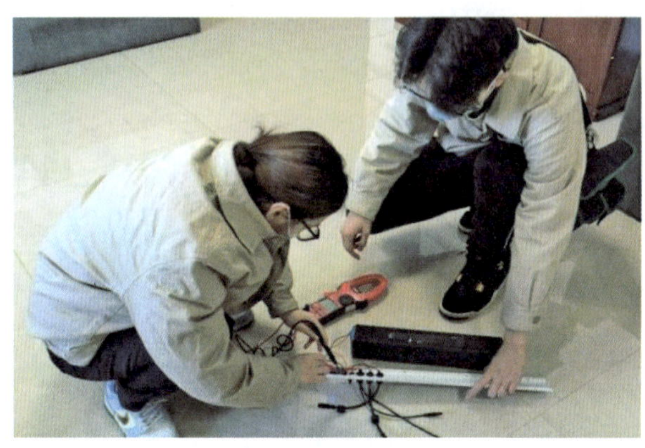

图 6　锂电池检查

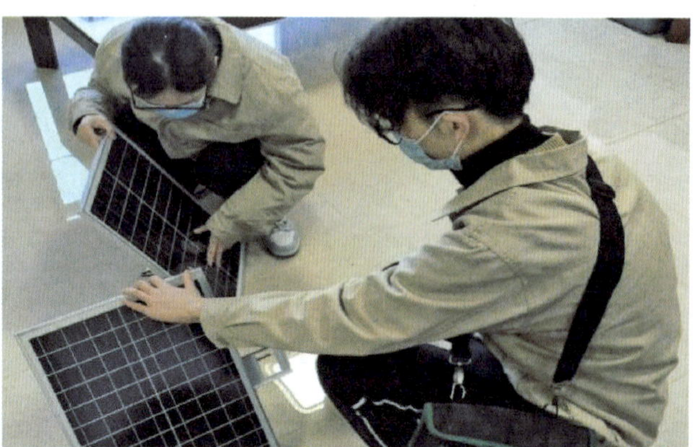

图 7　太阳能电池板、锂电池的组装

效果检查：小组成员吕欣瑶对锂电池进行了充放电试验，如表 18 和表 19 所示。

表 18　锂电池充电测试表（单位：mA/h）

| 时间 | 组数 | | | | | | | | | | 平均值 |
|---|---|---|---|---|---|---|---|---|---|---|---|
| | 1 | 2 | 3 | 4 | 5 | 6 | 7 | 8 | 9 | 10 | |
| 15h | 89 | 86 | 89 | 89 | 94 | 94 | 89 | 91 | 91 | 95 | 91 |
| 30h | 590 | 594 | 591 | 597 | 595 | 592 | 599 | 593 | 599 | 592 | 594 |
| 45h | 1048 | 1045 | 1050 | 1041 | 1043 | 1043 | 1049 | 1050 | 1048 | 1043 | 1046 |
| 60h | 1570 | 1565 | 1563 | 1564 | 1561 | 1566 | 1560 | 1564 | 1569 | 1561 | 1564 |
| 75h | 2101 | 2110 | 2107 | 2100 | 2108 | 2106 | 2105 | 2107 | 2100 | 2110 | 2105 |
| 90h | 2563 | 2560 | 2563 | 2568 | 2567 | 2567 | 2563 | 2560 | 2566 | 2565 | 2564 |
| 105h | 3034 | 3030 | 3036 | 3038 | 3035 | 3031 | 3033 | 3034 | 3037 | 3037 | 3035 |
| 120h | 3555 | 3559 | 3551 | 3552 | 3560 | 3554 | 3558 | 3557 | 3559 | 3551 | 3556 |
| 135h | 4041 | 4045 | 4048 | 4040 | 4041 | 4049 | 4048 | 4044 | 4046 | 4050 | 4045 |
| 150h | 5041 | 5046 | 5046 | 5042 | 5043 | 5041 | 5050 | 5041 | 5048 | 5044 | 5044 |
| 平均值 | | | | 2364.4 | | | | | | | |

表 19　锂电池放电测试表（单位：V/min）

| 放电时间（h） | 1 | 2 | 3 | 4 | 5 | 6 | 7 | 8 | 9 | 10 |
|---|---|---|---|---|---|---|---|---|---|---|
| 电流（A） | 20 | 20 | 20 | 20 | 20 | 20 | 20 | 20 | 20 | 20 |
| 电压（V） | 235.3 | 210.1 | 208.7 | 207.1 | 205.4 | 203.5 | 201.5 | 199.0 | 195.6 | 192.5 |

续表

| 编号 | 初始值 | (V) | (V) | (V) | (V) | (V) | (V) | (V) | (V) | (V) | (V) |
|---|---|---|---|---|---|---|---|---|---|---|---|
| 1 | 2.163 | 2.103 | 2.123 | 2.109 | 1.993 | 1.977 | 1.961 | 1.942 | 1.919 | 1.892 | 1.870 |
| 2 | 2.165 | 2.132 | 2.122 | 2.108 | 1.991 | 1.976 | 1.959 | 1.940 | 1.917 | 1.889 | 1.867 |
| 3 | 2.163 | 2.135 | 2.125 | 2.111 | 1.995 | 1.979 | 1.963 | 1.944 | 1.921 | 1.893 | 1872 |
| 4 | 2.165 | 2.131 | 2.120 | 2.106 | 1.988 | 1.972 | 1.955 | 1.935 | 1.910 | 1.880 | 1.855 |
| 5 | 2.163 | 2.138 | 2.130 | 2.118 | 2.203 | 1.989 | 1.974 | 1.956 | 1.936 | 1.913 | 1.895 |
| 6 | 2.173 | 2.139 | 2.130 | 2.117 | 2.001 | 1.987 | 1.971 | 1.952 | 1.930 | 1.906 | 1.866 |
| 7 | 2.165 | 2.141 | 2.133 | 2.122 | 2.207 | 1.994 | 1.980 | 1.963 | 1.944 | 1.923 | 1.906 |
| 8 | 2.173 | 2.138 | 2.128 | 2.114 | 1.997 | 1.983 | 1.966 | 1.946 | 1.924 | 1.899 | 1.878 |
| 9 | 2.166 | 2.137 | 2.128 | 2.116 | 2.201 | 1.987 | 1.972 | 1.954 | 1.933 | 1.910 | 1.892 |
| 10 | 2.166 | 2.139 | 2.131 | 2.119 | 2.204 | 1.990 | 1.975 | 1.958 | 1.938 | 1.915 | 1.898 |
| 11 | 2.163 | 2.142 | 2.135 | 2.125 | 2.212 | 2.201 | 1.989 | 1.974 | 1.958 | 1.940 | 1.926 |
| 12 | 2.164 | 2.138 | 2.129 | 2.117 | 2.202 | 1.989 | 1.973 | 1.955 | 1.935 | 1.911 | 1.893 |
| 13 | 2.162 | 2.131 | 2.119 | 2.105 | 1.987 | 1.970 | 1.953 | 1.932 | 1.907 | 1.876 | 1.850 |
| 14 | 2.165 | 2.143 | 2.136 | 2.126 | 2.012 | 2.000 | 1.986 | 1.971 | 1.954 | 1.935 | 1.921 |
| 15 | 2.165 | 2.141 | 2.134 | 2.122 | 2.008 | 1.994 | 1.980 | 1.964 | 1.945 | 1.924 | 1.908 |
| 16 | 2.169 | 2.136 | 2.124 | 2.110 | 1.992 | 1.976 | 1.959 | 1.939 | 1.915 | 1.987 | 1.864 |
| 17 | 2.164 | 2.140 | 2.132 | 2.120 | 2.006 | 1.992 | 1.977 | 1.961 | 1.942 | 1.921 | 1.905 |
| 18 | 2.157 | 2.129 | 2.117 | 2.102 | 1.985 | 1.968 | 1.951 | 1.930 | 1.905 | 1.875 | 1.849 |
| 19 | 2.160 | 2.137 | 2.129 | 2.116 | 2.000 | 1.986 | 1.970 | 1.953 | 1.932 | 1.907 | 1.888 |
| 20 | 2.161 | 2.138 | 2.129 | 2.116 | 2.001 | 1.986 | 1.971 | 1.954 | 1.933 | 1.908 | 1.889 |
| 21 | 2.164 | 2.138 | 2.128 | 2.114 | 1.998 | 1.984 | 1.967 | 1.947 | 1.924 | 1.898 | 1.876 |
| 22 | 2.161 | 2.141 | 2.134 | 2.123 | 2.010 | 1.997 | 1.983 | 1.967 | 1.949 | 1.930 | 1.916 |
| 23 | 2.158 | 2.129 | 2.116 | 2.101 | 1.983 | 1.967 | 1.948 | 1.926 | 1.899 | 1.866 | 1.837 |
| 24 | 2.160 | 2.138 | 2.130 | 2.118 | 2.003 | 1.990 | 1.975 | 1.958 | 1.938 | 1.916 | 1.898 |
| 25 | 2.160 | 2.132 | 2.123 | 2.110 | 1.994 | 1.980 | 1.964 | 1.944 | 1.922 | 1.896 | 1.876 |
| 26 | 2.163 | 2.138 | 2.130 | 2.118 | 2.003 | 1.989 | 1.974 | 1.956 | 1.935 | 1.912 | 1.893 |
| 27 | 2.166 | 2.142 | 2.136 | 2.125 | 2.012 | 2.000 | 1.986 | 1.970 | 1.953 | 1.934 | 1.920 |
| 28 | 2.162 | 2.137 | 2.129 | 2.116 | 2.001 | 1.987 | 1.971 | 1.953 | 1.933 | 1.910 | 1.891 |
| 29 | 2.158 | 2.132 | 2.129 | 2.109 | 1.992 | 1.977 | 1.960 | 1.941 | 1.918 | 1.891 | 1.869 |
| 30 | 2.165 | 2.141 | 2.134 | 2.123 | 2.009 | 1.996 | 1.982 | 1.967 | 1.949 | 1.928 | 1.913 |

结论：满足实施二目标要求。

## （三）对策实施三：尼龙电池仓

措施一：搭建电池仓框架。

措施二：制作电池仓。

措施三：组装电池仓。

措施四：将电池与电池仓进行组装，如图 8 所示。

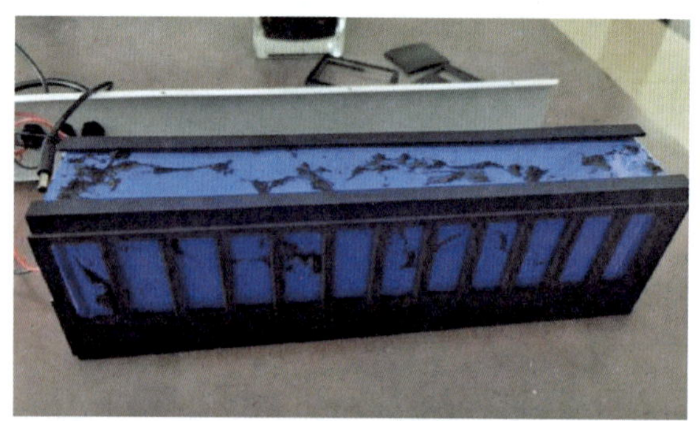

图 8　电池与电池仓的组装

效果检查：小组成员刘玉、刘玉将制作好的尼龙电池仓进行对比数据，检查其绝缘性是否合格，如表 20 和表 21 所示。

表 20　尼龙电池仓绝缘性试验测试表（单位：mA）

| 组数 | 漏电电流 | | | | | | | | | | 平均值 |
|---|---|---|---|---|---|---|---|---|---|---|---|
| | 1A | 2A | 3A | 4A | 5A | 6A | 7A | 8A | 9A | 10A | |
| 1 | 0.155 | 0.169 | 0.295 | 0.327 | 0.370 | 0.451 | 0.642 | 0.689 | 0.811 | 0.903 | 0.481 |
| 2 | 0.114 | 0.230 | 0.256 | 0.350 | 0.413 | 0.476 | 0.619 | 0.679 | 0.835 | 0.926 | 0.490 |
| 3 | 0.143 | 0.204 | 0.235 | 0.360 | 0.407 | 0.457 | 0.622 | 0.682 | 0.829 | 0.903 | 0.484 |
| 4 | 0.109 | 0.212 | 0.298 | 0.348 | 0.419 | 0.442 | 0.603 | 0.693 | 0.806 | 0.881 | 0.481 |
| 5 | 0.122 | 0.210 | 0.264 | 0.308 | 0.404 | 0.500 | 0.665 | 0.691 | 0.803 | 0.867 | 0.483 |
| 6 | 0.113 | 0.195 | 0.263 | 0.343 | 0.427 | 0.448 | 0.646 | 0.719 | 0.841 | 0.925 | 0.492 |
| 7 | 0.125 | 0.177 | 0.284 | 0.311 | 0.398 | 0.472 | 0.629 | 0.731 | 0.834 | 0.920 | 0.488 |
| 8 | 0.156 | 0.185 | 0.294 | 0.300 | 0.409 | 0.450 | 0.613 | 0.671 | 0.812 | 0.933 | 0.482 |
| 9 | 0.121 | 0.201 | 0.279 | 0.313 | 0.383 | 0.483 | 0.663 | 0.764 | 0.835 | 0.880 | 0.492 |
| 10 | 0.116 | 0.211 | 0.273 | 0.324 | 0.418 | 0.486 | 0.620 | 0.724 | 0.827 | 0.884 | 0.488 |
| 11 | 0.117 | 0.169 | 0.287 | 0.352 | 0.396 | 0.444 | 0.627 | 0.714 | 0.809 | 0.928 | 0.484 |
| 12 | 0.116 | 0.224 | 0.238 | 0.318 | 0.388 | 0.437 | 0.641 | 0.706 | 0.834 | 0.870 | 0.477 |
| 13 | 0.131 | 0.207 | 0.296 | 0.346 | 0.386 | 0.469 | 0.627 | 0.672 | 0.860 | 0.910 | 0.490 |
| 14 | 0.100 | 0.225 | 0.298 | 0.352 | 0.389 | 0.468 | 0.635 | 0.704 | 0.860 | 0.867 | 0.490 |
| 15 | 0.102 | 0.194 | 0.297 | 0.353 | 0.419 | 0.442 | 0.616 | 0.703 | 0.814 | 0.904 | 0.484 |
| 16 | 0.124 | 0.175 | 0.259 | 0.309 | 0.384 | 0.457 | 0.616 | 0.701 | 0.836 | 0.901 | 0.476 |
| 17 | 0.107 | 0.213 | 0.261 | 0.352 | 0.386 | 0.438 | 0.609 | 0.707 | 0.844 | 0.905 | 0.482 |
| 18 | 0.117 | 0.172 | 0.284 | 0.346 | 0.370 | 0.492 | 0.637 | 0.720 | 0.848 | 0.885 | 0.487 |
| 19 | 0.151 | 0.176 | 0.244 | 0.311 | 0.431 | 0.476 | 0.611 | 0.729 | 0.821 | 0.885 | 0.484 |
| 20 | 0.143 | 0.218 | 0.253 | 0.306 | 0.378 | 0.467 | 0.648 | 0.726 | 0.819 | 0.924 | 0.488 |
| 平均值 | | | | | 0.485 | | | | | | |

表 21 尼龙电池仓耐磨度试验测试表（单位：g/cm²）

| 转数 | 组数 | | | | | | | | | | 平均值 |
|---|---|---|---|---|---|---|---|---|---|---|---|
| | 1 | 2 | 3 | 4 | 5 | 6 | 7 | 8 | 9 | 10 | |
| 1000r/min | 182.00 | 162.60 | 192.10 | 178.90 | 172.20 | 164.50 | 174.10 | 172.60 | 189.50 | 169.70 | 175.82 |
| 2000r/min | 167.20 | 199.20 | 167.10 | 175.50 | 175.00 | 162.0 | 169.20 | 190.80 | 180.20 | 181.20 | 176.80 |
| 3000r/min | 153.70 | 165.90 | 191.00 | 163.90 | 158.40 | 193.50 | 189.70 | 159.10 | 165.10 | 152.90 | 169.32 |
| 4000r/min | 156.50 | 160.70 | 179.30 | 151.60 | 190.60 | 163.20 | 170.20 | 158.90 | 180.80 | 159.60 | 167.14 |
| 5000r/min | 178.30 | 187.60 | 152.10 | 181.90 | 188.80 | 153.20 | 174.60 | 198.40 | 163.60 | 190.60 | 176.91 |
| 6000r/min | 161.60 | 168.50 | 195.40 | 173.90 | 193.30 | 183.20 | 160.50 | 153.80 | 190.40 | 188.70 | 176.93 |
| 7000r/min | 196.80 | 163.40 | 183.70 | 174.90 | 152.20 | 192.90 | 167.60 | 199.20 | 172.90 | 152.80 | 175.64 |
| 8000r/min | 157.60 | 155.70 | 156.80 | 170.20 | 192.50 | 155.30 | 179.30 | 193.40 | 185.00 | 183.40 | 172.92 |
| 9000r/min | 155.90 | 153.30 | 192.60 | 189.70 | 175.00 | 185.10 | 155.20 | 167.60 | 172.10 | 196.40 | 174.29 |
| 10000r/min | 168.80 | 153.70 | 198.70 | 165.50 | 156.60 | 153.70 | 154.20 | 186.20 | 180.50 | 176.80 | 169.47 |
| 平均值 | | | | | 173.52 | | | | | | |

结论：满足实施三目标要求。

## （四）对策实施四：霍尔传感器

措施一：检查霍尔传感器，如图 9 所示。
措施二：测试霍尔传感器，如图 10 所示。

图 9 检查霍尔传感器

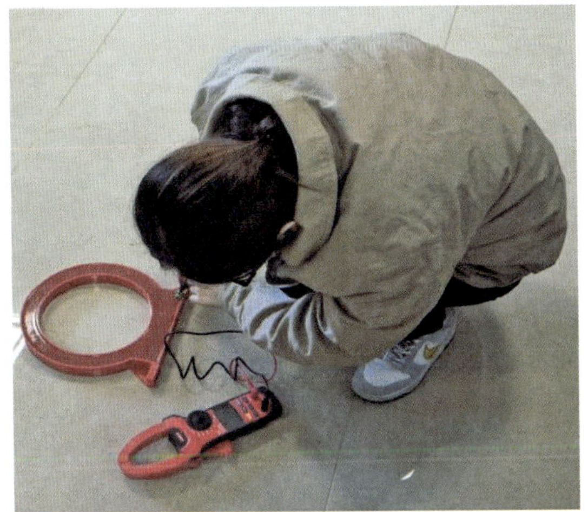

图 10 测试霍尔传感器

措施三：组装霍尔传感器。

效果检查：小组成员吕欣瑶、陈浩天在试验室将组装好的霍尔传感器接入线路，如表 22 和表 23 所示。

表 22　误差值试验记录

| 电流 | 组数 | | | | | | | | | | |
|---|---|---|---|---|---|---|---|---|---|---|---|
| | 1 | 2 | 3 | 4 | 5 | 6 | 7 | 8 | 9 | 10 | 标准偏差 |
| 10A | 9.98 | 9.96 | 10.03 | 10.00 | 10.01 | 10.00 | 9.99 | 9.98 | 10.01 | 10.00 | 0.01 |
| 20A | 20.00 | 19.99 | 20.00 | 20.03 | 19.98 | 20.00 | 20.01 | 19.99 | 19.97 | 20.00 | 0.01 |
| 30A | 30.02 | 30.02 | 29.97 | 30.06 | 29.95 | 30.00 | 30.03 | 30.00 | 29.93 | 30.00 | 0.01 |
| 40A | 40.04 | 40.05 | 39.94 | 40.09 | 39.92 | 40.00 | 40.05 | 40.01 | 39.89 | 40.00 | 0.01 |
| 50A | 50.01 | 50.00 | 49.99 | 49.99 | 49.97 | 50.00 | 50.01 | 50.02 | 49.95 | 50.00 | 0.01 |
| 60A | 60.03 | 60.01 | 59.98 | 60.01 | 59.96 | 60.00 | 60.03 | 60.03 | 60.00 | 60.00 | 0.01 |
| 70A | 70.00 | 70.04 | 69.98 | 70.01 | 69.03 | 70.00 | 70.01 | 70.04 | 69.99 | 70.00 | 0.01 |
| 80A | 80.02 | 80.00 | 79.89 | 80.11 | 79.87 | 80.00 | 80.09 | 80.05 | 79.84 | 80.00 | 0.01 |
| 90A | 89.96 | 90.02 | 89.97 | 90.00 | 89.98 | 90.00 | 90.01 | 90.02 | 89.98 | 90.00 | 0.01 |
| 100A | 99.98 | 100.04 | 99.98 | 100.00 | 100.03 | 100.00 | 100.01 | 100.02 | 99.99 | 100.00 | 0.01 |
| 平均误差值 | | | | | 0.01 | | | | | | |

表 23　测量时间试验记录（单位：s）

| 电流 | 组数 | | | | | | | | | | |
|---|---|---|---|---|---|---|---|---|---|---|---|
| | 1 | 2 | 3 | 4 | 5 | 6 | 7 | 8 | 9 | 10 | 平均时间 |
| 10A | 1.54 | 2.90 | 2.45 | 1.23 | 1.89 | 3.49 | 2.10 | 2.25 | 2.24 | 4.81 | 2.49 |
| 20A | 4.95 | 3.63 | 2.60 | 4.54 | 1.65 | 1.33 | 3.95 | 3.43 | 1.57 | 2.73 | 3.04 |
| 30A | 1.89 | 4.89 | 1.98 | 1.02 | 2.54 | 3.22 | 4.63 | 1.72 | 3.33 | 3.55 | 2.88 |
| 40A | 2.16 | 2.14 | 4.99 | 2.20 | 3.38 | 2.30 | 2.33 | 3.19 | 4.47 | 2.98 | 3.01 |
| 50A | 4.24 | 2.46 | 1.41 | 2.43 | 3.81 | 4.96 | 4.33 | 4.12 | 3.34 | 1.85 | 3.30 |
| 60A | 2.00 | 1.82 | 3.15 | 1.42 | 2.93 | 3.40 | 2.82 | 4.40 | 4.30 | 2.56 | 2.88 |
| 70A | 2.30 | 3.22 | 4.45 | 3.55 | 1.02 | 4.04 | 4.40 | 1.94 | 3.26 | 3.58 | 3.18 |
| 80A | 3.50 | 2.61 | 1.05 | 1.08 | 3.93 | 4.57 | 1.36 | 4.50 | 3.06 | 3.69 | 2.94 |
| 90A | 2.36 | 3.79 | 4.89 | 4.10 | 3.00 | 2.06 | 2.62 | 1.91 | 3.36 | 3.68 | 3.18 |
| 100A | 1.22 | 3.59 | 3.65 | 2.28 | 4.27 | 1.31 | 4.03 | 4.61 | 1.84 | 3.10 | 2.99 |
| 平均测量时间 | | | | | 2.99 | | | | | | |

结论：实施四目标达成。

## （五）对策实施五：脉冲测距式激光感应器

措施一：制作脉冲测距式激光感应器。

措施二：安装脉冲测距式激光感应器，如图 11 所示。

图 11 安装脉冲测距式激光感应器

措施三：检测脉冲测距式激光感应器，如图 12 所示。

图 12 检查脉冲测距式激光感应器

效果检查：小组成员吕欣瑶、卢熙元使用塑料板阻挡在线路上，记录脉冲测距式激光感应器的感应误差值与时间，试验结果如表 24 和表 25 所示。

表 24 脉冲测距式激光感应器试验表（单位：s）

| 距离 | 组数 | | | | | | | | | | |
|---|---|---|---|---|---|---|---|---|---|---|---|
| | 1 | 2 | 3 | 4 | 5 | 6 | 7 | 8 | 9 | 10 | 平均用时 |
| 10m | 18.90 | 16.80 | 16.30 | 10.50 | 13.80 | 10.60 | 14.70 | 13.90 | 12.80 | 12.80 | 14.11 |
| 20m | 12.40 | 17.70 | 19.30 | 13.50 | 18.90 | 16.90 | 17.80 | 14.30 | 20.00 | 10.00 | 16.08 |
| 30m | 11.00 | 17.70 | 14.40 | 16.70 | 13.90 | 20.00 | 12.10 | 10.40 | 13.40 | 18.10 | 14.77 |
| 40m | 14.30 | 17.30 | 13.90 | 16.80 | 11.00 | 14.20 | 16.70 | 10.00 | 19.20 | 10.00 | 14.34 |
| 50m | 12.10 | 14.50 | 10.00 | 14.00 | 17.30 | 12.40 | 12.00 | 13.20 | 10.50 | 17.60 | 13.36 |
| 60m | 17.00 | 19.10 | 20.00 | 10.30 | 18.30 | 18.20 | 10.50 | 19.20 | 18.60 | 17.30 | 16.85 |
| 70m | 19.50 | 17.70 | 13.90 | 10.30 | 10.90 | 18.70 | 10.00 | 17.30 | 13.80 | 14.70 | 14.68 |
| 80m | 18.90 | 19.90 | 16.20 | 10.30 | 17.40 | 18.80 | 19.80 | 17.90 | 18.20 | 12.80 | 17.02 |
| 90m | 12.30 | 20.00 | 20.00 | 18.60 | 15.30 | 15.60 | 16.70 | 14.60 | 15.80 | 16.70 | 16.56 |
| 100m | 13.00 | 15.50 | 18.80 | 12.40 | 19.80 | 19.50 | 13.80 | 18.30 | 16.70 | 15.20 | 16.30 |
| 平均测量时间 | | | | | 15.41 | | | | | | |

表 25　脉冲测距式激光感应器试验表

| 距离 | 组数 | | | | | | | | | | |
|---|---|---|---|---|---|---|---|---|---|---|---|
| | 1 | 2 | 3 | 4 | 5 | 6 | 7 | 8 | 9 | 10 | 标准偏差 |
| 10m | 9.99 | 9.97 | 9.97 | 10.00 | 10.02 | 10.00 | 9.99 | 9.98 | 10.02 | 9.99 | 0.02 |
| 20m | 20.04 | 20.01 | 19.98 | 20.03 | 20.01 | 20.01 | 19.99 | 20.03 | 20.03 | 19.98 | 0.02 |
| 30m | 30.04 | 30.02 | 30.03 | 30.04 | 29.97 | 29.97 | 29.97 | 29.99 | 30.01 | 30.03 | 0.03 |
| 40m | 40.01 | 39.97 | 40.03 | 39.97 | 40.00 | 40.04 | 39.98 | 40.01 | 40.04 | 39.99 | 0.03 |
| 50m | 49.99 | 50.02 | 50.02 | 50.01 | 49.99 | 50.00 | 49.99 | 49.98 | 50.03 | 49.99 | 0.02 |
| 60m | 60.04 | 60.02 | 60.03 | 60.01 | 60.01 | 60.03 | 60.02 | 60.02 | 59.99 | 59.98 | 0.02 |
| 70m | 69.97 | 70.02 | 70.03 | 69.98 | 70.01 | 70.04 | 70.04 | 69.99 | 69.99 | 69.99 | 0.03 |
| 80m | 79.98 | 80.02 | 79.97 | 80.01 | 80.04 | 80.04 | 80.03 | 80.00 | 79.99 | 79.99 | 0.02 |
| 90m | 90.01 | 90.04 | 89.97 | 90.04 | 90.04 | 90.02 | 89.97 | 90.02 | 90.02 | 90.00 | 0.03 |
| 100m | 99.98 | 100.03 | 100.03 | 100.00 | 99.97 | 99.97 | 99.97 | 100.03 | 100.01 | 99.99 | 0.03 |
| 平均误差值 | | | | | 0.02 | | | | | | |

结论：实施五目标达成。

## （六）对策实施六：FP-growth 算法

措施一：建立核心数据库。
措施二：数据特征处理。
措施三：分类模型调试。
效果检查：小组成员卢熙元在试验室数据使用搭建的模拟环境进行接地故障试验，如表 26 所示。

表 26　FP-growth 算法试验测试统计表（单位：s）

| FP-growth 算法实验测试表 | | | | | | | | | | | |
|---|---|---|---|---|---|---|---|---|---|---|---|
| 组数 | 1 | 2 | 3 | 4 | 5 | 6 | 7 | 8 | 9 | 10 | 平均时间 |
| 1 | 15.22 | 17.64 | 17.21 | 17.51 | 16.32 | 15.19 | 17.25 | 16.22 | 15.57 | 16.80 | 16.49 |
| 2 | 16.63 | 15.42 | 15.98 | 17.60 | 17.35 | 16.19 | 15.81 | 15.81 | 17.38 | 16.95 | 16.51 |
| 3 | 15.05 | 17.04 | 15.96 | 15.04 | 17.82 | 16.40 | 15.86 | 16.88 | 15.83 | 15.13 | 16.10 |
| 4 | 17.82 | 15.55 | 17.21 | 16.12 | 16.20 | 17.36 | 16.42 | 15.47 | 15.19 | 16.75 | 16.41 |
| 5 | 17.10 | 16.50 | 15.87 | 16.38 | 15.88 | 15.43 | 15.72 | 15.64 | 16.72 | 16.18 | 16.14 |
| 6 | 16.30 | 17.38 | 16.47 | 17.03 | 15.48 | 15.01 | 17.44 | 17.32 | 15.58 | 16.49 | 16.45 |
| 7 | 16.64 | 16.60 | 17.75 | 16.32 | 16.52 | 15.75 | 17.09 | 17.00 | 16.52 | 15.13 | 16.53 |
| 8 | 15.74 | 17.60 | 15.99 | 17.10 | 17.94 | 15.97 | 15.97 | 15.76 | 16.62 | 17.22 | 16.59 |
| 9 | 17.49 | 17.36 | 17.32 | 16.55 | 16.74 | 16.29 | 16.20 | 15.48 | 17.12 | 16.34 | 16.69 |
| 10 | 15.20 | 15.18 | 15.73 | 17.41 | 15.34 | 17.19 | 16.47 | 17.71 | 17.41 | 17.61 | 16.53 |

续表

| FP-growth 算法实验测试表 | | | | | | | | | | | |
|---|---|---|---|---|---|---|---|---|---|---|---|
| 组数 | 1 | 2 | 3 | 4 | 5 | 6 | 7 | 8 | 9 | 10 | 平均时间 |
| 11 | 17.93 | 15.30 | 16.82 | 16.34 | 16.88 | 15.45 | 15.87 | 16.76 | 15.12 | 17.48 | 16.40 |
| 12 | 16.21 | 15.70 | 15.91 | 17.09 | 17.94 | 17.85 | 16.29 | 15.24 | 17.60 | 17.39 | 16.72 |
| 13 | 16.55 | 17.84 | 15.01 | 17.68 | 16.27 | 15.08 | 15.51 | 16.49 | 15.45 | 16.85 | 16.27 |
| 14 | 15.59 | 16.19 | 15.03 | 16.60 | 16.57 | 16.93 | 15.78 | 17.15 | 17.23 | 15.79 | 16.29 |
| 15 | 15.05 | 17.26 | 17.31 | 15.71 | 17.46 | 16.97 | 15.61 | 17.48 | 15.47 | 15.33 | 16.37 |
| 16 | 16.03 | 15.84 | 16.54 | 16.07 | 15.75 | 16.61 | 15.60 | 16.74 | 16.55 | 16.03 | 16.18 |
| 17 | 15.88 | 16.15 | 16.32 | 15.59 | 17.84 | 16.87 | 16.98 | 17.88 | 16.09 | 15.02 | 16.46 |
| 18 | 15.02 | 16.71 | 16.08 | 16.22 | 16.22 | 15.13 | 16.69 | 17.53 | 17.04 | 17.41 | 16.41 |
| 19 | 15.11 | 15.88 | 15.10 | 17.37 | 15.91 | 17.73 | 17.69 | 15.85 | 15.03 | 16.29 | 16.20 |
| 20 | 15.05 | 15.90 | 17.47 | 17.69 | 15.25 | 16.79 | 15.76 | 15.33 | 16.58 | 15.69 | 16.15 |
| 平均时间 | | | | 16.39 | | | | | | | |

| FP-growth 算法实验测试表 | | | | | | | | | | | | |
|---|---|---|---|---|---|---|---|---|---|---|---|---|
| 组款 | 1 | 2 | 3 | 4 | 5 | 6 | 7 | 8 | 9 | 10 | 11 | 平均成功率 |
| 1 | 100% | 100% | 100% | 100% | 100% | 100% | 100% | 100% | 100% | 100% | 100% | 100% |
| 2 | 100% | 100% | 100% | 100% | 100% | 100% | 100% | 100% | 100% | 100% | 100% | 100% |
| 3 | 100% | 100% | 100% | 100% | 100% | 100% | 100% | 100% | 100% | 100% | 100% | 100% |
| 4 | 100% | 100% | 100% | 100% | 100% | 100% | 100% | 100% | 100% | 100% | 100% | 100% |
| 5 | 100% | 100% | 100% | 100% | 100% | 100% | 100% | 100% | 100% | 100% | 100% | 100% |
| 6 | 100% | 100% | 100% | 100% | 100% | 100% | 100% | 100% | 100% | 100% | 100% | 100% |
| 7 | 100% | 100% | 100% | 100% | 100% | 100% | 100% | 100% | 100% | 100% | 100% | 100% |
| 8 | 100% | 100% | 100% | 100% | 100% | 100% | 100% | 100% | 100% | 100% | 100% | 100% |
| 9 | 100% | 100% | 100% | 100% | 100% | 100% | 100% | 100% | 100% | 100% | 100% | 100% |
| 10 | 100% | 100% | 100% | 100% | 100% | 100% | 100% | 100% | 100% | 100% | 100% | 100% |
| 11 | 100% | 100% | 100% | 100% | 100% | 100% | 100% | 100% | 100% | 100% | 100% | 100% |
| 12 | 100% | 100% | 100% | 100% | 100% | 100% | 100% | 100% | 100% | 100% | 100% | 100% |
| 13 | 100% | 100% | 100% | 100% | 100% | 100% | 100% | 100% | 100% | 100% | 100% | 100% |
| 14 | 100% | 100% | 100% | 100% | 100% | 100% | 100% | 100% | 100% | 100% | 100% | 100% |
| 15 | 100% | 100% | 100% | 100% | 100% | 100% | 100% | 100% | 100% | 100% | 100% | 100% |
| 16 | 100% | 100% | 100% | 100% | 100% | 100% | 100% | 100% | 100% | 100% | 100% | 100% |
| 17 | 100% | 100% | 100% | 100% | 100% | 100% | 100% | 100% | 100% | 100% | 100% | 100% |
| 18 | 100% | 100% | 100% | 100% | 100% | 100% | 100% | 100% | 100% | 100% | 100%w | 100% |
| 19 | 100% | 100% | 100% | 100% | 100% | 100% | 100% | 100% | 100% | 100% | 100% | 100% |
| 20 | 100% | 100% | 100% | 100% | 100% | 100% | 100% | 100% | 100% | 100% | 100% | 100% |
| 平均成功率 | | | | 100% | | | | | | | | |

结论：实现了实施六的目标。

## （七）对策实施七：西门子 TC35 模块告警

措施一：调试西门子 TC35 模块，搭建相应的电路，如图 13 所示。

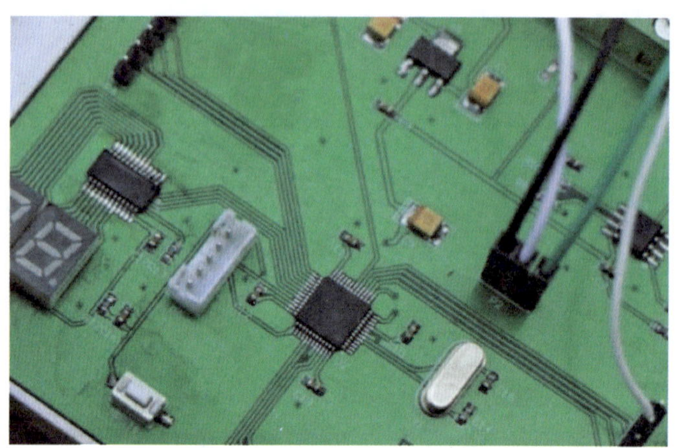

图 13　西门子 TC35 模块

措施二：建立西门子 TC35 模块短信通信，如图 14 所示。

图 14　调试 TC35 短信模块

措施三：编写短信发送程序，如图 15 所示。

图 15　调试西门子 TC35 模块

效果检查：当一个高电平触发短信模块时，检查管理人员是否能在伪站攻击下准确接收到包含故障线路及杆号的手机短信，如表 27 所示。

表 27　短信模块测试表

| 日期 | 存入线路及杆号 | 管理人员 | 损失电量信息接收情况 | 结论 | 数据传输误码率 |
|---|---|---|---|---|---|
| 2022-6-12 | ××线 2 号杆 | 张成满 | 收到信息“××线 2 号杆发生损失电量，请尽快检修” | 成功告警 | $1\times10^{-6}$ |
| 2022-6-14 | ××线 4 号杆 | 李昕儒 | 收到信息“××线 4 号杆发生损失电量，请尽快检修” | 成功告警 | $1\times10^{-6}$ |
| 2022-6-16 | ××线 7 号杆 | 许桂兵 | 收到信息“××线 7 号杆发生损失电量，请尽快检修” | 成功告警 | $1\times10^{-6}$ |
| 2022-6-17 | ××线 6 号杆 | 林翔 | 收到信息“××线 6 号杆发生损失电量，请尽快检修” | 成功告警 | $1\times10^{-6}$ |
| 2022-6-18 | ××线 3 号杆 | 陈先坤 | 收到信息“××线 3 号杆发生损失电量，请尽快检修” | 成功告警 | $1\times10^{-6}$ |
| 2022-6-19 | ××线 1 号杆 | 胡泮 | 收到信息“××线 1 号杆发生损失电量，请尽快检修” | 成功告警 | $1\times10^{-6}$ |
| 2022-6-22 | ××线 4 号杆 | 徐云 | 收到信息“××线 4 号杆发生损失电量，请尽快检修 | 成功告警 | $1\times10^{-6}$ |
| 2022-6-23 | ××线 5 号杆 | 王铁龙 | 收到信息“××线 5 号杆发生损失电量，请尽快检修” | 成功告警 | $1\times10^{-6}$ |
| 2022-6-25 | ××线 1 号杆 | 赵强 | 收到信息“××线 1 号杆发生损失电量，请尽快检修” | 成功告警 | $1\times10^{-6}$ |

结论：实施七目标达成。

## （八）对策实施八：STM32F103 单片机

措施一：调试单片机，如图 16 所示。

图 16　调试 STM32F103 单片机

措施二：下载 DSP 编译器软件并安装。
措施三：下载、学习 DSP 相关库文件。
措施四：编写模块程序。
效果检查：小组成员曹欣皓、刘玉测试模块的响应情况，如表 28 所示。

表 28　模块的响应情况

| 试验 | 时钟源频率（MHz） | 响应时间（s） | 响应准确率 |
|---|---|---|---|
| 1 | 50 | 17.65 | 100% |
| 2 | 55 | 17.02 | 100% |
| 3 | 60 | 16.48 | 100% |
| 4 | 65 | 16.13 | 100% |
| 5 | 70 | 15.74 | 100% |
| 6 | 75 | 15.38 | 100% |
| 7 | 80 | 15.01 | 100% |
| 8 | 85 | 14.82 | 100% |
| 9 | 90 | 14.66 | 100% |
| 10 | 95 | 14.50 | 100% |
| 平均 | 72.5 | 15.74 | 100% |

结论：实施八目标达成。

## （九）对策实施九：整体组装调试

措施一：装置示意图。

措施二：整体组装，如图 17 所示。

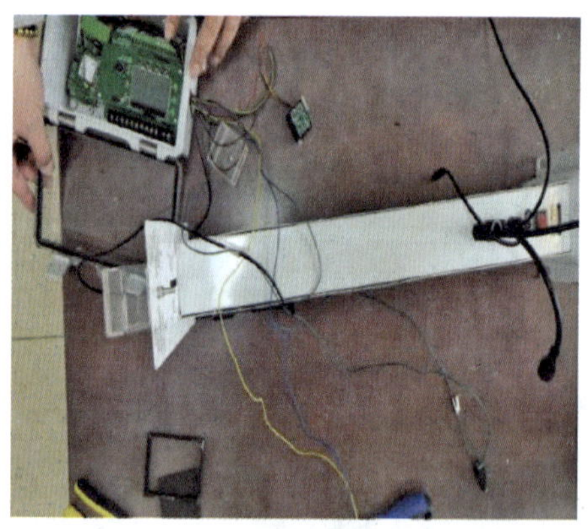

图 17　组装建模图及模块组装图

措施三：设备安全防护检查，如图 18 所示。

图 18　安全防护检查

措施四：安装调试设备，如图 19 所示。

图 19 设备安装图

效果检查：7 月 19 日，小组成员对装置进行模拟测试。试验数据如表 29 所示。

表 29 整体调试情况统计表

| 序号 | 损失电量电流（mA） | 感应电流（μA） | 短信告警 | 序号 | 损失电量电流（mA） | 感应电流（μA） | 短信告警 | 序号 | 损失电量电流（mA） | 感应电流（μA） | 短信告警 | 序号 | 损失电量电流（mA） | 感应电流（μA） | 短信告警 |
|---|---|---|---|---|---|---|---|---|---|---|---|---|---|---|---|
| 1 | 3.75 | 3.54 | 不告警 | 26 | 97.28 | 90.41 | 告警 | 51 | 182.73 | 167.69 | 告警 | 76 | 258.92 | 243.29 | 告警 |
| 2 | 3.85 | 2.9 | 不告警 | 27 | 97.89 | 97.1 | 告警 | 52 | 184.00 | 167.81 | 告警 | 77 | 261.31 | 235.99 | 告警 |
| 3 | 5.87 | 5.28 | 不告警 | 28 | 99.84 | 89.52 | 告警 | 53 | 184.65 | 183.66 | 告警 | 78 | 262.36 | 252.5 | 告警 |
| 4 | 8.15 | 7.19 | 不告警 | 29 | 104.77 | 102.37 | 告警 | 54 | 187.69 | 183.89 | 告警 | 79 | 263.21 | 252.17 | 告警 |
| 5 | 8.76 | 8.1 | 不告警 | 30 | 107.93 | 103.65 | 告警 | 55 | 190.07 | 189.19 | 告警 | 80 | 267.84 | 245.24 | 告警 |
| 6 | 11.51 | 11.16 | 不告警 | 31 | 109.74 | 105.04 | 告警 | 56 | 193.95 | 183.44 | 告警 | 81 | 273.35 | 253.38 | 告警 |
| 7 | 16.65 | 15.67 | 不告警 | 32 | 112.79 | 111.26 | 告警 | 57 | 193.96 | 178.77 | 告警 | 82 | 278.30 | 262.74 | 告警 |
| 8 | 18.65 | 18.47 | 不告警 | 33 | 120.27 | 117.74 | 告警 | 58 | 197.66 | 195.13 | 告警 | 83 | 284.13 | 263.38 | 告警 |
| 9 | 25.34 | 24.64 | 不告警 | 34 | 122.07 | 115.56 | 告警 | 59 | 202.35 | 191.71 | 告警 | 84 | 290.13 | 266.13 | 告警 |
| 10 | 26.46 | 26.32 | 不告警 | 35 | 131.7 | 118.77 | 告警 | 60 | 211.39 | 201.01 | 告警 | 85 | 297.34 | 277.41 | 告警 |
| 11 | 32.53 | 31.91 | 不告警 | 36 | 137.04 | 125.5 | 告警 | 61 | 221.62 | 214.85 | 告警 | 86 | 301.88 | 299.75 | 告警 |
| 12 | 34.95 | 34.95 | 不告警 | 37 | 138.90 | 136.63 | 告警 | 62 | 222.73 | 213.07 | 告警 | 87 | 304.81 | 275.22 | 告警 |
| 13 | 37.85 | 37.63 | 不告警 | 38 | 139.06 | 131.11 | 告警 | 63 | 222.85 | 215.54 | 告零 | 88 | 307.09 | 290.1 | 告警 |
| 14 | 41.82 | 40.61 | 不告警 | 39 | 144.03 | 139.65 | 告警 | 64 | 223.35 | 216.78 | 告警 | 89 | 309.66 | 287.15 | 告警 |
| 15 | 46.99 | 44.47 | 不告警 | 40 | 148.94 | 138.73 | 告警 | 65 | 225.2 | 221.05 | 告警 | 90 | 314.16 | 288.67 | 告警 |
| 16 | 53.33 | 51.02 | 不告警 | 41 | 150.8 | 140.22 | 告警 | 66 | 230.59 | 216.19 | 告警 | 91 | 319.85 | 315.88 | 告警 |
| 17 | 59.81 | 59.74 | 告警 | 42 | 151.30 | 136.98 | 告警 | 67 | 231.57 | 219.55 | 告警 | 92 | 321.21 | 297.56 | 告警 |
| 18 | 61.11 | 59.61 | 告警 | 43 | 159.78 | 159.56 | 告警 | 68 | 236.21 | 232.89 | 告警 | 93 | 328.03 | 312.4 | 告警 |
| 19 | 70.18 | 70 | 告警 | 44 | 162.63 | 157.45 | 告警 | 69 | 244.21 | 222.55 | 告警 | 94 | 329.69 | 318.05 | 告警 |
| 20 | 77.34 | 74.39 | 告警 | 45 | 162.66 | 160.03 | 告警 | 70 | 250.07 | 232.61 | 告警 | 95 | 334.8 | 331.13 | 告警 |
| 21 | 85.07 | 82.6 | 告警 | 46 | 173.11 | 158.41 | 告警 | 71 | 252.25 | 248.7 | 告警 | 96 | 342.28 | 323.81 | 告警 |
| 22 | 85.62 | 80.42 | 告警 | 47 | 174.56 | 168.97 | 告警 | 72 | 253.44 | 231.5 | 告警 | 97 | 342.28 | 322.93 | 告警 |
| 23 | 87.9 | 83.78 | 告警 | 48 | 176.77 | 167.11 | 告警 | 73 | 254.01 | 235.64 | 告警 | 98 | 345.08 | 340.99 | 告警 |
| 24 | 91.66 | 86.2 | 告警 | 49 | 177.58 | 163.77 | 告警 | 74 | 255.62 | 242.93 | 告警 | 99 | 350.05 | 327.63 | 告警 |
| 25 | 95.47 | 90.54 | 告警 | 50 | 177.77 | 162.89 | 告警 | 75 | 257.2 | 242.97 | 告警 | 100 | 353.23 | 331.89 | 告警 |

续表

| 序号 | 实际距离（m） | 测量距离（m） | 误差范围 | 序号 | 实际距离（m） | 测量距离（m） | 误差范围 | 序号 | 实际距离（m） | 测量距离（m） | 误差范围 | 序号 | 实际距离（m） | 测量距离（m） | 误差范围 |
|---|---|---|---|---|---|---|---|---|---|---|---|---|---|---|---|
| 1 | 406.67 | 406.62 | 0.05 | 26 | 15.4 | 15.34 | 0.06 | 51 | 415.9 | 415.84 | 0.06 | 76 | 280.7 | 280.68 | 0.02 |
| 2 | 304.20 | 304.17 | 0.03 | 27 | 495.5 | 495.45 | 0.05 | 52 | 112.5 | 112.43 | 0.07 | 77 | 64.7 | 64.65 | 0.05 |
| 3 | 113.93 | 113.91 | 0.02 | 28 | 82.2 | 82.13 | 0.07 | 53 | 58.2 | 58.17 | 0.03 | 78 | 378.8 | 378.76 | 0.04 |
| 4 | 342.70 | 342.63 | 0.07 | 29 | 23.8 | 23.75 | 0.05 | 54 | 461.9 | 461.86 | 0.04 | 79 | 118.9 | 118.82 | 0.08 |
| 5 | 445.80 | 445.72 | 0.08 | 30 | 283.2 | 283.15 | 0.05 | 55 | 493.2 | 493.18 | 0.02 | 80 | 107.6 | 107.57 | 0.03 |
| 6 | 412.17 | 412.09 | 0.08 | 31 | 167 | 166.96 | 0.04 | 56 | 45.9 | 45.87 | 0.03 | 81 | 435.5 | 435.45 | 0.05 |
| 7 | 229.74 | 229.66 | 0.08 | 32 | 297.9 | 297.85 | 0.05 | 57 | 123.8 | 123.77 | 0.03 | 82 | 162.1 | 162.04 | 0.06 |
| 8 | 79.48 | 79.47 | 0.01 | 33 | 61.4 | 61.32 | 0.08 | 58 | 319.5 | 319.48 | 0.02 | 83 | 398.9 | 398.88 | 0.02 |
| 9 | 90.66 | 90.63 | 0.03 | 34 | 95.7 | 95.65 | 0.05 | 59 | 456.6 | 456.58 | 0.02 | 84 | 238.3 | 238.23 | 0.07 |
| 10 | 481.06 | 481.02 | 0.04 | 35 | 390.4 | 390.34 | 0.06 | 60 | 263.7 | 263.65 | 0.05 | 85 | 289.7 | 289.68 | 0.02 |
| 11 | 106.12 | 106.06 | 0.06 | 36 | 94 | 93.94 | 0.06 | 61 | 497.3 | 497.27 | 0.03 | 86 | 38.8 | 38.75 | 0.05 |
| 12 | 430.30 | 430.26 | 0.04 | 37 | 354.6 | 354.56 | 0.04 | 62 | 255.5 | 255.45 | 0.05 | 87 | 115.6 | 115.54 | 0.06 |
| 13 | 179.97 | 179.88 | 0.09 | 38 | 147 | 146.93 | 0.07 | 63 | 489.8 | 489.71 | 0.09 | 88 | 279.2 | 279.13 | 0.07 |
| 14 | 224.34 | 224.27 | 0.07 | 39 | 51.6 | 51.54 | 0.06 | 64 | 272.6 | 272.57 | 0.03 | 89 | 111.6 | 111.53 | 0.07 |
| 15 | 99.22 | 99.19 | 0.03 | 40 | 136.6 | 136.59 | 0.01 | 65 | 248 | 247.92 | 0.08 | 90 | 440.5 | 440.40 | 0.10 |
| 16 | 37.50 | 37.43 | 0.07 | 41 | 252.1 | 252.06 | 0.04 | 66 | 163.3 | 163.22 | 0.08 | 91 | 232.9 | 232.80 | 0.10 |
| 17 | 100.34 | 100.30 | 0.04 | 42 | 11 | 10.96 | 0.04 | 67 | 420.3 | 420.22 | 0.08 | 92 | 331.4 | 331.38 | 0.02 |
| 18 | 61.87 | 61.79 | 0.08 | 43 | 91.1 | 91.03 | 0.07 | 68 | 88.3 | 88.27 | 0.03 | 93 | 369.2 | 369.16 | 0.04 |
| 19 | 119.61 | 119.55 | 0.06 | 44 | 235.9 | 235.88 | 0.02 | 69 | 195 | 194.99 | 0.01 | 94 | 11 | 10.94 | 0.06 |
| 20 | 328.94 | 328.93 | 0.01 | 45 | 451.7 | 451.61 | 0.09 | 70 | 171.1 | 171.06 | 0.04 | 95 | 21.8 | 21.75 | 0.05 |
| 21 | 376.68 | 376.59 | 0.09 | 46 | 268.4 | 268.38 | 0.02 | 71 | 140.2 | 140.11 | 0.09 | 96 | 32.4 | 32.34 | 0.06 |
| 22 | 139.37 | 139.35 | 0.02 | 47 | 383.1 | 383.09 | 0.01 | 72 | 146.6 | 146.58 | 0.02 | 97 | 325.5 | 325.46 | 0.04 |
| 23 | 193.60 | 193.55 | 0.05 | 48 | 305.9 | 305.84 | 0.06 | 73 | 71.9 | 71.87 | 0.03 | 98 | 400.4 | 400.38 | 0.02 |
| 24 | 74.46 | 74.40 | 0.06 | 49 | 297.9 | 297.87 | 0.03 | 74 | 183.2 | 183.19 | 0.01 | 99 | 389 | 388.96 | 0.04 |
| 25 | 215.91 | 215.87 | 0.04 | 50 | 298.9 | 298.87 | 0.03 | 75 | 54 | 53.98 | 0.02 | 100 | 287.6 | 287.58 | 0.02 |
| 平均误差（m） | | | | 0.05 | | | | | | | | | | | |

结论：实施九目标达成。

# 六、效果检查

## （一）目标值检查

7 月 30 日，小组成员在珠江供电所管辖线路安装了课题装置，在 8 月 1 日—10 月 31 日期间，共发生 12 起架空线接地故障，本装置均能准确告警，如图 20 所示。

图 20 现场安装图

低压架空线剩余电流定位告警装置告警情况与调度收到的信息情况如表 30 所示。

表 30 12 起故障监测情况

| 序号 | 时间 | 装置告警 | | | |
|---|---|---|---|---|---|
| | | 故障位置 | 故障确认时间（s） | 告警时间（s） | 完成告警时间（s） |
| 1 | 8月4日 | ××支线 11 号杆 | 44 | 7 | 51 |
| 2 | 8月5日 | ××线 12 号杆 | 42 | 7 | 49 |
| 3 | 8月16日 | ××支线 10 号杆 | 43 | 6 | 49 |
| 4 | 8月29日 | ××线 05 号杆 | 45 | 7 | 52 |
| 5 | 9月3日 | ××线 09 号杆 | 43 | 8 | 51 |
| 6 | 9月6日 | ××支线 02 号杆 | 42 | 7 | 49 |
| 7 | 9月15日 | ××支线 07 号杆 | 42 | 6 | 48 |
| 8 | 9月19日 | ××线 13 号杆 | 45 | 7 | 52 |
| 9 | 9月20日 | ××线 04 号杆 | 43 | 8 | 51 |
| 10 | 10月5日 | ××线 13 号杆 | 43 | 7 | 50 |
| 11 | 10月18日 | ××支线 01 号杆 | 44 | 6 | 50 |
| 12 | 10月30日 | ××线 06 号杆 | 43 | 8 | 51 |

结论：本装置能够实现准确的短信告警，较好地实现了课题的目标。

## （二）效益分析

该装置的成功研制，既缩短了停电时间又极大保障了安全供电和应急用电。工作人员能够一次性查找到损失电量点，节省了人力成本。此外，客户经理接到短信预警提醒，及时接收到异常情况并前往现场处理，有效减少了剩余电流故障带来的电量损失。

该装置投入使用后，大幅缩短了停电时间，提高了供电可靠性，在客户群体中获得了赞誉，大大提升了服务质量与企业形象。

# 七、标准化

## （一）可推广性评价

小组邀请公司专家对成果的推广应用价值进行综合评价，可推广性高，如图 21 所示。

**关于 QC 成果“低压架空线剩余电流定位告警装置的研制”推广应用价值的评估报告**

经远航 QC 小组向市公司提出对其 QC 成果“低压架空线剩余电流定位告警装置的研制”的推广应用价值进行评价，公司于 2022 年 10 月 31 日邀请省公司发展策划部、科技部与市公司发展策划部、科技互联网部、运维检修部、供电服务中心、信通中心、调度中心等单位共计 20 位专家，从应用条件、客户满意度、试运行结果和可推广范围四个维度对成果的推广应用价值进行综合评价。

每位专家针对四个维度分别进行评价打分，各个维度均设置具体的评分标准，每个维度设置不同的分值比率，总分共计 100 分。

经过 20 位专家打分，该 QC 成果的得分平均值为 95 分，课题能够结合当下客户重点问题提出创新解决方案，大幅度提高电力客户的满意度，具备较强的可推广性，在后期的成果推广方面，建议能够建立多维度、多角度的应用场景，有效提升成果的可延展性。

国网江苏省电力有限公司南京市江北新区供电公司

2022 年 11 月 1 日

图 21　价值评价报告

## （二）制定标准文件

确保成果的有效推广应用后，经公司审核批准后，形成了如下技术标准（如图 22 所示）：

（1）《低压架空线剩余电流定位告警装置安装作业指导书》。

（2）《低压架空线剩余电流定位告警装置使用说明书》。

图 22　技术手册

# 八、总结和下一步打算

## （一）总结

如表 31 所示。

表 31　总结反思

| 内容 | 取得成效 | 不足之处 | 努力方向 |
| --- | --- | --- | --- |
| 专业技术 | 创新点：<br>（1）通过自动化定位告警的方式取代原有的人工排查定位方式，大幅降低排查剩余电流故障点时间以及人力消耗。<br>（2）运用脉冲激光测距技术和 FP-growth 算法实现线路外力破坏点的快速识别定位，有效保障了用户电能质量。<br>（3）通过疑似外力破坏点信息与剩余电流故障点进行信息匹配处理，从而告警反馈，并通过软件编程实现自动短信报警。<br>（4）成功设计了剩余电流故障点分析 + 远程告警功能，大大缩短了台区经理巡视故障的耗时。<br>（5）将本装置投入测试运行后，将其使用方法列入部门培训计划，确保公司相关工作人员掌握其使用方法。形成典型经验案例、形成工作专报报送省电力公司专业主管部门，争取在全省供电系统内推广应用 | 在软件开发流程管理上尚有提高空间 | 加深对程序面向对象的理解，提升程序的接口化，方便移植和推广 |
| 管理方法 | 小组开展活动中，运用了树图整理分级方案，运用折线图、柱状图和数据表格等指导方案对策实施，提高了工具方法的应用能力 | 小组对 QC 工具的应用还有所不足 | 在实际工作中，加强对质量统计工具和方法的理解及应用 |
| 综合素质 | （1）小组遵循 PDCA 循环开展小组活动，能够用事实依据说话，通过试验分析进行方案比选，逻辑严谨，内容详实。<br>（2）通过活动，加强了团队的协作能力和工作热情，提升了专业技能和管理水平，增强了小组成员敢于创新，勤于创新的信心 | 在更多地发挥个人潜力方面有所不足 | 加深对成员自身优缺点的认知，挖掘个人潜力 |

## （二）下一步打算

下一步我们将活动课题定为：低压台区配变电缆防盗报警装置的研制。

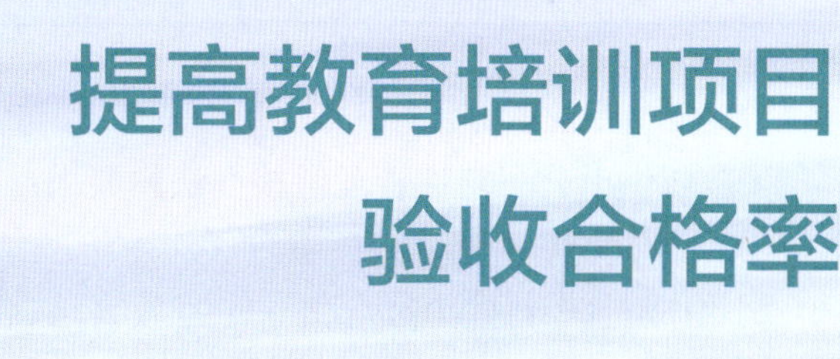

# 提高教育培训项目验收合格率

国网盐城供电分公司“凝心聚力”QC小组

**主创人：** 郭　勇、高乃天、陈　晨、金晓春、陈秋玲、包淑慧、陈晓萌、刘　陈、傅文进、徐　瑶

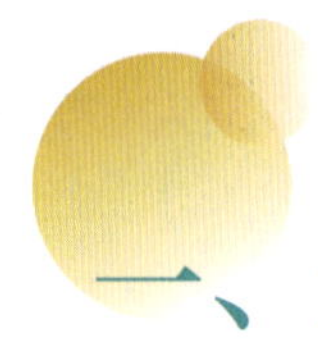

# 一、选题理由

### 1. 公司专业管理目标

《盐城供电公司培训管理考核办法》要求：教育培训项目验收合格率≥98%。

### 2. 目前现状

小组成员统计了 2021 年 8—11 月教育培训项目验收合格率情况，如表 1、图 1 所示。

表 1　2021 年 8—11 月教育培训项目验收合格率统计表

| 项目 | 8 月 | 9 月 | 10 月 | 11 月 | 平均 |
|---|---|---|---|---|---|
| 教育培训项目验收合格率（%） | 92.29 | 93.59 | 92.20 | 91.29 | 92.26 |

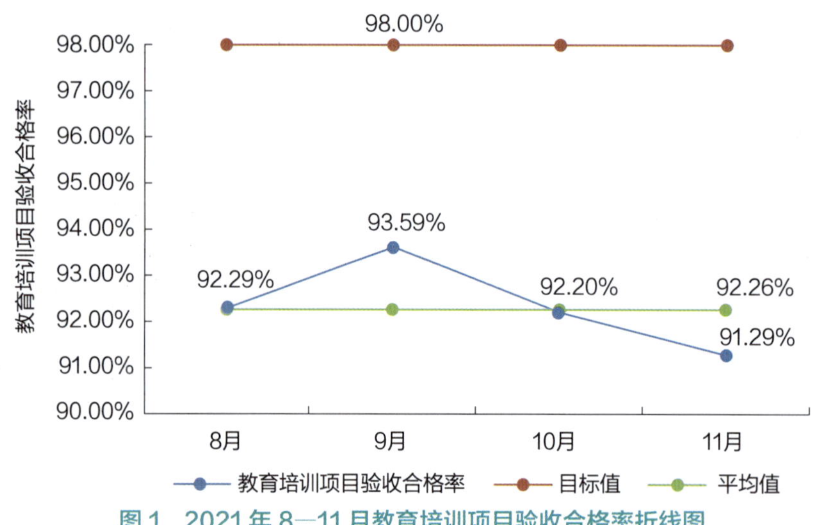


图 1　2021 年 8—11 月教育培训项目验收合格率折线图

结论：国网盐城供电公司人力资源服务室 2021 年 8—11 月教育培训项目验收合格率未达到目标要求，且呈现逐月下降趋势。

### 3. 选定课题

提高教育培训项目验收合格率。

# 二、设定目标

根据公司专业管理目标，QC 小组决定将本次活动的目标值设定为教育培训项目验收合格率由原来的 92.26%提高至≥98%，如图 2 所示。

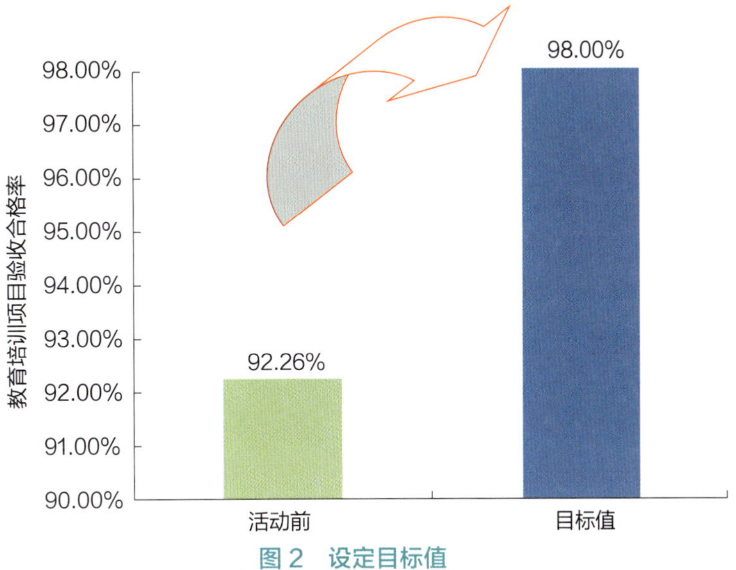


图 2 设定目标值

## 三、目标可行性论证

### （一）论证一：针对 2021 年 8—11 月各类教育培训项目验收不合格数进行调查、分析

结果如表 2 所示。

表 2 2021 年 8—11 月各类教育培训项目验收不合格数统计表

| 月份 | 类型 | | | | | | |
|---|---|---|---|---|---|---|---|
| | 教育培训项目总数（个） | 职工培训项目验收不合格数（个） | 人才评价项目验收不合格数（个） | 培训开发项目验收不合格数（个） | 培训购置项目验收不合格数（个） | 生产辅助技改项目验收不合格数（个） | 项目验收不合格总数（个） |
| 8 | 389 | 27 | 1 | 2 | 0 | 0 | 30 |
| 9 | 312 | 19 | 1 | 0 | 0 | 0 | 20 |
| 10 | 205 | 16 | 0 | 0 | 0 | 0 | 16 |
| 11 | 425 | 33 | 1 | 1 | 1 | 1 | 37 |
| 合计 | 1331 | 95 | 3 | 3 | 1 | 1 | 103 |

由表 2 汇总、整理得出，2021 年 8—11 月教育培训项目验收不合格类型统计表和排列图，如表 3、图 3 所示。

表 3　2021 年 8—11 月教育培训项目验收不合格类型汇总表

| 教育培训项目类型 | 频数（个） | 百分比（%） | 累计百分比（%） |
|---|---|---|---|
| 职工培训项目验收不合格 | 95 | 92.23 | 92.23 |
| 人才评价项目验收不合格 | 3 | 2.91 | 95.15 |
| 培训开发项目验收不合格 | 3 | 2.91 | 98.06 |
| 培训购置项目验收不合格 | 1 | 0.97 | 99.03 |
| 生产辅助技改项目验收不合格 | 1 | 0.97 | 100 |
| 合计 | 103 | 100 | — |

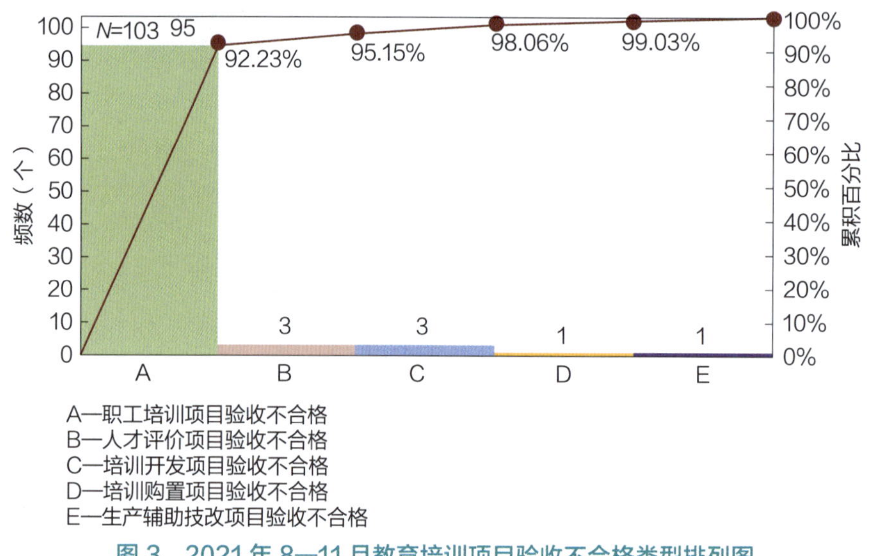


图 3　2021 年 8—11 月教育培训项目验收不合格类型排列图

由图 3 得出职工培训项目验收不合格数是主要问题。

## （二）论证二：以职工培训项目验收不合格类型为标志分层

结果如表 4、图 4 所示。

表 4　2021 年 8—11 月职工培训项目验收不合格类型汇总表

| 职工培训项目验收不合格类型 | 数量（个） | 百分比（%） |
|---|---|---|
| 技能类培训项目验收不合格 | 44 | 46.32 |
| 管理类培训项目验收不合格 | 43 | 45.26 |
| 技术类培训项目验收不合格 | 3 | 3.16 |
| 服务类培训项目验收不合格 | 3 | 3.16 |
| 经营类培训项目验收不合格 | 2 | 2.10 |
| 合计 | 95 | 100 |

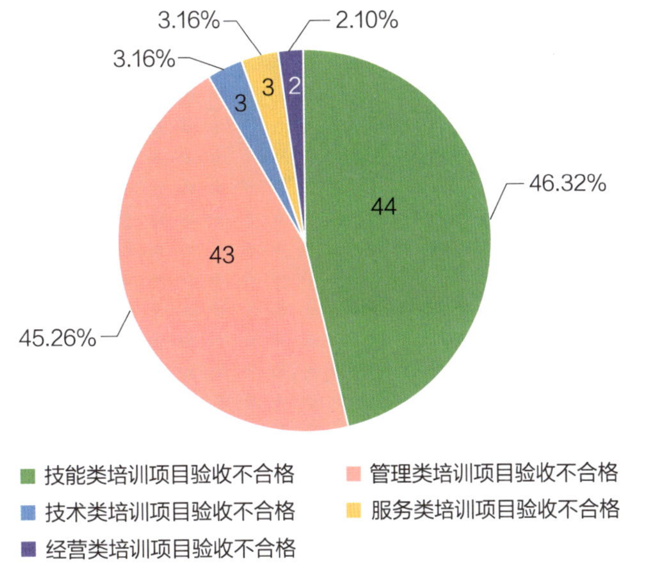


图 4　2021 年 8—11 月职工培训项目验收不合格类型饼分图

综上所述：“技能类培训项目验收不合格”和“管理类培训项目验收不合格”是两个症结。

## （三）论证三：横向比较（国内同行业先进水平对比）

通过与规模相近的同行业单位的验收合格率进行比对，如图 5 所示。

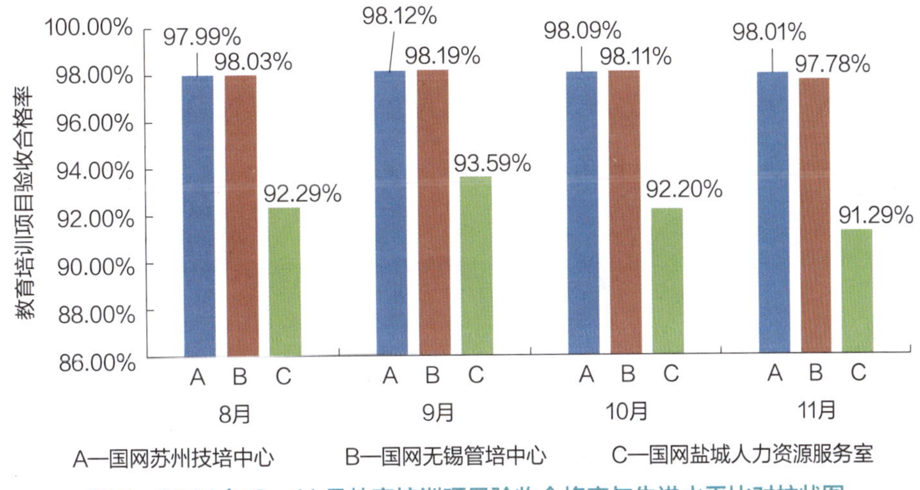


图 5　2021 年 8—11 月教育培训项目验收合格率与先进水平比对柱状图

小组进一步调研，将 2021 年 8—11 月症结“技能类培训项目验收不合格”和“管理类培训项目验收不合格”占比与同行业先进公司进一步比对，结果如表 5 所示。

表 5　2021 年 8—11 月两个症结占比与先进水平比对情况统计表

| 公司名称 | 职工培训项目验收不合格数总数（个） | 两个症结不合格数（个） | 技能类培训项目验收不合格数（个） | 技能类培训项目验收不合格占比（%） | 管理类培训项目验收不合格数（个） | 管理类培训项目验收不合格占比（%） |
|---|---|---|---|---|---|---|
| 国网苏州技培中心 | 28 | 3 | 1 | 3.57 | 2 | 7.14 |
| 国网无锡管培中心 | 37 | 3 | 2 | 5.41 | 1 | 2.70 |

续表

| 公司名称 | 职工培训项目验收不合格数总数（个） | 两个症结不合格数（个） | 技能类培训项目验收不合格数（个） | 技能类培训项目验收不合格占比（%） | 管理类培训项目验收不合格数（个） | 管理类培训项目验收不合格占比（%） |
|---|---|---|---|---|---|---|
| 国网盐城人力资源服务室 | 95 | 87 | 44 | 46.32 | 43 | 45.26 |

制表人：陈晨　　制表时间：2022 年 2 月 5 日

$$(46.32\% - 3.57\%) \div 46.32\% \times 100\% = 92.29\%$$

$$(45.26\% - 2.70\%) \div 45.26\% \times 100\% = 94.03\%$$

$$92.26\% + (1 - 92.26\%) \times 92.23\% \times 46.32\% \times 92.29\% + (1 - 92.26\%) \times 92.23\% \times 45.26\% \times 94.03\% = 98.35\% > 98\%$$

经过横向比较、测算，小组能够实现课题目标。

# 四、原因分析

小组针对问题症结召开讨论分析会，讨论结果运用关联图分析如图 6 所示。

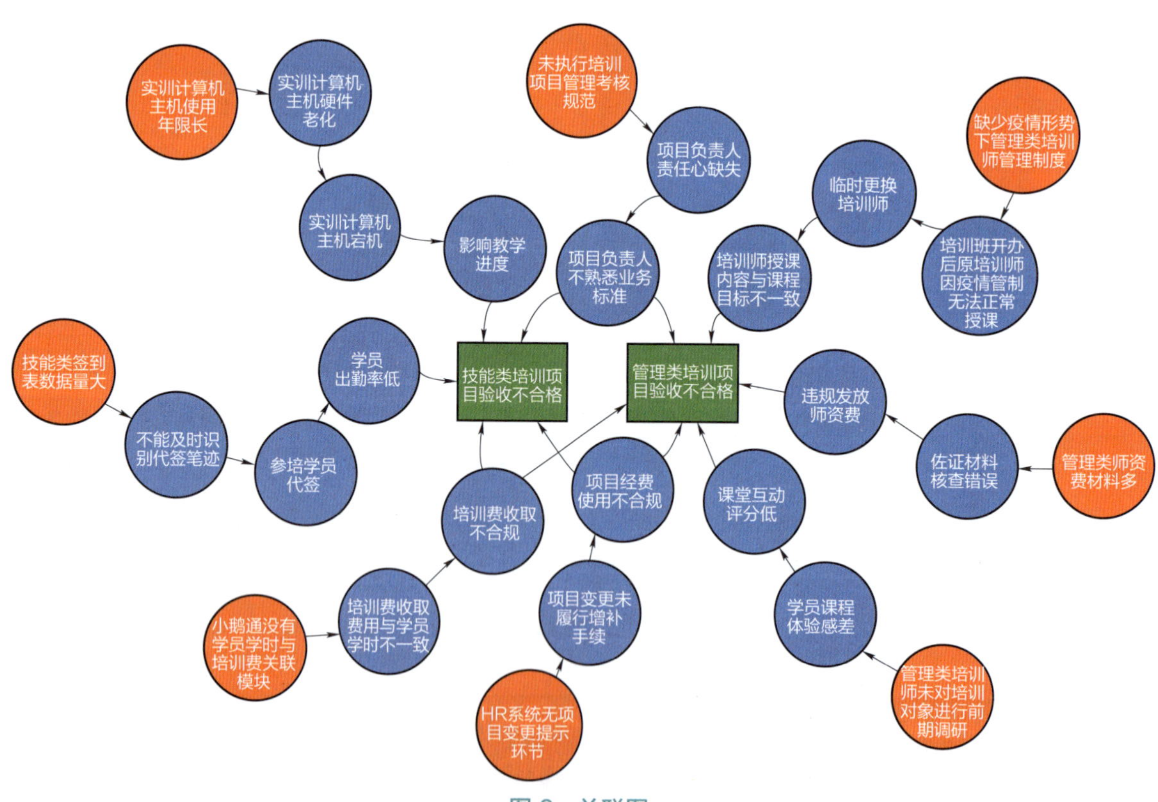


图 6　关联图

末端原因“管理类培训师未对培训对象进行前期调研”和末端原因“小鹅通没有学员学时与培训费关联模块”为非小组能力解决的问题，因此不再参与确认。

# 五、确定主要原因

## （一）要因确认一：实训计算机主机使用年限长

### 1. 是否存在实训计算机主机使用年限长

人力资源服务室 558 台实训计算机中主机使用年限在 5 年以下的只有 103 台，存在实训计算机主机使用年限长。

### 2. 实训计算机主机使用年限长对症结“技能类培训项目验收不合格”的影响程度

小组设计了对比实验，9 组分别设置实训计算机主机使用年限 1～9 年，如图 7 所示。

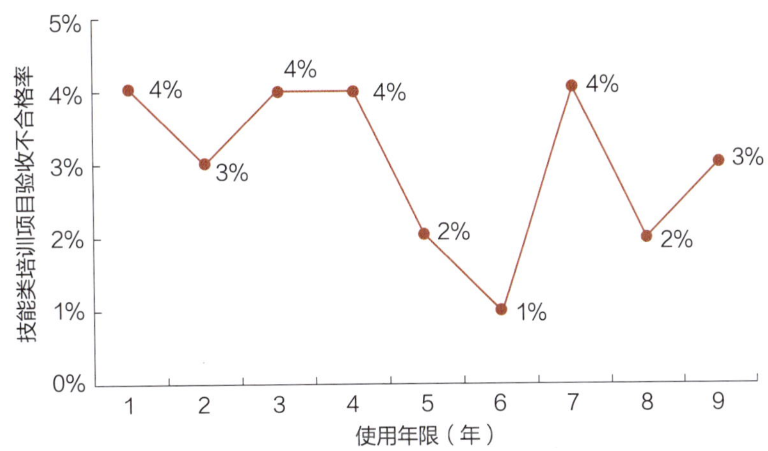


图 7　实训计算机主机使用年限与技能类培训项目验收不合格率折线图

由图 7 得知：实训计算机主机使用年限长对症结“技能类培训项目验收不合格”的影响程度小。

### 3. 结论：非要因

## （二）要因确认二：未执行培训项目管理考核规范

### 1. 是否存在未执行培训项目管理考核规范

小组查阅省公司教育培训项目管理规范和国网盐城供电公司发布的教育培训项目管理考核规范，可以看出每期培训班在项目管理考核过程中未形成相关的记录，也没有相关专项例会会议记录，存在未执行培训项目管理考核规范的现象。

### 2. 未执行培训项目管理考核规范对症结“技能类培训项目验收不合格”和“管理类培训项目验收不合格”的影响程度

小组设计了对比实验，A 组只要求项目负责人自行遵守培训项目管理规范，未实施考核闭环流程。B 组制定了培训项目管理考核明细表，模拟了 100 次营销青年员工技能培训项目，统计结果如图 8 所示。

同上，小组模拟了 100 次营销班组长管理培训项目，同步统计了管理类培训项目验收不合格率，统计结果如图 9 所示。

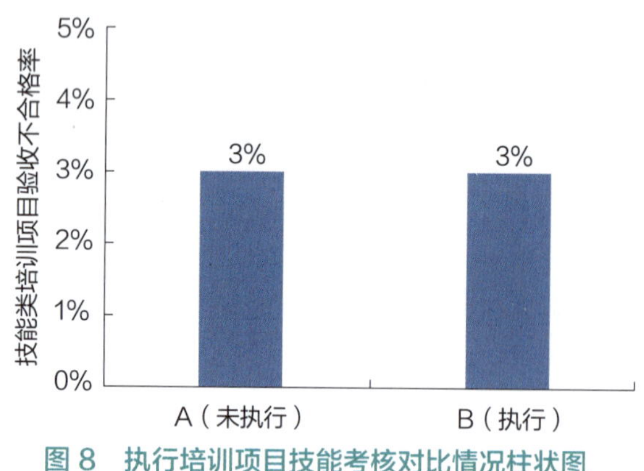

图 8　执行培训项目技能考核对比情况柱状图

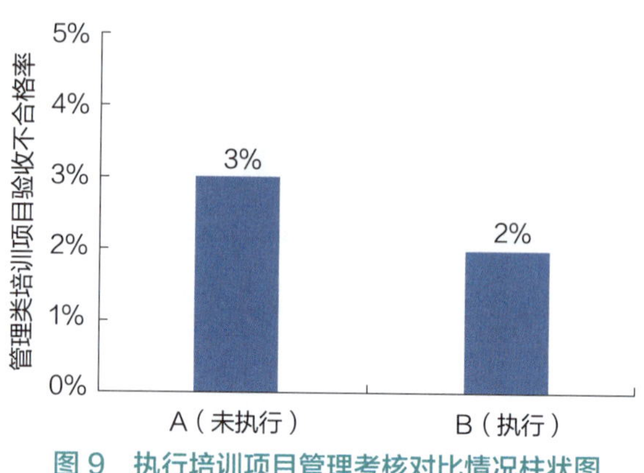

图 9　执行培训项目管理考核对比情况柱状图

由图 9 得知：未执行培训项目管理考核规范对症结“技能类培训项目验收不合格”和“管理类培训项目验收不合格”的影响程度小。

3. 结论：非要因

## （三）要因确认三：缺少疫情形势下管理类培训师管理制度

### 1. 是否存在缺少疫情形势下管理类培训师管理制度

小组成员查阅了培训师管理制度，没有找到在疫情形势下的相关管理制度，且受疫情影响，存在原定的培训师因行程受到交通管制无法正常授课的现象。

### 2. 缺少疫情形势下管理类培训师管理制度对症结“管理类培训项目验收不合格”的影响程度

小组成员组织两组项目负责人员，每组负责 100 个项目。为 A 组制定疫情形势下培训师管理制度，为 B 组保持现状，如图 10 所示。

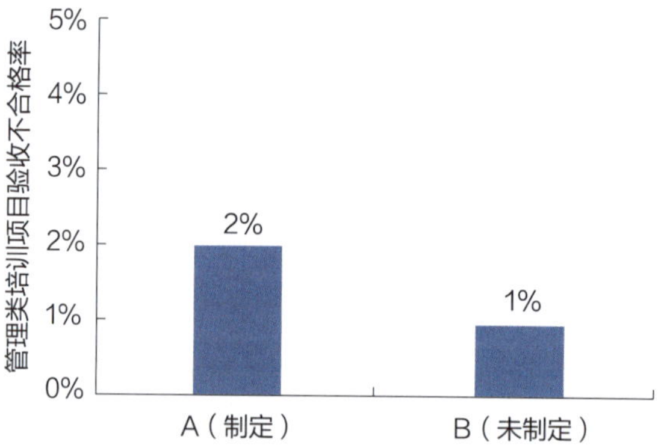

图 10　疫情形势下培训师管理制度制定与否对比情况柱状图

由图 10 可以看出缺少疫情形势下管理类培训师管理制度对症结“管理类培训项目验收不合格”的影响程度小。

3. 结论：非要因

## （四）要因确认四：管理类师资费材料多

### 1. 是否存在管理类师资费材料多

小组成员调阅 2021 年 8—11 月管理类师资费台账，确认管理类师资费材料工作量，统计结果如表 6 所示。

表 6 2021 年 8—11 月管理类师资费材料数量统计表

| 月份 | 8 | 9 | 10 | 11 | 合计 |
| --- | --- | --- | --- | --- | --- |
| 管理类师资费材料数量（份） | 468 | 453 | 408 | 512 | 1841 |

小组成员经调查确认，存在管理类师资费材料多。

2. 管理类师资费材料多对症结“管理类培训项目验收不合格”的影响程度

小组设计了对比实验，模拟了 100 次稽核任务，邀请稽核人员分别完成，A 组师资费材料少，B 组师资费材料多，统计结果如图 11 所示。

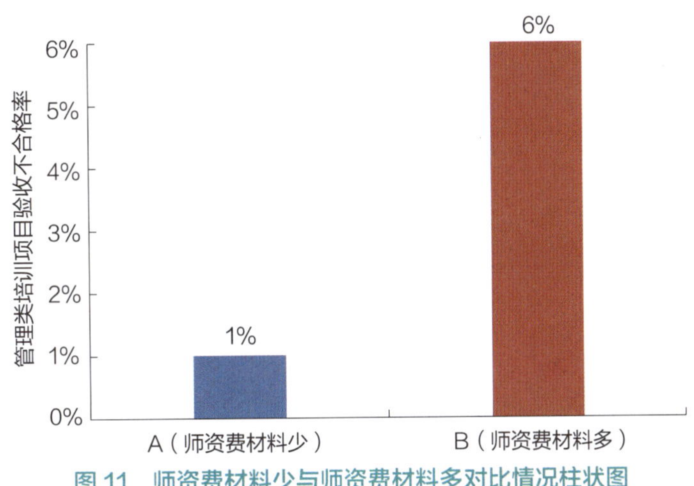


图 11 师资费材料少与师资费材料多对比情况柱状图

由图 11 得知：管理类师资费材料多对症结“管理类培训项目验收不合格”的影响程度大。

3. 结论：要因

## （五）要因确认五：HR 系统无项目变更提示环节

1. 是否存在 HR 系统无项目变更提示环节

小组成员查询人力资源培训项目管理系统，在培训项目信息省级录入系统中，各个环节的系统流程图如图 12 所示。

存在 HR 系统无项目变更提示环节的情况。

2. HR 系统无项目变更提示环节对症结“技能类培训项目验收不合格”和“管理类培训项目验收不合格”的影响程度

组织 8 个培训项目负责人，将其分成两组，模拟了 100 次营销 2.0 培训项目，A 组不配置专职监督人员，统计技能类培训项目验收不合格和技能类培训项目验收不合格的情况，B 组配置专职督查人员进行监督项目变更情况，发出一次督办通知，模拟项目变更提示环节，统计结果如图 13 所示。

同上，小组模拟了 100 次基层一般管理人员培训项目，同步统计了管理类培训项目验收不合格率，统计结果如图 14 所示。

由图 14 得知：HR 系统无项目变更提示环节对症结“技能类培训项目验收不合格”和“管理类培训项目验收不合格”的影响程度小。

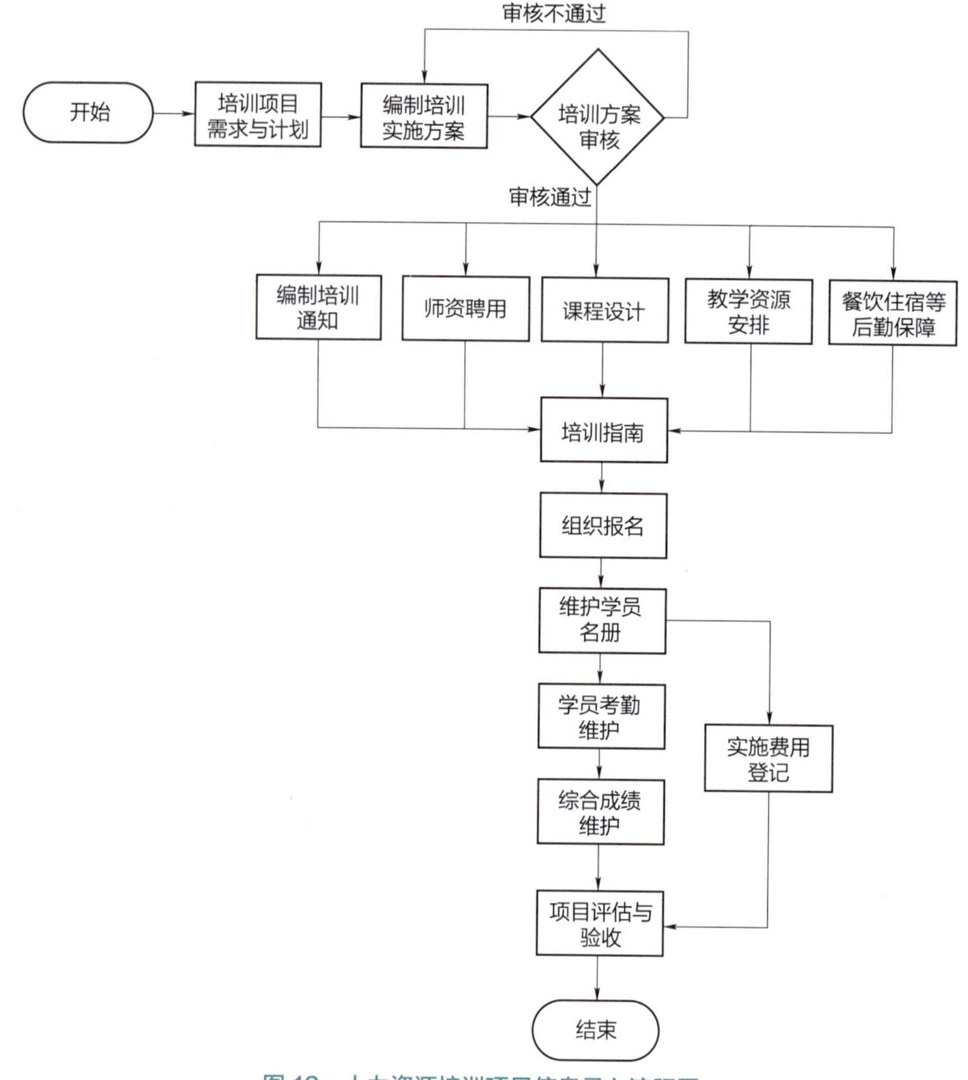


图 12 人力资源培训项目信息录入流程图

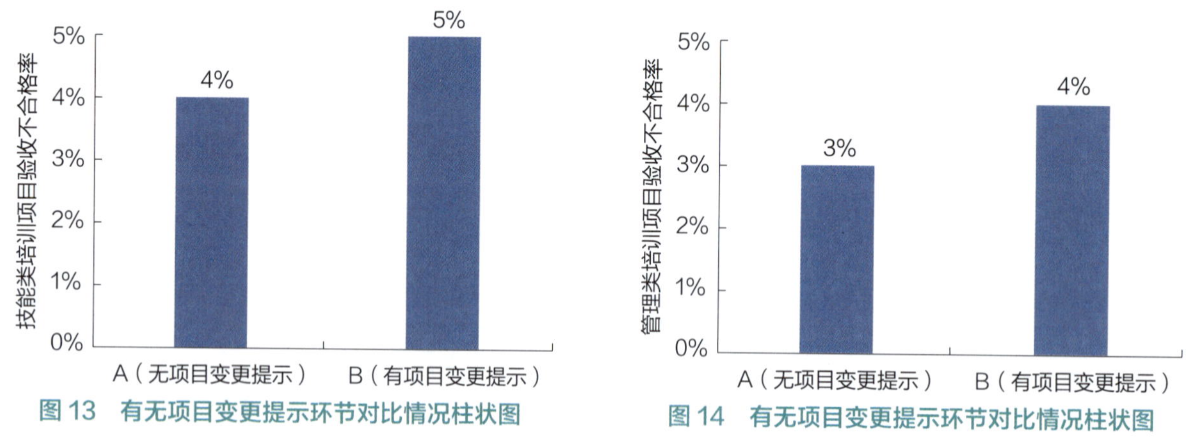


图 13 有无项目变更提示环节对比情况柱状图

图 14 有无项目变更提示环节对比情况柱状图

3. 结论：非要因

## （六）要因确认六：技能类签到表数据量大

1. 是否存在技能类签到表数据量大

小组通过调查统计发现，一个项目中签到表数据量最多达 5610 条，最少达 495 条，存在技能类签到表数据量大的情况。

### 2. 技能类签到表数据量大对症结“技能类培训项目验收不合格”的影响程度

小组设计了对比实验，模拟了 100 个培训项目，A 组配置技能类签到表数据量大，B 组项目内容与 A 组相同，但是 B 组签到表数据量小。统计结果如图 15 所示。

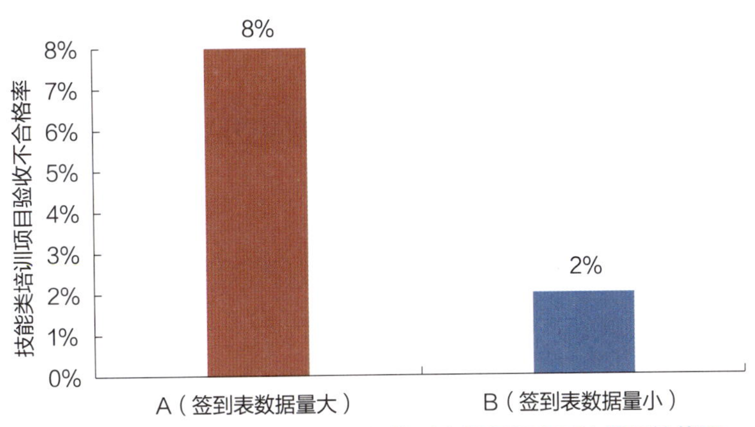


图 15　技能类签到表数据量大与签到表数据量小对比情况柱状图

由图 15 得知，A 组的技能类培训项目验收不合格率是 B 组的 4 倍，综合考虑，小组认为该末端原因对症结的影响程度大，为要因。

### 3. 结论：要因

经过要因确认，得出两条要因：

（1）管理类师资费材料多；

（2）技能类签到表数据量大。

## 六、制定对策

5W1H 对策表如表 7 所示。

表 7　对策计划表

| 序号 | 要因 | 对策 | 目标 | 措施 | 负责人 | 地点 | 完成时间 |
|---|---|---|---|---|---|---|---|
| 1 | 管理类师资费材料多 | 建立师资费自动生成辅助决策模式 | 师资费自动生成正确率≥99% | （1）编制师资费自动生成辅助决策软件。<br>（2）测试师资费自动生成辅助决策软件 | 傅文进 | 办公室 | 2022 年 6 月 15 日 |
| 2 | 技能类签到表数据量大 | 建立签到表信息智能分析流程 | 建立签到表信息分析正确率≥99% | （1）编写签到表信息智能比对软件，当编写的软件无法自动比对笔迹，请求外部技术专家进行基础支持，当无相关外部技术专家开发相应软件，购买相关笔迹自动比对软件。<br>（2）形成签到表信息智能分析生成 | 陈秋玲 | 办公室 | 2022 年 7 月 30 日 |

# 七、对策实施

## （一）实施一：建立师资费自动生成辅助决策模式

### 1. 编制师资费自动生成辅助决策软件

小组确定程序需求：确定查询内容和实现功能，如表 8 所示。

表 8　查询内容和实现功能统计表

| 查询内容 | 1. 培训项目名称；2. 培训师；3. 身份证号码；4. 培训班负责人 |
|---|---|
| 实现功能 | （1）可调用师资费基础信息数据库 |
| | （2）计算培训师师资费 |
| | （3）生成师资费统计表 |
| | （4）设立查询打印功能 |

小组根据表 8 功能需求，编制师资费自动生成辅助决策软件，如图 16 所示。

图 16　师资费自动生成辅助决策软件界面

### 2. 测试师资费自动生成辅助决策软件

邀请培训班班主任和师资费稽核负责人共同测试软件，验证软件的功能和可靠性，如图 17 所示。

### 3. 对策目标检查

2022 年 6 月 5—15 日，小组选取了 40 个培训项目、共计 193 套师资费材料，对师资费自动生成的结果进行测试，师资费自动生成正确率达 99.50%。

由统计数据得，师资费自动生成正确率≥99%。

### 4. 结论：对策目标实现

图 17 师资费辅助决策软件自动生成的费用界面

## （二）对策实施二：建立签到表信息智能分析流程

### 1. 编写签到表信息智能比对软件

软件界面如图 18 所示。

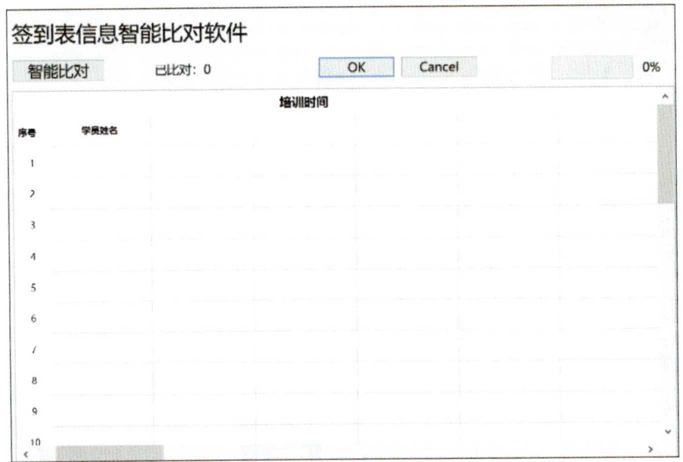


图 18 签到表信息智能比对软件应用

### 2. 自动生成笔迹比对结果

自动生成笔迹比对结果如图 19 所示。

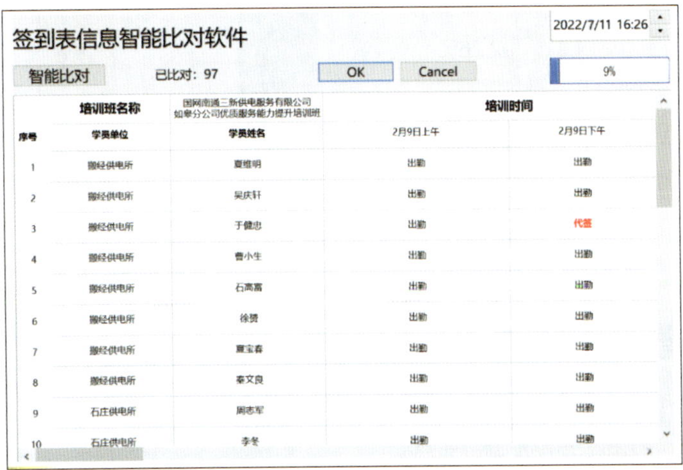


图 19 签到表信息智能比对软件比对结果

3. 对策目标检查

2022 年 7 月 20—30 日，小组选取了 40 个培训项目，进行了 40 次签到表信息分析测试，通过测试发现，优化签到表信息核查流程后，签到表信息分析正确率提升至 99.99%。

4. 结论：对策目标实现

# 八、效果检查

## （一）目标完成情况检查

小组对 2022 年 8—11 月教育培训项目验收合格率进行了统计，如表 9、图 20 所示。

表 9　2022 年 8—11 月教育培训项目验收合格率统计表

| 项目 | 8 月 | 9 月 | 10 月 | 11 月 | 合计 |
|---|---|---|---|---|---|
| 教育培训项目数量（个） | 391 | 411 | 372 | 402 | 1576 |
| 项目验收不合格数（个） | 6 | 7 | 5 | 8 | 26 |
| 教育培训项目验收合格率（%） | 98.47 | 98.30 | 98.66 | 98.01 | 98.35 |

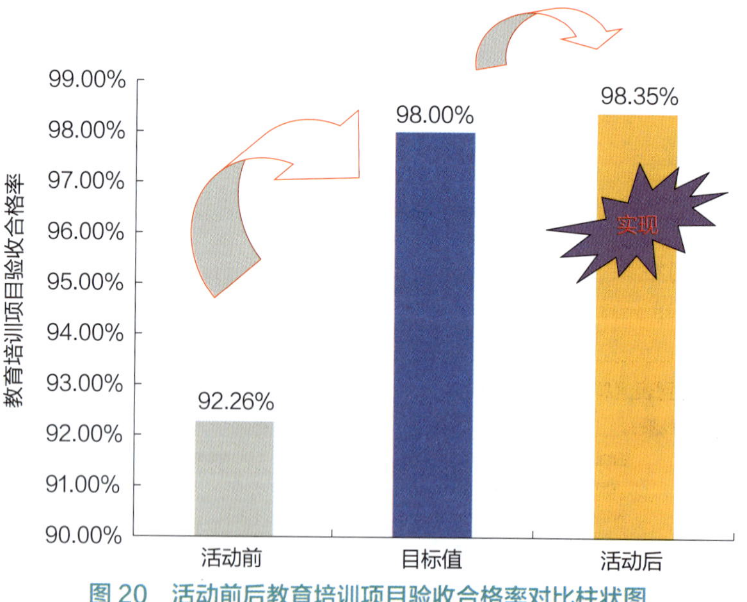


图 20　活动前后教育培训项目验收合格率对比柱状图

## （二）症结改善情况检查

小组成员统计了对策实施后 2022 年 8—11 月职工培训项目验收合格率情况，并与实施前进行了对比，如表 10、表 11 和图 21、图 22 所示。

表 10 2021 年 8—10 月职工培训项目验收不合格类型统计表

| 职工培训项目验收不合格类型 | 数量（个） | 百分比（%） |
|---|---|---|
| 技能类培训项目验收不合格 | 44 | 46.32 |
| 管理类培训项目验收不合格 | 43 | 45.26 |
| 技术类培训项目验收不合格 | 3 | 3.16 |
| 服务类培训项目验收不合格 | 3 | 3.16 |
| 经营类培训项目验收不合格 | 2 | 2.10 |
| 合计 | 95 | 100 |

表 11 2022 年 8—10 月职工培训项目验收不合格类型统计表

| 职工培训项目验收不合格类型 | 数量（个） | 百分比（%） |
|---|---|---|
| 技术类培训项目验收不合格 | 4 | 23.53 |
| 服务类培训项目验收不合格 | 4 | 23.53 |
| 技能类培训项目验收不合格 | 3 | 17.65 |
| 管理类培训项目验收不合格 | 3 | 17.65 |
| 经营类培训项目验收不合格 | 3 | 17.65 |
| 合计 | 17 | 100 |

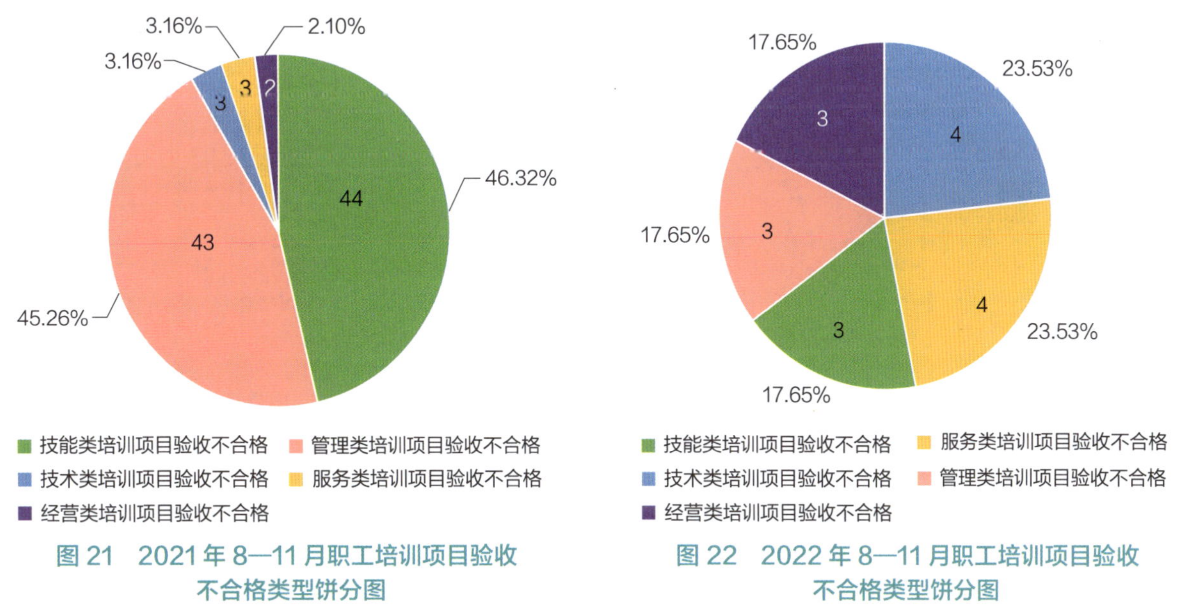


图 21 2021 年 8—11 月职工培训项目验收不合格类型饼分图

图 22 2022 年 8—11 月职工培训项目验收不合格类型饼分图

由改进前后数据对比可知：“技能类培训项目验收不合格”和“管理类培训项目验收不合格” 的频数以由改进前的 87 个减少为 6 个，已由关键的少数变成了次要的多数，已不是教育培训项目验收不合格的症结。

# 九、制定巩固措施

为确保按计划时间完成小组活动，于 12 月 2 日进行制定巩固措施，如表 12 所示。

表 12　巩固措施项目表

<table>
<tr><th>序号</th><th>对策</th><th>有效措施</th><th>标准化内容</th><th>标准化形式</th><th>文件名称</th></tr>
<tr><td rowspan="2">1</td><td rowspan="2">对策一：建立师资费自动生成辅助决策模式</td><td>建立师资费佐证材料信息数据库和师资费自动生成辅助决策软件</td><td>明确将本次 QC 小组活动中使用的“师资费佐证材料信息数据库”和“师资费自动生成辅助决策软件”纳入常态化应用规定</td><td rowspan="4">修订原教育培训项目管理办法，经主管部门批准同意，将本次活动有关的标准化内容纳入其中</td><td rowspan="4">《国网盐城公司教育培训项目管理办法》<br><br>国网盐城公司教育培训项目管理办法<br>为落实《国家电网有限公司教育培训项目管理办法》(国家电网【2020】428 号）要求，全面加强国网公司职工教育培训工作，不断提升培训组织和职工发展活力，为公司高质量发展提供坚强人才保障，特制定管理办法。<br>一、工作目标<br>教育培训项目管理是公司可持续发展提供坚强人才保障的重要依据，重点打造“以数据为基础、以模型为支撑、以应用为驱动”的精准化教育管控体系，有效保障高培训质量，大力推进人才培养政策可靠实施。<br>二、职责分工<br>1. 市公司人力资源部门负责执行上级单位教育培训管理有关规定；组织编制本单位教育培训计划和预算，以及统一组织的年度培训、竞赛调考项目，并监督实施；组织协调本单位师资队伍、培训资源、实操训练室等建设工作，开展现场培训和岗位练兵；对所属单位教育培训工作进行指导、检查和考核评估。<br>2. 各级单位专业部门负责本专业教育培训工作；开展培训需求分析与策划，编制并组织实施本专业年度教育培训和竞赛调考计划；统筹组织本专业培训规范、教材、课件等资源建设。<br>3. 人力资源服务室负责执行公司教育培训管理有关规定；编制并实施培训机构中长期发展规划及实训基地、师资<br><br>职工培训项目验收采用文件资料审查等方式开展，验收资料主要包括培训实施方案、培训通知、学员签到表（或网络学习完成情况）、培训师酬金发放、培训效果评估结果、经费使用情况等。<br>1. 培训机构要选派责任心强、熟悉培训管理业务的人员担任班主任。<br>2. 培训机构要建立并严格执行学员考勤、请销假、培训纪律、考试考核等管理制度，积极推广签到信息智能比对软件，优化考勤信息比对流程，切实加强学员管理，保证培训效果。<br>3. 师资费发放符合国网公司管理规定，师资费稽核正确率达到 99%以上，常态化应用经费自动生成辅助决策软件，满足培训数字化转型新需求。<br>4. 培训机构要在培训前与培训师资充分沟通，确保授课内容与课程目标保持一致，并提前做好培训场地、设备设施、教学用具、培训资料、食宿后勤等准备工作。<br>5. 一级评估为反应评估，以开展学员满意度调查的方式进行，一级评估成绩应达到良好。<br>6. 二级评估为学习评估，根据学员的书面或实操考试成绩进行判断，班级培训成绩合格学员占比应高于 80%。<br>国网盐城公司人力资源服务室<br>2022 年 1[illegible]月 2 日</td></tr>
<tr><td>制定师资费合规性考核办法</td><td>将本次 QC 活动优化后的师资费合规性考核办法纳入培训项目管理办法</td></tr>
<tr><td rowspan="2">2</td><td rowspan="2">对策二：建立签到表信息智能分析流程</td><td>开发签到表数据读取软件和笔迹自动比对软件，与学员轨迹分析系统进行交互后发送短信预警</td><td>明确将本次 QC 小组活动中使用的“签到表数据读取软件”和“笔迹自动比对软件”纳入常态化应用规定</td></tr>
<tr><td>优化签到表信息比对流程</td><td>将本次 QC 活动优化后的签到表信息比对流程作为今后标准的业务流程</td></tr>
</table>

# 十、总结及下一步打算

## （一）总结回顾

在本次 QC 活动中，有效提高了教育培训项目验收合格率，树立了良好的形象，提高了管理效益。另外，通过完成本次课题，本 QC 小组成员在专业技术、管理方法和小组成员综合素质等方面都有显著提高，如表 13 所示。

表 13 小组活动情况总结汇总表

| 总结内容 | 取得的成效 | 不足之处 | 努力方向 |
|---|---|---|---|
| 专业技术 | 小组通过建立签到表信息智能分析流程和建立师资费自动生成辅助决策模式，在信息化技术方面有了显著的提升 | 未能实现自主开发笔迹对比软件，需外部专家协助 | 在笔迹对比功能软件开发能力方面还需进一步提升 |
| 管理方法 | （1）小组遵循 PDCA 程序开展活动，环环紧扣，解决管理问题的思路更加清晰，逻辑性更强。<br>（2）作为问题解决型课题，小组成员在活动过程中，运用分层法，排列图收集数据逐级查找重点问题，用调查分析，现场验证等方法，收集事实依据确认要因，学会了建立在数据、事实基础上进行科学决策的精细、严谨的管理方法，为提高专业化管理水平奠定基础，积累经验。<br>（3）对质量管理统计工具的运用更加娴熟。<br><table><tr><th>项目</th><th>使用种类（个）</th><th>使用数量（次）</th></tr><tr><td>本次活动</td><td>12</td><td>82</td></tr></table> | 对问题更深层次拓展、分析方面还稍显不足 | 加深对中质协《质量管理小组准则》的理解和把握，进一步提高思考问题的逻辑性和严密性，结合参加 QC 活动实践，不断提升对《质量管理小组准则》的认知 |
| 综合素质 | 在活动过程中，QC 知识、个人能力、团队精神、解决问题的信心、质量意识等几个方面均有所提高，大大地调动了部门工作的积极性，提高了工作的质量。同时也从反面督促小组成员去做一个工作生活中的有心人，多观察多总结，用 QC 的方法改善不足的地方，未来还有很大的进步空间。小组共计参加培训 6 次，个人综合素质得到了很大的提高 | 小组成员在 QC 知识的掌握应用方面还需进一步加强 | 加强 QC 知识方面学习、培训 |

## （二）今后打算

2023 年，国网盐城供电公司“凝心聚力”QC 小组将以“提高教育培训项目数字化应用率”为课题，开展新一轮的 QC 活动。

# 电力能效服务智能规划仿真软件的研制

06

国网无锡供电公司营销服务中心“称心”QC 小组

主创人：陈　浩、缪佳妮、唐　旋、石　璐、费晓骏、沈钰洁、袁　源、汤丹慧、汪　帆、叶　婷

# 一、选择课题

## （一）识别需求

2020 年 7 月，国家电网有限公司印发《国家电网有限公司关于全面开展能效服务的指导意见》，要求积极实施“供电服务”向“供电+能效服务”延伸拓展。用户侧能效规划方案分为数据采集、财务预测、边界优化三个步骤，小组成员通过调查问卷的方式向内部客户和外部客户调研能效服务需求。从调研结果可知，超过 80%的客户期望准确率为 90%以上。

国网无锡供电公司营销服务中心（能效服务中心）在省内率先开展能效服务体系优化，企业用户在用能现状、用能期待、投资期待、用能数据量级等方面差异性较大，而现有的用户侧能效方案制定主要采用需求收集、现场勘查、套用模板、人工校核的简单模式进行，如图 1 所示。

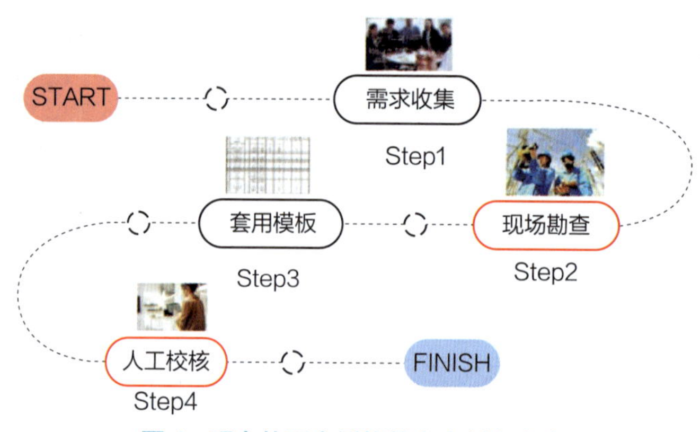


图 1　现有的用户侧能效方案制定方式

## （二）借鉴

借鉴过程如表 1 所示。

表 1　借鉴表

| 借鉴来源 | 借鉴过程 |
|---|---|
| 《基于模式识别的企业财务风险预测方法》 | 小组成员就财务预测方法的问题开会讨论，发现企业在上市、投资时会进行财务预测，测算各项生产经营方案的经济效益，预警可能面临的风险，为决策提供可靠的依据。最终经过比较讨论，小组选择《基于模式识别的企业财务风险预测方法》作为小组财务预测部分的主要借鉴文献。<br>借鉴该论文中神经网络的模式识别方法，对项目的直接收入、成本的变化趋势，综合预测项目的利润。选取适用于能源投资项目的财务评价指标包括净现值、年金净流量、现值指数、内含收益率（IRR）和投资回收期作为特征数据。通过模式识别方法，构建预测模型，进行财务预测，提高预测准确率。实施效果：利用神经网络的模式识别方法进行财务风险预测，准确率达到 95%以上。<br>基于模式识别的财务风险预测方法流程图： |

续表

<table>
<tr><th>借鉴来源</th><th>借鉴过程</th></tr>
<tr><td>《基于模式识别的企业财务风险预测方法》</td><td>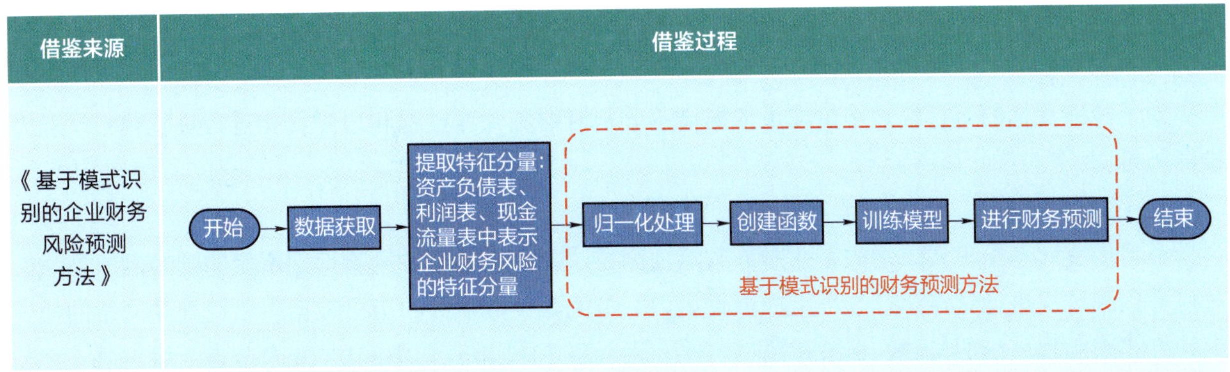
</td></tr>
<tr><td>《人工智能优化算法的舰船导航路径规划》</td><td>小组成员就边界优化方法的问题开会讨论。边界优化是指对负荷信息、天气信息和电价信息等边界信息进行处理，优化运算规则，使最终得出的测算方案更加经济高效。这和我们平时使用的导航很相似，导航是根据距离、时间、路况等信息测算出最优路径，因此可以对导航系统的路径优化方法进行借鉴。<br>通过查阅，《人工智能优化算法的舰船导航路径规划》作为小组财务预测部分的主要借鉴文献。借鉴该论文中的人工智能粒子群优化算法，首先获取项目方案的成本和能耗，测算出最佳用能方案，再结合负荷信息、天气信息和电价信息等因素影响，迭代计算获得最优方案，并对原来的方案进行修正。借鉴粒子群优化的人工智能优化算法，结合负荷信息、天气信息和电价信息等因素影响，测算出最佳用能方案。<br>实施效果：利用人工智能粒子群优化算法对舰船导航路径规划的准确度高达 98%，是实际航行中的最优导航路径。<br>算法流程图：<br>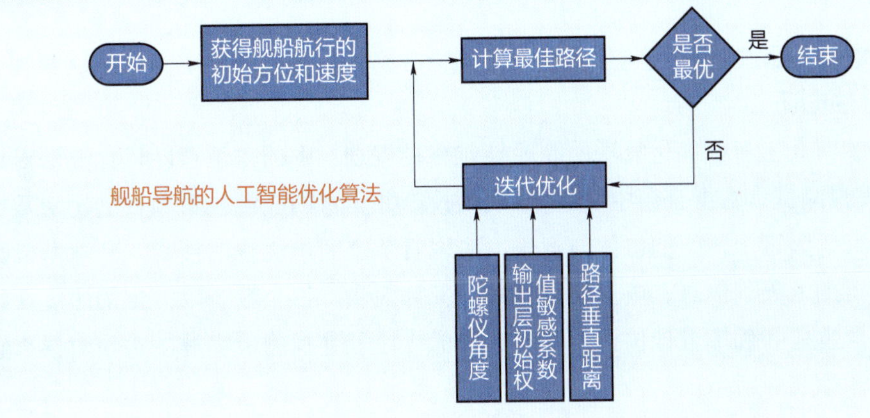
</td></tr>
</table>

## （三）确定课题

小组将课题选定为：电力能效服务智能规划仿真软件的研制。

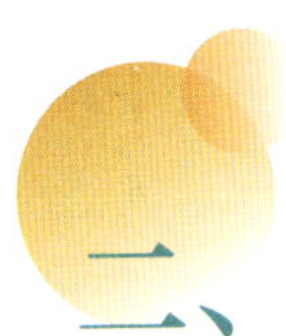

# 二、设定目标及目标可行性论证

## （一）设定目标

课题需求：提高用户侧能效系统规划方案准确率。

课题目标：用户侧能效系统规划方案预测准确率＞90%。

## （二）目标可行性论证

为了验证目标的可行性，小组成员依据借鉴分别对财务预测过程和边界优化过程进行模拟试验及推导分析。

### 1. 可行性论证一

小组借鉴《基于模式识别的企业财务风险预测方法》中企业财务风险识别所用的神经网络方法，对财务预测过程进行试点运行。小组成员收集 30 个能源投资项目的历史数据，采用神经网络的模式识别方式来实现系统的构建、训练和测试，建立输入层 10 个节点，中间层 10 个节点，输出层 4 个节点的训练模型，训练数据含 60 个样本，测试数据含 30 个样本。小组成员将预测结果与项目实际汇报值对比，偏差率小于 10%则认为预测准确，如表 2 所示。

表 2　财务预测结果表

| 试验序号 | 1 | 2 | 3 | 4 | 5 | 6 | 7 | 8 | … | 30 |
|---|---|---|---|---|---|---|---|---|---|---|
| 偏差率 | 8% | 7% | 9% | 7% | 8% | 8% | 13% | 9% | … | 6% |

在 30 次财务预测试验中，有 29 个项目预测准确，财务预测准确率达 96.67%。

### 2. 可行性论证二

小组借鉴《人工智能优化算法的舰船导航路径规划》中的人工智能优化算法对边界优化过程试点进行 30 次模拟测试。数据来源中 30 个已成功投产并运营的能源投资项目的历史数据。通过能耗、成本、风险偏好等因素个体间的协作与竞争，实现复杂空间最优解的搜索，获取基础数据框架下的初级预测方案。再加入天气信息、电价信息等外界影响因素，每个粒子以一定的速度在解空间运动，并向自身历史最佳位置和邻域最佳位置聚集，迭代优化粒子寻找的最优解，实现对候选解的优化，得到全局最优方案，如表 3 所示。

表 3　边界优化测试表

| 试验序号 | 1 | 2 | 3 | 4 | 5 | 6 | 7 | 8 | … | 30 |
|---|---|---|---|---|---|---|---|---|---|---|
| 是否成功 | 成功 | 成功 | 成功 | 成功 | 成功 | 成功 | 成功 | 成功 | … | 成功 |
| 准确率 | 100% | 100% | 100% | 100% | 100% | 100% | 100% | 100% | … | 100% |

在 30 次边界优化测试中，边界优化测试准确率达 100%。

上述测试结果表明，财务预测过程和边界优化过程中的测试结果准确率均大于 90%，最终的规划方案预测准确率 = 100% × 96.67% × 100% = 96.67%。

结论：用户侧能效系统规划方案预测准确率＞90%，本课题目标可行。

# 三、提出方案并确定最佳方案

## （一）提出方案

小组根据借鉴思路和技术，构建基于模式识别的财务分析模型，通过人工智能的边界优化算法，自动生成电力能效服务最优方案，形成能够自主参数调节、适应于不同运行场景的成熟软件系统。最终提出“模式识别的财务分析+人工智能的边界优化规划方案”的总体方案，如图 2 所示。

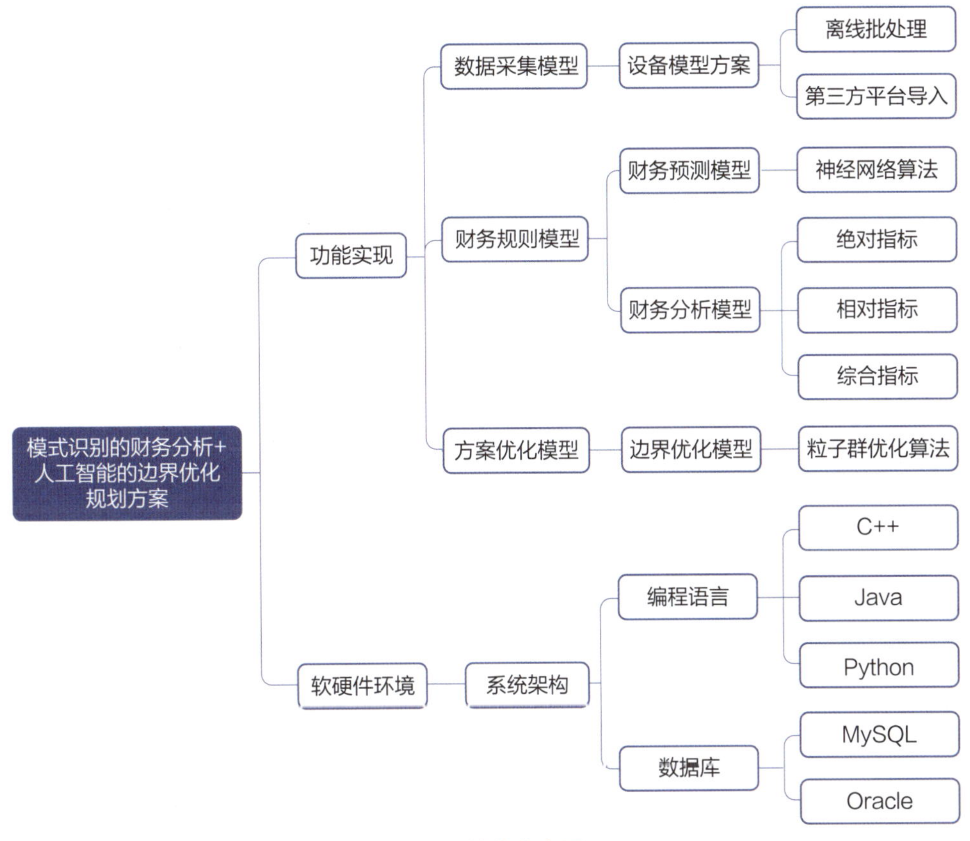


图 2　总体方案图

## （二）方案分解

### 1. 设备模型方案

为快速获取边界数据如天气、电价数据等，在方案选取时既要考虑数据采集的时间，也要考虑到数据采集的正确性。方案对比如表 4 所示。

表 4　设备模型方案选择表

| 方案 | 试验分析 |
| --- | --- |
| 选择依据：<br>数据采集用时≤1s；<br>数据采集成功率≥99% | 试验描述：对 100 组用户进行测试，分别统计记录两种方案测试时的采集用时和采集成功率 |

续表

<table>
<tr><th>方案</th><th colspan="2">试验分析</th></tr>
<tr><td rowspan="4">方案一：离线批导入</td><td>项目</td><td>结果</td></tr>
<tr><td>试验次数</td><td>100</td></tr>
<tr><td>平均用时（s）</td><td>7.04</td></tr>
<tr><td>准确率</td><td>99%</td></tr>
<tr><td rowspan="4">方案二：第三方平台导入</td><td>项目</td><td>结果</td></tr>
<tr><td>试验次数</td><td>100</td></tr>
<tr><td>平均用时（s）</td><td>0.84</td></tr>
<tr><td>准确率</td><td>100%</td></tr>
<tr><td>结论</td><td colspan="2">选择方案二</td></tr>
</table>

### 2. 财务分析模型方案

适用于能源投资项目的财务评价指标可分为绝对指标和相对指标两类，分别统计绝对指标、相对指标、综合指标的分析准确率和时间，方案对比如表 5 所示。

表 5　财务分析模型方案选择表

<table>
<tr><th>方案</th><th colspan="2">试验分析</th></tr>
<tr><td>选择依据：<br>准确率≥95%；<br>测算平均用时≤1s</td><td colspan="2">试验描述：准备 300 组能源投资项目的原始财务数据，每组数据为 3 个月连续期间的数据，分别统计三种方案中准确率和测算时间</td></tr>
<tr><td rowspan="4">方案一：绝对指标体系</td><td>项目</td><td>结果</td></tr>
<tr><td>试验次数</td><td>300</td></tr>
<tr><td>平均用时（s）</td><td>1.02</td></tr>
<tr><td>准确率</td><td>88.7%</td></tr>
<tr><td rowspan="4">方案二：相对指标体系</td><td>项目</td><td>结果</td></tr>
<tr><td>试验次数</td><td>300</td></tr>
<tr><td>平均用时（s）</td><td>0.99</td></tr>
<tr><td>准确率</td><td>94.6%</td></tr>
</table>

续表

| 方案 | 试验分析 | |
|---|---|---|
| 方案三：综合指标体系（绝对+相对） | 项目 | 结果 |
| | 试验次数 | 300 |
| | 平均用时（s） | 0.99 |
| | 准确率 | 96% |
| 结论 | 选择方案三 | |

### 3. 编程语言方案

选取 C++、Java 和 Python 三种高级编程语言进行对比，如表 6 所示。

表 6　编程语言方案选择表

| 方案 | 试验分析 | |
|---|---|---|
| 选择依据：<br>代码行数≤10000 行；<br>调用用随机存储内存 RAM ≤1024MB | 试验描述：应用 3 种语言，编写系统中具有相同功能的程序模块，运行代码 5 次，统计代码行数和调用随机存储器内存 RAM | |
| 方案一：C++ | 代码行数 | 6690 |
| | 运行时间（ms） | 899.94 |
| | 随机存储内存 | ≤512MB |
| 方案二：Java | 代码行数 | 8504 |
| | 运行时间（ms） | 442.4 |
| | 随机存储内存 | ≤512MB |
| 方案三：Python | 代码行数 | 5972 |
| | 运行时间（ms） | 222.6 |
| | 随机存储内存 | ≤256MB |
| 结论 | 选择方案三 | |

### 4. 数据库方案

数据库的选择有 MySQL 和 Oracle 两种。方案对比如表 7 所示。

表 7　数据库选择表

<table>
<tr><th>方案</th><th colspan="4">试验分析</th></tr>
<tr><td>选择依据：<br>安全漏洞测试拦截成功率<br>>99.89%；<br>响应时间<10s</td><td colspan="4">试验描述：分别用 MySQL 和 Oracle 进行安全漏洞测试和耗时计算，针对“参数篡改”“跨站脚本攻击”和“更改 Cookies”，测试攻击拦截成功率，分别搭建系统，测试系统应对大量数据调用时的响应用时</td></tr>
<tr><td rowspan="5">方案一：MySQL</td><th>项目</th><th>试验次数</th><th>拦截次数</th><th>拦截成功率</th></tr>
<tr><td>参数篡改</td><td>2000</td><td>1996</td><td>99.80%</td></tr>
<tr><td>跨站脚本攻击</td><td>2000</td><td>1999</td><td>99.95%</td></tr>
<tr><td>更改 Cookies</td><td>2000</td><td>1999</td><td>99.95%</td></tr>
<tr><td>平均用时</td><td colspan="3">8.4s</td></tr>
<tr><td rowspan="5">方案二：Oracle</td><th>项目</th><th>试验次数</th><th>拦截次数</th><th>拦截成功率</th></tr>
<tr><td>参数篡改</td><td>2000</td><td>1996</td><td>99.80%</td></tr>
<tr><td>跨站脚本攻击</td><td>2000</td><td>1999</td><td>99.95%</td></tr>
<tr><td>更改 Cookies</td><td>2000</td><td>1998</td><td>99.90%</td></tr>
<tr><td>平均用时</td><td colspan="3">9.0s</td></tr>
<tr><td>结论</td><td colspan="4">选择方案一</td></tr>
</table>

## （三）确定最佳方案

根据以上方案的分析选择，小组最终确定最佳方案如图 3 所示。

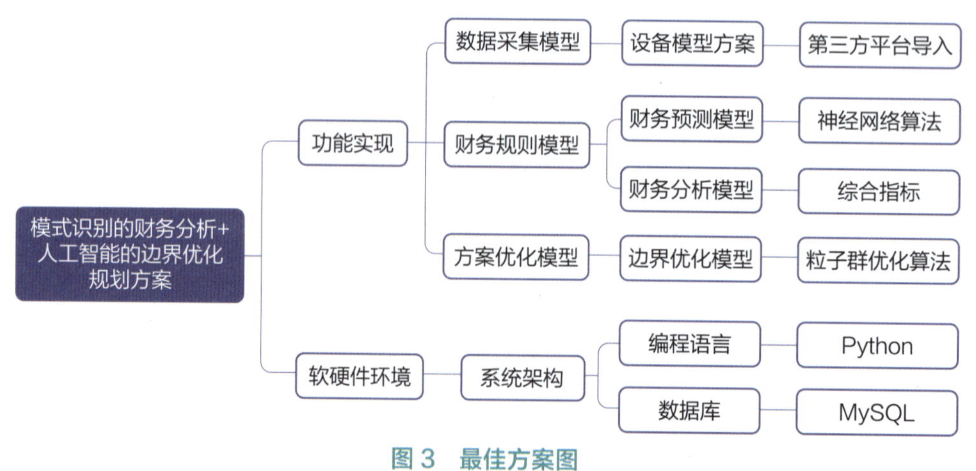


图 3　最佳方案图

# 四、制定对策

小组于 4 月 29 日召开会议，制定对策及相应措施，如表 8 所示。

表 8　对策计划表

| 序号 | 对策 | 目标 | 措施 | 地点 | 完成人 | 完成日期 |
| --- | --- | --- | --- | --- | --- | --- |
| 1 | 第三方平台导入 | （1）边界数据采集用时≤1s。<br>（2）边界数据采集成功率≥99% | （1）对比市场上现有的第三方平台，选取数据源。<br>（2）编写接口接入程序，与开发软件建立通信通道 | 计算机室、实验室 | 费晓骏、唐旎 | 5 月 15 日 |
| 2 | 神经网络算法 | （1）项目利润测算准确率≥98%。<br>（2）测算时间≤1s | （1）搜集能源项目的历史数据和行业数据。<br>（2）设置训练组和测试组数据训练模型，进行关键特征参数调优 | 计算机室、实验室 | 汪帆、叶婷 | 5 月 30 日 |
| 3 | 综合指标 | （1）准确率≥95%。<br>（2）测算平均用时≤1s | （1）配置并完善财务参数。<br>（2）测试财务指标和判定规则 | 计算机室、实验室 | 汪帆、袁源 | 5 月 30 日 |
| 4 | 粒子群优化算法 | （1）方案预测准确率≥98%<br>（2）方案预测用时≤2.6s | （1）边界信息数据预处理。<br>（2）基于粒子群优化算法对问题进行建模 | 计算机室 | 缪佳妮、沈钰洁 | 6 月 10 日 |
| 5 | Python | （1）代码行数≤10000 行。<br>（2）调用随机存储内存 RAM ≤1024MB | （1）下载 Qt 软件并安装。<br>（2）安装组件和插件。<br>（3）编写 Python 接口程序 | 计算机室 | 石璐、陈浩 | 7 月 15 日 |
| 6 | MySQL | （1）安全漏洞测试拦截成功率＞99.89%。<br>（2）响应时间＜10s | （1）系统架构设计及搭建。<br>（2）梳理软硬件设备清单。<br>（3）图形 UI 设计。<br>（4）系统功能部署 | 实验室 | 陈浩、汤丹慧 | 7 月 25 日 |
| 7 | 组装测试 | （1）方案生成率≥99%。<br>（2）告警成功率≥99% | （1）安装软件客户端。<br>（2）完善边界信息导入。<br>（3）软件功能测试 | 实验室 | 唐旎、陈浩 | 7 月 31 日 |

## （一）实施一：第三方平台导入

### 1. 对比市场上现有的第三方平台，选取数据源

5 月 10 日，小组成员查看现有的第三方平台，选择稳定安全可使用的第三方平台接口。

### 2. 编写接口接入程序，与开发软件建立通信通道

5 月 11 日，小组编写程序并进行实验，记录测试时的计算采集用时和采集成功率，如表 9 所示。

表 9　测试结果

| 组数 | 1 | 2 | 3 | 4 |
|---|---|---|---|---|
| 用时（s） | 0.8315 | 0.8214 | 0.8226 | 0.8308 |
| 准确率 | 100% | 100% | 100% | 100% |
| 平均用时（s） | 0.8266 | | | |
| 准确率 | 100% | | | |

数据采集时间≤1s，识别准确率均≥99%，实施一目标实现。

## （二）实施二：神经网络算法

### 1. 搜集能源项目的历史数据和行业数据

5 月 25 日，小组成员搜集较为全面的基础数据包括使用年限、运营成本、营业收入、税收政策、贷款利率等，形成实时数据库，如图 4 所示。

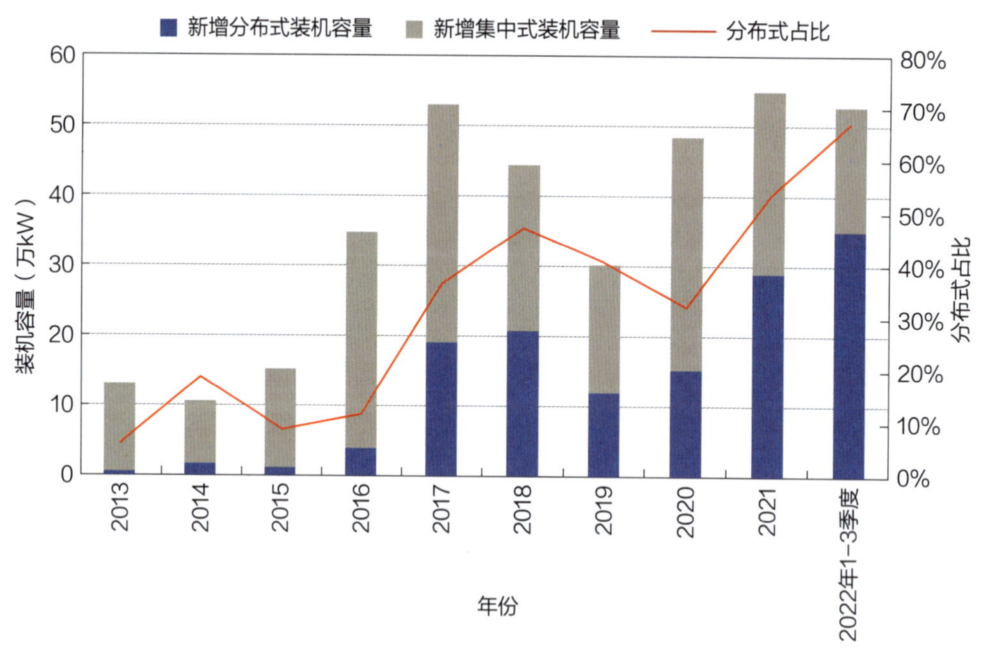


图 4　国内新增光伏装机容量

### 2. 设置训练组和测试组数据训练模型，进行关键特征参数调优

5 月 26 日，小组成员按照设备运行状态预测模型设计流程，将已获取的设备数据作为输入样本，完成预测算法的全流程运行验证，如图 5 所示。

经验证，平均用时为 0.9634s，缺陷判别准确率达到 95.3%，实施二目标达成。

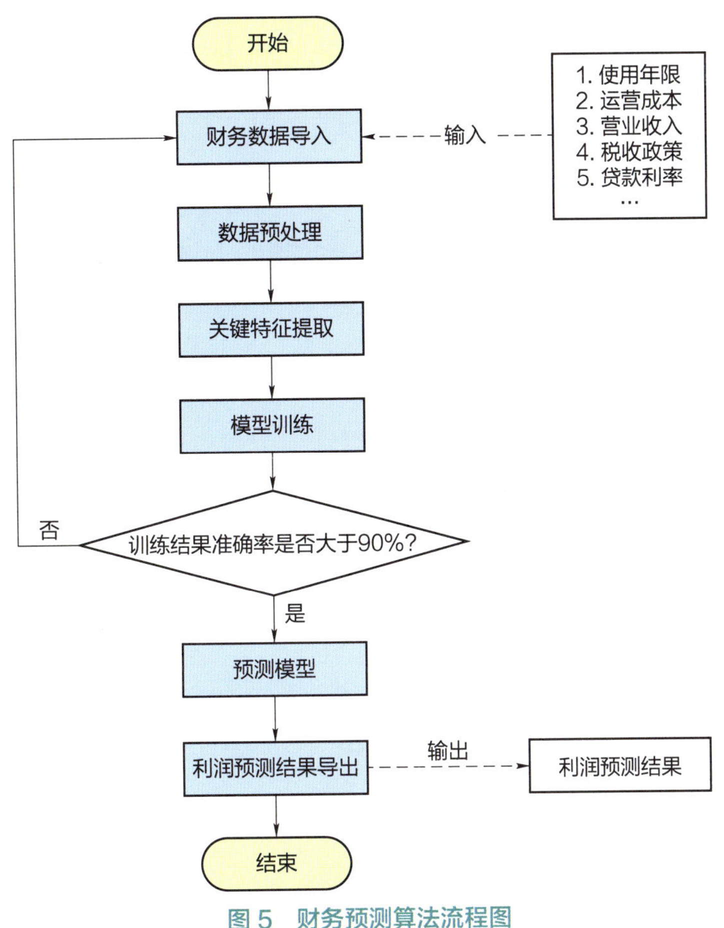


图 5　财务预测算法流程图

## （三）实施三：综合指标

### 1. 配置必要的财务参数

5 月 25 日，小组成员分析现有的主流财务参数构建财务分析模型，设置财务参数如图 6 所示。

图 6　设置财务参数

### 2. 设定财务指标和决策标准

5 月 25 日，小组成员选取净现值、投资回收期、内含收益率为主要财务评价指标。展示不同方案在财务方面的指标表现，多个投资方案的指标对比报告如图 7 所示。

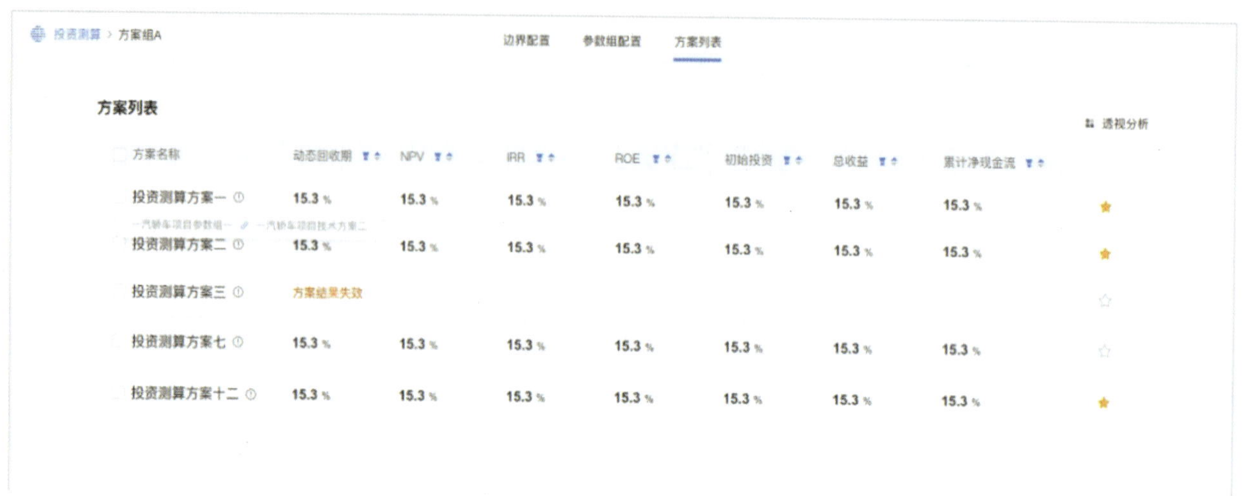


| 方案名称 | 动态回收期 | NPV | IRR | ROE | 初始投资 | 总收益 | 累计净现金流 |
|---|---|---|---|---|---|---|---|
| 投资测算方案一 | 15.3 % | 15.3 % | 15.3 % | 15.3 % | 15.3 % | 15.3 % | 15.3 % |
| 投资测算方案二 | 15.3 % | 15.3 % | 15.3 % | 15.3 % | 15.3 % | 15.3 % | 15.3 % |
| 投资测算方案三 | 方案结果失效 | | | | | | |
| 投资测算方案七 | 15.3 % | 15.3 % | 15.3 % | 15.3 % | 15.3 % | 15.3 % | 15.3 % |
| 投资测算方案十二 | 15.3 % | 15.3 % | 15.3 % | 15.3 % | 15.3 % | 15.3 % | 15.3 % |

图 7　多个投资方案的指标对比报告

经验证，平均用时为 0.99s，计算准确率达到 96%，实施三目标实现。

## （四）实施四：粒子群优化算法

### 1. 数据预处理

6 月 2 日，小组成员根负荷信息、天气信息和电价信息等边界信息进行处理，基于粒子群优化算法的边界优化模型如图 8 所示。

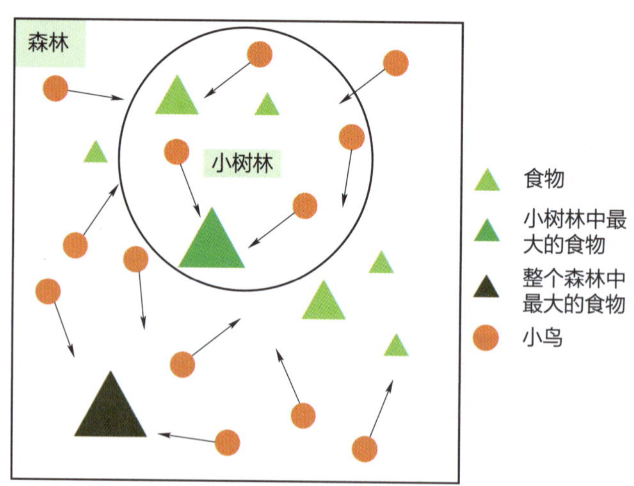


图 8　基于粒子群优化算法的边界优化模型

### 2. 基于粒子群优化算法对问题进行建模

6 月 8 日，小组成员构建基于粒子群优化算法的边界优化模型，将上一步得出的粒子特征值送入构建的粒子群优化算法的边界优化模型中。分类模型构建流程图如图 9 所示。

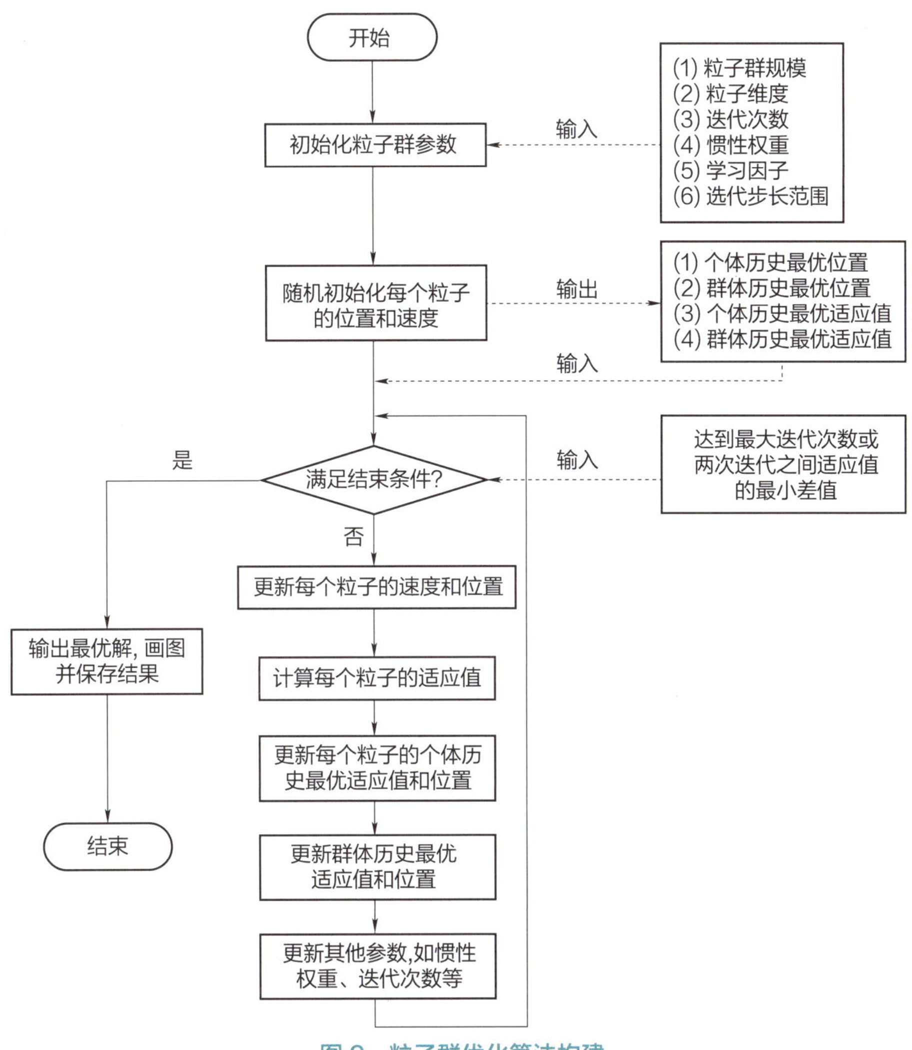


图 9　粒子群优化算法构建

经验证，平均用时为 0.9755s，计算准确率达 99%，实施四目标实现。

## （五）实施五：采用 Python 语言

### 1. 下载 pycharm 软件并安装

7 月 5 日，小组成员从官网上下载 pycharm 软件安装包，在 Windows10 的计算机上进行安装。

### 2. 安装组件和插件

7 月 8 日，小组成员在实验室下载 python 相关组件和插件，并安装。

### 3. 编写 Python 接口程序

7 月 12 日，小组成员对编写的相同功能程序进行测试，记录代码行数、运行时间和内存占用情况，测试结果如表 10 所示。

表 10　测试结果

| 代码行数 | 5976 |
|---|---|
| 运行时间（ms） | 220.8 |
| 随机存储内存 | ≤256MB |

经验证，程序代码行数为 5976 行，调用随机存储器内存小于 256MB，实施五目标实现。

## （六）实施六：MySQL 数据库

### 1. 系统架构设计及搭建

7 月 13 日，小组成员设计系统总体架构及模块，分为用户接入层、业务服务层、功能模块层、后台服务层四个模块进行设计和搭建。

### 2. 梳理软硬件设备清单

7 月 20 日，小组成员梳理系统架构所需的硬件设备和软件环境清单，如表 11 所示。

表 11 软硬件清单

| | |
|---|---|
| 操作系统 | 服务器端 Windows server2008/2012/2016（32bit/64bit） |
| | 客户端 WinXP/Win7/Win10 |
| 硬件要求 | 服务器 CPU 为 Xeon1.6GHz 以上，八核以上 |
| | 内存 16GB 或以上 |
| | 磁盘容量 500GB 或以上 |
| 数据库 | MySQL sever |

### 3. 图形 UI 设计

7 月 23 日，小组成员在实验室设计客户端显示界面。

### 4. 系统功能部署

7 月 30 日，小组成员使用自动测试脚本对使用 MySQL 的电力能效服务智能规划仿真软件进行“参数篡改”“跨站脚本攻击”和“更改 Cookies”，测试攻击拦截成功率，如表 12 所示。

表 12 测试结果

| 项目 | 试验次数 | 拦截次数 | 拦截成功率 |
|---|---|---|---|
| 参数篡改 | 2000 | 1995 | 99.75% |
| 跨站脚本攻击 | 2000 | 1999 | 99.95% |
| 更改 Cookies | 2000 | 1998 | 99.99% |
| 平均拦截成功率：99.90% | | | |
| 平均用时：8.4s | | | |

系统安全漏洞测试拦截成功率为 99.90%，平均响应时间为 8.4s，实施六目标实现。

## （七）实施七：组装测试

### 1. 安装软件客户端

7 月 30 日，小组成员为实验室的电脑安装开发好的电力能效服务智能规划仿真软件。

### 2. 完善边界信息导入

7 月 30 日，小组成员在实验室维护系统软件的方案组边界设置。

### 3. 软件功能测试

7 月 30 日，小组运行仿真平台，进行数据巡查，统计预测方案利润数据以及边界优化生成方案的准确性，测试结果如表 13 所示。

表 13 方案生成测试

| 试验 | 总次数 | 成功次数 | 失败次数 | 预测准确率 | 告警成功率 |
|---|---|---|---|---|---|
| 预测利润 | 1000 | 1000 | 0 | 100% | 100% |
| 生成方案 | 1000 | 1000 | 0 | 100% | 100% |

软件方案生成率为 100%，告警成功率为 100%，实施七目标达成。

8 月 1 日，小组请专家进行现场验证，专家对电力能效服务智能规划仿真软件的各项功能开展负面影响评估，全部通过后，形成验收报告，如图 10 所示。

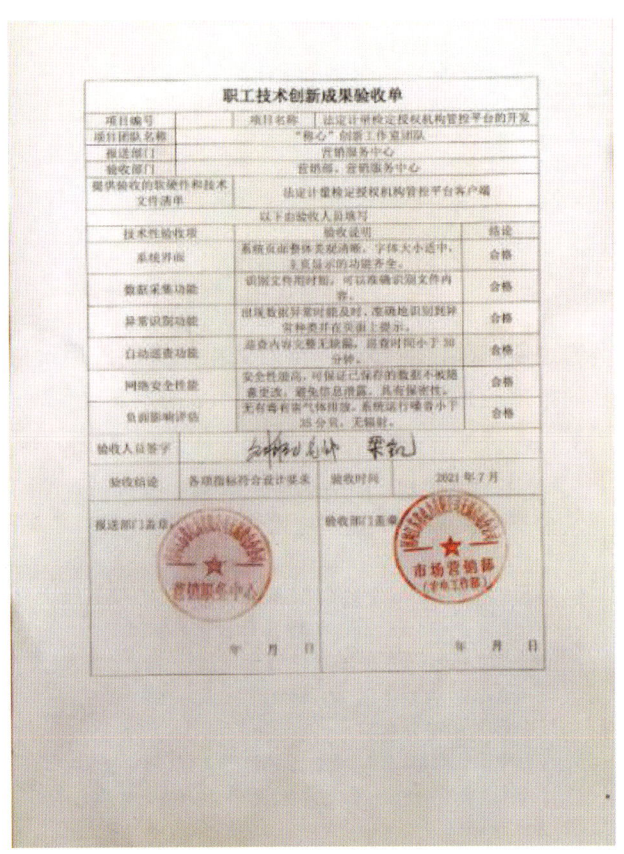

职工技术创新成果验收单

| 项目编号 | | 项目名称 | 法定计量检定授权机构管控平台的开发 |
|---|---|---|---|
| 项目团队名称 | "[illegible]心"创新工作室团队 | | |
| 报送部门 | 营销服务中心 | | |
| 验收部门 | 营销部，营销服务中心 | | |
| 提供验收的软硬件和技术文件清单 | 法定计量检定授权机构管控平台客户端 | | |
| 以下由验收人员填写 | | | |
| 技术性验收项 | 验收说明 | 结论 | |
| 系统界面 | 系统页面整体美观清晰，字体大小适中，主页显示的功能齐全。 | 合格 | |
| 数据采集功能 | 识别文件用时短，可以准确识别文件内容。 | 合格 | |
| 异常识别功能 | 出现数据异常时能及时、准确地识别到异常种类并在页面上提示。 | 合格 | |
| 自动巡查功能 | 巡查内容完整无缺漏，巡查时间小于 30 分钟。 | 合格 | |
| 网络安全性能 | 安全性能高，可保证已保存的数据不被随意更改，避免信息泄露，具有保密性。 | 合格 | |
| 负面影响评估 | 无有毒有害气体排放，系统运行噪音小于 35 分贝，无辐射。 | 合格 | |
| 验收人员签字 | [illegible] | | |
| 验收结论 | 各项指标符合设计要求 | 验收时间 | 2021 年 7 月 |
| 报送部门盖章：营销服务中心 年 月 日 | | 验收部门盖章：市场营销部（[illegible]） 年 月 日 | |

图 10 无锡公司创新成果验收单

## 五、效果检查

8 月 15 日小组在公司电力能效服务室安装平台并试点运行，对已经投入运行的 8 户检验方案预测准确性，方案预测准确性的平均值为 93.6%，最大值为 94.96%，最小值为 91.20%，如图 11 所示。

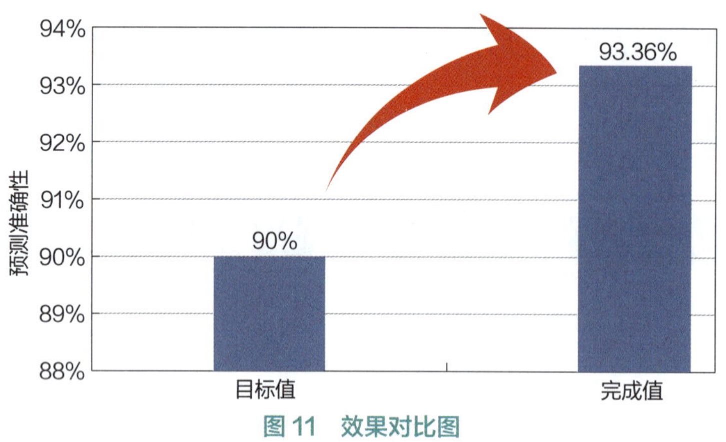


图 11　效果对比图

结论：由以上数据可知，利用该软件预测能效方案的投资，预测准确性的最小值和平均值，均优于课题目标值 90%，课题目标“用户侧能效系统规划方案预测准确率＞90%”达成。

# 六、标准化

## （一）可推广性评价

10 月 15 日，小组成员通过所在部门向公司提出对成果的推广应用价值进行评价，专家评审认为成果可推广性高。公司出具的推广应用价值评价报告如图 12 所示。

**关于 QC 成果“电力能效服务智能规划仿真软件的研发”推广应用价值的评估报告**

经国网无锡供电公司营销服务中心向公司提出对其 QC 成果“电力能效服务智能规划仿真软件的研发”推广应用价值进行评估，公司于 2022 年 10 月 15 日邀请公司营销部、营销服务中心以及其他利益相关方等单位共计 12 位专家，从普遍适用、设计合理、使用便捷三个维度对成果的推广应用价值进行综合评价。

每位专家针对三个维度分别进行评价打分，各个维度均设置具体的评价标准，每个维度设置不同的分值比率，总分合计 100 分。经过 12 位专家打分，该 QC 成果的得分平均值为 95 分，具有极强可推广型。从有形效果看，使用电力能效服务智能规划仿真软件，实现了包括规划拓扑、能效方案和投资测算三项子功能。从无形效果看，通过开发应用全新能效服务智能规划仿真软件，为用户精准提供综合能源系统规划设计及投资决策服务，推动业务转型升级，助力双碳目标实现。具备较强的可推广性，在后期的成果推广方面，建议多元分级用户侧能效方案制定方面持续开展研究。

国网无锡供电公司营销部、营销服务中心

2022 年 10 月 15 日

图 12　推广应用价值评价报告

## （二）制定技术标准和管理制度

2022 年 10 月 15 日—11 月 15 日，小组对有推广应用价值的创新成果进行标准化，标准化文件如表 14 所示，小组还制定了电力能效服务智能规划仿真软件的产品手册，经过营销部、营销服务中心专家审核后发布。

表 14 标准化文件表

| 序号 | 时间 | 单位 | 文件名 |
|---|---|---|---|
| 1 | 2022 年 11 月 | 营销服务中心 | 设计说明书 |
| 2 | 2022 年 11 月 | 营销服务中心 | 系统实施方案 |
| 3 | 2022 年 11 月 | 营销服务中心 | 数据字典或数据库设计说明书 |
| 4 | 2022 年 11 月 | 营销服务中心 | 电力能效服务智能规划仿真软件的产品手册 |
| 5 | 2022 年 11 月 | 营销服务中心 | 用户手册 |
| 6 | 2022 年 11 月 | 营销服务中心 | 系统管理员手册 |
| 7 | 2022 年 11 月 | 营销服务中心 | 系统应急预案及快速恢复方案 |
| 8 | 2022 年 11 月 | 营销服务中心 | 软件系统维护记录 |

## （三）列入公司信息软件维护清单

小组将电力能效服务智能规划仿真软件列入公司信息软件维护清单，由专人定期维护，如图 13 所示。

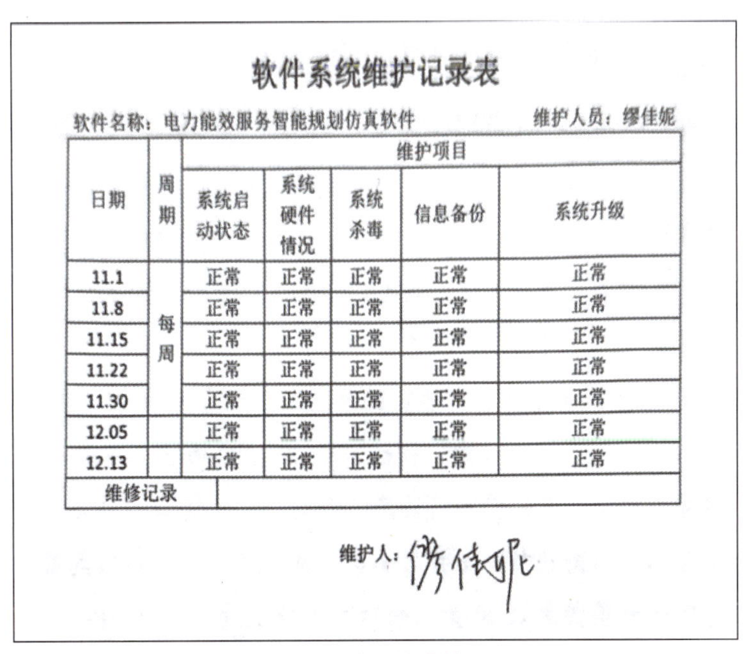

软件系统维护记录表

软件名称：电力能效服务智能规划仿真软件　　维护人员：缪佳妮

| 日期 | 周期 | 维护项目 | | | | |
|---|---|---|---|---|---|---|
| | | 系统启动状态 | 系统硬件情况 | 系统杀毒 | 信息备份 | 系统升级 |
| 11.1 | 每周 | 正常 | 正常 | 正常 | 正常 | 正常 |
| 11.8 | | 正常 | 正常 | 正常 | 正常 | 正常 |
| 11.15 | | 正常 | 正常 | 正常 | 正常 | 正常 |
| 11.22 | | 正常 | 正常 | 正常 | 正常 | 正常 |
| 11.30 | | 正常 | 正常 | 正常 | 正常 | 正常 |
| 12.05 | | 正常 | 正常 | 正常 | 正常 | 正常 |
| 12.13 | | 正常 | 正常 | 正常 | 正常 | 正常 |
| 维修记录 | | | | | | |

维护人：缪佳妮

图 13 软件系统维护记录

# 七、总结和下一步打算

## （一）总结

本次 QC 活动，小组成员学会使用以 PDCA 为核心思想的工作方法，分工明确，团结协作，调动主观能动性，提升创新能力，在专业技术、管理方法和小组成员的综合素质方面均有一定提高。

## （二）推广

通过在国网无锡江阴区供电公司、宜兴区供电公司、新吴区供电公司以及其他四个供电分部试点推广应用，该软件已为无锡零碳科技产业园、无锡得宇新材料公司等 7 家重点用户编制定制化能效提升建议方案，在准确性方面得到用户的充分认可，工作联系单如图 14 所示。同时，该项目获得过公司总经理质量奖年度金奖，如图 15 所示。

**成果试点推广应用工作联系单**

单位：国网无锡供电公司

| 科技项目名称 | 电力能效服务智能规划仿真软件的研发 | 成果推广时间 | 2022 年 12 月 |
|---|---|---|---|
| 项目团队名称 | 营销服务中心“称心”创新工作室团队 | | |
| 成果简介 | 在双碳、新型电力系统建设背景下，客户能源管理复杂性、差异性显著提升，对节能提效和“管家式”能源服务需求迫切。公司着力打造“供电+能效服务”服务新业态，为重点用户编制定制化能效提升建议方案，但手工计算各项指标、编制方案效率较低、容易出错，缺乏数字化高效服务工具。<br>小组成员于 2022 年 1 月选定课题，2 月设定目标，并经可行性分析，3 月小组提出提出方案并确定最佳方案，制定对策。电力能效服务智能规划仿真软件设计方案围绕着“规划运行、投资测算和低碳服务”等方面内容制定总体方案并提出了可行性方案，通过模拟试验和统计数据等方法确定最佳方案，逐项制定对策。<br>从有形效果看，使用电力能效服务智能规划仿真软件，实现了包括规划拓扑、能效方案和投资测算三项子功能。从无形效果看，通过开发应用全新能效服务智能规划仿真软件预测能效方案的投资，准确性的最小值和平均值，均优于 90%，为用户精准提供综合能源系统规划设计及投资决策服务，推动了业务转型升级，助力双碳目标实现。该项目成果已获“班组质量奖”。 | | |
| 推广工作要求 | 请江阴公司、宜兴公司、新吴公司、锡山分部、惠山分部、滨湖（经开）分部和梁溪分部选取重点用能用户开展仿真软件试点应用工作，助推公司能效业务转型发展。<br>2022 年 12 月 1 日 | | |

图 14　成果试点推广应用证明

**总经理质量奖**

**【最强大脑奖】**

**金奖**

● 智慧共享财务集成"精灵"建设
财务部 智慧财务柔性团队

● 能效服务智能规划仿真软件研发与应用
营销中心 业务质量管控三班

图 15 总经理质量奖获奖证明

## （三）下一步打算

下一阶段，小组将把“电力营销居配工程档案审查系统的研制”作为下次 QC 活动的课题。

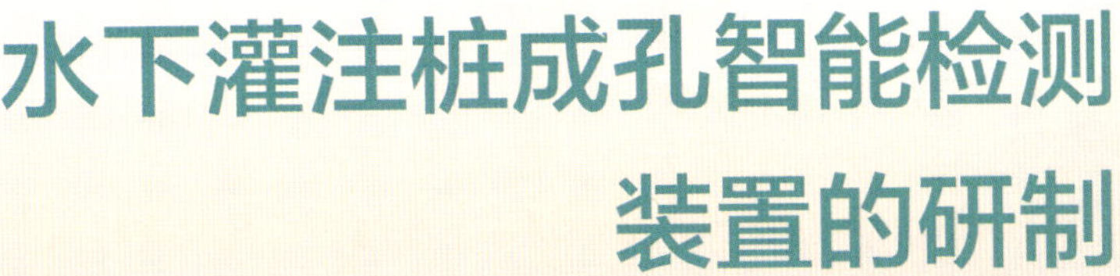

# 水下灌注桩成孔智能检测装置的研制

国网江苏电力工程咨询公司苏小咨 QC 小组

主 创 人：王璐瑶、张 洋、彭 欣、杨 毅、郭亚森、卜一凡、谷开新、孙铭泽、张百涛、丁盛阳

# 一、选择课题

## （一）明确需求

建设管理单位提出，必须将水下灌注桩成孔检测时间缩短到 10min 以内。

目前，成孔检测采用人工操作和观察的方法，需要读取孔深、沉渣厚度、孔径、孔垂直度 4 个数据，如图 1 所示。

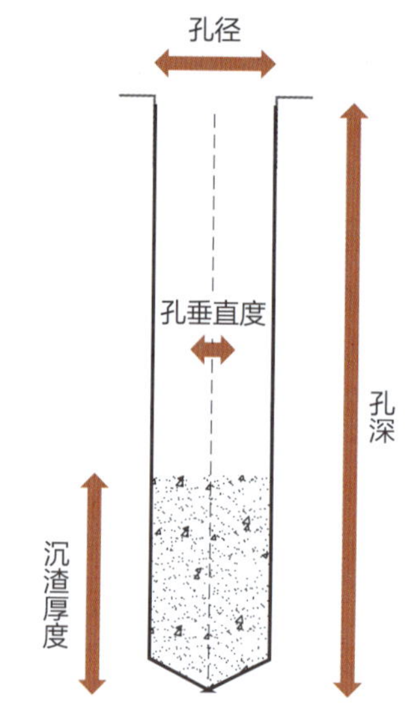


图 1　水下灌注桩成孔检测四个数据

灌注桩隐藏在地下，测量孔深、沉渣厚度时，需人工多次下放测绳（如图 2 所示）。测量孔径和孔垂直度时，需人工操作吊车下放伞形孔径仪（如图 3 所示）。完成以上一套检测大约需要 40min，无法满足要求。

图 2　测绳测量孔深、沉渣厚度

图 3　吊测量孔径、孔垂直度

## （二）查找借鉴

小组召开头脑风暴，首先针对数据采集耗时长的问题查找借鉴，如表 1 所示。

表 1　借鉴分析表

| 借鉴 1 | 医学 B 超 |
| --- | --- |
| 借鉴内容 | 借鉴示意图<br>医生手动移动 B 超探头向人体发射并收集超声波，得到黑白二维图像，显示人体内部脏器状态，通过经验判断诊断疾病 |
| 借鉴启发 | 人体内部和成孔内部都属于固液混合体，有相似的检测环境。<br>借鉴超声波探测技术，在成孔内下放超声波探头并发射、收集超声波，生成成孔影像，一次性获取探测成孔后孔内状态，取代人力操作更换测绳、孔径探测仪的测量方法，减少测量成孔原始数据的时间 |

为进一步缩短检测时间，小组成员对测量过程移动方式进行借鉴，如表 2 所示。

表 2　借鉴分析表

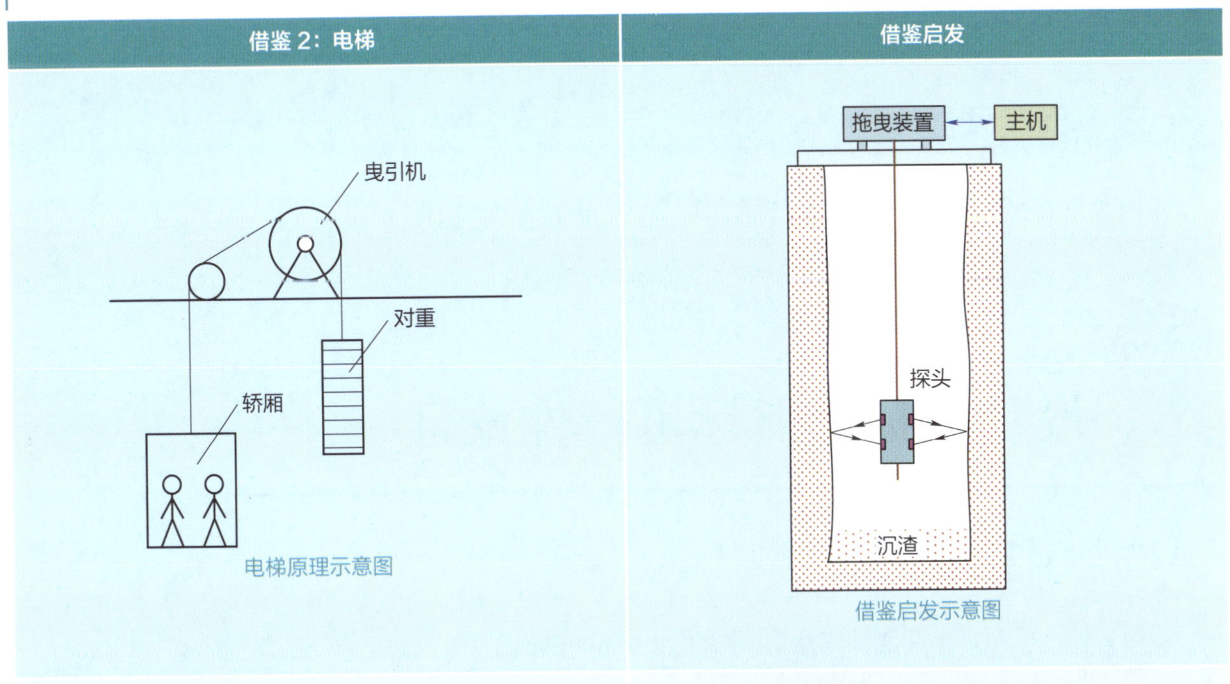


| 借鉴 2：电梯 | 借鉴启发 |
| --- | --- |
| 电梯原理示意图 | 借鉴启发示意图 |
| 通过电动曳引机连接轿厢和对重，依靠曳引绳产生的牵引力达到垂直移动的运输目的 | 电梯井道和成孔内部都属于垂直空心体，其移动轨迹相似。<br>借鉴电梯自动拖曳升降，通过拖曳装置连接超声波探头和电动主机，实现对超声波探测垂直移动的自动精密控制，取代人力上下移动测绳以及人力操作机械移动的方法 |

小组成员就如何快速分析测量结果，提出可以进行借鉴，如表 3 所示。

表 3　借鉴分析表

| 借鉴 3 | 百度地图三维成像数据抓取 |
| --- | --- |
| 借鉴内容 | <br>借鉴示意图<br>道路采集车采集道路信息，通过智能算法融合转化成 3D 空间模型，利用机器视觉智能抓取算法抓取距离、高度等关键信息，1min 内显示在用户界面 |
| 借鉴启发 | 借鉴百度地图中三维成像和机器视觉智能抓取算法的原理，将超声波扫描的成孔数据处理后进行三维成像，并抓取成孔质量的关键指标，减少人反复观察的时间。最后将验收报告同时推送给项管部门，使验收结果能够及时反馈 |

## （三）确定课题

小组成员决定将课题确定为：水下灌注桩成孔智能检测装置的研制。

# 二、设定目标及目标可行性论证

## （一）目标设定

课题目标：单个水下灌注桩成孔检测时间为 10min 以内。

## （二）目标可行性论证

本项目中单个水下灌注桩成孔验收时间包括数据采集时间、数据处理比对时间以及报告生成时间，如表 4 所示。

表 4 目标可行性论证

1. 数据采集时间

方法：按照借鉴 1 和借鉴 2，随机选取现场不同钻孔灌注桩成孔，使用电机拖曳简易超声波探头进行模拟试验。

数据：（单位：min）

| 桩号 | 测试次数 | | | | | 平均时间 |
|---|---|---|---|---|---|---|
| | 第 1 次 | 第 2 次 | 第 3 次 | 第 4 次 | 第 5 次 | |
| 1 号桩（直径 60cm，孔深 15m） | 4 | 2 | 2 | 4 | 3 | 4.22min |
| 2 号桩（直径 60cm，孔深 16m） | 4 | 4 | 4 | 2 | 3 | |
| 3 号桩（直径 60cm，孔深 16m） | 2 | 3 | 3 | 3 | 2 | |
| 4 号桩（直径 80cm，孔深 19m） | 2 | 3 | 2 | 4 | 2 | |
| 5 号桩（直径 80cm，孔深 26m） | 4 | 5 | 4 | 5 | 6 | |
| 6 号桩（直径 80cm，孔深 23m） | 3 | 3 | 4 | 5 | 5 | |
| 7 号桩（直径 80cm，孔深 25m） | 4 | 5 | 3 | 5 | 4 | |
| 8 号桩（直径 100cm，孔深 29m） | 7 | 7 | 6 | 8 | 5 | |
| 9 号桩（直径 100cm，孔深 27m） | 5 | 5 | 6 | 7 | 6 | |
| 10 号桩（直径 100cm，孔深 27m） | 6 | 5 | 5 | 3 | 7 | |

2. 数据处理时间

方法：按照借鉴 3，收集在工程现场采集的成孔探测数据，编写简易程序生成四个指标。

数据：（单位：min）

| 桩号 | 测试次数 | | | | | 平均时间 |
|---|---|---|---|---|---|---|
| | 第 1 次 | 第 2 次 | 第 3 次 | 第 4 次 | 第 5 次 | |
| 1 号桩（直径 60cm，孔深 15m） | 3 | 3 | 2 | 3 | 1 | 2.28min |
| 2 号桩（直径 60cm，孔深 16m） | 1 | 3 | 2 | 3 | 1 | |
| 3 号桩（直径 60cm，孔深 16m） | 2 | 1 | 1 | 2 | 3 | |
| 4 号桩（直径 80cm，孔深 19m） | 3 | 2 | 3 | 1 | 3 | |
| 5 号桩（直径 80cm，孔深 26m） | 3 | 2 | 3 | 3 | 3 | |
| 6 号桩（直径 80cm，孔深 23m） | 1 | 4 | 1 | 1 | 1 | |
| 7 号桩（直径 80cm，孔深 25m） | 3 | 2 | 4 | 1 | 1 | |
| 8 号桩（直径 100cm，孔深 27m） | 4 | 2 | 1 | 1 | 4 | |
| 9 号桩（直径 100cm，孔深 29m） | 4 | 2 | 4 | 4 | 3 | |
| 10 号桩（直径 100cm，孔深 27m） | 1 | 2 | 3 | 2 | 1 | |

3. 报告生成时间

方法：按照借鉴 3 启发，根据生成的指标数据，编制简易程序生成验收报告。

数据：（单位：min）

| 桩号 | 测试次数 | | | | | 平均时间 |
|---|---|---|---|---|---|---|
| | 第 1 次 | 第 2 次 | 第 3 次 | 第 4 次 | 第 5 次 | |
| 1 号桩（直径 60cm，孔深 15m） | 0.7 | 0.7 | 0.8 | 0.6 | 0.8 | 0.95min |
| 2 号桩（直径 60cm，孔深 16m） | 0.7 | 0.6 | 0.6 | 0.6 | 0.8 | |
| 3 号桩（直径 60cm，孔深 16m） | 0.8 | 0.9 | 0.7 | 7 | 0.8 | |
| 4 号桩（直径 80cm，孔深 19m） | 1 | 0.8 | 0.9 | 0.9 | 0.9 | |
| 5 号桩（直径 80cm，孔深 26m） | 0.7 | 0.9 | 1.1 | 0.7 | 1 | |
| 6 号桩（直径 80cm，孔深 23m） | 0.6 | 0.8 | 0.9 | 1 | 0.8 | |
| 7 号桩（直径 80cm，孔深 25m） | 0.6 | 0.8 | 0.9 | 1 | 0.8 | |
| 8 号桩（直径 100cm，孔深 27m） | 0.8 | 0.7 | 0.9 | 1.1 | 0.8 | |
| 9 号桩（直径 100cm，孔深 29m） | 0.7 | 0.9 | 1.1 | 0.7 | 0.8 | |
| 10 号桩（直径 100cm，孔深 27m） | 1.1 | 1 | 0.9 | 0.8 | 1 | |

续表

| 综合结论 |
| --- |
| 单个水下灌注桩成孔检测时间 = 数据采集时间 + 数据处理时间 + 报告生成时间<br>= 4.22min + 2.28min + 0.95min<br>= 7.45min < 10min，目标可行 |

# 三、提出方案并制定最佳方案

## （一）总体方案

通过广泛借鉴，提出本课题“基于超声波自动拖曳探测和三维成像智能处理的桩基成孔检测”方案，总体方案的框架如图 4 所示。

图 4　总体方案框架图

## （二）方案分解

小组设计了如图 5 所示的总体方案。

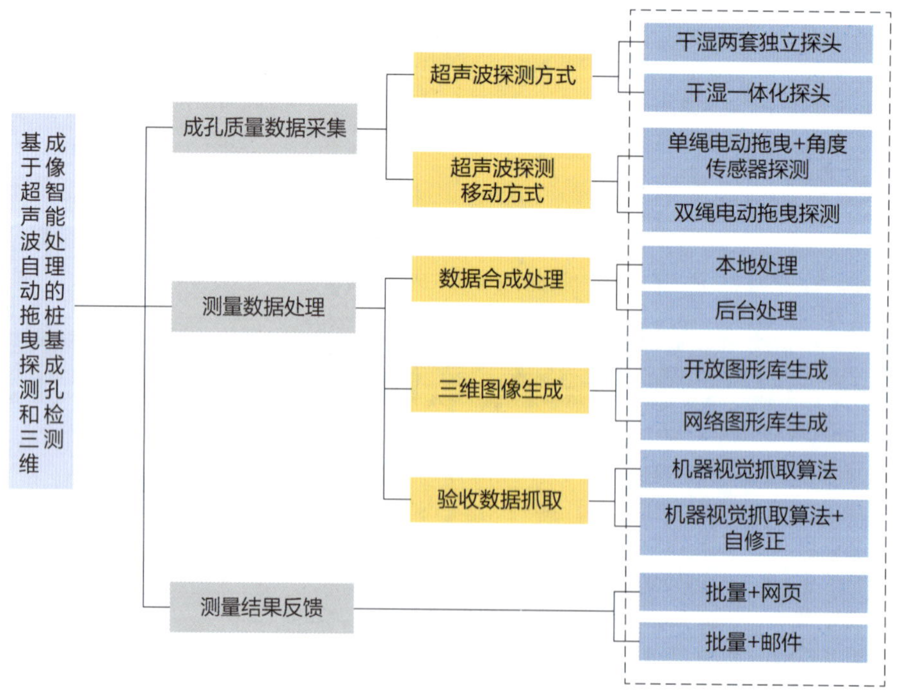


图 5　课题研究方案分解图

一级方案选择如下：

### 1. 超声波探测方式

超声波探测方式选择如表 5 所示。

表 5 超声波探测方式方案选择

<table>
<tr><td>比选点</td><td colspan="2">优先选择平均探测切换时间越短越好；<br>其次选择平均信号传输时间越短越好</td></tr>
<tr><td>试验过程</td><td colspan="2">将两种换能器探头与换能器主体以及拖曳系统组装，分别在干、湿、干湿环境进行多次检测</td></tr>
<tr><td>方案</td><td>说明</td><td>试验过程</td></tr>
<tr><td>一、干湿两套独立探头</td><td>两个超声波换能器上分别配置干、湿两个探头，不同环境只能用使用相应探头</td><td>
<table>
<tr><td colspan="2">测试序号</td><td>1</td><td>2</td><td>3</td><td>4</td><td>5</td></tr>
<tr><td rowspan="4">传输时间（μs）</td><td>干燥</td><td>429</td><td>434</td><td>421</td><td>475</td><td>487</td></tr>
<tr><td>湿润</td><td>437</td><td>471</td><td>444</td><td>526</td><td>483</td></tr>
<tr><td>干切湿</td><td>465</td><td>434</td><td>512</td><td>465</td><td>499</td></tr>
<tr><td>湿切干</td><td>435</td><td>473</td><td>526</td><td>521</td><td>435</td></tr>
<tr><td rowspan="2">切换时间（s）</td><td>干切湿</td><td>30</td><td>37</td><td>17</td><td>20</td><td>37</td></tr>
<tr><td>湿切干</td><td>39</td><td>33</td><td>24</td><td>26</td><td>25</td></tr>
<tr><td colspan="2">平均检测切换时间</td><td colspan="5">28.8s</td></tr>
<tr><td colspan="2">平均信号传输时间</td><td colspan="5">468.6μs</td></tr>
</table>
</td></tr>
<tr><td>二、干湿一体化探头</td><td>在超声波换能器上配置一个能同时在空气和泥浆中进行检测的探头</td><td>
<table>
<tr><td colspan="2">测试序号</td><td>1</td><td>2</td><td>3</td><td>4</td><td>5</td></tr>
<tr><td rowspan="4">传输时间（μs）</td><td>干燥</td><td>528</td><td>465</td><td>429</td><td>502</td><td>499</td></tr>
<tr><td>湿润</td><td>522</td><td>526</td><td>494</td><td>489</td><td>509</td></tr>
<tr><td>干切湿</td><td>466</td><td>447</td><td>479</td><td>456</td><td>492</td></tr>
<tr><td>湿切干</td><td>492</td><td>446</td><td>462</td><td>459</td><td>519</td></tr>
<tr><td rowspan="2">切换时间（s）</td><td>干切湿</td><td>17</td><td>22</td><td>16</td><td>16</td><td>20</td></tr>
<tr><td>湿切干</td><td>20</td><td>17</td><td>20</td><td>15</td><td>17</td></tr>
<tr><td colspan="2">平均检测切换时间</td><td colspan="5">18s</td></tr>
<tr><td colspan="2">平均信号传输时间</td><td colspan="5">484.05μs</td></tr>
</table>
</td></tr>
<tr><td>结论</td><td colspan="2">方案一检测切换时间明显小于方案二，且二者平均信号传输时间相差不大，综合判定干湿一体化探头方案节省时间更多，因此选用方案二</td></tr>
</table>

### 2. 超声波探测移动方式

超声波探测移动方式选择如表 6 所示。

表 6 超声波探测移动方式方案选择

<table>
<tr><td>比选点</td><td colspan="2">平均轴向偏心越小越好</td></tr>
<tr><td>试验过程</td><td colspan="2">将换能器探头与拖曳系统组装，在工程现场分别选取不同深度、不同直径的孔洞，进行超声波移动探测</td></tr>
<tr><td>方案</td><td>说明</td><td>试验过程</td></tr>
<tr><td>一、双绳拖曳探测</td><td>两根绳缆拖曳探头，通过调整绞车位置减小偏心</td><td>
<table>
<tr><td rowspan="2">桩号</td><td colspan="5">测试次数</td></tr>
<tr><td>1</td><td>2</td><td>3</td><td>4</td><td>5</td></tr>
<tr><td>1 号桩（直径 60cm，孔深 15m）</td><td>3</td><td>10</td><td>2</td><td>5</td><td>6</td></tr>
<tr><td>2 号桩（直径 60cm，孔深 16m）</td><td>5</td><td>3</td><td>10</td><td>3</td><td>4</td></tr>
<tr><td>3 号桩（直径 60cm，孔深 16m）</td><td>8</td><td>7</td><td>6</td><td>8</td><td>3</td></tr>
</table>
</td></tr>
</table>

续表

<table>
<tr><th rowspan="2">方案</th><th rowspan="2">说明</th><th colspan="6">试验过程</th></tr>
<tr><th>桩号</th><th>测试次数 1</th><th>2</th><th>3</th><th>4</th><th>5</th></tr>
<tr><td rowspan="8">一、双绳拖曳探测</td><td rowspan="8">两根绳缆拖曳探头，通过调整绞车位置减小偏心</td><td>4 号桩（直径 80cm，孔深 19m）</td><td>3</td><td>6</td><td>2</td><td>6</td><td>5</td></tr>
<tr><td>5 号桩（直径 80cm，孔深 26m）</td><td>3</td><td>6</td><td>8</td><td>2</td><td>6</td></tr>
<tr><td>6 号桩（直径 80cm，孔深 23m）</td><td>10</td><td>4</td><td>4</td><td>9</td><td>7</td></tr>
<tr><td>7 号桩（直径 80cm，孔深 25m）</td><td>3</td><td>6</td><td>4</td><td>10</td><td>8</td></tr>
<tr><td>8 号桩（直径 100cm，孔深 27m）</td><td>3</td><td>3</td><td>8</td><td>6</td><td>4</td></tr>
<tr><td>9 号桩（直径 100cm，孔深 29m）</td><td>2</td><td>2</td><td>2</td><td>2</td><td>2</td></tr>
<tr><td>10 号桩（直径 100cm，孔深 27m）</td><td>10</td><td>9</td><td>9</td><td>5</td><td>4</td></tr>
<tr><td>平均轴向偏心</td><td colspan="5">5.32</td></tr>
<tr><td rowspan="11">二、单绳拖曳＋角度传感器探测</td><td rowspan="11">一根集成绳缆同时实现拖曳、供电和通信功能，通过角度传感器调整偏心</td><td>1 号桩（直径 60cm，孔深 15m）</td><td>5</td><td>5</td><td>3</td><td>2</td><td>3</td></tr>
<tr><td>2 号桩（直径 60cm，孔深 16m）</td><td>3</td><td>1</td><td>2</td><td>2</td><td>2</td></tr>
<tr><td>3 号桩（直径 60cm，孔深 16m）</td><td>1</td><td>5</td><td>5</td><td>3</td><td>4</td></tr>
<tr><td>4 号桩（直径 80cm，孔深 19m）</td><td>2</td><td>5</td><td>3</td><td>4</td><td>3</td></tr>
<tr><td>5 号桩（直径 80cm，孔深 26m）</td><td>2</td><td>4</td><td>5</td><td>2</td><td>3</td></tr>
<tr><td>6 号桩（直径 80cm，孔深 23m）</td><td>3</td><td>4</td><td>5</td><td>2</td><td>2</td></tr>
<tr><td>7 号桩（直径 80cm，孔深 25m）</td><td>5</td><td>1</td><td>4</td><td>5</td><td>2</td></tr>
<tr><td>8 号桩（直径 100cm，孔深 27m）</td><td>1</td><td>3</td><td>1</td><td>5</td><td>1</td></tr>
<tr><td>9 号桩（直径 100cm，孔深 29m）</td><td>5</td><td>1</td><td>5</td><td>4</td><td>3</td></tr>
<tr><td>10 号桩（直径 100cm，孔深 27m）</td><td>5</td><td>3</td><td>4</td><td>4</td><td>5</td></tr>
<tr><td>平均轴向偏心</td><td colspan="5">3.24</td></tr>
<tr><td>结论</td><td colspan="7">采用单绳拖曳＋角度传感器探测方案轴向偏心值明显小于双绳拖曳探测方案，方案更优，因此选用方案二</td></tr>
</table>

### 3. 数据融合处理

数据融合处理方式选择如表 7 所示。

表 7 数据融合处理方案选择

| 比选点 | 多目标跟踪准确度大于 95% |
|---|---|
| 试验过程 | 收集经过滤波等常规处理后的信息，通过两种软件算法对各测点的信息进行校正<br>多目标跟踪准确度 = ［1-（误报 + 丢失 + 异常样本）/总样本］× 100% |

| 方案 | 说明 | 测试序号 | 1 | 2 | 3 | 4 | 5 | （M/N）×100% | 多目标跟踪准确度 | 平均 |
|---|---|---|---|---|---|---|---|---|---|---|
| 一、本地处理 | 本地各通道独立处理、成像，人工观测或数据统计实现评价 | N=150，M值 | 9 | 14 | 13 | 9 | 10 | 7.3% | 92.7% | 92.82% |
| | | N=140，M值 | 11 | 10 | 11 | 9 | 10 | 7.3% | 92.7% | |
| | | N=130，M值 | 8 | 11 | 10 | 9 | 10 | 7.4% | 92.6% | |
| | | N=120，M值 | 9 | 9 | 8 | 9 | 9 | 7.3% | 92.7% | |
| | | N=110，M值 | 9 | 7 | 8 | 7 | 9 | 7.3% | 92.7% | |
| | | N=100，M值 | 8 | 6 | 7 | 9 | 6 | 7.2% | 92.8% | |
| | | N=90，M值 | 7 | 7 | 6 | 5 | 6 | 6.9% | 93.1% | |
| | | N=80，M值 | 6 | 7 | 5 | 6 | 4 | 7.0% | 93.0% | |
| | | N=70，M值 | 3 | 5 | 6 | 5 | 6 | 7.1% | 92.9% | |
| | | N=60，M值 | 4 | 5 | 5 | 4 | 3 | 7.0% | 93.0% | |
| 二、后台处理 | 在后台完成多通道融合、补偿，利用整体信息实现评价 | N=150，M值 | 8 | 7 | 6 | 9 | 7 | 4.9% | 95.1% | 95.37% |
| | | N=140，M值 | 8 | 7 | 6 | 7 | 8 | 5.1% | 94.9% | |
| | | N=130，M值 | 5 | 7 | 5 | 6 | 7 | 4.6% | 95.4% | |
| | | N=120，M值 | 7 | 5 | 6 | 5 | 7 | 5% | 95.0% | |

续表

<table>
<tr><th>方案</th><th>说明</th><th colspan="9">试验过程</th></tr>
<tr><td rowspan="7">二、后台处理</td><td rowspan="7">在后台完成多通道融合、补偿，利用整体信息实现评价</td><td>测试序号</td><td>1</td><td>2</td><td>3</td><td>4</td><td>5</td><td>（M/N）×100%</td><td>多目标跟踪准确度</td><td>平均</td></tr>
<tr><td>N=110，M值</td><td>6</td><td>3</td><td>6</td><td>5</td><td>5</td><td>4.5%</td><td>95.5%</td><td rowspan="6">95.37%</td></tr>
<tr><td>N=100，M值</td><td>6</td><td>3</td><td>4</td><td>4</td><td>5</td><td>4.4%</td><td>95.6%</td></tr>
<tr><td>N=90，M值</td><td>5</td><td>3</td><td>4</td><td>3</td><td>5</td><td>4.4%</td><td>95.6%</td></tr>
<tr><td>N=80，M值</td><td>4</td><td>4</td><td>4</td><td>2</td><td>4</td><td>4.5%</td><td>95.5%</td></tr>
<tr><td>N=70，M值</td><td>4</td><td>2</td><td>3</td><td>2</td><td>5</td><td>4.6%</td><td>95.4%</td></tr>
<tr><td>N=60，M值</td><td>4</td><td>2</td><td>2</td><td>1</td><td>4</td><td>4.3%</td><td>95.7%</td></tr>
<tr><td>结论</td><td colspan="10">方案二相比于方案一多目标跟踪准确度更精准且大于 95%，因此选用方案二</td></tr>
</table>

## 4. 三维图像生成

三维图像生成方式选择如表 8 所示。

表 8　三维图像生成方案选择

<table>
<tr><td>比选点</td><td colspan="7">生成模型准确率不小于 95%</td></tr>
<tr><td>试验过程</td><td colspan="7">基于超声波监测数据采用两种方式分别建立 BIM 模型，进行 5 组试验并对比其模型准确率<br>$生成模型准确率=\frac{生成模型大小}{实际模型大小}\times100\%$</td></tr>
<tr><td>方案</td><td>说明</td><td colspan="6">试验过程</td></tr>
<tr><td rowspan="5">一、开放图形库生成</td><td rowspan="5">渲染 2D、3D 矢量图形的跨语言、跨平台的应用程序编程接口</td><td>序号</td><td>1</td><td>2</td><td>3</td><td>4</td><td>5</td></tr>
<tr><td>实际模型大小（M）</td><td>564</td><td>538</td><td>128</td><td>378</td><td>901</td></tr>
<tr><td>生成模型大小（M）</td><td>553</td><td>522</td><td>123</td><td>359</td><td>883</td></tr>
<tr><td>生成模型准确率</td><td>98%</td><td>97%</td><td>96%</td><td>95%</td><td>98%</td></tr>
<tr><td>平均值</td><td colspan="5">97%</td></tr>
<tr><td rowspan="5">二、网络图形库生成</td><td rowspan="5">借助系统显卡流畅展示 3D 场景和模型</td><td>序号</td><td>1</td><td>2</td><td>3</td><td>4</td><td>5</td></tr>
<tr><td>实际模型大小（M）</td><td>564</td><td>538</td><td>128</td><td>378</td><td>901</td></tr>
<tr><td>生成模型大小（M）</td><td>525</td><td>501</td><td>115</td><td>340</td><td>783</td></tr>
<tr><td>生成模型准确率</td><td>93%</td><td>93%</td><td>90%</td><td>91%</td><td>87%</td></tr>
<tr><td>平均值</td><td colspan="5">91%</td></tr>
<tr><td>结论</td><td colspan="7">方案一准确率均高于 95%，平均值达到 97%，而方案二准确率平均值仅为 91%，因此选用方案一</td></tr>
</table>

### 5. 数据抓取对比算法

数据抓取对比算法选择如表 9 所示。

表 9 数据抓取对比算法方案选择

<table>
<tr><td>比选点</td><td colspan="2">数据抓取准确率大于 98%</td></tr>
<tr><td>试验过程</td><td colspan="2">对生成的三维模型采用两种数据抓取算法进行关键参数抓取，并比较数据抓取准确率</td></tr>
<tr><td>方案</td><td>说明</td><td>试验过程</td></tr>
<tr><td>一、机器视觉抓取算法</td><td>摄像机和图像采集卡获取待测目标的二维数字图像，图像处理并抓取待测目标</td><td>
<table>
<tr><th>序号</th><th>1</th><th>2</th><th>3</th><th>4</th><th>5</th></tr>
<tr><td>数据实际值</td><td>65</td><td>70</td><td>45</td><td>100</td><td>55</td></tr>
<tr><td>数据抓取值</td><td>61</td><td>65</td><td>42</td><td>94</td><td>52</td></tr>
<tr><td>数据抓取准确率</td><td>94%</td><td>93%</td><td>93%</td><td>94%</td><td>95%</td></tr>
<tr><td>平均数据抓取准确率</td><td colspan="5">93.8%</td></tr>
</table>
</td></tr>
<tr><td>二、基于机器视觉抓取算法＋自修正</td><td>设置反馈回路，通过多次迭代达到结果自修正的效果</td><td>
<table>
<tr><th>序号</th><th>1</th><th>2</th><th>3</th><th>4</th><th>5</th></tr>
<tr><td>数据实际值</td><td>65</td><td>70</td><td>45</td><td>100</td><td>55</td></tr>
<tr><td>数据抓取值</td><td>64</td><td>69</td><td>45</td><td>99</td><td>55</td></tr>
<tr><td>数据抓取准确率</td><td>98%</td><td>99%</td><td>100%</td><td>99%</td><td>100%</td></tr>
<tr><td>平均数据抓取准确率</td><td colspan="5">99.4%</td></tr>
</table>
</td></tr>
<tr><td>结论</td><td colspan="2">方案二抓取准确率明显好于另外一种方案，平均准确率达到 99.4%，因此选用方案二</td></tr>
</table>

### 6. 测量结果反馈

测量结果反馈选择如表 10 所示。

表 10 测量结果反馈方案选择

<table>
<tr><td>比选点</td><td colspan="2">优先选择信息推送速率大于 10 字/s；<br>其次选择信息推送准确率大于 98%</td></tr>
<tr><td>试验过程</td><td colspan="2">模拟五种数据传递场景，对公司五个部门同时推送信息，并统计信息推送速率和准确率。<br>信息推送速率＝信息总量/信息传递耗时，信息推送准确率＝（接受正确信息量/信息总量）× 100%</td></tr>
<tr><td>方案</td><td>说明</td><td>试验过程</td></tr>
<tr><td>一、批量＋网页</td><td>反馈多条验收结果同时通过网页发送到相关部门</td><td>
<table>
<tr><th>序号</th><th>场景 1</th><th>场景 2</th><th>场景 3</th><th>场景 4</th><th>场景 5</th></tr>
<tr><td>耗时（s）</td><td>53</td><td>67</td><td>98</td><td>45</td><td>48</td></tr>
<tr><td>信息总量（字）</td><td>795</td><td>1139</td><td>1372</td><td>720</td><td>720</td></tr>
<tr><td>正确信息量（字）</td><td>797</td><td>1116</td><td>1372</td><td>713</td><td>713</td></tr>
<tr><td>信息推送速率（字/s）</td><td>15</td><td>17</td><td>14</td><td>16</td><td>15</td></tr>
<tr><td>信息推送准确率</td><td>99%</td><td>98%</td><td>100%</td><td>99%</td><td>99%</td></tr>
<tr><td>平均信息推送速率</td><td colspan="5">15.4 字/s</td></tr>
<tr><td>平均信息推送准确率</td><td colspan="5">99%</td></tr>
</table>
</td></tr>
</table>

续表

<table>
<tr><th>方案</th><th>说明</th><th>试验过程</th></tr>
<tr><td>二、批量 + 邮件</td><td>反馈多条验收结果同时通过内网邮件发送到相关部门</td><td>
<table>
<tr><th>序号</th><th>场景 1</th><th>场景 2</th><th>场景 3</th><th>场景 4</th><th>场景 5</th></tr>
<tr><td>耗时（s）</td><td>80</td><td>125</td><td>168</td><td>72</td><td>80</td></tr>
<tr><td>信息总量（字）</td><td>795</td><td>1139</td><td>1372</td><td>720</td><td>720</td></tr>
<tr><td>正确信息量（字）</td><td>795</td><td>1127</td><td>1345</td><td>713</td><td>706</td></tr>
<tr><td>信息推送速率（字/s）</td><td>10</td><td>9</td><td>8</td><td>10</td><td>9</td></tr>
<tr><td>信息推送准确率</td><td>100%</td><td>99%</td><td>98%</td><td>99%</td><td>98%</td></tr>
<tr><td>平均信息推送速率</td><td colspan="5">9.2 字/s</td></tr>
<tr><td>平均信息推送准确率</td><td colspan="5">98.8%</td></tr>
</table>
</td></tr>
<tr><td>结论</td><td colspan="2">两个方案信息推送准确率都超过 98%，但方案一的信息推送速率达到 15.4 字/s，明显超过方案二，因此选用方案一</td></tr>
</table>

最终确定的方案如图 6 所示。

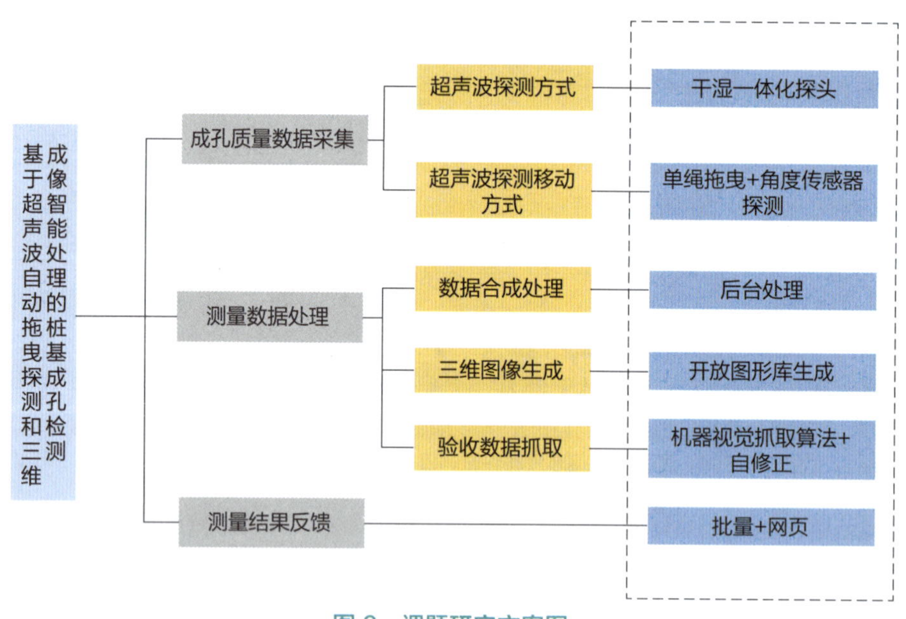


图 6　课题研究方案图

# 四、制定对策

小组于 5 月 10 日召开会议，制定对策与实施计划表，如表 11 所示。

表 11 对策计划表

| 序号 | 对策 | 目标 | 措施 | 地点 | 完成时间 | 负责人 |
|---|---|---|---|---|---|---|
| 1 | 采用干湿一体化探头进行超声波探测 | 平均探测切换时间小于 20s，平均信号传输时间小于 500μs | （1）将干湿一体化换能器探头组装。<br>（2）分别在干、湿、干湿环境进行检测。<br>（3）测试切换时间和传输时间 | 创新工作室、现场 | 2022 年 6 月 | 谷开新 |
| 2 | 采用单绳拖曳 + 角度传感器探测进行超声波探测移动 | 平均轴向偏心小于 5cm | （1）将绳缆和数控绞车连接，组装拖曳系统。<br>（2）在超声波换能器探头上配置角度传感器，将其与拖曳系统组装。<br>（3）进行测试并统计轴向偏心值 | 创新工作室 | 2022 年 6 月 | 张洋 |
| 3 | 采用后台处理进行数据合成 | 多目标跟踪准确度大于 95% | （1）收集并导入超声波探测数据。<br>（2）通过后台处理的融合及补偿算法进行数据合成。<br>（3）测试并统计多目标跟踪准确度 | 创新工作室 | 2022 年 7 月 | 王璐瑶 |
| 4 | 采用开放图形库生成三维图像 | 生成模型准确率不小于 95% | （1）获取三维模型轮廓。<br>（2）生成成孔信息模型。<br>（3）渲染模型并测试生成模型准确率 | 创新工作室 | 2022 年 7 月 | 杨毅 |
| 5 | 采用机器视觉抓取算法 + 自修正进行验收数据抓取 | 数据抓取准确率大于 98% | （1）开发三维机器视觉算法。<br>（2）采用三维机器视觉算法抓取数据。<br>（3）对抓取数据进行自修正并统计准确率 | 创新工作室 | 2022 年 8 月 | 卜一凡 |
| 6 | 采用批量 + 网页生成测量报告 | 信息推送速率大于 10 字/s，信息推送准确率大于 98% | （1）将检测信息汇总生成验收报告。<br>（2）同时向相关部门推送信息。<br>（3）测试信息推送速率和准确率 | 创新工作室 | 2022 年 8 月 | 郭亚森 |
| 7 | 组装试验 | 缺陷识别率大于 95% | （1）系统软硬件调试。<br>（2）现场测试。<br>（3）系统软件测评 | 创新工作室、现场 | 2022 年 9 月 | 彭欣 |

# 五、对策实施

## （一）采用干湿一体化探头进行超声波探测

### 1. 将干湿一体化换能器探头组装

基于超声波传输接收原理，自选配干湿一体化换能器探头，如图 7 所示。

### 2. 分别在干、湿、干湿环境进行检测

采用上述超声波探头进行测试，设置纯湿环境为清水环境和污水环境两种，污水环境包含泥沙。

### 3. 测试并统计切换时间和传输时间

如图 8 和图 9 所示。

| 项目 | 技术指标 |
|---|---|
| 工作频率 | 90kHz |
| 最小阻抗 | 200Ω |
| 等效电容 | 1900pF |
| 工作电压范围 | 2200Vpp |
| 波束角度 | 半功率角 18°，锐度角 44° |
| 防护等级 | IP68 |
| 压力范围 | 1MPa |
| 灵敏度 | 空载驱动电压 500Vpp，距离 0.7m 条件下，回波幅值 5.0V |
| 工作温度范围 | -40～80℃ |
| 质量 | 0.58kg |

图 7　探头及技术指标

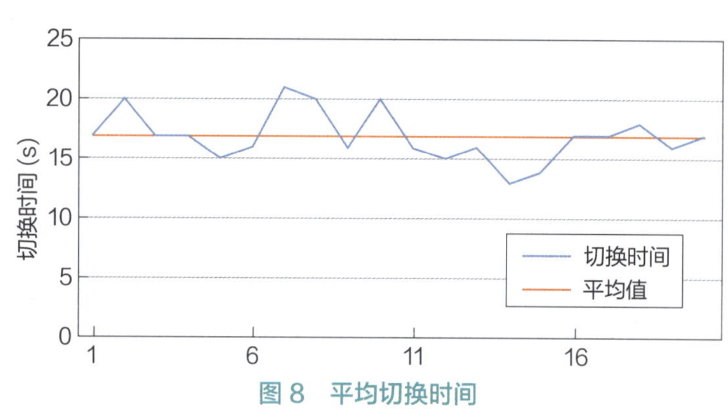


图 8　平均切换时间

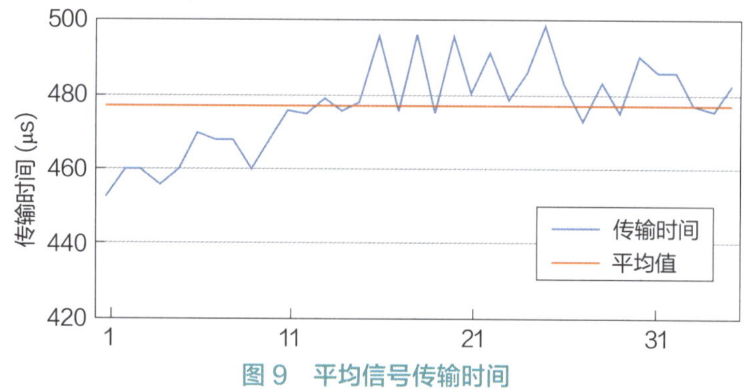


图 9　平均信号传输时间

### 4. 对策目标检查

平均切换时间为 16.9s，小于 20s，平均信号传输时间为 476.94μs，小于 500μs，对策目标实现。

## （二）采用单绳拖曳+角度传感器探测的超声波探测移动方式

### 1. 将绳缆和数控绞车连接，组装拖曳系统

绞车与探头之间只通过一根内部具备电缆的铠装钢缆同时实现拖曳、供电和数据通信功能。随后选型数控绞车，将绳缆和数控绞车连接，如图 10 所示。

### 2. 在超声波换能器探头上配置角度传感器，将其与拖曳系统组装

测控主机对绞车和探头实施联动控制，完成孔壁状况的连续扫描，如图 11 所示。

在现场利用测控主机测试其拖曳、供电和通信功能，结果显示装置工作正常，如图 12 所示。

| 项目 | 技术指标 |
|---|---|
| 测孔深度 | 300m |
| 提升速度 | 0～800m/h |
| 钢缆直径 | 4.7mm |
| 最大提升质量 | 100kg |
| 排缆方式 | 自动排缆 |
| 测量轮倍率 | 2r/m |
| 脉冲输出 | SG9208，1800P/r |
| 供电要求 | 220V/5A |
| 输电装置 | JLH0710 |
| 尺寸 | 540mm × 450mm × 455mm |
| 质量 | 36kg |

图 10　数控绞车及技术指标

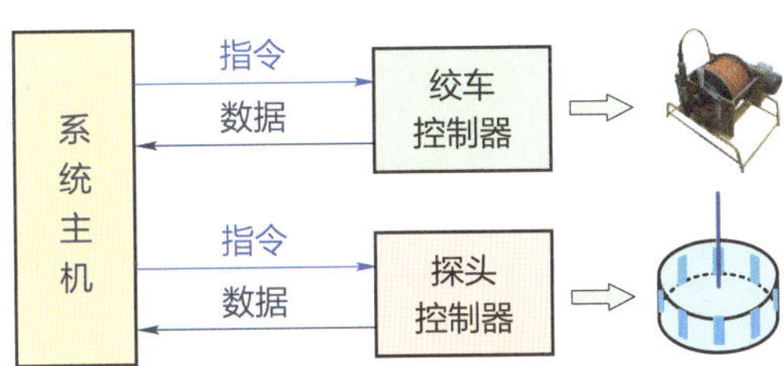


图 11　通信原理

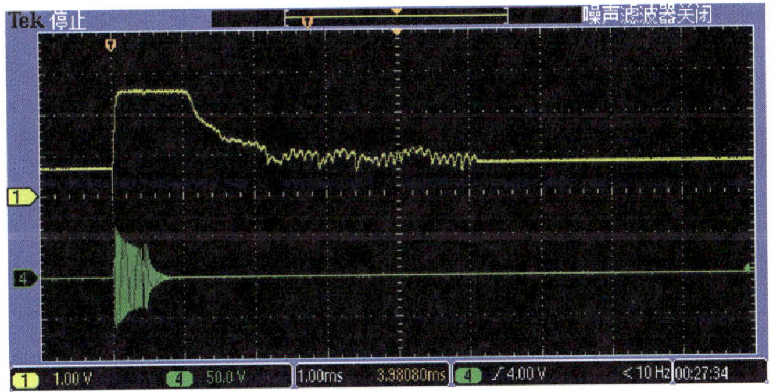


图 12　装置测试结果

### 3. 进行测试并统计轴向偏心值

测试结果如图 13 所示。

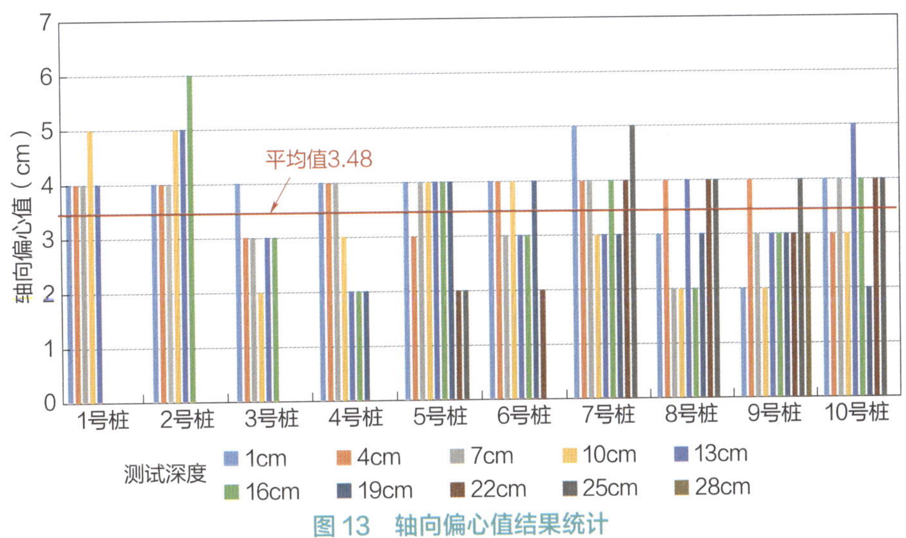


图 13　轴向偏心值结果统计

4. 对策目标检查

采用收发分体的超声波换能器平均轴向偏心为 3.48cm，小于 5cm 的目标，对策目标实现。

## （三）采用后台处理进行数据合成

1. 收集并导入超声波探测数据

完成超声波探头配置方案研究和结构设计如图 14 和图 15 所示，导入探测数据。

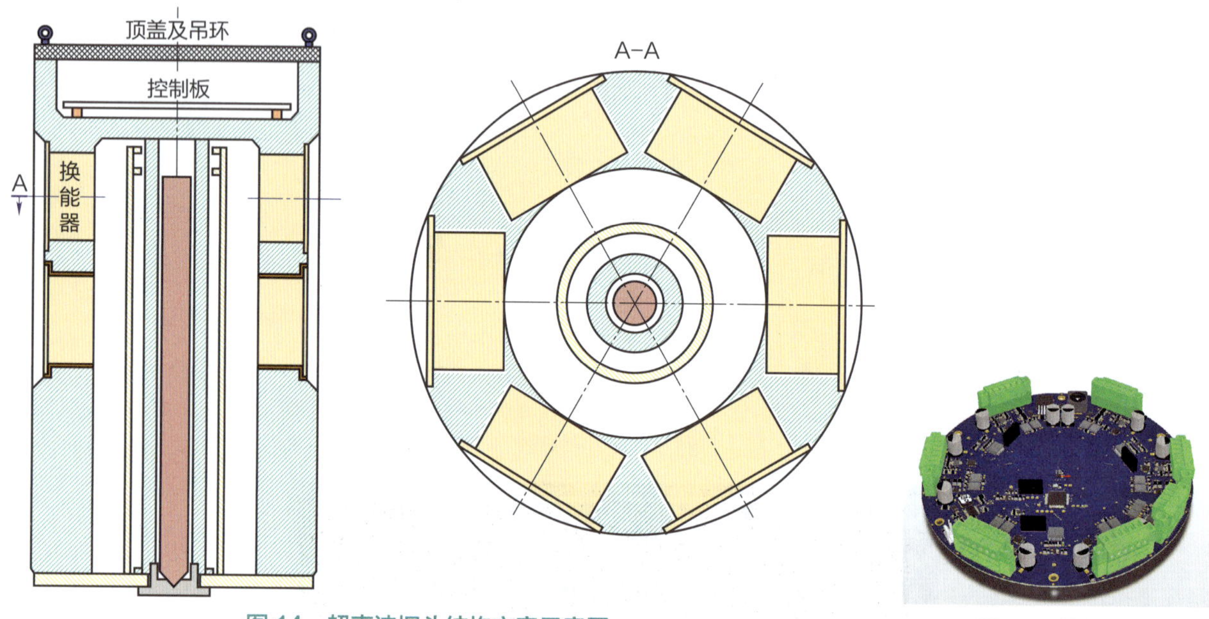


图 14　超声波探头结构方案示意图

图 15　控制器

2. 通过后台处理的融合及补偿算法进行数据合成

将 6 个检测点位获取的信息通过融合及软件补偿算法，完成数据合成。

3. 根据以上方案测试并统计多目标跟踪准确度

$N$= 测试样本总数，$M$= 数据合成过程中误报 + 丢失 + 异常样本数，如图 16 所示。

4. 对策目标检查

采用后台处理的数据合成方法，多目标跟踪准确度为 95.9%，大于目标设定的 95%，对策目标实现。

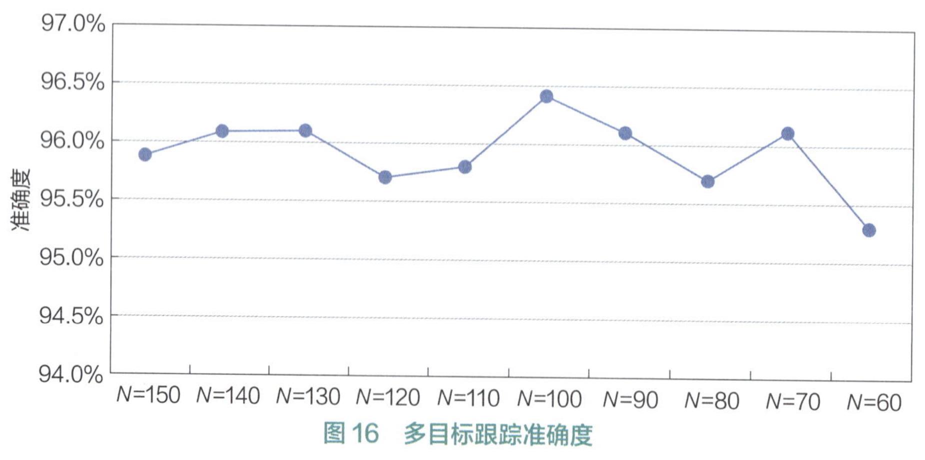


图 16　多目标跟踪准确度

## （四）采用开放图形库生成三维图像

### 1. 获取三维模型轮廓

结合施工图纸确定水下灌注桩三维模型，采用 C 语言对 CAD 进行二次开发，导入三维模型自动获取三维模型轮廓，如图 17 所示。

### 2. 生成成孔信息模型

采用开放图形库自动拉伸生成三维模型，实现施工期建筑信息模型转换。

### 3. 渲染模型并测试生成模型准确率

过程如图 18 和图 19 所示。

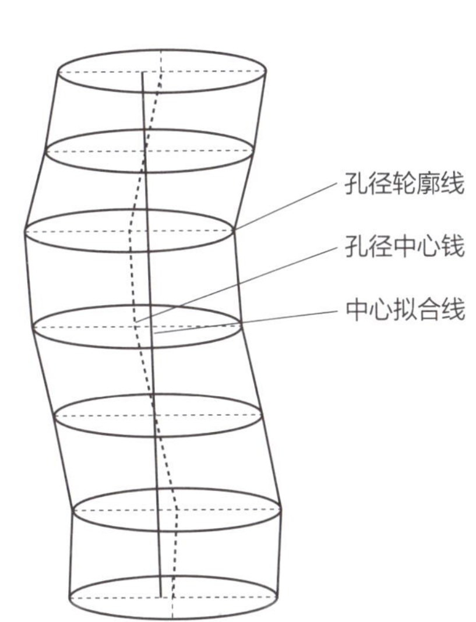


图 17　图纸确定的三维模型

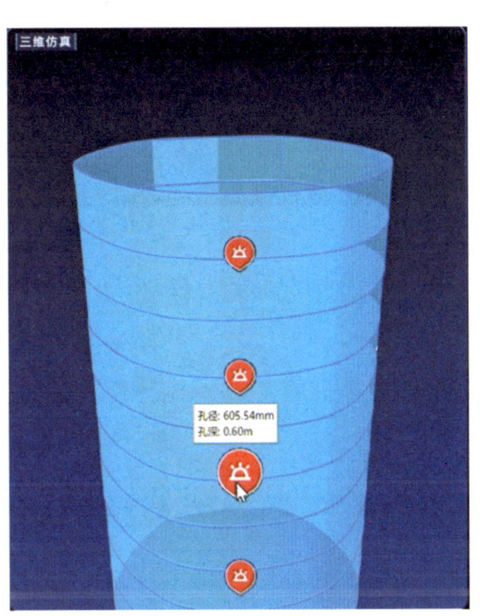


图 18　最终渲染模型

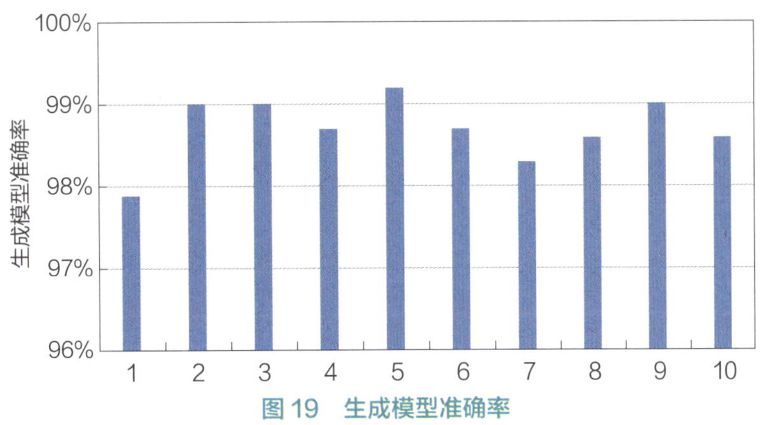


图 19　生成模型准确率

### 4. 对策目标检查

生成模型准确率为 98.7%，大于 95%的目标值，对策目标实现。

## （五）采用机器视觉抓取算法 + 自修正进行验收数据抓取

### 1. 开发三维机器视觉算法

采用 Python 语言进行开发测试。

### 2. 采用三维机器视觉算法抓取数据

将生成的三维模型导入，抓取关键数据形成检验系统界面，如图 20 所示。

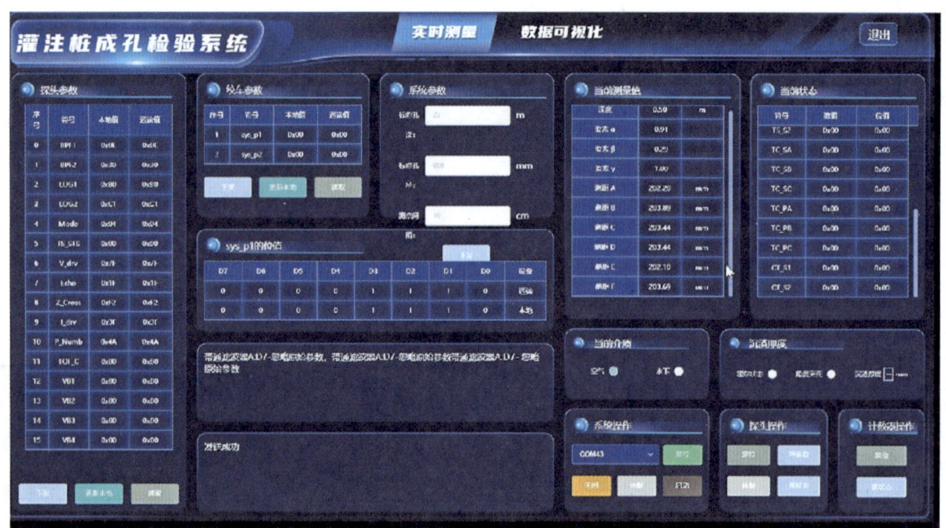


图 20　系统界面

### 3. 对抓取数据进行自修正并统计准确率

对比需求，改进神经网络拓扑结构实现自修正功能。

将数据指标与抓取值对比，统计数据抓取准确率，如图 21 所示。

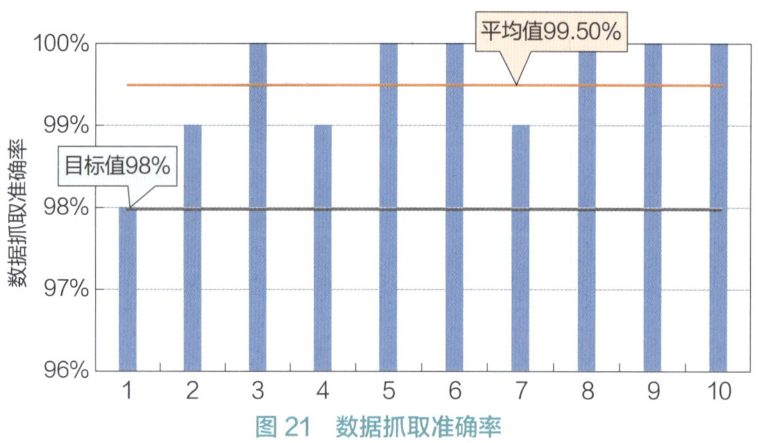


图 21　数据抓取准确率

### 4. 对策目标检查

数据抓取准确率率为 99.5%，大于 98%的目标值，对策目标实现。

## （六）采用批量+网页生成测量报告

### 1. 将检测信息汇总生成验收报告

利用 python 语言编写 AirTest 自动化测试集成开发工具，将抓取得到的数据通过汇总生成验收报告。随后配置文件并获取文件所在目录，每个脚本对应生成一个 html 报告。

### 2. 将批量生成的网页报告同时向相关部门推送

### 3. 测试并统计信息推送速率和准确率

信息推送实测数据统计如图 22 所示。

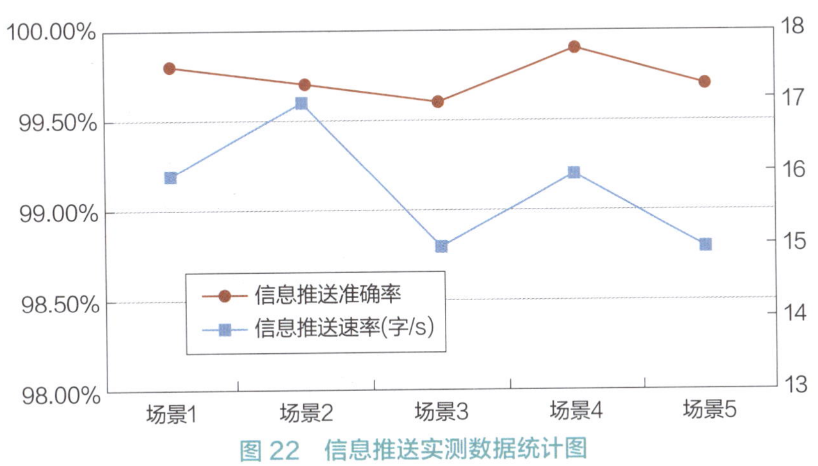


图 22 信息推送实测数据统计图

### 4. 对策目标检查

信息推送速率 15.8 字/s，>10 字/s，信息推送准确率为 99.7%，>98%，对策目标实现。

## （七）对策实施七：组装试验

### 1. 系统软硬件调试

各模块内容调试完成后，在阿里云上搭建测试环境，进行实际数据上传与调试，如图 23 所示。

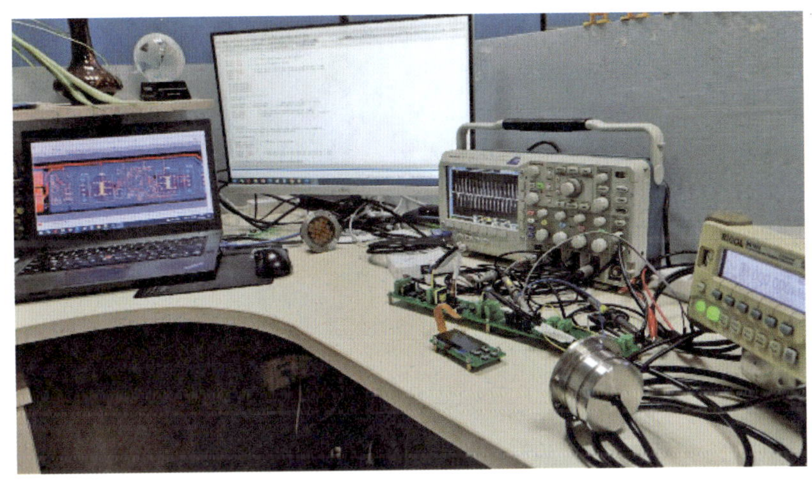

图 23 调试现场

### 2. 现场测试

随后小组成员前往在建工程现场进行现场测试，得出缺陷数据，如图 24 和图 25 所示。

图 24 测试前检查

图 25　测试中监测

设计人机界面友好的图形化操控软件，如图 26 所示。

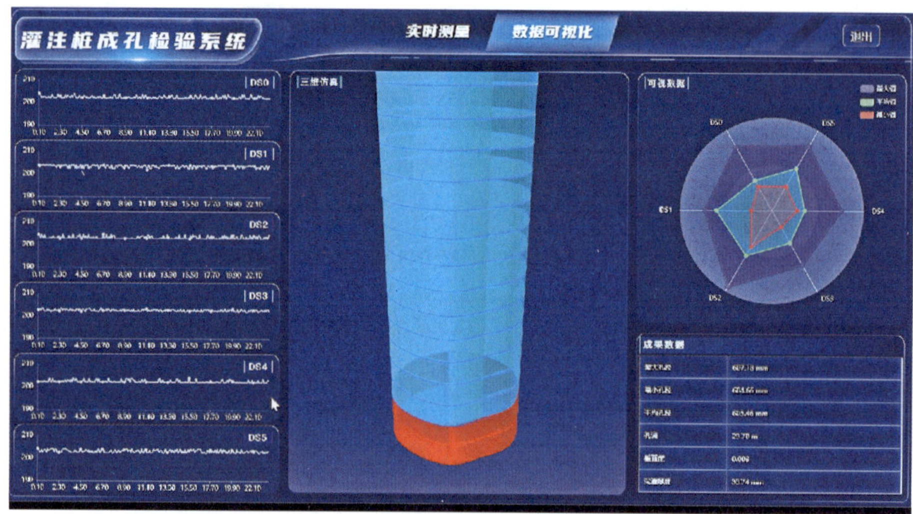


图 26　系统界面

## 3. 系统软件测评

测评结果合格，如图 27 所示。

No：SQA_DJ-STR-2022306

软件产品登记
测试报告

样品名称　水下灌注桩成孔智能检测系统V1.0

生产单位　国网江苏省电力工程咨询有限公司

委托单位　国网江苏省电力工程咨询有限公司

报告日期　2022年09月28日

航天中认软件测评科技（北京）有限责任公司

图 27　软件测评报告

4. 对策目标检查

如表 12 所示，人工和智能验收系统共验收缺陷 13 处，其中智能检测系统识别出 13 处缺陷，缺陷识别率为 100%，大于目标设定的 95%，对策目标实现。

表 12 识别结果统计

| 序号 | 缺陷 | 人工测量识别数量 | 智能检测系统识别数量 |
|---|---|---|---|
| 1 | 孔径偏小 | 3 | 5 |
| 2 | 孔深偏小 | 2 | 2 |
| 3 | 孔垂直度大于允许偏差 | 2 | 3 |
| 4 | 沉渣厚度大于允许偏差 | 2 | 3 |

# 六、效果检查

## （一）课题目标检查

小组将该检测装置在 4 个在建工程中进行应用，如表 13 所示。

表 13 应用统计表

| 线路名称 | 水下灌注桩数量（座） | 检测时间（min） | 单个检测平均时间（min） |
|---|---|---|---|
| 盱眙—秋藤线路工程 | 45 | 279 | 6.2 |
| 凤城—梅里线路工程 | 25 | 138 | 5.5 |
| 虞城—玉山线路工程 | 30 | 192 | 6.4 |
| 射阳港送出工程 | 15 | 111 | 7.4 |
| 合计 | 115 | 720 | 6.3 |

平均单个水下灌注桩成孔检测耗费 6.3min，对比设定的目标值 10min，目标实现。

## （二）效益分析

（1）利用该装置检测 220 个水下灌注桩成孔质量，实现经济效益 35032.8 元。

（2）有效提高水下灌注桩成孔质量检测效率，节省了人力资源。
（3）采用三维可视化技术、超声波探测技术，积极探索智慧电网建设在输电工程上的应用。
（4）显著提升项目业主的满意度，促进了检测标准化。

# 七、标准化

## （一）可推广性评价

小组成员通过所在部门向公司提出成果评价，成果评价结论为优秀，具备推广价值，如图 28 所示。

**关于 QC 成果“水下灌注桩成孔智能检测装置的开发”推广价值的评价报告**

监理一中心向公司提出对其 QC 成果“水下灌注桩成孔智能检测装置的开发”的推广价值进行评价，经公司专家组认定，该智能检测装置具有以下特点：

1、普遍适用，可广泛应用于电力系统水下灌注桩成孔验收；

2、技术可行，具有详细的操作流程，利用现有技术在规定期限内，能够达到其设定的功能目标；

3、安全可靠，不具有人身伤害的可能性；

4、使用便捷，在公司承接的连云港田湾核电~盐都开断环入徐圩 500 千伏线路工程及东吴~吴江南 500 千伏线路工程现场试运行良好并实现运行目标；

5、费用合理，综合费用通过财务审批和认证，可实现相应的经济效益。

综合以上评定，经 10 名专家打分，该 QC 成果的综合得分平均值为 94 分，评价结论为优良，具备成果推广的基础。

国网江苏省电力工程咨询有限公司
2022 年 11 月 14 日

图 28　推广价值评价报告

## （二）标准制定

为指导公司省内在建线路工程的管理人员操作该系统，小组组织编制材料如图 29 所示。

图 29　使用说明书、作业指导书及验收制度（试行）

# 八、总结和下一步打算

## （一）总结

小组成员进行了全面总结，在专业技术、管理能力、人员素质方面均有提升，在团队协作方面略有不足，为今后工作积累了宝贵经验。

创新点：

（1）采用超声波探测技术和电机拖曳方式取代原有人工操作工器具进行检测的验收方式。

（2）采用三维成像展示成孔内状态，采用智能抓取算法抓取关键指标并自动形成、推送验收报告。

（3）再造水下灌注桩成孔检测流程，将原先繁琐的人力验收流程简化。

## （二）推广应用

公司将检测系统应用于监理的重点工程扬镇直流输变电工程，经统计验收缺陷 68 条，减少验收人员 8 人，缩短验收时间 30h，节约验收成本约 7.9 万元。

## （三）下一步打算

小组下阶段课题暂定为：轻便式水下灌注桩成孔智能检测装置的研制。

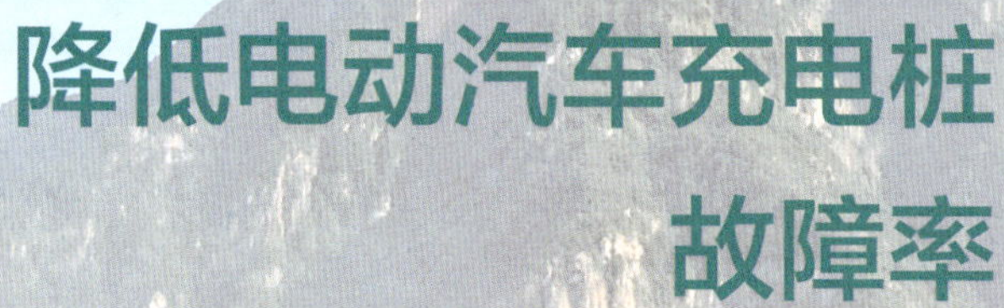

# 降低电动汽车充电桩故障率

国网连云港供电公司青春电 E 行 QC 小组

主创人：许 笑、李 伟、管 亚、孔维泰、董小艳、王泓力、何 杰、高 翔、皋 庆、孙子雯

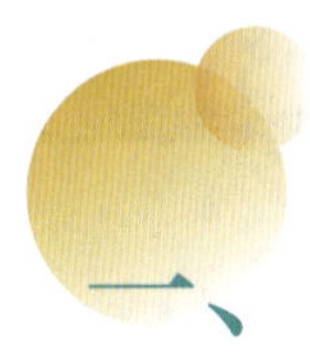

# 一、选择课题

### 1. 部门要求

国网连云港供电公司市场营销部要求：充电桩故障率≤1%。

### 2. 问题现状

2021 年 6—11 月，连云港地区充电桩故障统计见表 1 和图 1。

表 1　2021 年 6—11 月连云港地区充电桩故障统计表

| 月份 | 6 | 7 | 8 | 9 | 10 | 11 | 平均 |
|---|---|---|---|---|---|---|---|
| 故障率（%） | 3.93 | 4.17 | 3.07 | 1.33 | 1.79 | 2.24 | 2.76 |

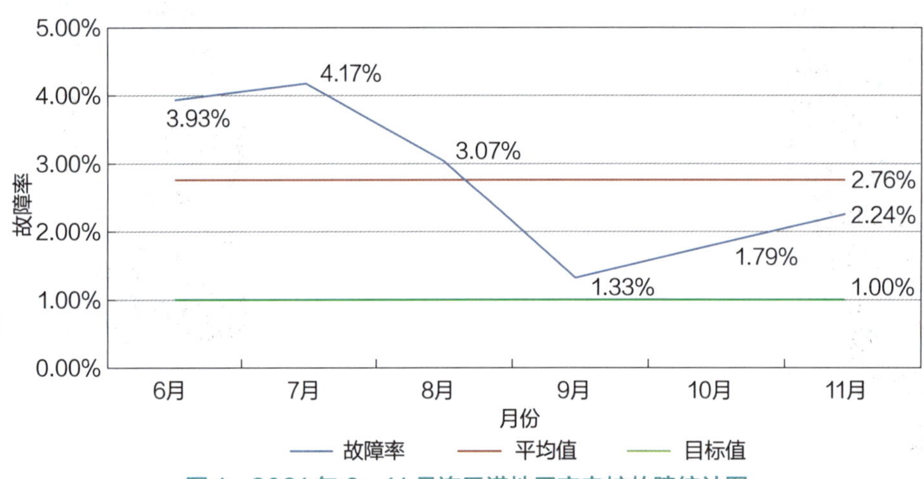

图 1　2021 年 6—11 月连云港地区充电桩故障统计图

从表 1 和图 1 可以看出，2021 年 6—11 月连云港市充电桩故障率均值为 2.76%，不满足公司指标 1%，是目前急需解决的问题。

### 3. 选择课题

降低电动汽车充电桩故障率。

# 二、设定目标

充电桩故障率如图 2 所示。

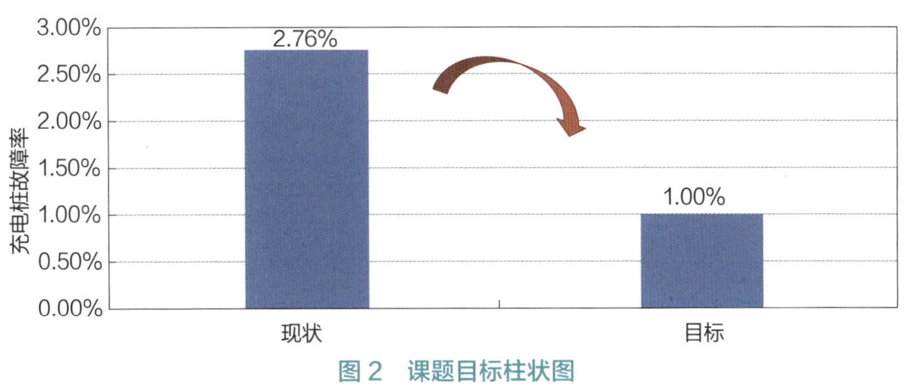


图 2 课题目标柱状图

## 三、目标可行性论证

### （一）论证一

连云港地区充电桩故障时长等情况进行了调查，如表 2 和图 3 所示。

表 2 2021 年 6—11 月充电桩故障情况分析统计表

| 序号 | 月份 | 投运时长（h） | 故障时长（h） | 故障率 |
|---|---|---|---|---|
| 1 | 6 | 313968 | 12351 | 3.93% |
| 2 | 7 | 316944 | 12778 | 4.17% |
| 3 | 8 | 306720 | 9728 | 3.07% |
| 4 | 9 | 331824 | 4417 | 1.33% |
| 5 | 10 | 321120 | 5754 | 1.79% |
| 6 | 11 | 334457 | 7499 | 2.24% |
| 总计 | | 1925033 | 52527 | — |
| 平均值 | | — | — | 2.76% |

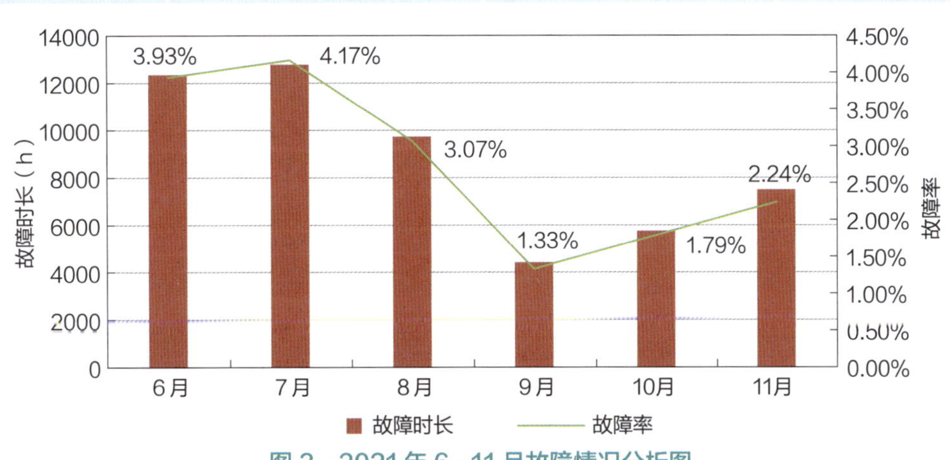


图 3 2021 年 6—11 月故障情况分析图

若要降低故障率需对故障时长深入分析，小组结合实际，对外部因素和内部因素进行统计分析，如表 3 和图 4 所示。

表 3　2021 年 6—11 月内外因致充电桩故障率统计表

| 序号 | 月份 | 外部因素导致故障时长（h） | 内部因素导致故障时长（h） | 故障率 |
|---|---|---|---|---|
| 1 | 6 | 439 | 11916 | 3.93% |
| 2 | 7 | 567 | 12197 | 4.17% |
| 3 | 8 | 399 | 9429 | 3.07% |
| 4 | 9 | 114 | 4581 | 1.33% |
| 5 | 10 | 582 | 4870 | 1.79% |
| 6 | 11 | 722 | 6711 | 2.24% |
| 合计值 | | 2823 | 49704 | — |
| 平均值 | | — | — | 2.76% |

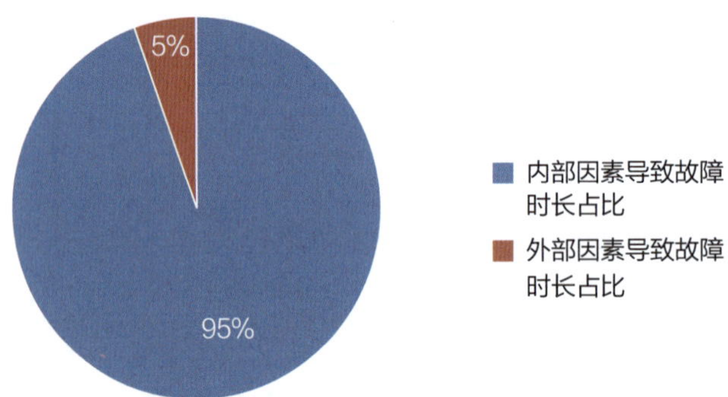


图 4　2021 年 6—11 月月度与故障情况分析图

结论：内部因素是影响充电桩故障率的主要因素。

## （二）论证二

进一步针对内部因素分类分层，整理了对应月份故障类型，如表 4 和图 5 所示。

表 4　2021 年 6—11 月故障类型汇总表

| 类型 | 故障总时长（h） | 百分比 | 累计故障时长（h） | 累计百分比 |
|---|---|---|---|---|
| 通信故障时长 | 24246 | 48.78% | 24246 | 48.78% |
| 温度故障时长 | 20446 | 41.14% | 44692 | 89.92% |
| 充电模块故障时长 | 2870 | 5.77% | 47562 | 95.69% |
| 配电电源故障时长 | 1123 | 2.26% | 48685 | 97.95% |
| 其他故障时长 | 1019 | 2.05% | 49704 | 100.00% |

结论：通信故障时间长和温度故障时间长是影响电动汽车充电桩故障率的症结。

## （三）论证三

### 1. 横向比较

选取了与本课题充电桩规模相当，充电桩运行环境相同的充电设施单位分析，如表 5 所示。

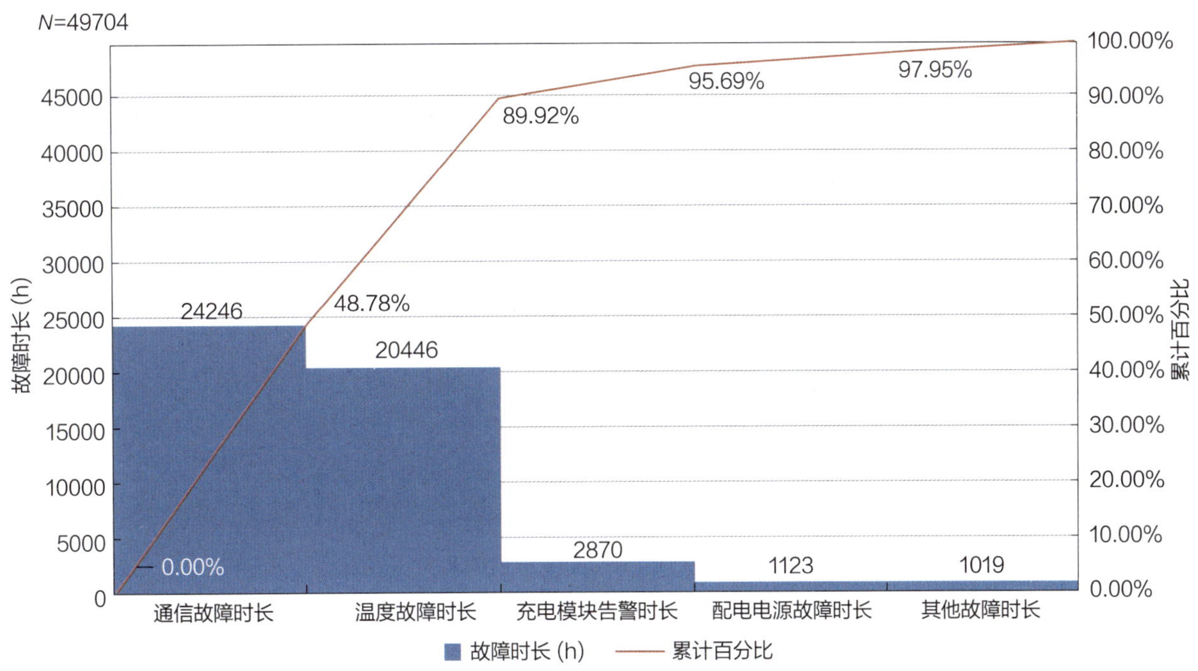

图 5　2021 年 6—11 月故障情况排列图

表 5　2021 年 6—11 月各单位故障率统计表

| 类型 | 明茂公司 | 连云港公司 |
|---|---|---|
| 通信故障时长（h） | 1795 | 24246 |
| 温度故障时长（h） | 1597 | 20446 |
| 通信故障占比 | 8.69% | 48.78% |
| 温度故障占比 | 7.73% | 41.14% |
| 故障率 | 0.99% | 2.73% |

充电桩故障率为 0.99%<1%，满足公司期望的充电桩故障率要求，考虑到均有相近的运营环境、规模配置，因此数据具有参考价值。

## 2. 纵向比较

根据调查历史数据，找出历史最好水平，如图 6 所示。

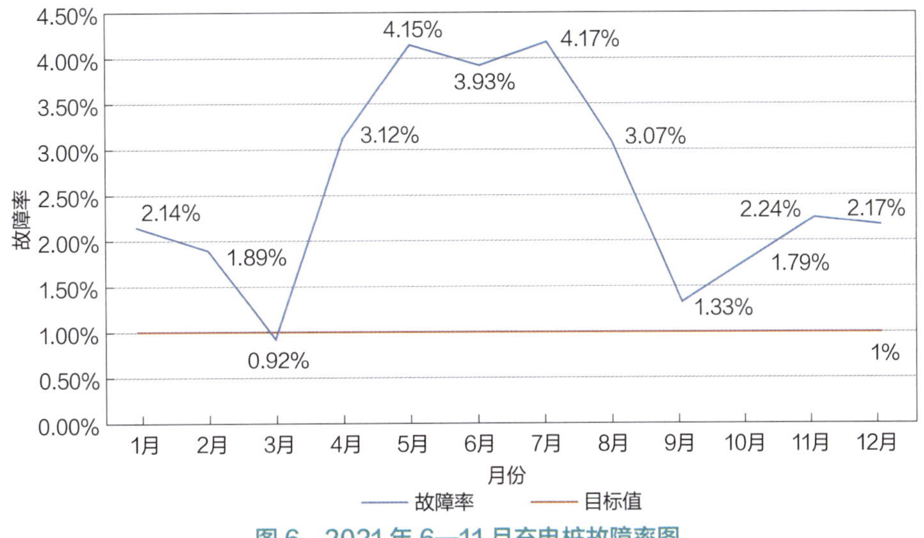

图 6　2021 年 6—11 月充电桩故障率图

3 月最好水平充电桩故障率 0.92%，对症结占比调查，如表 6 所示。

表 6 2021 年 3 月症结占比统计表

| 日期 | 通信故障时长（h） | 温度故障时长（h） | 通信故障占比 | 温度故障占比 | 故障率 |
|---|---|---|---|---|---|
| 2021 年 3 月 | 172 | 143 | 5.57% | 4.62% | 0.92% |

小组对比 2021 年 3 月份数据进行分析测算，通信故障时长占比为 5.57%，温度故障时长占比 4.62%，本课题中通信故障时长占比 48.78%，温度故障时长占比 41.14%，小组有能力将现状水平提升至最好水平，测算通信故障时长及温度故障时长的解决程度：（48.78－5.57）/48.78＝88.58%，（41.14－4.62）/41.14＝88.77%。

综合测算：小组经横向及纵向对比，认为可以解决症结“通信故障时长及温度故障时长的 85%”，即充电桩故障率为

$$[(24246+20446)-(24246+20446)\times 0.85+2870+2142+2823]/2093579=0.695\%<1\%$$

结论：小组目标可行。

# 四、原因分析

原因分析关联图如图 7 所示。

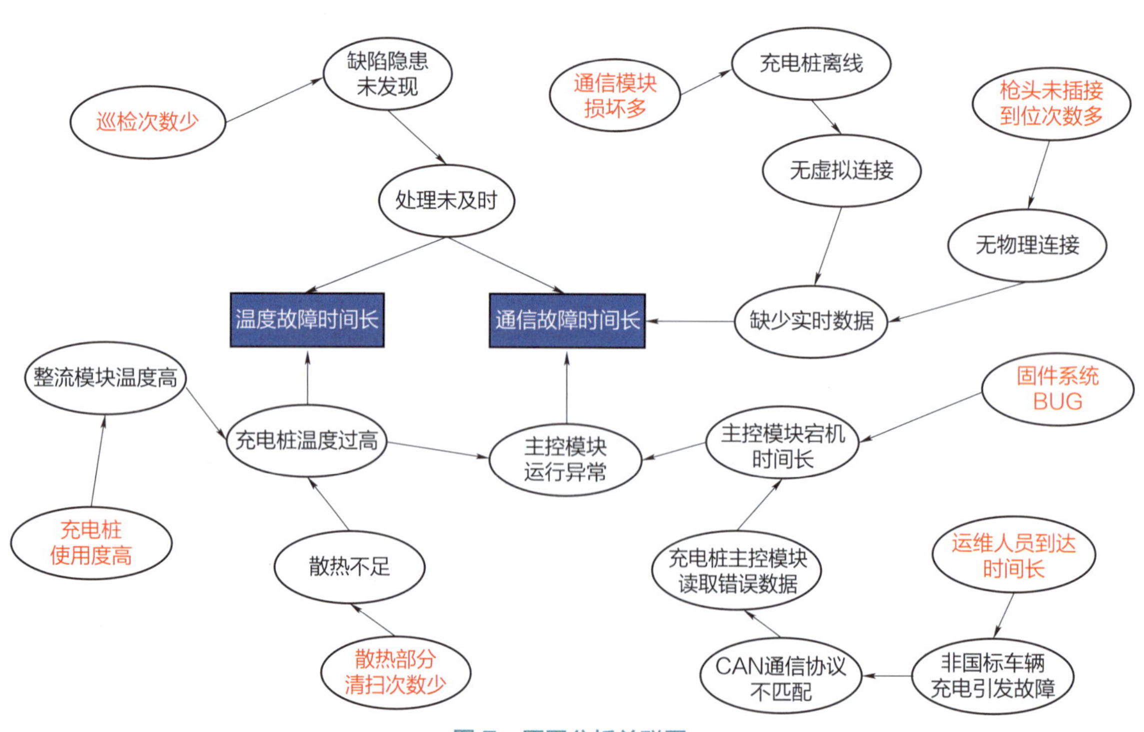


图 7 原因分析关联图

# 五、确定主要原因

小组针对原因，进行分工，设计要求确认计划表，如表 7 所示。

表 7 要因确认计划表

| 序号 | 末端原因 | 确认内容 | 确认方法 | 负责人 | 实施地点 | 完成日期 |
|---|---|---|---|---|---|---|
| 1 | 充电枪头未插接到位次数多 | 分析充电枪头插接未到位次数对症结的影响程度 | 调查分析、试验 | 许笑 | 充电站办公室 | 2022 年 2 月 9 日 |
| 2 | 巡检次数少 | 分析历史巡检次数对症结影响程度 | 调查分析、试验 | 王泓力 | 充电站办公室 | 2022 年 3 月 26 日 |
| 3 | 通信模块损坏多 | 分析通信模块损坏多少对症结的影响程度 | 调查分析、试验 | 高翔 | 充电站办公室 | 2022 年 3 月 29 日 |
| 4 | 充电桩使用度高 | 分析充电使用程度对症结的影响程度 | 调查分析、试验 | 李伟 | 办公室 | 2022 年 3 月 31 日 |
| 5 | 运维人员到达现场时间长 | 分析运维人员到达现场时间对症结的影响程度 | 调查分析、试验 | 皋庆 | 充电站办公室 | 2022 年 4 月 5 日 |
| 6 | 散热部分清扫次数少 | 分析散热部分清扫次数对症结影响程度判定 | 调查分析、试验 | 董小艳 | 充电站办公室 | 2022 年 5 月 2 日 |

## （一）要因确认一：充电枪头未插接到位次数多

现场是否存在枪头插接到位现象，经过小组调查，发现存在枪头插接到位现象，但通信故障时长与枪头未插接到位无关，如表 8 和图 8 所示。

表 8 2021 年 6—11 月枪头未插接到位情况统计表

| 月份 | 通信故障时长（h） | 未插接到位次数（个） |
|---|---|---|
| 6 月 | 5483 | 3426 |
| 7 月 | 5365 | 1789 |
| 8 月 | 4437 | 3251 |
| 9 月 | 1959 | 2381 |
| 10 月 | 2679 | 1901 |
| 11 月 | 4322 | 781 |
| 合计 | 24246 | 12803 |

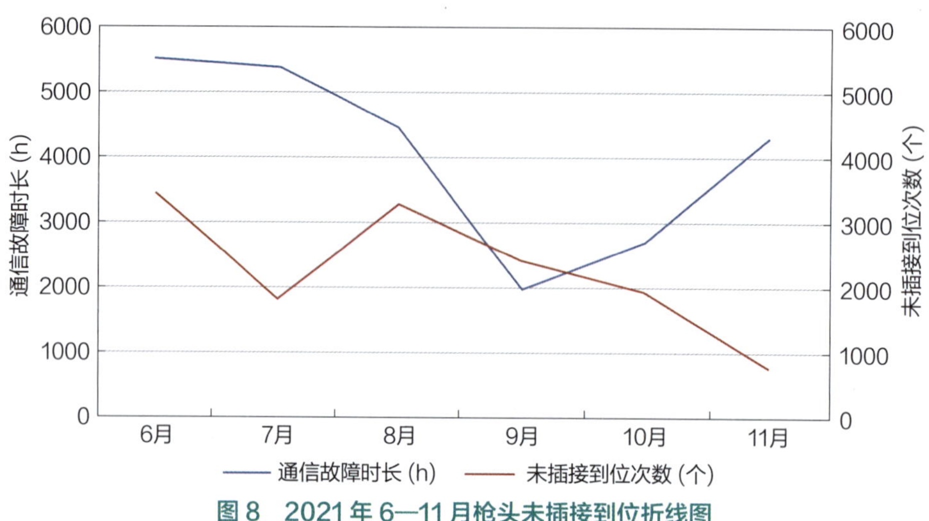

图 8 2021 年 6—11 月枪头未插接到位折线图

现场试验，如表 9 和图 9 所示。

表 9 现场试验情况汇总表

| 序号 | 试验日期 | 通信故障时长（h） | 故障次数（次） | 引发类别 | 插接到位次数 | 备注 |
|---|---|---|---|---|---|---|
| 1 | 2 月 8 日 | 0 | 0 | — | 100 | 插接到位与未到位试验 100 次 |
| | 2 月 8 日 | 0.0137 | 100 | 插接未到位 | 0 | |

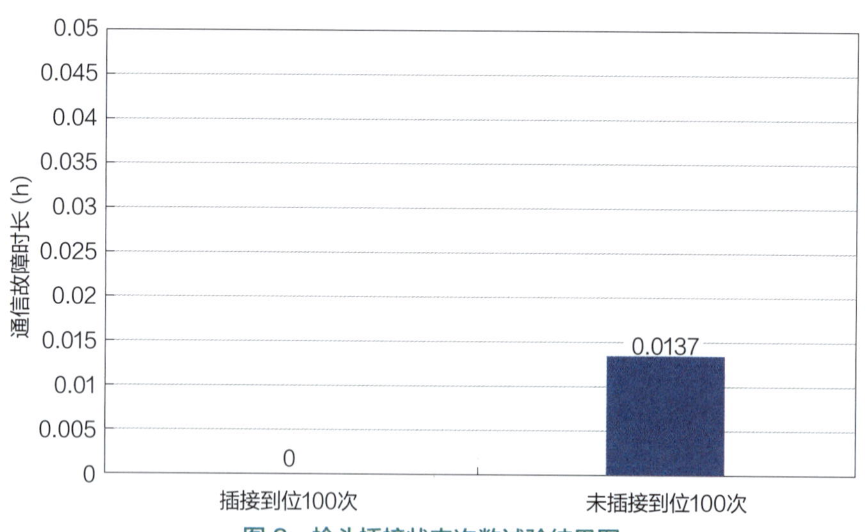

图 9 枪头插接状态次数试验结果图

两组累计时长仅相差 0.0137h，通信故障时长忽略不计。综上，充电枪头未插接到位次数多对通信故障时长症结无明显影响。

结论：非要因。

## （二）要因确认二：巡检频次少

调查分析现有巡检次数对应情况，如表 10 所示。

表 10　2021 年 6—11 月巡检情况表

| 序号 | 月份 | 实际巡检次数 | 完成率 | 应巡视站点 | 备注 |
|---|---|---|---|---|---|
| 1 | 6 | 112 | 127.27% | 88 | 全市 90 个站点，除因场地原因停运外，其余正常运行。巡视要求：每月 1 次 |
| 2 | 7 | 126 | 141.57% | 89 | |
| 3 | 8 | 98 | 112.64% | 87 | |
| 4 | 9 | 102 | 114.61% | 88 | |
| 5 | 10 | 113 | 128.41% | 87 | |
| 6 | 11 | 93 | 104.49% | 89 | |
| 平均值 | | 107 | 121.50% | — | |

可见巡检次数符合规定，小组还进行了现场试验，如表 11 和图 10、图 11 所示。

表 11　2022 年 3 月巡检情况表

| 序号 | 日期 | 原巡检次数（次） | 现巡检次数（次） | 通信故障时长（h） | 温度故障时长（h） | 备注 |
|---|---|---|---|---|---|---|
| 1 | 1 日 | 22 | 22（规定频次） | 165 | 69 | 要求：按原规定周巡视站点数为 22 座，试验将对应站点进行连续两周巡视（44 次），分析对症结的影响程度 |
| 2 | 2 日 | | | 159 | 55 | |
| 3 | 3 日 | | | 121 | 78 | |
| 4 | 4 日 | | | 146 | 92 | |
| 5 | 5 日 | | | 151 | 84 | |
| 6 | 6 日 | | | 125 | 75 | |
| 7 | 7 日 | | | 157 | 94 | |
| 8 | 8 日 | | 44（2 倍频次） | 119 | 84 | |
| 9 | 9 日 | | | 143 | 65 | |
| 10 | 10 日 | | | 163 | 78 | |
| 11 | 11 日 | | | 139 | 98 | |
| 12 | 12 日 | | | 177 | 71 | |
| 13 | 13 日 | | | 165 | 77 | |
| 14 | 14 日 | | | 145 | 72 | |

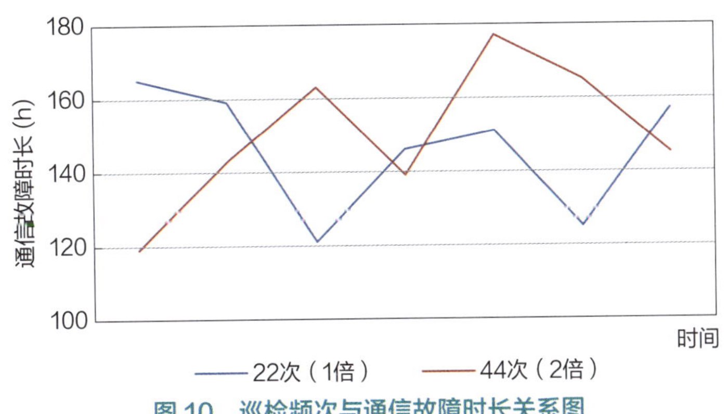


图 10　巡检频次与通信故障时长关系图

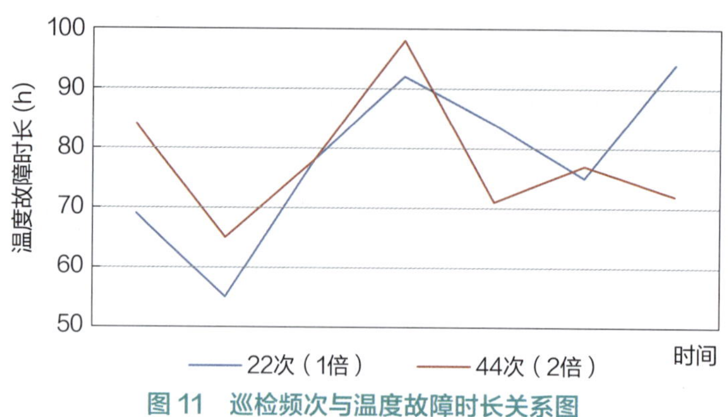


图 11　巡检频次与温度故障时长关系图

巡检次数翻倍，但通信故障、温度故障时长无明显变化。因此，对通信故障时长及温度故障时长影响小。

结论：非要因。

## （三）要因确认三：通信模块损坏多

首先调查分析是否存在通信模块故障情况，结果如表 12 所示。

表 12　2021 年 6—11 月通信故障统计表

| 月份 | 通信故障时长（h） | SDK 故障时长（h） | TCU 故障时长（h） |
|---|---|---|---|
| 6 | 6159 | 3412 | 98 |
| 7 | 6026 | 3492 | 81 |
| 8 | 4984 | 2920 | 138 |
| 9 | 2200 | 1166 | 75 |
| 10 | 3009 | 1552 | 94 |
| 11 | 4855 | 2491 | 58 |

由表 12 可得，存在通信模块故障的情况。小组进一步进行现场试验，选取运行环境相同、投运年限时长相同的 SDK 模块充电场站 2 个桩，试验设置其为 SDK（未更换）及 TCU（更换）模块各一，进行测试，如表 13 和图 12 所示。

表 13　SDK 故障情况分析表（单位：h）

| 日期/类型 | 石化海连 SDK 桩 1 通信故障时长 | 石化海连 TCU 桩 2 通信故障时长 |
|---|---|---|
| 3 月 9 日 | 1.42 | 0.02 |
| … | | |
| 3 月 28 日 | 1.79 | 0 |

SDK 模组引发通信故障时长故障远大于 TCU 模组，因此通信模块损坏多是导致通信故障时长的主要原因。

结论：要因。

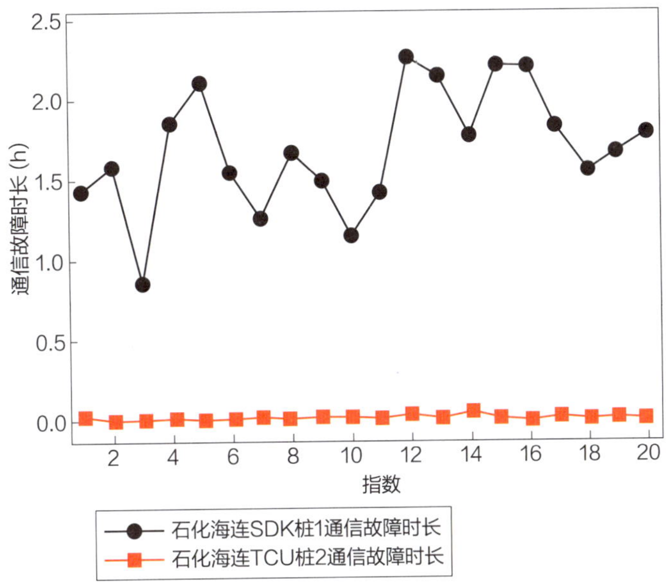


图 12　SDK 与 TCU 模块通信故障时长折线图

## （四）要因确认四：充电桩使用度高

由表 14、图 13 可知，不同使用密集的站点均存在温度故障和通信故障的情况。小组进一步进行现场试验，将不同使用频率程度的站点，进行为期半个月的试验，如表 15 和图 14、图 15 所示。

表 14　全市充电使用度桩调查分析情况表（单位：h）

| 序号 | 站点名称 | 全市大电量站点调查统计情况（半年度） | | | 电量 |
|---|---|---|---|---|---|
| | | 单桩通信故障时长 | 单桩温度故障时长 | 充电密集程度 | |
| 1 | 信访局 | 38.63 | 33.13 | 高 | 55.40kWh |
| 2 | 审批中心 | 30 | 34 | 高 | 52.22kWh |
| 3 | 区政府 | 40.23 | 38.87 | 中 | 35.34kWh |
| 4 | 火车东站 | 26.13 | 37.25 | 中 | 33.87kWh |
| 5 | 侍庄所 | 39.6 | 38.33 | 低 | 324.41kWh |
| 6 | 海陵路 | 34.25 | 39 | 低 | 468.85kWh |

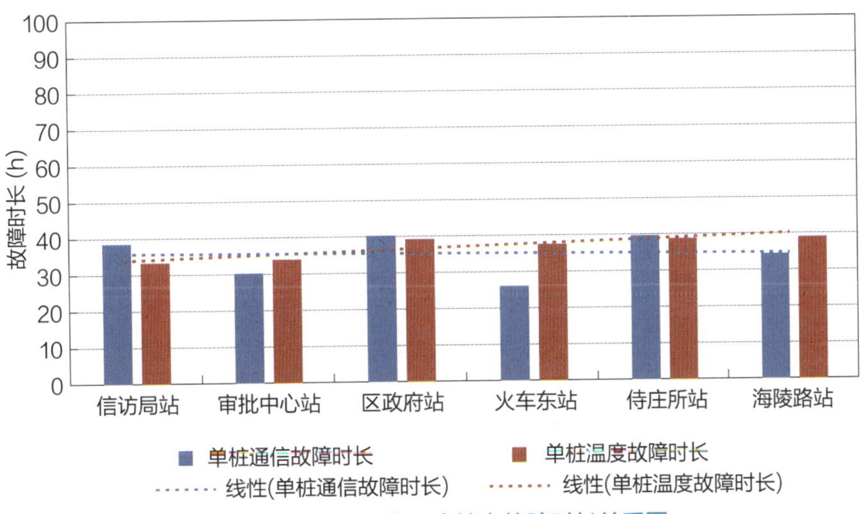


图 13　不同充电使用度站点故障时长关系图

表 15　2022 年 3 月 15—30 日现场故障时长试验情况表（单位：h）

| 日期/类型 | 审批中心（高频） | | 区政府（中频） | | 侍庄所（低频） | |
|---|---|---|---|---|---|---|
| | 通信故障时长 | 温度故障时长 | 通信故障时长 | 温度故障时长 | 通信故障时长 | 温度故障时长 |
| 3 月 15 日 | 0.01625 | 0.01688 | 0.01625 | 0.01688 | 0.01688 | 0.01625 |
| … | | | | | | |
| 3 月 30 日 | 0.01625 | 0.01625 | 0.01438 | 0.01500 | 0.01250 | 0.01500 |

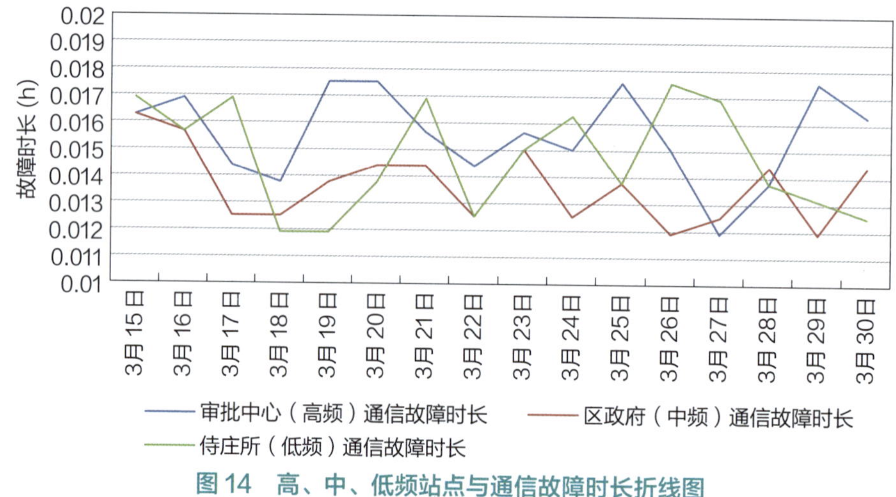


图 14　高、中、低频站点与通信故障时长折线图

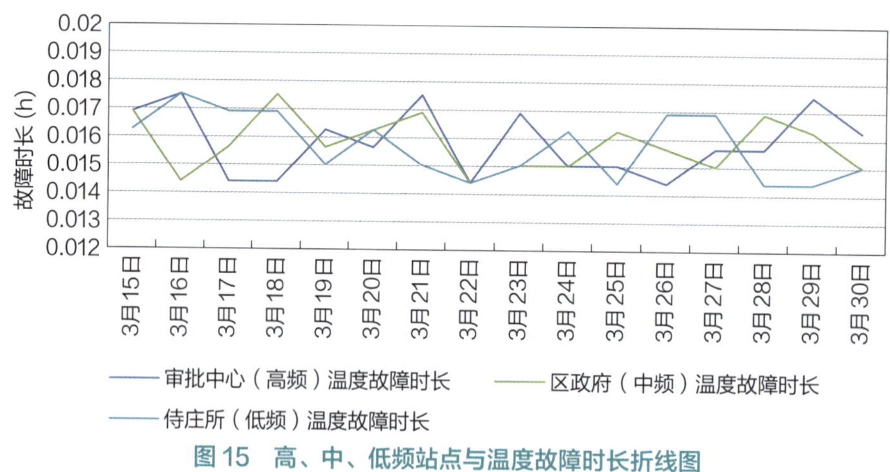


图 15　高、中、低频站点与温度故障时长折线图

充电桩使用程度对通信故障时长及温度故障时长均无明显影响，因此对症结影响较小。

结论：非要因。

## （五）要因确认五：运维人员到达现场时间长

对因非标车辆充电触发的到场时间进行调查，如表 16 和图 16 所示。

表 16 2021 年 6—11 月全市大电量站点情况表

| 月份 | 非标车辆引发故障时长（h） | 到场时长（含故障处理至恢复）（h） |
|---|---|---|
| 6 | 2703 | 2679 |
| 7 | 3215 | 3057 |
| 8 | 3558 | 3158 |
| 9 | 1450 | 1247 |
| 10 | 1470 | 1396 |
| 11 | 1617 | 1489 |

图 16 “非标”车辆充电故障现场图

可见，确实存在运维人员到达现场时间长情况。小组进一步现场试验，进行现场值守运维人员与无运维人员需接令后前往抢修（非值守）模式的 2 组试验，如表 17 和图 17 所示。

表 17 站点值守与非值守试验记录表（单位：h）

| 日期 | 时间 | 徐圩湖站 5、6 号桩 | | 盐河南站 1、2 号桩 | |
|---|---|---|---|---|---|
| | | 非值守模式通信故障时长 | 值守模式通信故障时长 | 非值守模式通信故障时长 | 值守模式通信故障时长 |
| 4 月 3 日 | 0:00－2:00 | 1.76 | 0.0293 | 0.54 | 0.0317 |
| | 2:00－4:00 | 1.04 | 0.0262 | 1.82 | 0.015 |
| | … | | | | |
| | 22:00－24:00 | 0 | 0.0179 | 0.79 | 0 |
| 4 月 4 日 | 0:00－2:00 | 0.9 | 0.0237 | 0.92 | 0.0142 |
| | … | | | | |
| | 20:00－22:00 | 0.6 | 0.0222 | 1.75 | 0.021 |
| | 22:00－24:00 | 0.52 | 0.0273 | 1.12 | 0.0204 |

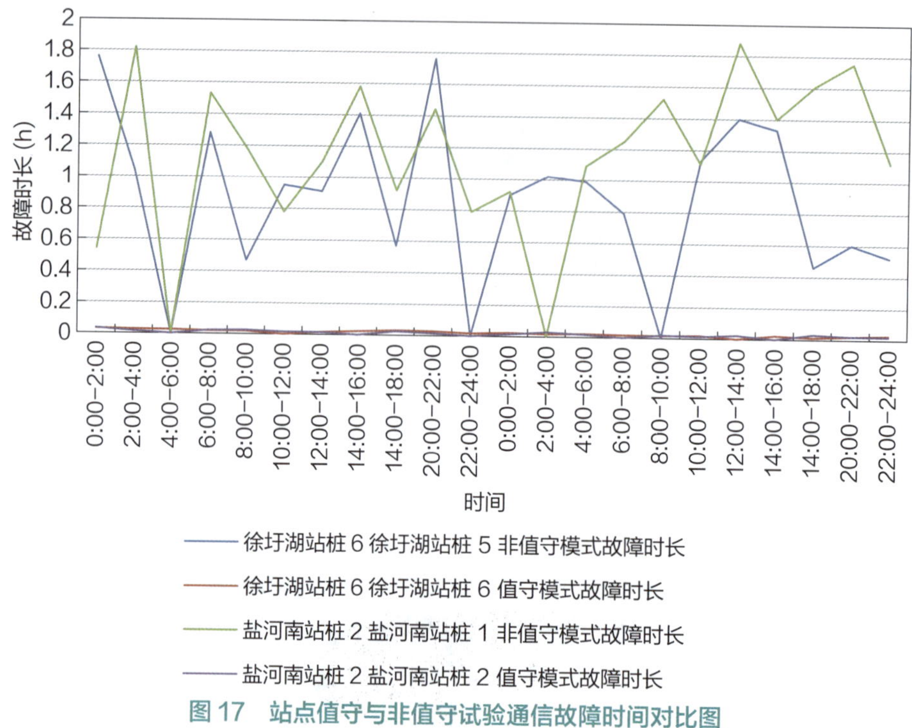


图 17 站点值守与非值守试验通信故障时间对比图

站点值守与非值守试验通信故障时间有明显差距，该末端原因对症结影响程度大。
结论：要因。

## （六）要因确认六：散热部分清扫次数少

小组对全市 385 个直流充电桩进行了现场检查，如表 18 所示。

表 18 散热模块排查情况表

| 总桩数 | 粉尘桩数量 | 清扫次数 |
|---|---|---|
| 385 | 335 | 1 次/2 月 |

可见确实存在粉尘桩及散热部分清扫次数少的情况。小组进一步进行现场试验，随机选择充电桩按照双月、单月、双周、单周频次清扫试验，如图 18 和图 19 所示。

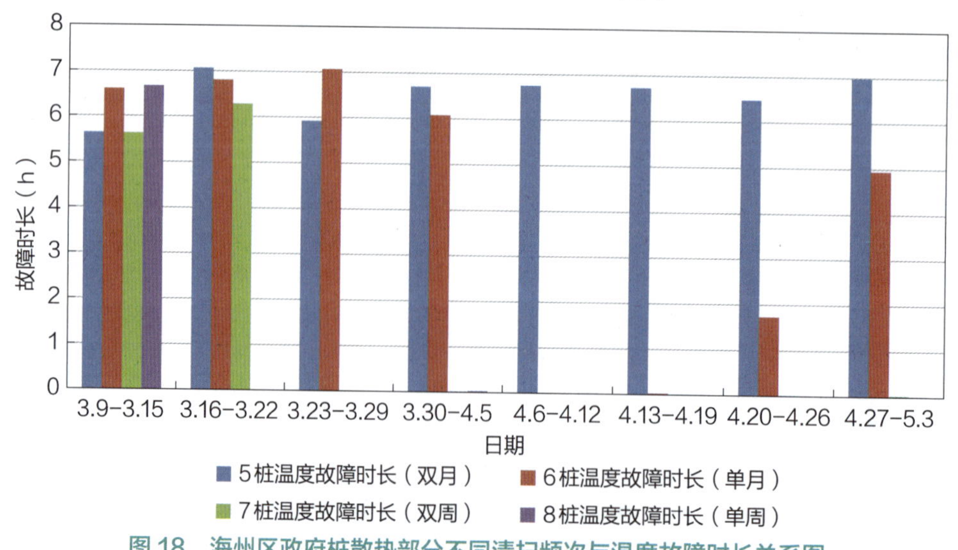


图 18 海州区政府桩散热部分不同清扫频次与温度故障时长关系图

双周清扫一次，温度故障时长下降明显。

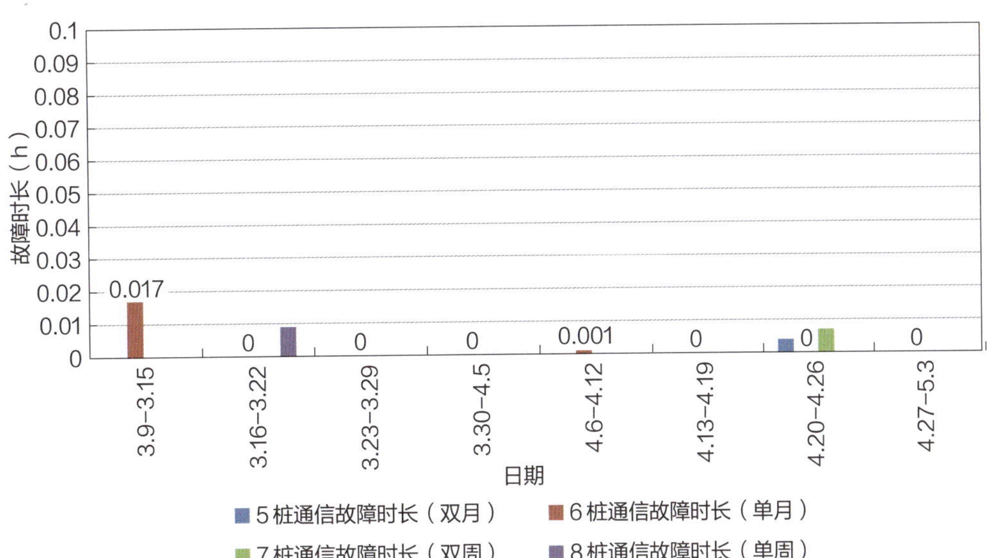

图 19　海州区政府桩散热部分不同清扫频次与通信故障时长关系图

增加散热部分的清扫次数，对通信故障时长几乎无影响，而对温度故障时长随着清扫频次翻倍（即增加清扫次数）而明显减小。

结论：要因。

# 六、制定对策

制定对策计划表，如表 19 所示。

表 19　对策计划表

| 序号 | 要因 | 对策 | 目标 | 措施 | 负责人 | 地点 | 完成日期 |
|---|---|---|---|---|---|---|---|
| 1 | 通信模块损坏多 | 更换通信模块 | 100% 更换 SDK 模块 | （1）制定模块更换计划表。<br>（2）按照计划现场逐一更换模块。<br>（3）组织到场核实，同时现场查询其运行情况 | 皋庆 | 充电站现场 | 2022 年 5 月 30 日 |
| 2 | 运维人员到达现场时间长 | 加装远程控制开关 | 远程控制开关 100% 加装、控分/合成功率达 100%，在 0.033h 内完成重启 | （1）针对不同配电柜设计一次开关横担。<br>（2）在横担上安装远程控制开关，就近在柜门通风口附近安装远控通信模块，并完成一二次接线。<br>（3）组织人员，到场用远控上位机，逐一遥控，验收功能，故障及时重启 | 孔维泰 | 充电站现场 | 2022 年 5 月 30 日 |
| 3 | 散热部分清扫次数少 | 增加清扫散热部分次数 | 半月 ≥1 次清扫次数 | （1）拆卸散热外罩。<br>（2）清洗散热外罩及过滤网。<br>（3）将清洗后的散热外罩、过滤网安装到充电桩。<br>（4）复合现场清理情况 | 许笑 | 充电站现场、办公室 | 2022 年 5 月 30 日 |

# 七、对策实施

## （一）对策一：更换通信模块

### 1. 措施 1：制定模块更换计划表

如表 20 所示。

表 20　对策计划表

| 序号 | 站点名称 | 模块数量 | 更换日期 | 更换记录（√/×） | 备注 |
|---|---|---|---|---|---|
| 1 | 徐圩湖停车场 | 24 | 5 月 15 日 | | |
| 2 | 中石化海连路 | 8 | 5 月 15 日 | | |
| 3 | 中石化盐河路 | 4 | 5 月 15 日 | | |
| 4 | 中石化南城 | 6 | 5 月 15 日 | | |
| 5 | 连云神州宾馆 | 4 | 5 月 16 日 | | |
| 6 | 华乐合金 | 4 | 5 月 16 日 | | |
| 7 | 花果山景区 | 4 | 5 月 16 日 | | |
| 8 | 花果山国际机场 | 96 | 5 月 15—17 日 | | |
| 9 | 洪门零碳产业园 | 16 | 5 月 17 日 | | |
| 10 | 康缘小区 | 4 | 5 月 17 日 | | |

### 2. 措施 2：按照计划现场逐一更换模块

更换、检查、监督 TCU 模块更换情况，如图 20～图 23 所示。

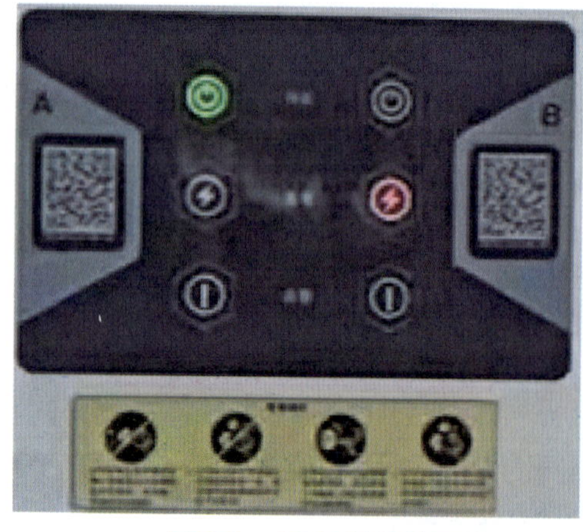


图 20　SDK 桩体外图

图 21　SDK 模块图

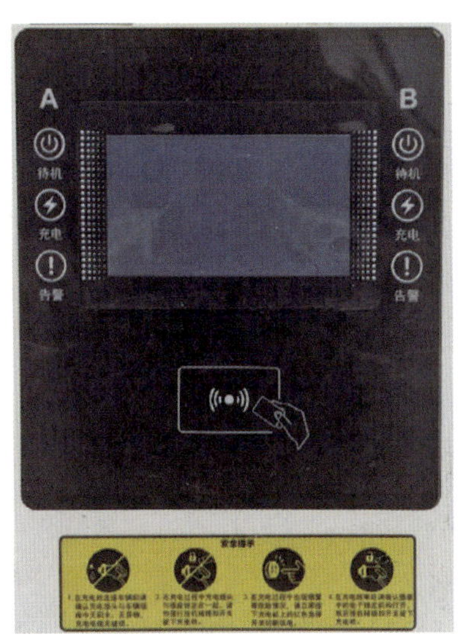

图 22 TCU 桩体外图

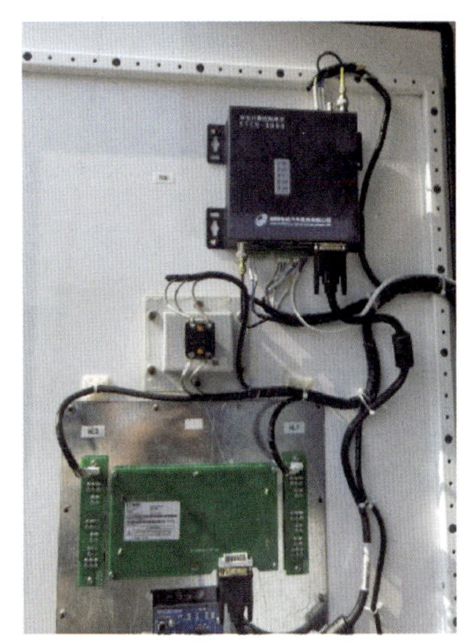
图 23 TCU 模块图

### 3. 措施 3：组织到场核实，同时现场查询其运行情况。

改造后运行情况统计如表 21 所示。

表 21 SDK 改造后运行情况统计表

| 序号 | 站点名称 | 通信故障时长（h） | 现场更换率 | 现场核实运行情况 |
|---|---|---|---|---|
| 1 | 徐圩湖停车场 | 3.65 | 100% | 正常 |
| 2 | 中石化海连路 | 6.31 | 100% | 正常 |
| 3 | 中石化盐河路 | 1.72 | 100% | 正常 |
| 4 | 中石化南城 | 2.58 | 100% | 正常 |
| 5 | 连云神州宾馆 | 2.27 | 100% | 正常 |
| 6 | 华乐合金 | 1.97 | 100% | 正常 |
| 7 | 花果山景区 | 2.15 | 100% | 正常 |
| 8 | 花果山国际机场 | 4.52 | 100% | 正常 |
| 9 | 洪门零碳产业园 | 8.13 | 100% | 正常 |
| 10 | 康缘小区 | 2.26 | 100% | 正常 |

实施效果：模块更换后，设备正常运行，SDK 模块更换率 100%，对策目标达成。

## （二）对策二：加装远程控制开关

（1）措施 1：针对不同配电柜设计一次开关横担。根据充电站点箱变室中配电柜型号，结合远控开关实际型号，对应设计与之匹配的安装横担，以便快速有效安装远控开关。

（2）措施 2：在横担上安装远程控制开关；同时就近在柜门通风口附近安装远控通信模块，并完成一二次接线。安装远程控制开关情况如图 24 所示。

图 24　远控模块图和远控模块安装图

（3）措施 3：组织人员，到场用远控上位机，逐一遥控，验收功能，故障及时重启，如表 22、图 25 所示，远控 APP 图如图 26 所示，测试结果如表 23 所示。

表 22　远控模块测试记录表

| 序号 | 远控编号 | 控分/合成功率 | 重启用时（h） | 序号 | 远控编号 | 控分/合成功率 | 重启用时（h） |
|---|---|---|---|---|---|---|---|
| 1 | 868729038797465 | 100% | 0.028 | 46 | 868729067748110 | 100% | 0.029 |
| | … | | | | … | | |
| 45 | 868729025658658 | 100% | 0.024 | 90 | 868729082609169 | 100% | 0.024 |

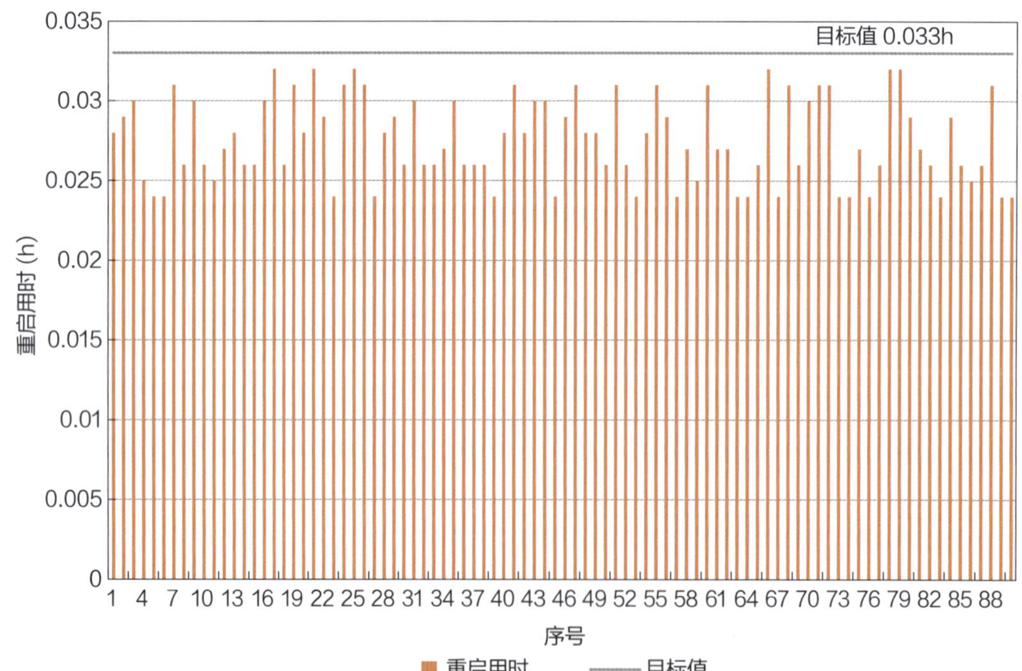


图 25　远控模块测试柱状图

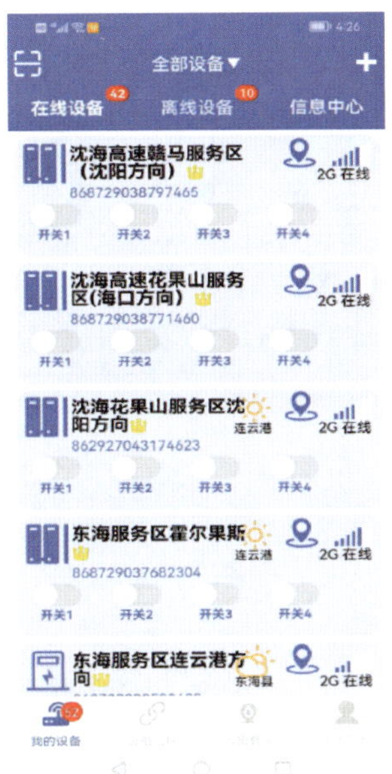

图 26　远控 APP 图

表 23　远控模块测试情况统计表

| 加装时间 | 加装型号 | 加装数量 | 控分次数/成功率 | 控合次数/成功率 | 验收人 | 加装升级成功率 | 备注 |
| --- | --- | --- | --- | --- | --- | --- | --- |
| 5.15－5.25 | 四路物联网控制器 | 90 | 90/100% | 90/100% | 许笑、范喜 | 100% | 遥控要求 0.033h 内 |

实施效果：进行控分合试验，远控开关 100%加装，在 0.033h 内完成控分/合成功率达 100%，对策目标达成。

## （三）对策三：增加清扫散热部分次数

（1）措施 1：拆卸散热外罩，如图 27 所示。

（2）措施 2：清洗散热外罩及过滤网，如图 28 所示。

（3）措施 3：将清洗后的散热外罩、过滤网安装到充电桩，如图 29 所示。

图 27　散热外罩及过滤网拆卸图

图 28　散热外罩及过滤网清洗图

图 29　散热外罩及过滤网安装图

（4）措施 4：复合现场清理情况。

检查制定巡检核查表后携带至现场核实清扫情况，如图 30 所示。

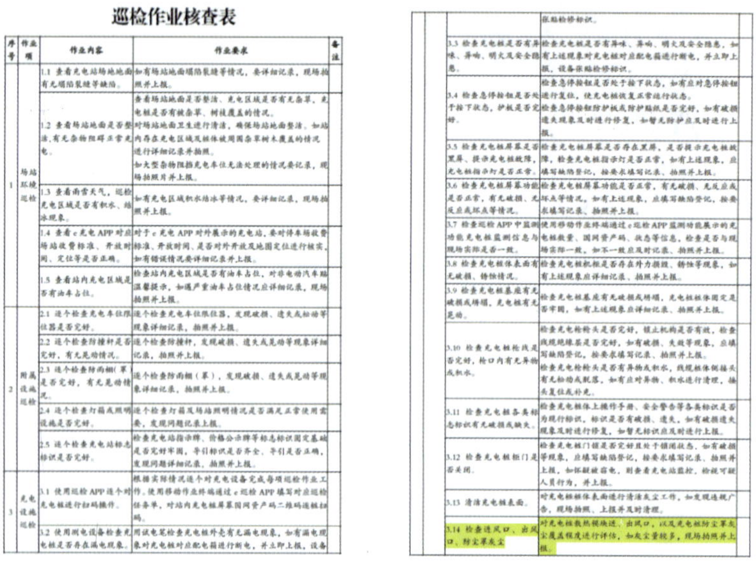

巡检作业核查表

图 30　巡检作业核查表

现场核查情况如表 24 所示。

表 24　巡检核查情况表

| 站点数 | 核查表数 | 巡检规范性 | 频次增幅 | 执行率 | 核查人 | 清扫完成率 |
|---|---|---|---|---|---|---|
| 90 | 90 | 100% | 双周次 | 100% | 王泓力、许笑 | 100% |

实施效果：小组对运维单位现场巡查一致性（规范与核查）进行复核，频次提升至双周一次，对策目标达成。

# 八、效果检查

## （一）课题目标检查

活动后，小组对充电桩故障率进行了统计，如表 25、图 31 所示。

表 25　2022 年国网连云港电动汽车充电桩故障率效果检查期统计表

| 序号 | 月份 | 投运时长（h） | 故障时长（h） | 故障率 |
|---|---|---|---|---|
| 1 | 6 | 322869 | 2001 | 0.62% |
| 2 | 7 | 324680 | 1985 | 0.61% |
| 3 | 8 | 316204 | 1751 | 0.55% |
| 4 | 9 | 325573 | 552 | 0.17% |
| 5 | 10 | 335403 | 527 | 0.16% |
| 6 | 11 | 340452 | 1121 | 0.33% |
| 平均值 | | 327530 | 1323 | 0.41% |
| 合计 | | 1965180 | 7936 | — |

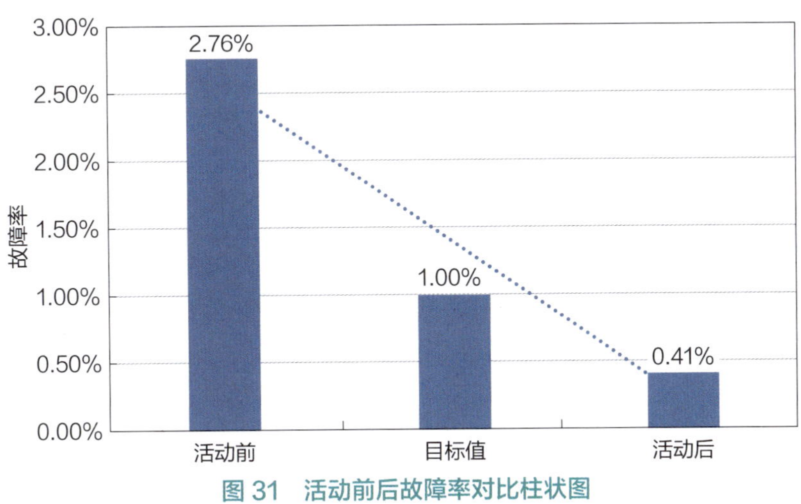


图 31　活动前后故障率对比柱状图

设备运行温度的降低会提高模块运行的稳定性，降低其余故障发生的概率，最终故障率下降到 0.41%。

## （二）症结改善程度

如表 26 和图 32 所示。

表 26　2022 年 6—11 月国网连云港电动汽车充电桩故障统计表

| 类型 | 活动前 | | 活动后 | | 同比 |
|---|---|---|---|---|---|
| | 时长（h） | 百分比 | 时长（h） | 百分比 | |
| 通信故障时长 | 24246 | 48.78% | 684 | 7.39% | -84.85% |
| 温度故障时长 | 20446 | 41.14% | 631 | 6.81% | -83.45% |
| 充电模块告警时长 | 2870 | 5.77% | 2308 | 24.93% | — |
| 配电电源故障时长 | 1123 | 2.26% | 2955 | 31.91% | — |
| 其他故障时长 | 1019 | 2.05% | 2681 | 28.96% | — |
| 合计 | 49704 | 100% | 9259 | 100.00% | — |

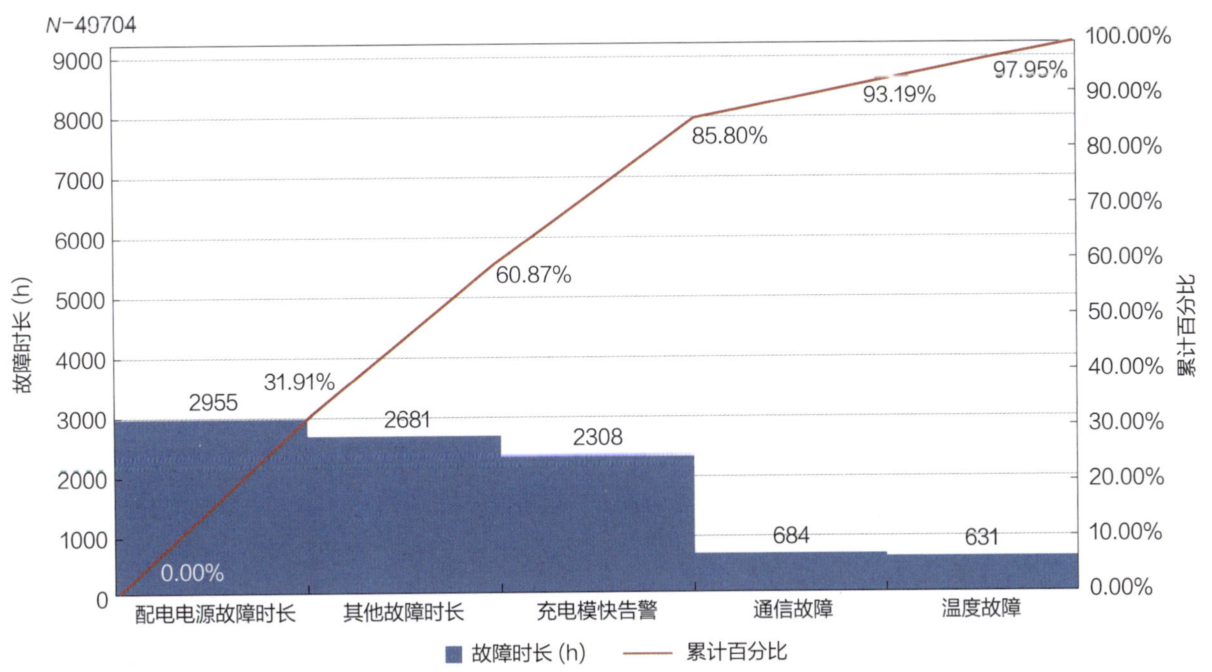


图 32　活动后故障分析排列图

电动汽车充电桩通信故障故障降幅 84.85%，电动汽车充电桩温度故障故障降幅 83.45%，均有大幅度下降。

# 九、制定巩固措施

针对充电设施运维纳入国网连云港供电公司相关发文，如表 27 所示。

表 27　巩固措施表

| 序号 | 针对问题 | 对策 | 措施 | 巩固形式 | 批准部门 | 实施日期 |
|---|---|---|---|---|---|---|
| 1 | 通信模块损坏 | 更换通信模块 | （1）制订模块更换计划表。<br>（2）按照计划现场逐一更换模块。<br>（3）组织到场核实，同时现场查询其运行情况 | 纳入国网连云港供电公司《充电设施运维作业指导书》第五章“作业流程与作业规范”第三节“设备消缺”中，加入针对所有存量 SDK 模块更换要求 | 市场营销部 | 2022 年 12 月 7 日 |
| 2 | 运维人员到达现场时间长 | 加装远程控制开关 | （1）针对不同配电柜设计一次开关横担。<br>（2）在横担上安装远程控制开关，就近在柜门通风口附近安装远控通信模块，并完成一二次接线。<br>（3）组织人员，到场用远控上位机，逐一遥控，验收功能，故障及时重启 | 纳入国网连云港供电公司《充电设施运维作业指导书》第五章“作业流程与作业规范”第二节“故障抢修”中，加入针对所有站点加装远控装置及处理时间要求 | 市场营销部 | 2022 年 12 月 7 日 |
| 3 | 散热部分清扫次数少 | 增加清扫散热部分次数 | （1）拆卸散热外罩。<br>（2）清洗散热外罩及过滤网。<br>（3）将清洗后的散热外罩、过滤网安装到充电桩。<br>（4）复合现场清理情况 | 将“充换电设施巡视核查机制”纳入《关于进一步加强充电设施运维管理的通知》（连供营［2022］78 号）发文 | 市场营销部 | 2022 年 12 月 7 日 |

鉴于活动后取得了有效成果，经过营销部审核批准，发文《关于进一步加强充电设施运维管理的通知》，如图 33 所示。

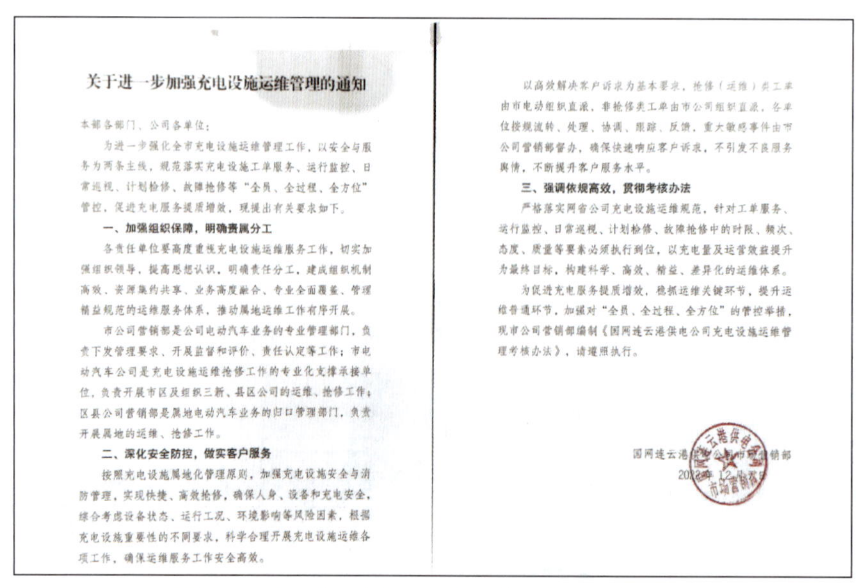

关于进一步加强充电设施运维管理的通知

本部各部门、公司各单位：

为进一步强化全市充电设施运维管理工作，以安全与服务为两条主线，规范落实充电设施工单服务、运行监控、日常巡视、计划检修、故障抢修等“全员、全过程、全方位”管控，促进充电服务提质增效，现提出有关要求如下。

一、加强组织保障，明确责属分工

各责任单位要高度重视充电设施运维服务工作，切实加强组织领导，提高思想认识，明确责任分工，建成组织机制高效、资源集约共享、业务高度融合、专业全面覆盖、管理精益规范的运维服务体系，推动属地运维工作有序开展。

市公司营销部是公司电动汽车业务的专业管理部门，负责下发管理要求、开展监督和评价、责任认定等工作；市电动汽车公司是充电设施运维抢修工作的专业化支撑承接单位，负责开展市区及组织三新、县区公司的运维、抢修工作；区县公司营销部是属地电动汽车业务的归口管理部门，负责开展属地的运维、抢修工作。

二、深化安全防控，做实客户服务

按照充电设施属地化管理原则，加强充电设施安全与消防管理，实现快捷、高效抢修，确保人身、设备和充电安全，综合考虑设备状态、运行工况、环境影响等风险因素，根据充电设施重要性的不同要求，科学合理开展充电设施运维各项工作，确保运维服务工作安全高效。

以高效解决客户诉求为基本要求，抢修（运维）类工单由市电动组织直派，非抢修类工单由市公司组织直派，各单位按规流转、处理、协调、跟踪、反馈，重大敏感事件由市公司营销部督办，确保快速响应客户诉求，不引发不良服务舆情，不断提升客户服务水平。

三、强调依规高效，贯彻考核办法

严格落实网省公司充电设施运维规范，针对工单服务、运行监控、日常巡视、计划检修、故障抢修中的时限、频次、态度、质量等要素必须执行到位，以充电量及运营效益提升为最终目标，构建科学、高效、精益、差异化的运维体系。

为促进充电服务提质增效，稳抓运维关键环节，提升运维普通环节，加强对“全员、全过程、全方位”的管控举措，现市公司营销部编制《国网连云港供电公司充电设施运维管理考核办法》，请遵照执行。

国网连云港[illegible]公司市[illegible]销部

2022年 12月[illegible]

图 33　关于进一步加强充电设施运维管理的通知

# 十、总结和下一步打算

## （一）总结

QC 小组活动结束后，小组成员对各个活动阶段从优点、存在不足及努力方向等方面进行了总结，如表 28 所示。

表 28 QC 小组活动优点、存在不足及努力方向排查表

| 活动阶段 | | 经验之处 | 不足之处 | 努力方向 |
|---|---|---|---|---|
| P | 选择课题 | 从实际工作中发现工作中存在的问题，选择课题，有针对性 | — | 保持与其他 QC 小组交流分享经验 |
| | 设定目标 | 目标结合公司实际，能满足指标要求 | 对小组自身能力分析不足，目标值设定不高 | 目标值在 0.04%以下 |
| | 目标可行性分析 | 以数据分析为主，通过纵、横向对比和测算出可行性 | 数据分析中还存在不足之处，不全面 | 对数据收集全面，分析全面 |
| | 原因分析 | 小组从人、机、法等方面分析影响症结的问题 | 末端的排查还存在一些问题 | 现场检查确认末端的原因 |
| | 确定主要原因 | 确认主要原因通过试验的方法进行验证 | 试验的方法运用的工具较少 | 运用好判断问题的工具 |
| | 制定对策 | 小组制定对策时，调查、复核等方式，找到改善设备方法去解决问题 | 创新程度不高 | 与充电桩厂家密切联系，研制车－桩故障新方法 |
| D | 对策实施 | 实施与实际工作相结合，检查实施效果 | — | — |
| C | 效果检查 | 活动前、活动后、实施后对比，不断地改进 | — | 有针对性的检查，以数据验证 |
| A | 制定巩固措施 | 完善操作流程，不断地改善，取得成效 | — | 继续保持并分享经验 |
| | 总结和下一步打算 | 小组进行自我评价，做到实事求是，并在各现场进行推广 | — | 对 2022 年 QC 小组不断努力的成果，好的方面继续，不足的方面改进 |

## （二）下一步打算

将 2023 年的活动课题定为：电动汽车充电设施自动巡检装置的研发。

# 换流站交流滤波器投入冲击预警平台的研制

国网江苏超高压公司高压电网守护神 QC 小组

**主 创 人：**杜晓舟、蒋浩然、陈虹妃、朱　超、冯　轩、王之赫、邓　凯、谭风雷、吕品优、吴　磊

# 一、选择课题

## （一）需求分析

国网直流技术中心要求防止换相失败故障发生，减少换相失败预测动作告警产生。公司设备管理部进一步要求将换流站交流滤波器投入时的告警率控制在 3%以内。

QC 小组统计了换相失败预测动作告警次数，如表 1 所示。

表 1　滤波器投入及告警次数统计表

| 月份 | 投入次数 | 告警次数 |
|---|---|---|
| 6 | 67 次 | 8 次 |
| 7 | 78 次 | 13 次 |
| 8 | 85 次 | 14 次 |
| 合计 | 230 次 | 35 次 |

2021 年 6—8 月，交流滤波器投入时的告警率为 15.2%，远高于公司设备管理部要求的 3%，所以小组需要创新研制新平台，降低告警率。

## （二）广泛借鉴

在数据提取方面的借鉴如表 2 所示，在预警平台数据采集技术方面的借鉴如表 3 所示。

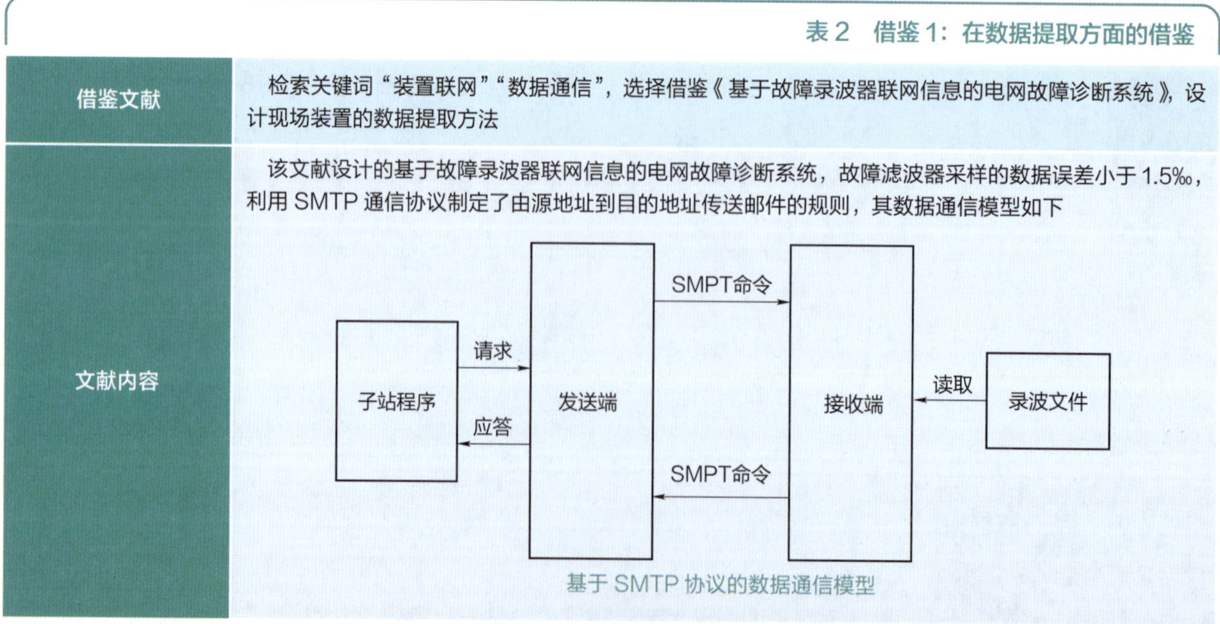

表 2　借鉴 1：在数据提取方面的借鉴

| 借鉴文献 | 检索关键词“装置联网”“数据通信”，选择借鉴《基于故障录波器联网信息的电网故障诊断系统》，设计现场装置的数据提取方法 |
|---|---|
| 文献内容 | 该文献设计的基于故障录波器联网信息的电网故障诊断系统，故障滤波器采样的数据误差小于 1.5‰，利用 SMTP 通信协议制定了由源地址到目的地址传送邮件的规则，其数据通信模型如下 |



基于 SMTP 协议的数据通信模型

续表

| | |
|---|---|
| 借鉴及拓展 | 本课题借鉴该文献中基于 SMTP 软件协议的数据提取方法，基于该软件协议，冲击预警平台发送 SMTP 命令至故障录波器和选相合闸装置，从故障录波器读取录波文件，从选相合闸装置读取装置参数文件<br>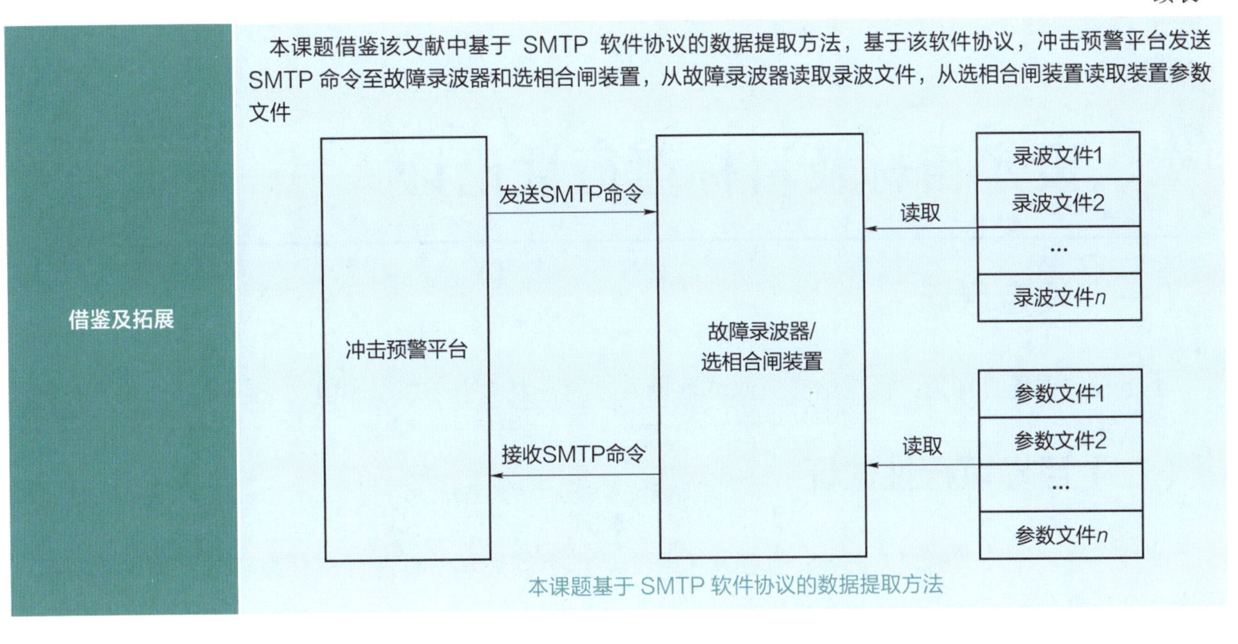<br>本课题基于 SMTP 软件协议的数据提取方法 |



**表 3　借鉴 2：在预警平台数据采集技术方面的借鉴**

| | |
|---|---|
| 借鉴文献 | 检索关键词“故障预警”“数据采集”，选择借鉴《基于综合参数的电力变压器故障在线诊断装置的硬件设计》，规划预警平台的数据采集技术 |
| 文献内容 | 该文献设计的电力变压器故障在线诊断系统，检测回路设置于电力变压器的套管、器身、附件等各个部位，数据传输的可靠性在 99.85%以上，故障诊断的准确率大于 99% 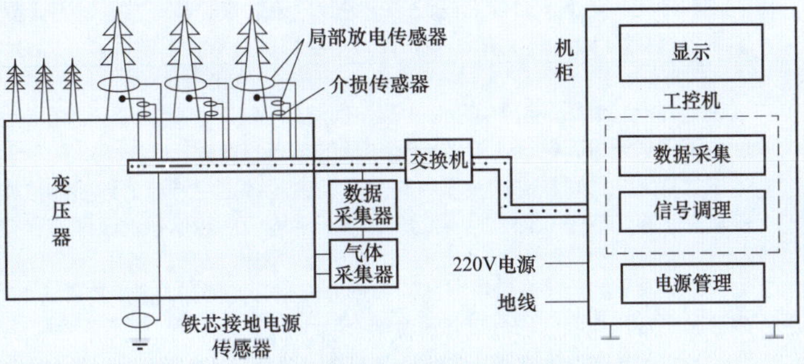<br>变压器故障在线诊断装置系统 |
| 借鉴及拓展 | 本课题借鉴该文献中基于分布式网络采集技术的硬件设计，涉及 3 台故障录波器和 9 台选相合闸装置，基于分布式网络采集技术经工业交换机上送至冲击预警平台 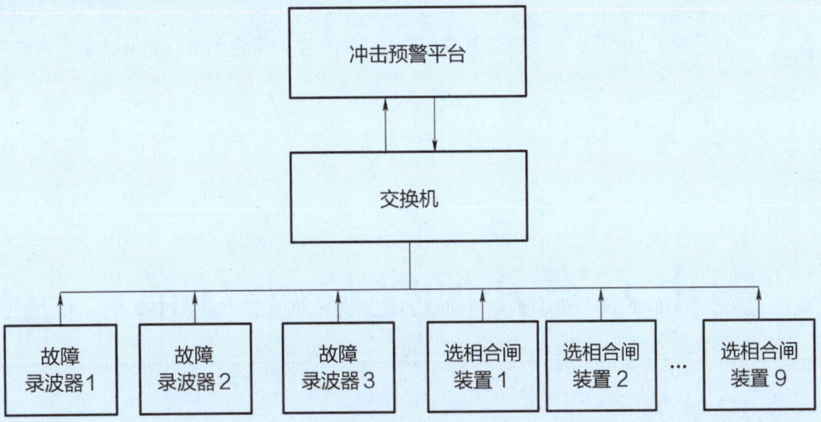<br>本课题的数据采集技术设计 |

小组将此次课题确定为：换流站交流滤波器投入冲击预警平台的研制。

# 二、设定目标及目标可行性论证

## （一）设定目标

小组设定课题目标为：换流站交流滤波器投入时的告警率小于 3%。

## （二）目标可行性论证

准确性受三个环节的误差影响：数据提取环节、信号滤波环节以及分析预警环节。如表 4 所示，从这三个环节分别进行模拟试验和误差验证。

表 4 可行性论证表

| 环节 | 试验及分析 |
| --- | --- |
| 1. 数据提取环节的误差 | 试验对象：泰州换流站 500kV 交流滤波器场 5 台 15 相进线开关的 2021 年 6—8 月 10 次合闸历史记录。<br>试验方法：将 150 次合闸数据，基于 SMTP 协议经交换机上传至数据存储单元，判断是否存在误码情况。<br>试验结果：对于 150 次合闸记录，经数据传输核验，未发生误码情况，故传输链路的可靠性 100%。计及故障录波器数据 1.5‰的采集误差，计算得到数据提取环节的误差 $X_1=0.15\%$ |
| 2. 信号滤波环节的误差 | 试验对象：故障录波器中存储的泰州换流站 500kV 交流滤波器场 5 台 15 相进线开关的 2021 年 6—8 月 10 次合闸历史记录，共计 150 次合闸过程的电压量数据。<br>试验方法：计算故障录波器中的 150 次合闸数据经滤波处理后的数据误差。<br>试验结果：对于 150 次合闸记录，基于平均值估算信号滤波环节存在的数据误差 $X_2=1.53\%$ |
| 3. 分析预警环节的误差 | 试验对象：故障录波器中存储的泰州换流站 500kV 交流滤波器场 12 台进线开关的近 10 次，共 120 次历史告警数据及对应的选相合闸装置参数数据。<br>试验方法：基于故障录波数据及选相合闸数据对 120 次告警记录数据进行分析预警环节，记录每次分析预警结果。<br>试验结果：对于 120 次告警记录，分析预警正确的频次为 119 次，错误频次为 1 次，故计算得到分析预警环节的误差 $X_3=0.83\%$ |
| 论证结论 | 由于上述三个环节相互独立，理论上对于整体平台而言，换流站交流滤波器投入时的告警率为：<br>$100\%-(1-0.15\%)\times(1-1.53\%)\times(1-0.83\%)=2.49\%<3\%$，目标可行 |

# 三、提出方案并确定最佳方案

## （一）总体方案

提出了“基于开关合闸特性跟踪的交流滤波器投入冲击预警平台”的总体方案，如图 1 所示。

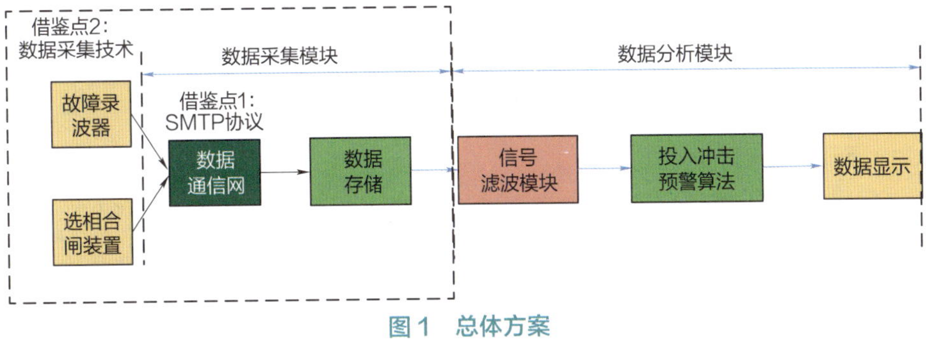


图 1 总体方案

## （二）技术方案分解

方案研制框架图如图 2 所示。

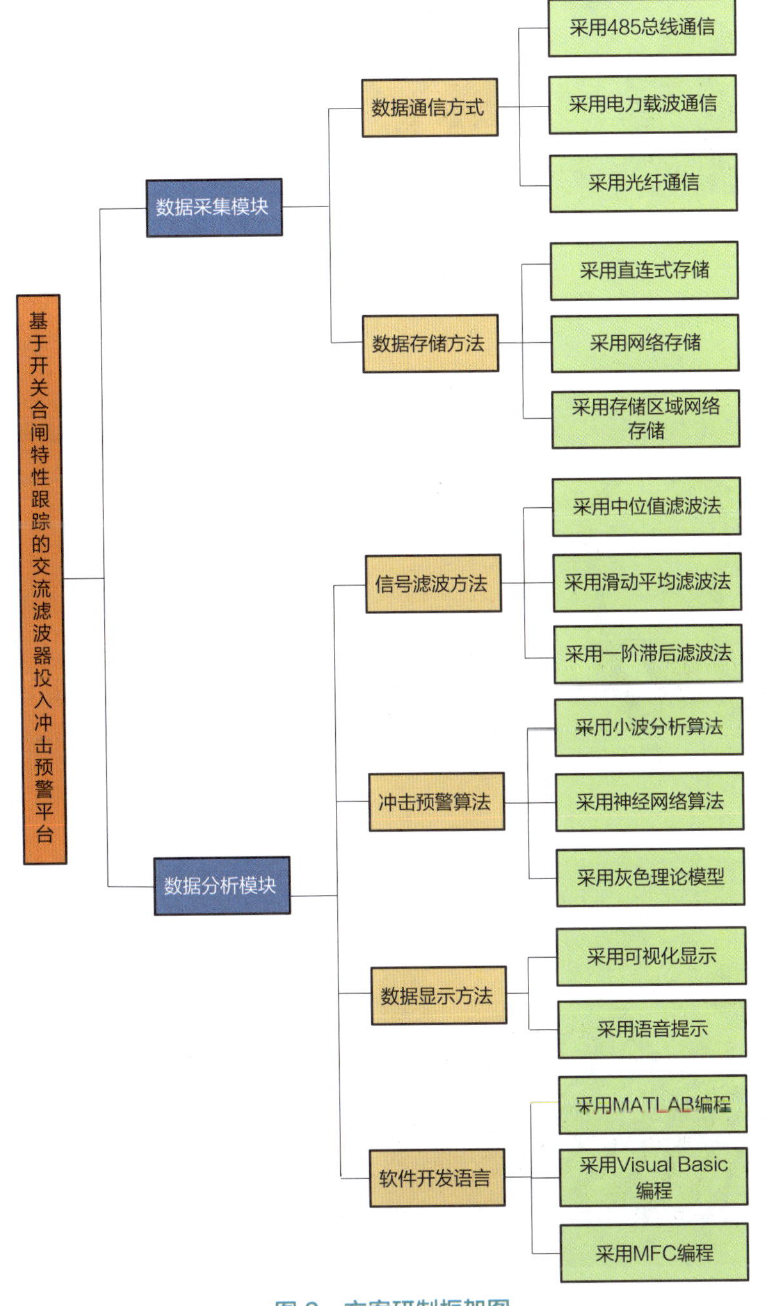


图 2 方案研制框架图

## （三）分级方案选择

### 1. 数据通信方式选择

比选要点：传输误差小于 4‰，传输距离大于 2000m。方案比选如表 5 和表 6 所示。

表 5　方案对比试验

| 方案名称 | 试验接线 | 试验结果 | | |
|---|---|---|---|---|
| | | 序号 | 输入数据 | 接收数据 |
| 485 总线通信 | 1通道RS232转3通道RS485 透传<br>RS485<br>RS485<br>RS485<br>SM700智能多路转换器 | 01 | 99 | 99 |
| | | 02 | 102 | 102 |
| | | … | … | … |
| | | 49 | 103 | 103 |
| | | 50 | 97 | 97 |
| | | 传输误差 | 0% | |
| 电力载波通信 |  | 01 | 100 | 100 |
| | | 02 | 102 | 102 |
| | | … | … | … |
| | | 49 | 101 | 101 |
| | | 50 | 99 | 99 |
| | | 传输误差 | 2% | |
| 光纤通信 | 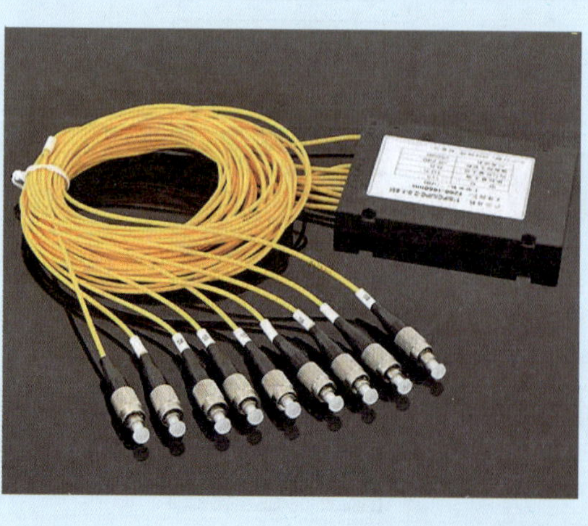 | 01 | 100 | 100 |
| | | 02 | 98 | 98 |
| | | … | … | … |
| | | 49 | 103 | 103 |
| | | 50 | 105 | 105 |
| | | 传输误差 | 0% | |

表 6 数据通信方案比较

| 方案名称 | 485 总线通信 | 电力载波通信 | 光纤通信 |
|---|---|---|---|
| 传输误差 | 0% | 2% | 0% |
| 传输距离（m） | 1200 | 不受限制 | 3000 |
| 结论 | 不采用 | 不采用 | 采用 |

经过以上比较，采用光纤通信方案。

2. 数据存储方法选择

比选要点：平均存储速率大于 30MB/s。方案比选如表 7 和表 8 所示。

表 7 方案对比试验

| 方案名称 | 存入试验结果 | | | 取出试验结果 | | |
|---|---|---|---|---|---|---|
| 直接式存储（DAS） | 序号 | 文件大小（MB） | 存入时间（s） | 序号 | 文件大小（MB） | 取出时间（s） |
| | 01 | 100 | 5.1 | 01 | 100 | 6.4 |
| | 02 | 200 | 10.3 | 02 | 200 | 13.4 |
| | … | … | … | … | … | … |
| | 09 | 900 | 45.6 | 09 | 900 | 58.7 |
| | 10 | 1000 | 49.9 | 10 | 1000 | 65.2 |
| | 平均速率 | 20.0MB/s | | 平均速率 | 15.4MB/s | |
| 网络存储（NAS） | 序号 | 文件大小（MB） | 存入时间（s） | 序号 | 文件大小（MB） | 存入时间（s） |
| | 01 | 100 | 51.0 | 01 | 100 | 66.9 |
| | 02 | 200 | 100.4 | 02 | 200 | 133.5 |
| | … | … | … | … | … | … |
| | 09 | 900 | 450.8 | 09 | 900 | 599.8 |
| | 10 | 1000 | 500.5 | 10 | 1000 | 667.3 |
| | 平均速率 | 2.0MB/s | | 平均速率 | 1.5MB/s | |
| 存储区域网络存储（SAN） | 序号 | 文件大小（MB） | 存入时间（s） | 序号 | 文件大小（MB） | 存入时间（s） |
| | 01 | 100 | 2.0 | 01 | 100 | 2.1 |
| | 02 | 200 | 4.1 | 02 | 200 | 4.3 |
| | … | … | … | … | … | … |
| | 09 | 900 | 18.3 | 09 | 900 | 18.9 |
| | 10 | 1000 | 20.2 | 10 | 1000 | 20.4 |
| | 平均速率 | 50.2MB/s | | 平均速率 | 48.1MB/s | |

表 8　数据存储方案比较（单位：MB/s）

| 方案名称 | 直接式存储（DAS） | 网络存储（NAS） | 存储区域网络存储（SAN） |
|---|---|---|---|
| 存入速率 | 20.0 | 2.0 | 50.2 |
| 取出速率 | 15.4 | 1.5 | 48.1 |
| 结论 | 不采用 | 不采用 | 采用 |

经过以上比较，采用存储区域网络存储（SAN）方案。

### 3. 信号滤波方法选择

比选要点：平均误差小于 2%，标准差小于 0.01。方案比选如表 9 和表 10 所示。

表 9　方案对比试验

| 方案名称 | 试验结果 | | | | | | | |
|---|---|---|---|---|---|---|---|---|
| 中位值滤波法 | 序号 | 01 | 02 | 03 | … | 48 | 49 | 50 |
| | 相对误差 | 5.7% | 5.8% | 5.4% | … | 4.3% | 5.5% | 4.1% |
| | 平均误差：$\bar{X}=\frac{1}{50}\sum_{n=1}^{50}X_n=5.2\%$ | | | | | | | |
| | 标准差：$\delta=\sqrt{\frac{1}{50}\sum_{n=1}^{50}(X_n-\bar{X})}=0.022$ | | | | | | | |
| 滑动平均滤波法 | 序号 | 01 | 02 | 03 | … | 48 | 49 | 50 |
| | 相对误差 | 1.6% | 1.4% | 1.5% | … | 1.1% | 1.4% | 1.4% |
| | 平均误差：$\bar{X}=\frac{1}{50}\sum_{n=1}^{50}X_n=1.4\%$ | | | | | | | |
| | 标准差：$\delta=\sqrt{\frac{1}{50}\sum_{n=1}^{50}(X_n-\bar{X})}=0.009$ | | | | | | | |
| 一阶滞后滤波法 | 序号 | 01 | 02 | 03 | … | 48 | 49 | 50 |
| | 相对误差 | 3.5% | 3.3% | 3.9% | … | 3.4% | 3.7% | 4.0% |
| | 平均误差：$\bar{X}=\frac{1}{50}\sum_{n=1}^{50}X_n=3.7\%$ | | | | | | | |
| | 标准差：$\delta=\sqrt{\frac{1}{50}\sum_{n=1}^{50}(X_n-\bar{X})}=0.013$ | | | | | | | |

表 10　信号滤波方案比较

| 方案名称 | 中位值滤波法 | 滑动平均滤波法 | 一阶滞后滤波法 |
|---|---|---|---|
| 误差 | 5.2% | 1.4% | 3.7% |
| 标准差 | 0.022 | 0.009 | 0.013 |
| 结论 | 不采用 | 采用 | 不采用 |

经过以上比较，采用滑动平均滤波法方案。

### 4. 冲击预警算法选择

比选要点：运算时间小于 5s，算法准确率大于 99%。方案比选如表 11 和表 12 所示。

表 11 方案对比试验

| 方案名称 | 试验结果 |
|---|---|
| 小波分析算法 | 序号：01, 02, 03, …, 48, 49, 50<br>运算时间（s）：8.7, 8.2, 8.6, …, 9.1, 8.3, 9.0<br>运算结果：正确, 正确, 正确, …, 正确, 正确, 正确<br>运算时间均值：$\bar{X}=\frac{1}{50}\sum_{n=1}^{50}X_n=8.8\text{s}$<br>算法准确率：$\eta=\frac{M}{50}\times100\%=100\%$ |
| 神经网络算法 | 序号：01, 02, 03, …, 48, 49, 50<br>运算时间（s）：3.2, 4.0, 4.4, …, 4.8, 3.9, 4.6<br>运算结果：正确, 正确, 正确, …, 正确, 正确, 正确<br>运算时间均值：$\bar{X}=\frac{1}{50}\sum_{n=1}^{50}X_n=4.2\text{s}$<br>算法准确率：$\eta=\frac{M}{50}\times100\%=100\%$ |
| 灰色理论模型 | 序号：01, 02, 03, …, 48, 49, 50<br>运算时间（s）：5.2, 5.0, 4.9, …, 4.8, 5.1, 5.4<br>运算结果：正确, 正确, 正确, …, 错误, 正确, 正确<br>运算时间均值：$\bar{X}=\frac{1}{50}\sum_{n=1}^{50}X_n=5.1\text{s}$<br>算法准确率：$\eta=\frac{M}{50}\times100\%=96\%$ |

表 12 冲击预警算法方案比较

| 方案名称 | 小波分析算法 | 神经网络算法 | 灰色理论模型 |
|---|---|---|---|
| 运算时间（s） | 8.8 | 4.2 | 5.1 |
| 算法准确率 | 100% | 100% | 96% |
| 结论 | 不采用 | 采用 | 不采用 |

经过以上比较，采用神经网络算法方案。

### 5. 数据显示方法选择

比选要点：响应时间小于 0.1s，用户接受度大于 90%。方案比选如表 13 和表 14 所示。

表 13　响应时间测试

| 方案名称 | 试验结果 |
| --- | --- |
| 可视化显示 | 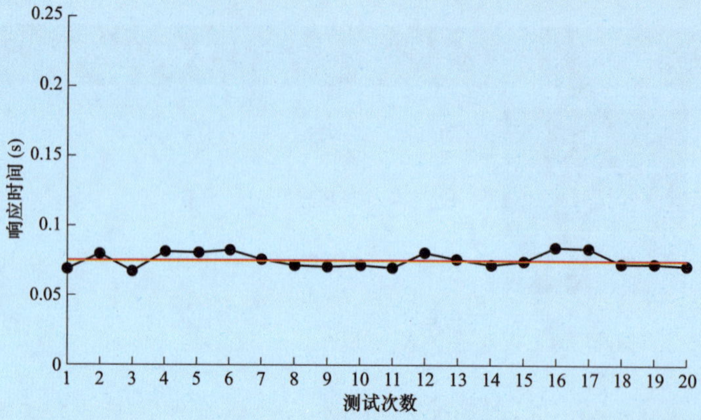 |
| 语音提示 | 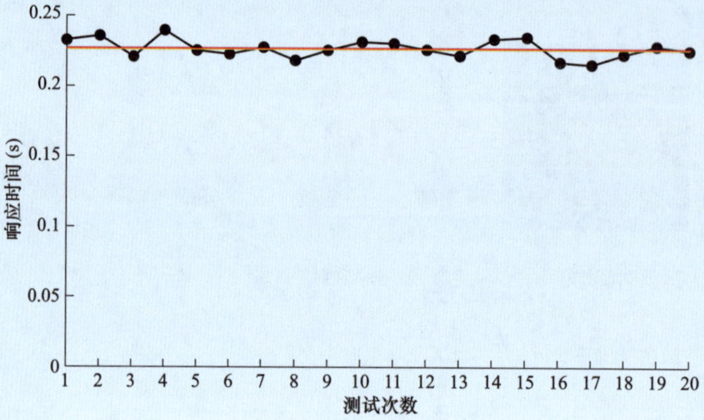 |

表 14　数据显示方案对比

| 方案名称 | 可视化显示 | 语音提示 |
| --- | --- | --- |
| 响应时间（s） | 0.076 | 0.227 |
| 用户接受度 | 92% | 79% |
| 硬件成本（元） | 1500 | 1000 |
| 结论 | 采用 | 不采用 |

经过以上比较，采用可视化显示方案。

### 6. 软件开发语言选择

比选要点：CUP 占有率小于 28%，延迟时间小于 1.5s。方案比选如表 15～表 17 所示。

表 15　CPU 占有率测试结果

| 方案名称 | 试验结果 | | | | | | | |
| --- | --- | --- | --- | --- | --- | --- | --- | --- |
| MATLAB 编程 | 序号 | 01 | 02 | 03 | … | 18 | 19 | 20 |
| | CPU 占有率 | 27% | 28% | 25% | … | 23% | 22% | 25% |
| | 平均值 | | | | | | | |

续表

| 方案名称 | 试验结果 | | | | | | | |
|---|---|---|---|---|---|---|---|---|
| Visual Basic 编程 | 序号 | 01 | 02 | 03 | … | 18 | 19 | 20 |
| | CPU 占有率 | 32% | 31% | 26% | … | 25% | 28% | 33% |
| | 平均值 | | | | | | | |
| MFC 编程 | 序号 | 01 | 02 | 03 | … | 18 | 19 | 20 |
| | CPU 占有率 | 34% | 35% | 37% | … | 26% | 29% | 35% |
| | 平均值 | | | | | | | |

表 16　延迟时间测试结果

| 方案名称 | 试验结果 | | | | | | | |
|---|---|---|---|---|---|---|---|---|
| MATLAB 编程 | 序号 | 01 | 02 | 03 | … | 18 | 19 | 20 |
| | 时间（s） | 1.05 | 1.02 | 1.01 | … | 1.02 | 1.05 | 1.04 |
| | 平均值 | | | | | | | |
| Visual Basic 编程 | 序号 | 01 | 02 | 03 | … | 18 | 19 | 20 |
| | 时间（s） | 0.98 | 1.03 | 1.01 | … | 0.98 | 0.97 | 1.04 |
| | 平均值 | | | | | | | |
| MFC 编程 | 序号 | 01 | 02 | 03 | … | 18 | 19 | 20 |
| | 时间（s） | 1.06 | 1.07 | 1.04 | … | 1.05 | 1.07 | 1.10 |
| | 平均值 | | | | | | | |

表 17　软件开发语言方案比较

| 方案名称 | MATLAB 编程 | Visual Basic 编程 | MFC 编程 |
|---|---|---|---|
| CPU 占有率 | 25.25% | 29.75% | 32.35% |
| 延迟时间（s） | 1.014 | 1.001 | 1.055 |
| 开发周期（天） | 7 | 10 | 15 |
| 结论 | 采用 | 不采用 | 不采用 |

经过以上比较，采用 MATLAB 编程方案。

### 7. 可视化显示方法二级方案比选

比选要点：数据查询延迟时间小于 3s，开发成本小于 5000 元。方案比选如表 18 所示。

表 18　二级方案比选

| 方案名称 | 显像管可视化显示 | 液晶可视化显示 | 平板可视化显示 |
|---|---|---|---|
| 延迟时间（s） | 4.1 | 1.9 | 2.1 |
| 开发周期（天） | 6 | 15 | 10 |
| 开发成本（元） | 1500 | 6200 | 2900 |
| 结论 | 不采用 | 不采用 | 采用 |

经过以上比较，采用平板可视化显示方案。

## （四）确定最佳方案

最佳方案如图 3 所示。

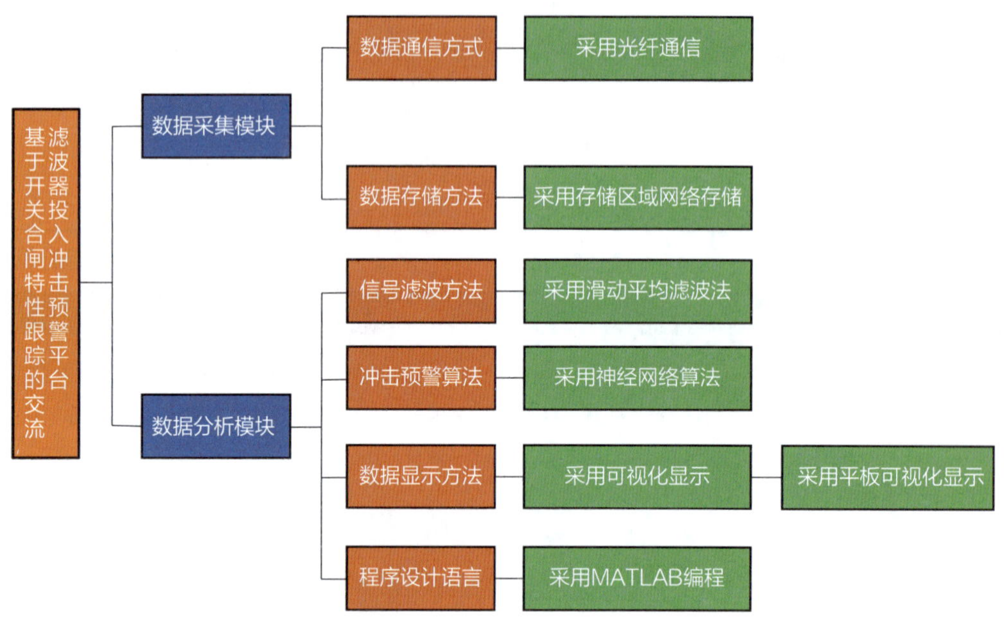


图 3　平台最佳方案

# 四、制定对策

5W1H 对策表如表 19 所示。

表 19　5W1H 对策表

| 序号 | 项目 | 对策 | 目标 | 措施 | 地点 | 负责人 | 完成时间 |
|---|---|---|---|---|---|---|---|
| 1 | 数据通信方式 | 采用光纤通信 | 数据传输误差小于 4‰ | （1）光纤分布设计。<br>（2）光纤通信数据编码。<br>（3）对策目标检查 | 博士创新工作室 | 谭风雷 | 2022-04-15 |
| 2 | 数据存储方法 | 采用存储区域网络存储 | 平均存储速率大于 30MB/s | （1）存储设备容量设计。<br>（2）存储系统结构设计。<br>（3）对策目标检查 | 博士创新工作室 | 朱超 | 2022-04-22 |
| 3 | 信号滤波方法 | 采用滑动平均滤波法 | 信号滤波误差小于 2% | （1）数据异常点判别。<br>（2）信号滤波流程设计。<br>（3）对策目标检查 | 特高压泰州站 310 会议室 | 邓凯 | 2022-04-29 |
| 4 | 冲击预警算法 | 采用神经网络算法 | 冲击预警算法的运算时间小于 5s | （1）冲击预警原理分析。<br>（2）冲击预警流程设计。<br>（3）对策目标检查 | 特高压泰州站 310 会议室 | 蒋浩然 | 2022-05-13 |

续表

| 序号 | 项目 | 对策 | 目标 | 措施 | 地点 | 负责人 | 完成时间 |
|---|---|---|---|---|---|---|---|
| 5 | 数据显示方法 | 采用平板可视化显示 | 数据查询的延迟时间小于 3s | （1）查询界面功能分析。<br>（2）查询界面功能设计。<br>（3）对策目标检查 | 博士创新工作室 | 冯轩 | 2022-05-20 |
| 6 | 程序设计语言 | 采用 MATLAB 编程 | CUP 平均占有率小于 50% | （1）平台程序流程设计。<br>（2）主/子函数编写。<br>（3）对策目标检查 | 博士创新工作室 | 王之赫 | 2022-05-27 |
| 7 | 整组测试 | 平台整体功能联调 | 交流滤波器投入冲击预警的准确性大于 97% | （1）平台模块组装。<br>（2）平台模块检查。<br>（3）对策目标检查 | 泰州换流站现场 | 杜晓舟 | 2022-05-31 |

# 五、对策实施

## （一）实施一：采用光纤通信

### 1. 光纤敷设规划

对光纤敷设进行了规划设计，如图 4 所示。

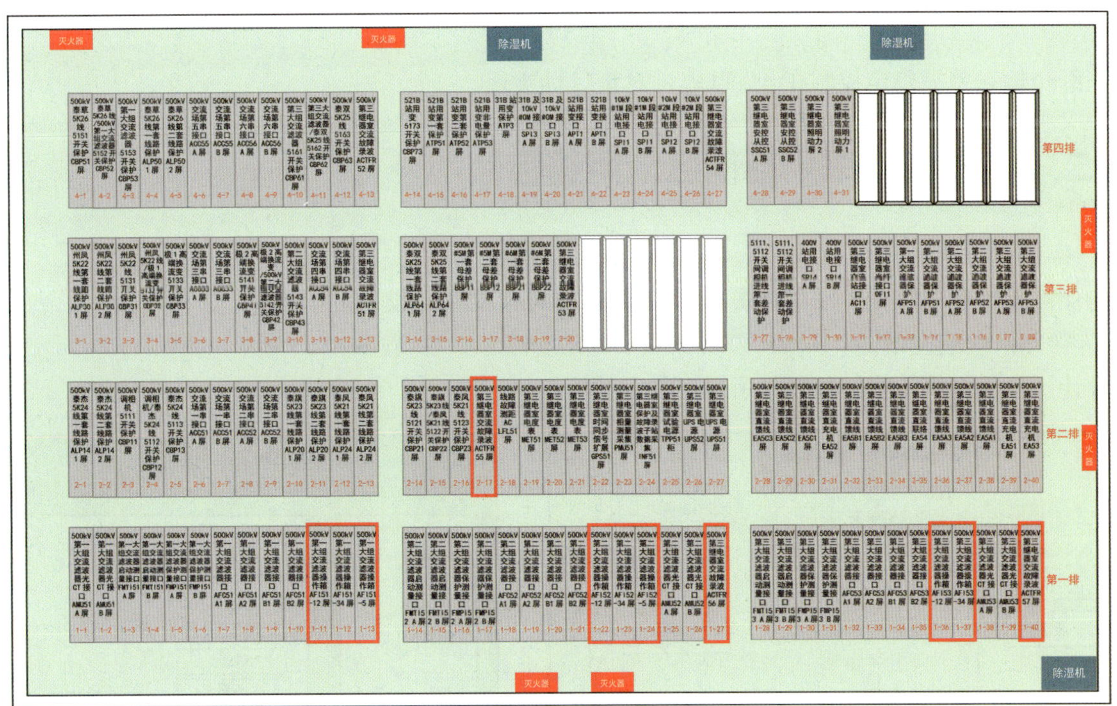


图 4　光纤分布图

### 2. 光纤通信数据编码

对光纤通信数据进行了编码，如图 5 所示。

### 3. 对策目标检查

开展试验统计光纤传输误差，绘制直方图，如图 6 所示。

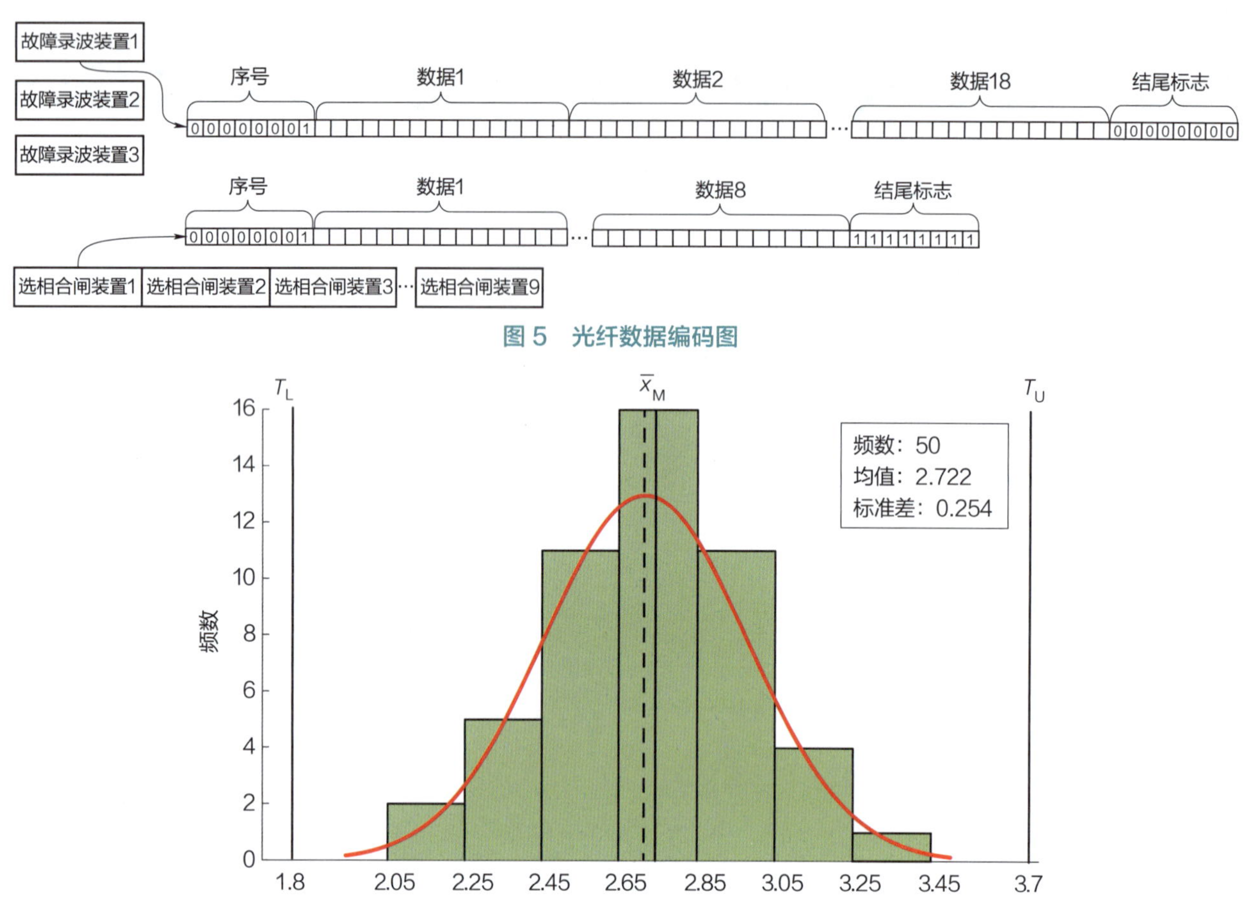


图 5　光纤数据编码图



图 6　光纤传输误差直方图

光纤传输误差被稳定控制在 4‰以内，对策目标实现。

## （二）实施二：采用存储区域网络存储

### 1. 存储设备容量设计

为保证足够存储容量，小组成员选择容量为 256GB 的存储设备。

### 2. 存储系统结构设计

设计了存储系统结构，如图 7 所示。

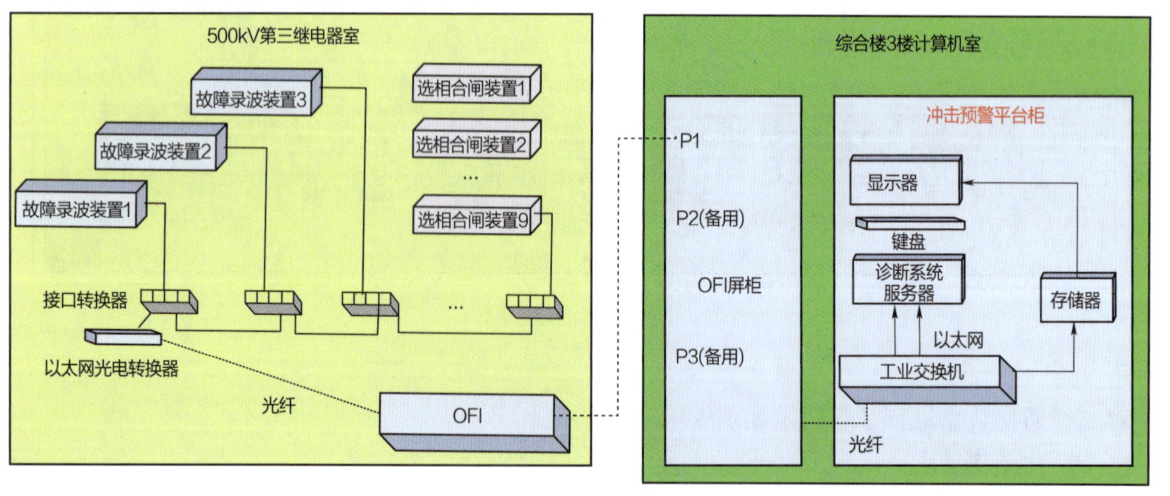


图 7　存储系统结构图

### 3. 对策目标检查

对存储速率进行测试，绘制了直方图，如图 8 所示。

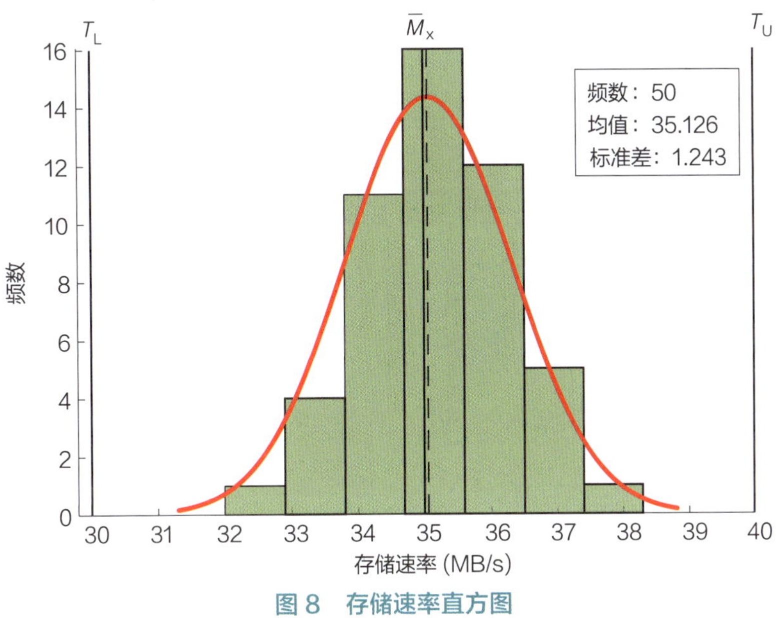


图 8　存储速率直方图

存储速率平均值为 35.126MB/s，对策目标实现。

## （三）实施三：采用滑动平均滤波法滤波

### 1. 数据异常点判别

采用线性插值法对数据进行判别，判别依据为

$$
\begin{cases}
P_{li}(t)=P_i(t-p)+\dfrac{[P_i(t+q)-P_i(t-p)]}{[(t+q)-(t-p)]}[t-(t-p)] \\
|P_{li}(t)-P_i(t)|\geqslant P_{0t} \\
P_{0t}=P_{bt}I_{0t}=\dfrac{1}{M}\sum\limits_{i=1}^{M}P_i(t)\max\limits_{i-1}^{M}\dfrac{|P_{li}(t)-P_i(t)|}{P_i(t)}
\end{cases}
$$

### 2. 信号滤波流程设计

对信号滤波流程进行了设计，如图 9 所示。

### 3. 对策目标检查

对 50 组数据进行异常点判别试验，准确率达到 100%。

对信号滤波精度进行验证，信号滤波误差如图 10 所示。

信号滤波的误差被稳定控制在 2%以内，对策目标实现。

## （四）实施四：采用神经网络算法预警

### 1. 冲击预警原理分析

经验表明，最佳目标合闸点为每相电压过零点后 0.7ms。

### 2. 冲击预警流程设计

对神经网络算法分析流程进行了设计，如图 11 所示。

### 3. 对策目标检查

模拟选相合闸参数分析的运算时间，如图 12 所示。

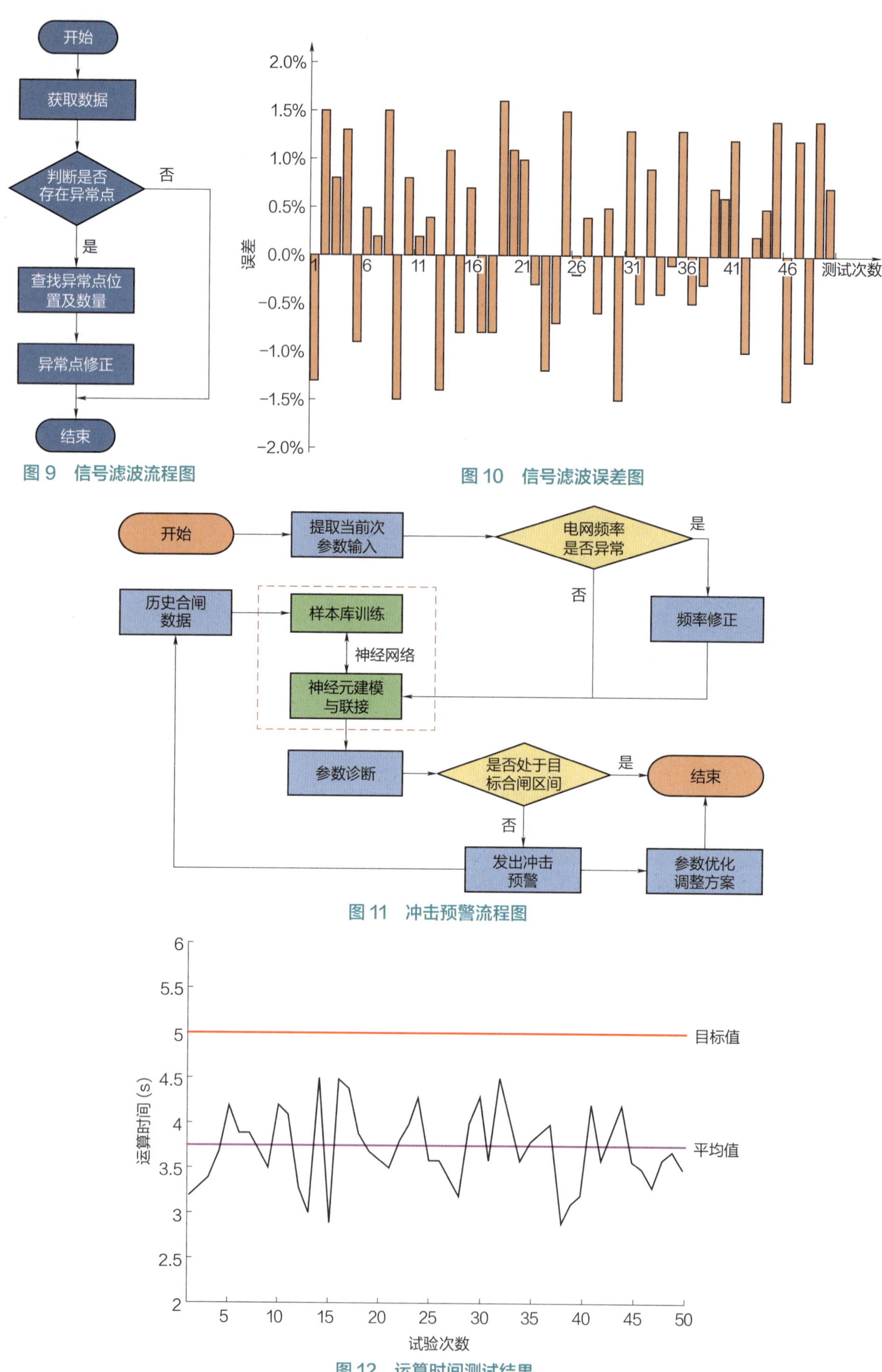


图 9　信号滤波流程图

图 10　信号滤波误差图

图 11　冲击预警流程图

图 12　运算时间测试结果

运算时间平均值为 3.73s，对策目标实现。

## （五）实施五：采用平板可视化显示

### 1. 查询界面功能分析

查询界面主要功能模块如图 13 所示。

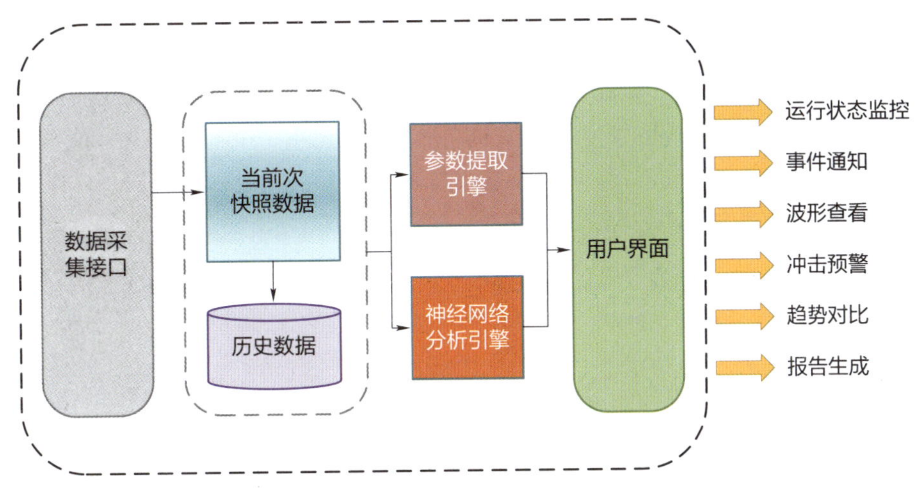


图 13 查询界面主要功能模块

### 2. 查询界面功能设计

主要功能界面如表 20 所示。

表 20 主要功能界面

| 界面名称 | 界面构成 |
| --- | --- |
| 主界面 | 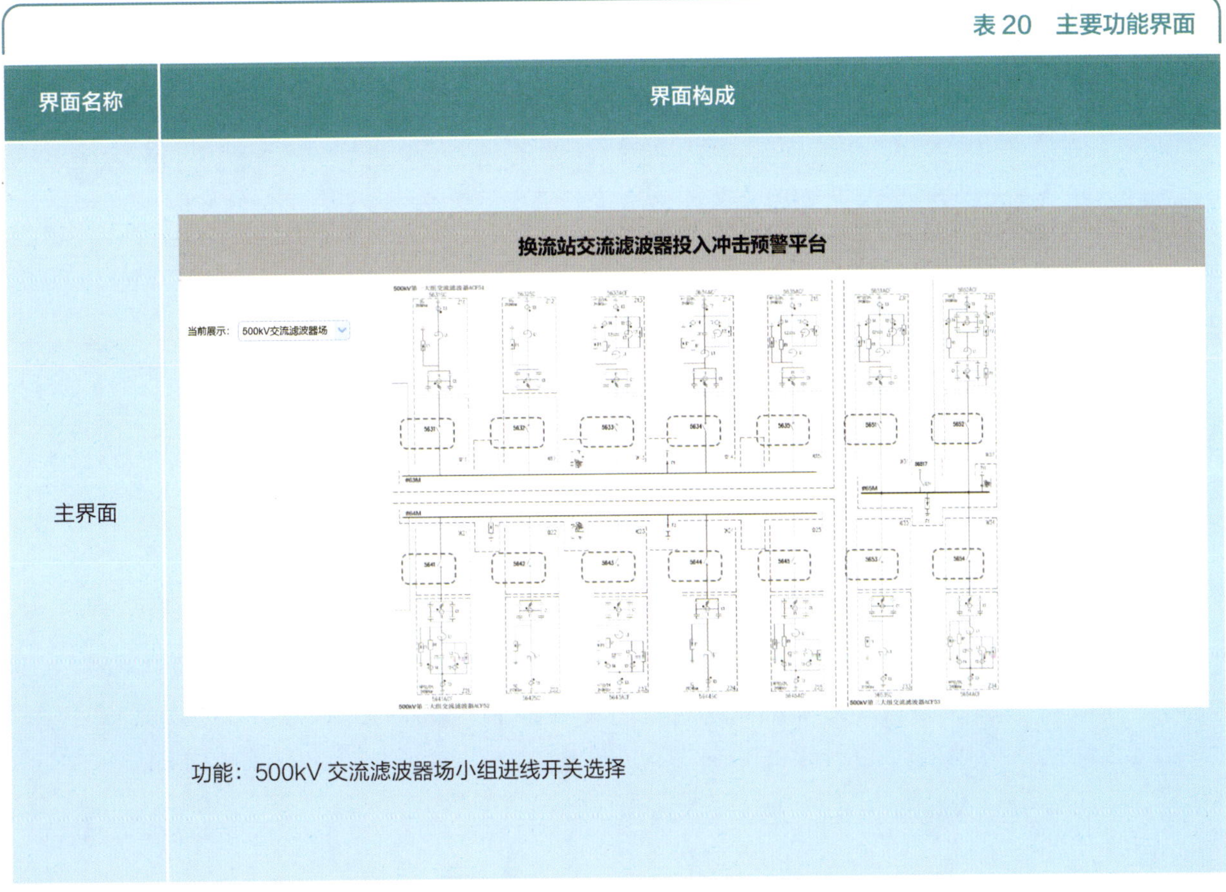<br>换流站交流滤波器投入冲击预警平台<br>当前展示：500kV交流滤波器场<br><br>功能：500kV 交流滤波器场小组进线开关选择 |

续表

| 界面名称 | 界面构成 |
| --- | --- |
| 波形查看界面 | 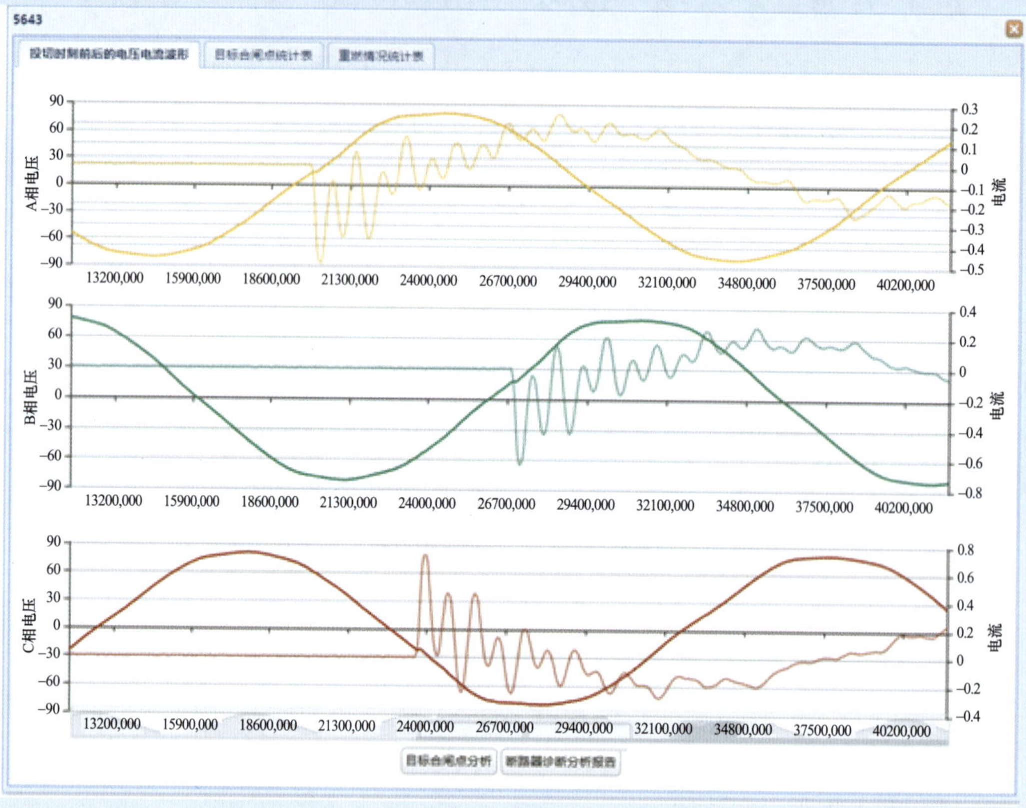 功能：进线开关合闸前后三相电压、电流波形展示 |
| 参数诊断预警界面 | 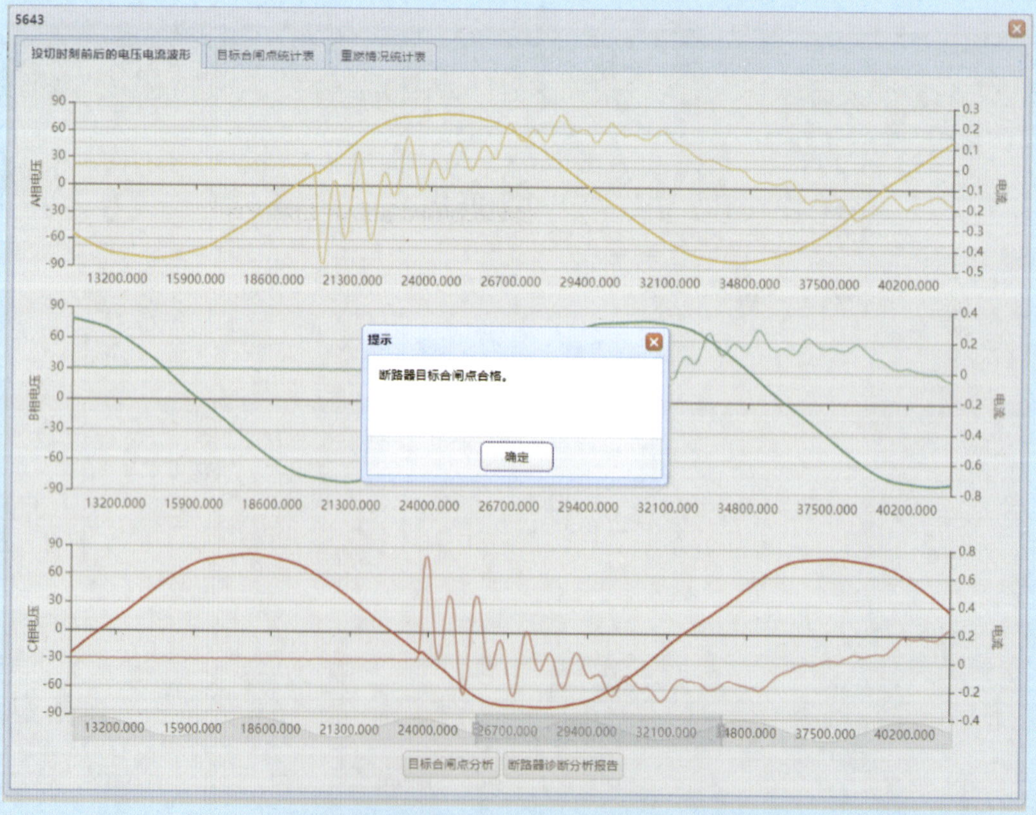 |

续表

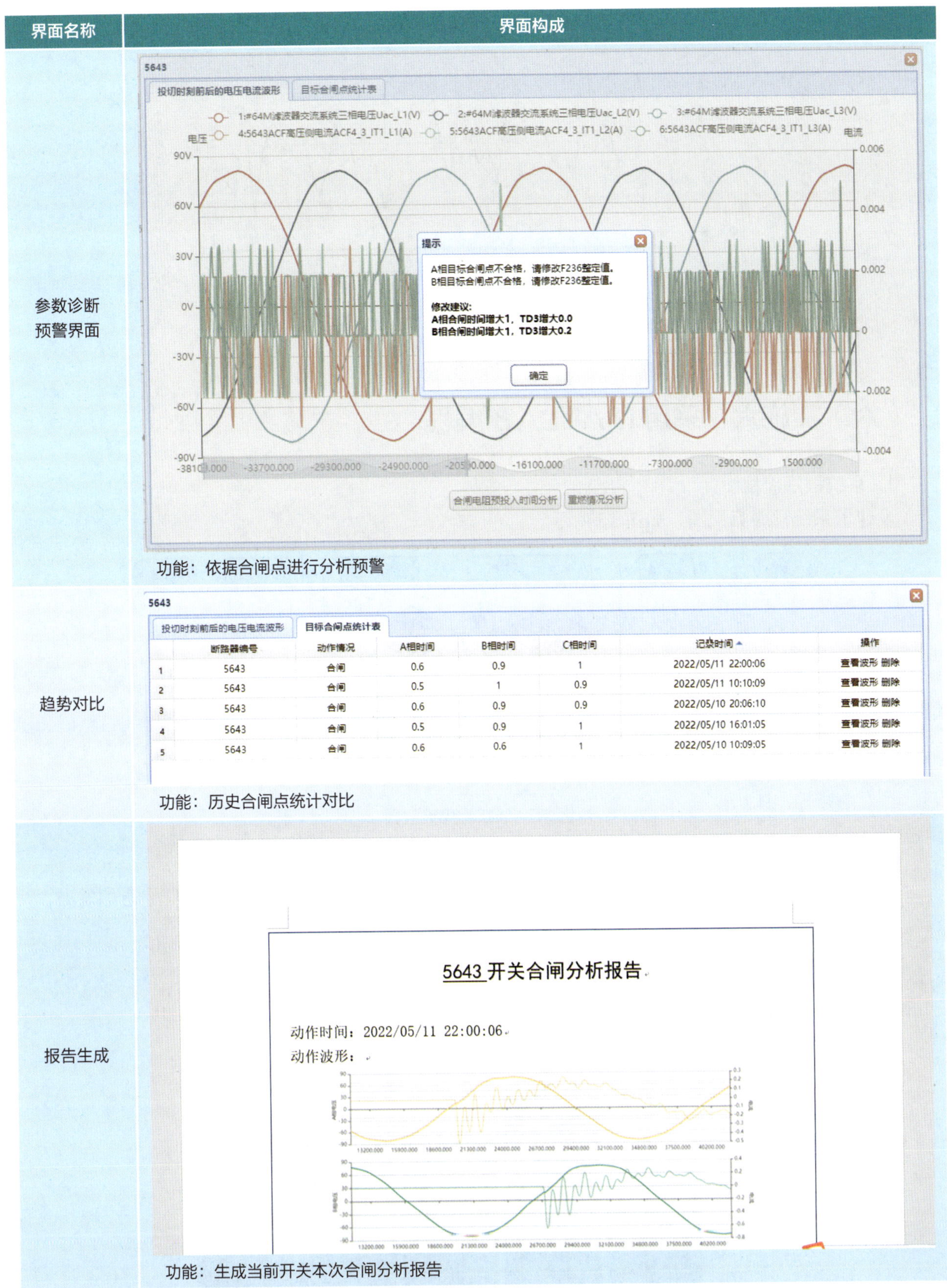

| 界面名称 | 界面构成 |
|---|---|
| 参数诊断预警界面 | 功能：依据合闸点进行分析预警 |
| 趋势对比 | 功能：历史合闸点统计对比 |
| 报告生成 | 功能：生成当前开关本次合闸分析报告 |



| | 断路器编号 | 动作情况 | A相时间 | B相时间 | C相时间 | 记录时间 | 操作 |
|---|---|---|---|---|---|---|---|
| 1 | 5643 | 合闸 | 0.6 | 0.9 | 1 | 2022/05/11 22:00:06 | 查看波形 删除 |
| 2 | 5643 | 合闸 | 0.5 | 1 | 0.9 | 2022/05/11 10:10:09 | 查看波形 删除 |
| 3 | 5643 | 合闸 | 0.6 | 0.9 | 0.9 | 2022/05/10 20:06:10 | 查看波形 删除 |
| 4 | 5643 | 合闸 | 0.5 | 0.9 | 1 | 2022/05/10 16:01:05 | 查看波形 删除 |
| 5 | 5643 | 合闸 | 0.6 | 0.6 | 1 | 2022/05/10 10:09:05 | 查看波形 删除 |



## 3. 对策目标检查

对查询界面进行试验，绘制延迟时间的单值控制图，如图 14 所示。

数据查询的延迟时间为 2.332s，对策目标实现。

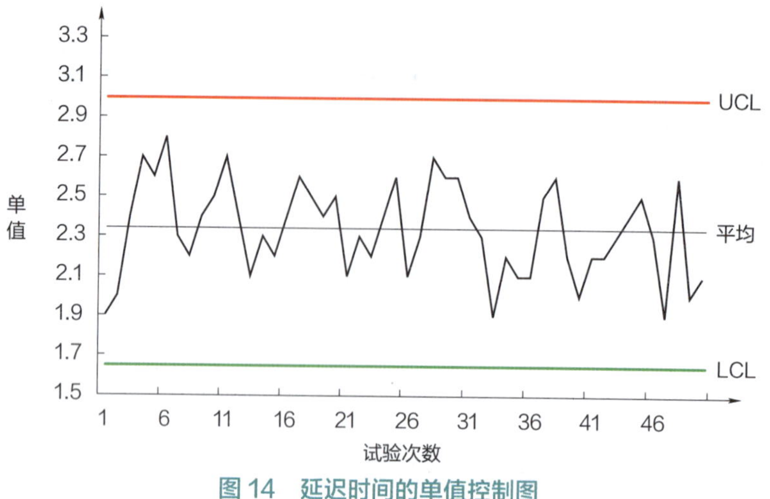

图 14　延迟时间的单值控制图

## （六）实施六：采用 MATLAB 编程

### 1. 系统程序流程设计

设计了系统程序流程图，如图 15 所示。

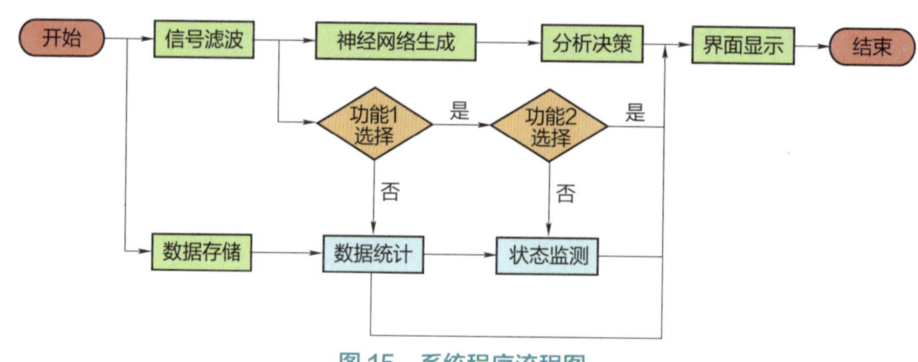

图 15　系统程序流程图

### 2. 基于 MATLAB 的主/子函数编写

编写神经网络主函数训练、分析，展示选相合闸装置参数优化调整的结果及预警信息的发布。

### 3. 对策目标检查

对系统主要功能运行时 CPU 占有率进行统计，如图 16 所示。

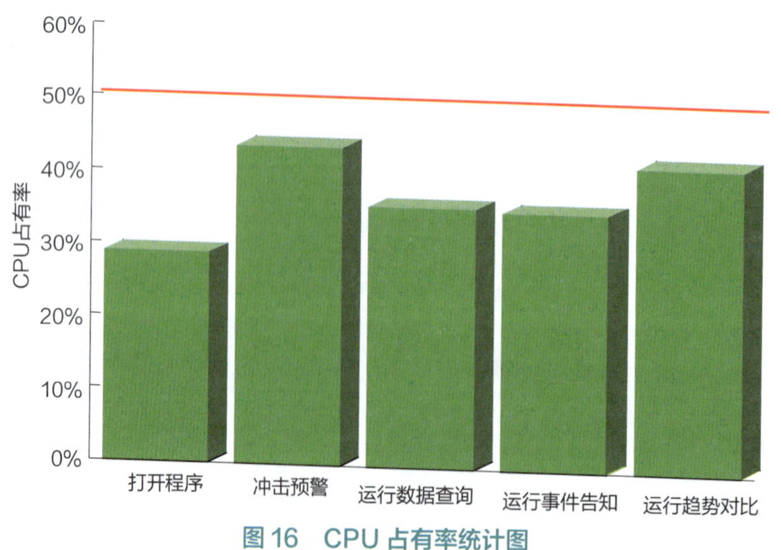

图 16　CPU 占有率统计图

CPU 占有率平均值为 36.22%，对策目标实现。

## （七）实施七：平台整体功能联调

### 1. 平台模块组装

进行了平台整体组装，如图 17 所示。

图 17　平台整体组装

### 2. 平台模块检查

平台模块检查情况如表 21 所示。

表 21　平台模块检查情况

| 序号 | 功能模块 | 检查项目 | 检查情况 |
|---|---|---|---|
| 1 | 通信光纤 | 是否通信正常 | 正常 |
| | | 是否有破损 | 完好 |
| 2 | 存储设备 | 是否存储正常 | 正常 |
| 3 | 交换机 | 电源是否满足要求 | 满足 |
| | | 是否正常工作 | 正常 |
| 4 | 平板可视化显示 | 电源是否满足要求 | 满足 |
| | | 显示屏是否破损 | 完好 |
| | | 系统是否运行流畅 | 流畅 |
| | | 数据是否更新正常 | 正常 |

### 3. 对策目标检查

测试开发平台在正常及故障状态下冲击预警功能的精确性，共进行了 200 次试验，如表 22 所示。交流滤波器投入冲击预警的准确率在 98.5%以上。

表 22　平台联调试验结果表

| 状态 | 正常状态 | | 异常状态 | |
|---|---|---|---|---|
| 类别 | 测试数量（次） | 正确判别数量（次） | 测试数量（次） | 正确预警数量（次） |
| 数量 | 100 | 99 | 100 | 98 |
| 准确率 | 99% | | 98% | |

# 六、效果检查

## （一）现场使用效果检查

在泰州和淮安换流站搭建平台，统计 2022 年 6—8 月间交流滤波器投入冲击情况，如图 18 所示。

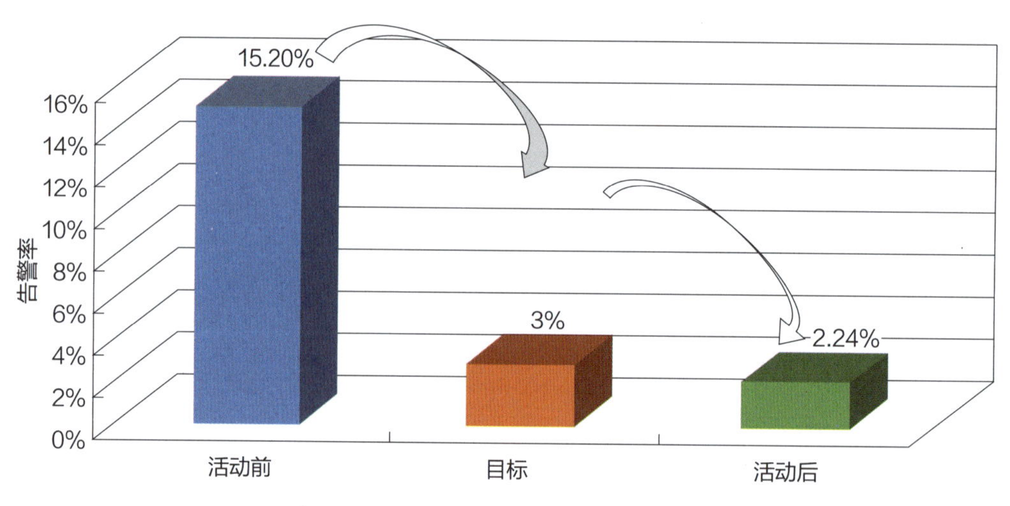


图 18　活动前后告警率比较图

告警率由活动前的 15.2%下降到 2.24%，课题目标实现。

## （二）社会效益

（1）工作效率大幅提高。实现开关合闸点的快速、自动评估，每年可减少直流大修停电时间 8h。

（2）确保设备安全状态。快速把握断路器运行状态，预判断路器的潜在故障。

（3）保障大电网稳定运行。降低直流系统换相失败风险，避免了连续换相失败导致直流闭锁的大电网故障。

# 七、标准化

## （一）成果推广价值分析

公司设备部组织相关设备厂商评估装置的推广应用价值，如图 19 所示。

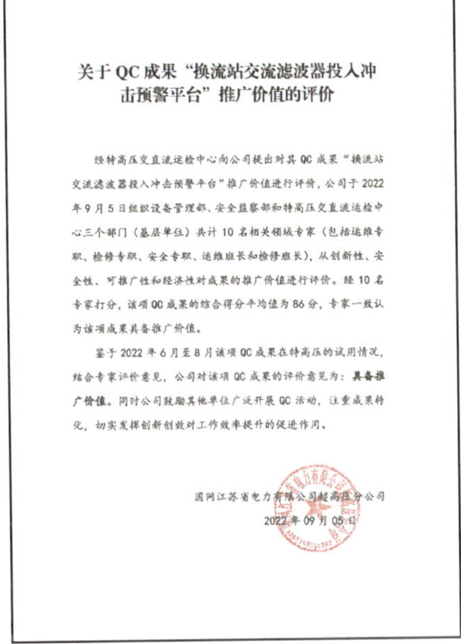

**关于 QC 成果“换流站交流滤波器投入冲击预警平台”推广价值的评价**

经特高压交直流运检中心向公司提出对其 QC 成果“换流站交流滤波器投入冲击预警平台”推广价值进行评价，公司于 2022 年 9 月 5 日组织设备管理部、安全监察部和特高压交直流运检中心三个部门（基层单位）共计 10 名相关领域专家（包括运维专职、检修专职、安全专职、运维班长和检修班长），从创新性、安全性、可推广性和经济性对成果的推广价值进行评价。经 10 名专家打分，该项 QC 成果的综合得分平均值为 86 分，专家一致认为该项成果具备推广价值。

鉴于 2022 年 6 月至 8 月该项 QC 成果在特高压的试用情况，结合专家评价意见，公司对该项 QC 成果的评价意见为：**具备推广价值**。同时公司鼓励其他单位广泛开展 QC 活动，注重成果转化，切实发挥创新创效对工作效率提升的促进作用。

国网江苏省电力有限公司超高压分公司

2022 年 09 月 05 日

图 19　推广应用价值评价报告

## （二）标准化实施

（1）编写了《标准化作业指导书》，如图 20 所示。

国家电网 STATE GRID

国网江苏省电力有限公司超高压分公司

换流站交流滤波器投入冲击预警平台

标准化作业指导书

国网江苏省超高压公司

2022 年 09 月

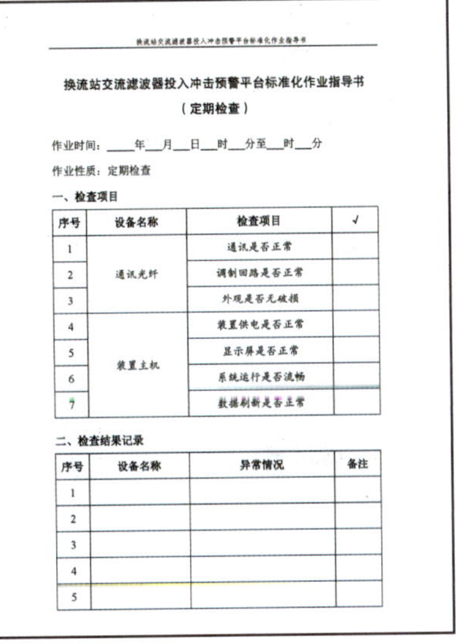

换流站交流滤波器投入冲击预警平台标准化作业指导书

**换流站交流滤波器投入冲击预警平台标准化作业指导书**

**（定期检查）**

作业时间：____年__月__日__时__分至__时__分

作业性质：定期检查

一、检查项目

| 序号 | 设备名称 | 检查项目 | √ |
| --- | --- | --- | --- |
| 1 | 通讯光纤 | 通讯是否正常 | |
| 2 | | 调制回路是否正常 | |
| 3 | | 外观是否无破损 | |
| 4 | 装置主机 | 装置供电是否正常 | |
| 5 | | 显示屏是否正常 | |
| 6 | | 系统运行是否流畅 | |
| 7 | | 数据刷新是否正常 | |

二、检查结果记录

| 序号 | 设备名称 | 异常情况 | 备注 |
| --- | --- | --- | --- |
| 1 | | | |
| 2 | | | |
| 3 | | | |
| 4 | | | |
| 5 | | | |

图 20　标准化作业指导书

（2）将维护使用说明书和设计流程图存档，报公司批准，如图 21 所示。

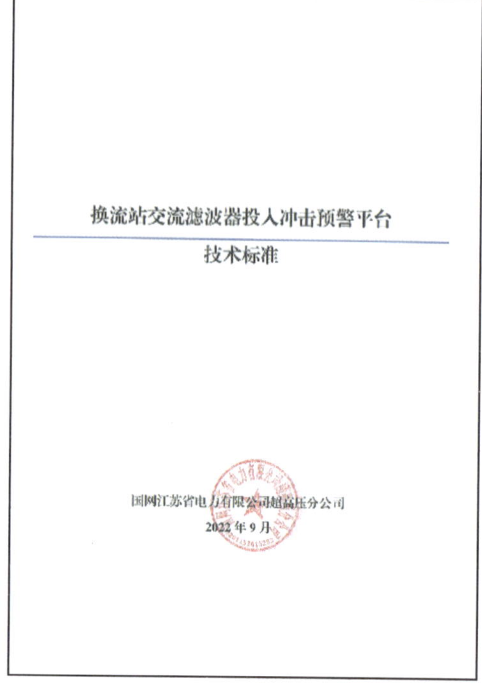

换流站交流滤波器投入冲击预警平台

技术标准

国网江苏省电力有限公司超高压分公司

2022 年 9 月

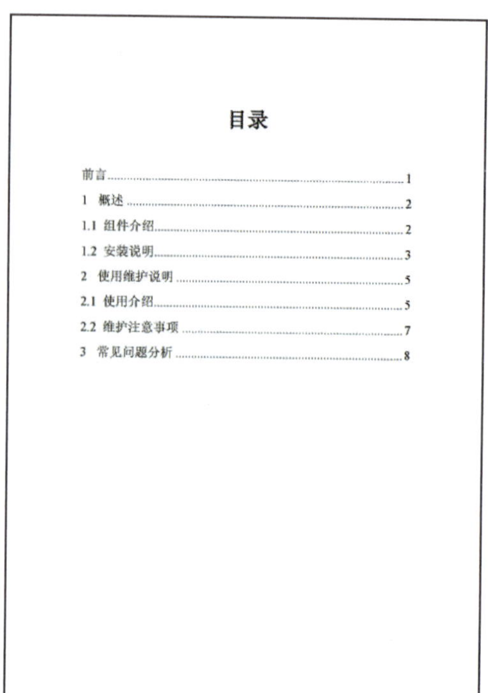

目录



图 21　维护使用说明书

（3）编写技术要求，对《高压交流断路器》（GB/T 1984—2014）进行了补充和完善。

（4）将平台的维护纳入特高压站运维检修人员的日常工作，并进行使用培训，如图 22 所示。

图 22　使用培训

（5）小组建立了完整的 QC 活动记录本，将平台纳入工器具台账，如图 23 所示。

**QC 小组活动记录本**

课题名称：换流站交流滤波器投入冲击预警平台的研制

小组名称：高压电网守护神 QC 小组

小组类别：创新型小组

单　　位：国网江苏省电力有限公司超高压分公司

部　　门：特高压交直流运检中心

**工 器 具 台 账**

| 序号 | 设备名称 | 规格编号 | 安装位置 | 维护周期 | 安装日期 | 备注 |
|---|---|---|---|---|---|---|
| 1 | 1号换流站交流滤波器投入冲击预警平台 | TGYCJYJ-1 | 泰州换流站 | 1个月 | 2022.6.1 | |
| 2 | 2号换流站交流滤波器投入冲击预警平台 | TGYCJYJ-2 | 淮安换流站 | 1个月 | 2022.6.1 | |
| | | | | | | |
| | | | | | | |
| | | | | | | |

图 23　QC 小组活动记录本

# 八、总结及下一步打算

## （一）总结

本成果创新点为：一是基于波形拐点特征的合闸点精准识别方法；二是基于神经网络算法的冲击预警策略；三是基于光纤感知的交流滤波器投入冲击预警平台搭建。基于以上成果发表论文 1 篇。但在 QC 活动管理方面还需继续加强，且对 QC 工具的应用深度还有所欠缺。

## （二）下一步打算

为实现变压器呼吸器故障状态的及时检测，2023 年高压电网守护神 QC 小组准备以“变压器呼吸器故障检测装置的研制”为课题开展新一轮的 QC 活动。

# 变电站 GIS 设备泄漏气体回收装置的研制

10

国网江苏电科院输变电技术中心集结号 QC 小组

主创人：肖焓艳、赵　科、尹　泽、高　山、李洪涛、李玉杰、徐　阳、张照辉、马径坦、庄添鑫

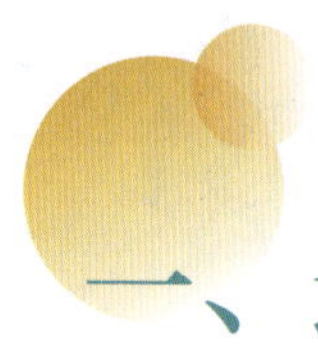

# 一、选择课题

## （一）需求识别

为有效控制 GIS 设备温室气体排放，亟需针对设备漏气缺陷这一突出问题，研究不停电处理方法，研制轻量化 $SF_6$ 泄漏气体回收装置，补足现有设备运维方式短板，进一步推动电力行业减排降碳。

## （二）广泛借鉴

小组针对设备漏点的不停电带压密封引流和气体回收过程中管路密封状态的实时监测进行广泛借鉴，如表 1 和表 2 所示。

表 1　借鉴 1：设备带压密封引流方法借鉴表

| | |
|---|---|
| 文献内容 | 文中介绍的带压密封引流技术的基本原理是将某种特制的封堵器固定于泄漏点上，使封堵器与储罐泄漏点附近的内壁紧密贴合，泄漏介质在内外压差的作用下从引流通道逸出，待储罐内泄漏点从内部完全封堵或泄漏速度明显降低后，再采取外部堵漏的方式，完成对泄漏点的最终封堵 |
| 借鉴方式 | 本课题借鉴该文献中天然气储罐的带压密封引流方法对 GIS 设备泄漏缺陷进行不停电密封引流<br>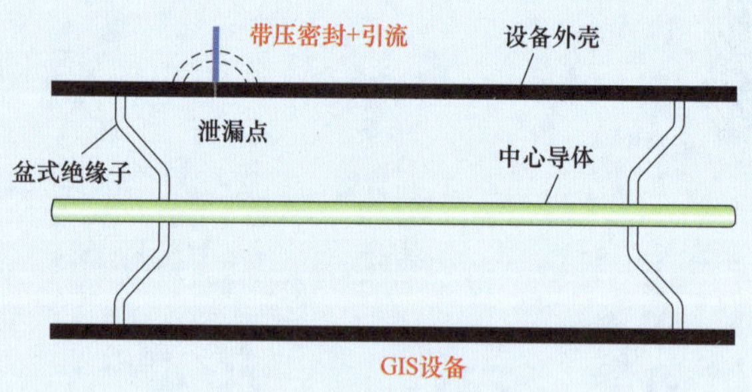<br>GIS 设备泄漏缺陷带压密封引流示意图 |

表 2　借鉴 2：密封状态监测与告警技术借鉴表

| | |
|---|---|
| 文献内容 | 发明公开了一种基于物联网智能燃气表的燃气泄漏监控系统及方法，通过物联网智能燃气表中央处理器定期或指令控制阀控模块阀门关闭，形成阀后封闭管路，利用压力和温度监测单元检测特定时间内阀门后封闭管路的温度压力变化，根据气体状态方程由中央处理进行计算判断是否存在燃气泄漏来实现告警或关阀，并依据燃气泄漏量的危险程度进行分级管理 |
| 借鉴方式 | 本课题借鉴该专利中功能模块化控制方法和监测告警策略，设计 $SF_6$ 气体回收装置运行状态监测模块和通信告警模块 |

续表

<table>
<tr><td>借鉴方式</td><td>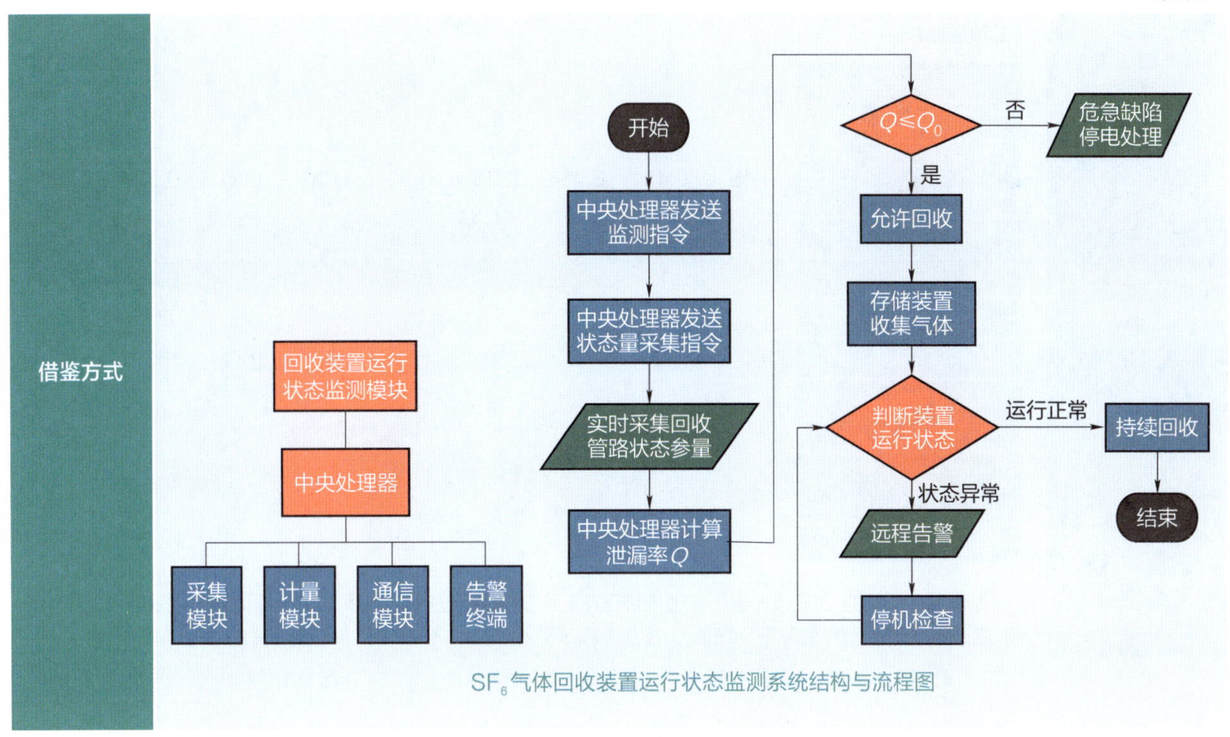

$SF_6$气体回收装置运行状态监测系统结构与流程图</td></tr>
</table>

## （三）确定课题

小组将本次活动的课题确定为：变电站 GIS 设备泄漏气体回收装置的研制。

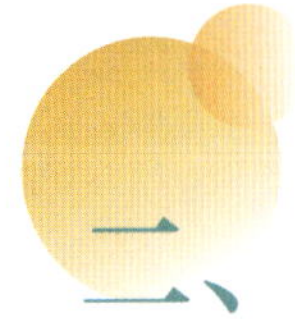

# 二、设定目标及目标可行性论证

## （一）设定目标

活动目标：实现对 GIS 设备漏气缺陷的不停电处理和泄漏 $SF_6$ 气体的可靠回收，保证缺陷设备处理后气体相对年泄漏率不超过 0.5%。

## （二）目标可行性论证

目标可行性论证如表 3 所示。

表 3　目标可行性论证表

<table>
<tr><td>缺陷设备处理后年泄漏率测试</td><td>试验描述</td><td>依据借鉴 1 中的带压密封引流基本原理，对存在漏气缺陷的 GIS 罐体进行不停电带压密封引流，将泄漏气体持续收集至回收装置中。期间，采用借鉴 2 中的功能模块化控制方法和监测告警策略，对管路密封状态等参量进行实时监测。待设备缺陷部位引流器密封胶完全固化后，采用标准部件对引流口进行封堵。全部操作完成后，采用 GB/T 11023—2018《高压开关设备六氟化硫气体密封试验导则》中推荐的包扎检漏法，对试验罐体及固化封堵后的引流器组成的整体开展密封性试验</td></tr>
</table>

续表

<table>
<tr><td rowspan="12">缺陷设备处理后年泄漏率测试</td><td colspan="10">试验结果:</td></tr>
<tr><td>试验序号</td><td colspan="3">1</td><td colspan="3">2</td><td colspan="3">3</td></tr>
<tr><td>测试点</td><td>1</td><td>2</td><td>3</td><td>1</td><td>2</td><td>3</td><td>1</td><td>2</td><td>3</td></tr>
<tr><td>测量时间段内 $SF_6$ 增量（$\times 10^{-6}$）</td><td>0.45</td><td>0.41</td><td>0.43</td><td>0.35</td><td>0.33</td><td>0.36</td><td>0.31</td><td>0.32</td><td>0.32</td></tr>
<tr><td>封闭罩容积（$m^3$）</td><td colspan="3">1.6</td><td colspan="3">1.6</td><td colspan="3">1.6</td></tr>
<tr><td>试品体积（$m^3$）</td><td colspan="3">0.13</td><td colspan="3">0.13</td><td colspan="3">0.13</td></tr>
<tr><td>大气压力（kPa）</td><td colspan="3">$10^5$</td><td colspan="3">$10^5$</td><td colspan="3">$10^5$</td></tr>
<tr><td>测量间隔时间（s）</td><td>60</td><td>60</td><td>60</td><td>60</td><td>60</td><td>60</td><td>60</td><td>60</td><td>60</td></tr>
<tr><td>试验罐体封闭系统容积（$m^3$）</td><td colspan="3">4.1</td><td colspan="3">4.1</td><td colspan="3">4.1</td></tr>
<tr><td>试品的额定充入压力相对值（Pa）</td><td colspan="3">$4.6\times 10^5$</td><td colspan="3">$4.6\times 10^5$</td><td colspan="3">$4.6\times 10^5$</td></tr>
<tr><td>相对年漏气率（%）</td><td colspan="3">0.49</td><td colspan="3">0.47</td><td colspan="3">0.46</td></tr>
<tr><td colspan="10"></td></tr>
<tr><td>可行性论证结论</td><td colspan="10">对存在漏气缺陷的 GIS 设备进行不停电带压密封引流并最终固化封堵后，“试验罐体＋封堵后的引流器”组成的整体系统的相对年泄漏率平均值为：（0.49%＋0.47%＋0.46%）/3≈0.473%＜0.5%，目标可行</td></tr>
</table>

# 三、提出方案并确定最佳方案

## （一）总体方案

小组提出了“近端引流收集＋远端状态监测”的总体技术方案，如图 1 所示。

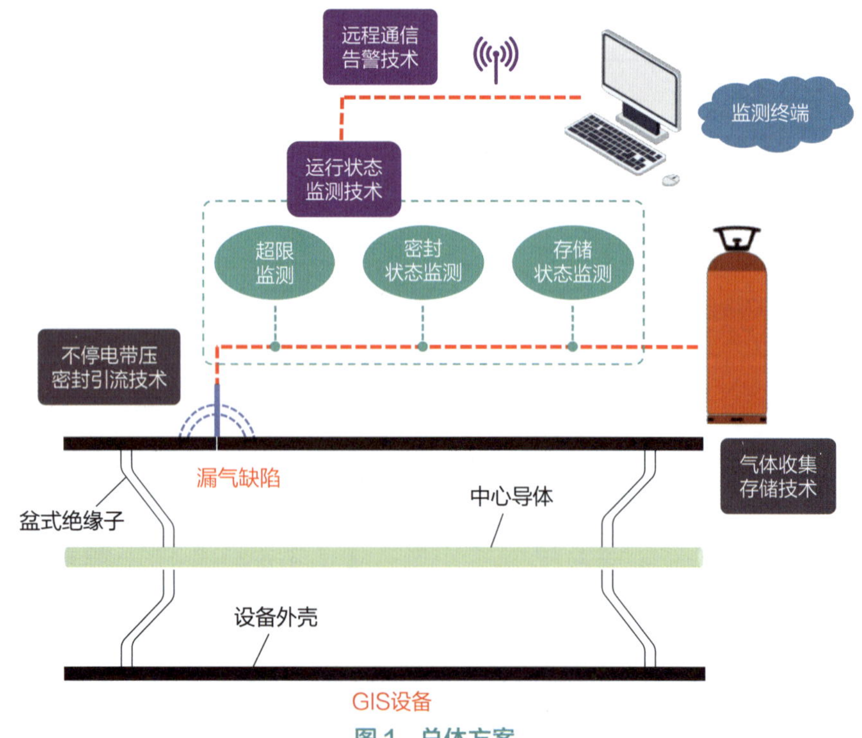


图 1　总体方案

## （二）方案分解

小组围绕课题总体目标及方案，形成各级分解方案，如图 2 所示。

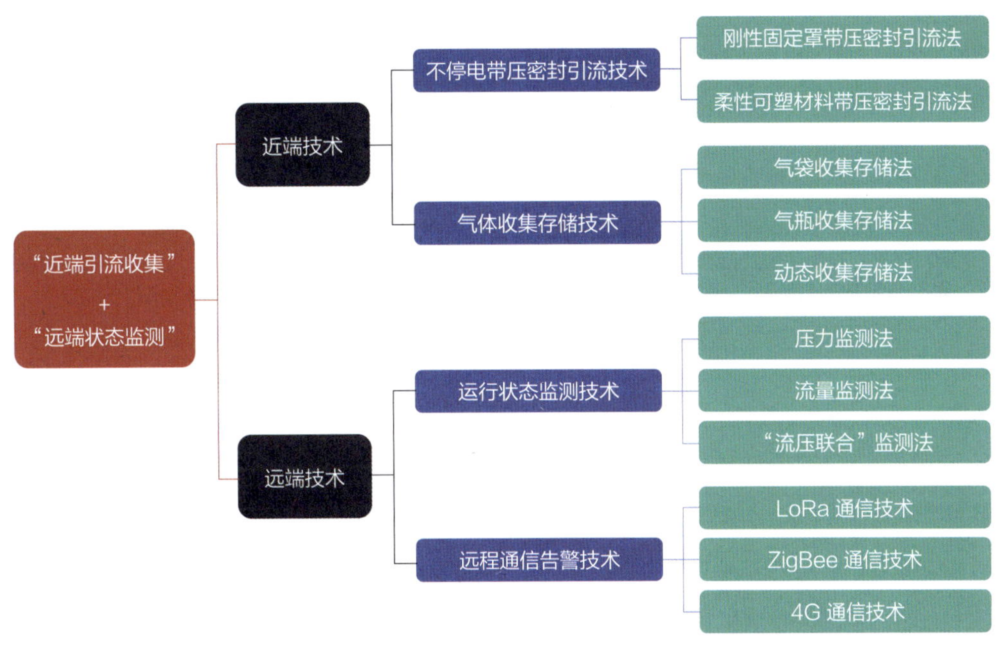


图 2　方案研制框架图

### 1. 不停电带压密封引流技术方案选择

不停电带压密封引流技术方案选择如表 4 所示。

表 4　不停电带压密封引流技术方案选择

| 可选方案 | 刚性固定罩带压密封引流法 | | | | 柔性可塑材料带压密封引流法 | | | |
|---|---|---|---|---|---|---|---|---|
| 测试结果 | 不同流量气体承受情况 | | | | 不同流量气体承受情况 | | | |
| | 气体流量（mL/min） | | 是否可承受 | | 气体流量（mL/min） | | 是否可承受 | |
| | 40 | | √ | | 40 | | √ | |
| | 60 | | √ | | 60 | | √ | |
| | 80 | | √ | | 80 | | √ | |
| | 100 | | √ | | 100 | | √ | |
| | 120 | | √ | | 120 | | √ | |
| | 不同类型缺陷密封处理后泄漏气体浓度 | | | | 不同类型缺陷密封处理后泄漏气体浓度 | | | |
| | 点状泄漏 | | | | 点状泄漏 | | | |
| | 序号 | 泄漏气体浓度（μL/L） | | 平均值 | 序号 | 泄漏气体浓度（μL/L） | | 平均值 |
| | 1 | 10 15 18 | | 14 | 1 | 10 11 9 | | 10 |
| | 2 | 14 15 13 | | 14 | 2 | 8 12 15 | | 12 |
| | 3 | 15 12 16 | | 14 | 3 | 10 12 11 | | 11 |
| | 4 | 12 16 13 | | 13.5 | 4 | 9 12 10 | | 10 |
| | 5 | 14 12 17 | | 14 | 5 | 10 12 9 | | 10 |

续表

<table>
<tr><th>可选方案</th><th>刚性固定罩带压密封引流法</th><th>柔性可塑材料带压密封引流法</th></tr>
<tr><td>测试结果</td><td>
<table>
<tr><th colspan="3">面状泄漏</th></tr>
<tr><th>序号</th><th>泄漏气体浓度（μL/L）</th><th>平均值</th></tr>
<tr><td colspan="3">无法操作</td></tr>
</table>
</td><td>
<table>
<tr><th colspan="5">面状泄漏</th></tr>
<tr><th>序号</th><th colspan="3">泄漏气体浓度（μL/L）</th><th>平均值</th></tr>
<tr><td>1</td><td>12</td><td>11</td><td>10</td><td>11</td></tr>
<tr><td>2</td><td>11</td><td>12</td><td>13</td><td>12</td></tr>
<tr><td>3</td><td>10</td><td>12</td><td>11</td><td>11</td></tr>
<tr><td>4</td><td>8</td><td>12</td><td>11</td><td>10</td></tr>
<tr><td>5</td><td>10</td><td>11</td><td>11</td><td>10</td></tr>
</table>
</td></tr>
<tr><td>方案评价</td><td colspan="2">刚性固定罩密封引流法的实际效果受设备泄漏部位和固定罩形状影响较大，普适性较差，且只能用于设备点状漏气缺陷，对面状缺陷无法操作；柔性可塑材料密封引流法对于各类设备漏气缺陷均适用，不受设备形状影响，操作灵活便捷，且密封处理后设备缺陷部位泄漏气体的平均浓度低至 10～12μL/L，密封性能更优</td></tr>
<tr><td>结论</td><td>不选用</td><td>选用</td></tr>
</table>

## 2. 气体收集存储技术方案选择

气体收集存储技术方案选择如表 5 所示。

表 5　气体收集存储技术方案选择

<table>
<tr><th>可选方案</th><th>气袋收集存储法</th><th>气瓶收集存储法</th><th>动态收集存储法</th></tr>
<tr><td>参数比较</td><td colspan="3">
<table>
<tr><th>收集存储技术</th><th>气袋收集存储法</th><th>气瓶收集存储法</th><th>动态收集存储法</th></tr>
<tr><td>耐压（MPa）</td><td>0.02</td><td>15</td><td>15</td></tr>
<tr><td>质量（kg）</td><td>0.4</td><td>10</td><td>15</td></tr>
<tr><td>常压容积（L）</td><td>40</td><td>8</td><td>—</td></tr>
<tr><td>密封性</td><td>良好</td><td>高</td><td>高</td></tr>
<tr><td>安全性</td><td>一般</td><td>高</td><td>高</td></tr>
<tr><td>长期工作可靠性</td><td>一般</td><td>较差</td><td>高</td></tr>
</table>
</td></tr>
<tr><td>方案评价</td><td colspan="3">PVC 气袋无法满足 GIS 设备发生严重漏气故障时单日平均泄漏水平下的正常使用；碳钢气瓶无法对泄漏的 $SF_6$ 气体进行长时间收集；动态存储法方法兼顾气袋存储法和气瓶存储法的优点，在气体收集量、长期工作可靠性等方面均能满足现场实际应用需求</td></tr>
<tr><td>结论</td><td>不选用</td><td>不选用</td><td>选用</td></tr>
</table>

## 3. 运行状态监测技术方案选择

运行状态监测技术方案选择如表 6 所示。

表 6　运行状态监测技术方案选择

<table>
<tr><th>可选方案</th><th>压力监测法</th><th>流量监测法</th><th>“流压联合”监测法</th></tr>
<tr><td>测试结果</td><td colspan="3">
方案一　压力监测法<br>
泄漏识别时间试验结果
<table>
<tr><th colspan="5">泄漏识别时间（min）</th><th rowspan="2">平均识别时间（min）</th><th rowspan="2">识别准确率</th></tr>
<tr><th>1</th><th>2</th><th>3</th><th>4</th><th>5</th></tr>
<tr><td>9</td><td>12</td><td>10</td><td>12</td><td>13</td><td>11</td><td>>99%</td></tr>
</table>
</td></tr>
</table>

续表

| 可选方案 | 压力监测法 | 流量监测法 | “流压联合”监测法 |
| --- | --- | --- | --- |

**测试结果**

装置运行状态判断试验结果

| 序号 | 1 | 2 | 3 | 4 | 5 | 判断准确率 |
| --- | --- | --- | --- | --- | --- | --- |
| 设备泄漏超限情况 | 可判断 | 可判断 | 可判断 | 可判断 | 可判断 | >99% |
| 收集存储装置工作异常情况 | 可判断 | 可判断 | 可判断 | 可判断 | 可判断 | >99% |

方案二　流量监测法

泄漏识别时间试验结果

| 泄漏识别时间（min） | | | | | 平均识别时间（min） | 识别准确率 |
| --- | --- | --- | --- | --- | --- | --- |
| 1 | 2 | 3 | 4 | 5 | | |
| 1 | 1 | 2 | 1 | 2 | 1.4 | >99% |

装置运行状态判断试验结果

| 序号 | 1 | 2 | 3 | 4 | 5 | 判断准确率 |
| --- | --- | --- | --- | --- | --- | --- |
| 设备泄漏超限情况 | 可判断 | 可判断 | 可判断 | 可判断 | 可判断 | >99% |
| 收集存储装置工作异常情况 | 可判断 | 可判断 | 可判断 | 可判断 | 可判断 | >99% |

方案三　“流压联合”监测法

泄漏识别时间试验结果

| 泄漏识别时间（min） | | | | | 平均识别时间（min） | 识别准确率 |
| --- | --- | --- | --- | --- | --- | --- |
| 1 | 2 | 3 | 4 | 5 | | |
| 2 | 2 | 2 | 1 | 2 | 1.8 | >99% |

装置运行状态判断试验结果

| 序号 | 1 | 2 | 3 | 4 | 5 | 判断准确率 |
| --- | --- | --- | --- | --- | --- | --- |
| 设备泄漏超限情况 | 可判断 | 可判断 | 可判断 | 可判断 | 可判断 | >99% |
| 收集存储装置工作异常情况 | 可判断 | 可判断 | 可判断 | 可判断 | 可判断 | >99% |

| 方案评价 | 流量监测法仅能监测流量传感器前端管路状态，无法实现对装置运行状态的全面监测；压力监测法识别速度较慢；“流压联合”监测法能够实现流量传感器后端气体泄漏的有效监测，并对回收装置整体系统运行状态的变化做出及时准确的响应 | | |
| --- | --- | --- | --- |
| 结论 | 不选用 | 不选用 | 选用 |

## 4. 远程通信告警技术方案选择

远程通信告警技术方案择如表 7 所示。

表 7 远程通信告警技术方案选择

| 可选方案 | LoRa 通信技术 | ZigBee 通信技术 | 4G 通信技术 |
|---|---|---|---|

测试结果

方案一 LoRa 通信技术

传输距离测试结果

| 次数 | 传输距离（km） | | | | |
|---|---|---|---|---|---|
| | 1.7 | 2 | 2.3 | 2.6 | 2.9 |
| 传输总次数 | 50 | 50 | 50 | 50 | 50 |
| 成功次数 | 50 | 50 | 50 | 49 | 45 |
| 失败次数 | 0 | 0 | 0 | 1 | 5 |
| 最远传输距离 | 2.3km | | | | |

传输准确率测试结果

| 传输数据 | 传输总次数 | 正确次数 | 失败次数 | 正确率 |
|---|---|---|---|---|
| 压力值 | 15 | 14 | 1 | 93% |
| 流量值 | 15 | 14 | 1 | 93% |
| 告警状态值 | 5 | 4 | 1 | 80% |
| 平均传输准确率 | 88.7% | | | |

方案二 ZigBee 通信技术

传输距离测试结果

| 次数 | 传输距离（km） | | | | |
|---|---|---|---|---|---|
| | 1.7 | 2 | 2.3 | 2.6 | 2.9 |
| 传输总次数 | 50 | 50 | 50 | 50 | 50 |
| 成功次数 | 50 | 50 | 45 | 38 | 35 |
| 失败次数 | 0 | 0 | 5 | 12 | 15 |
| 最远传输距离 | 2km | | | | |

传输准确率测试结果

| 传输数据 | 传输总次数 | 正确次数 | 失败次数 | 正确率 |
|---|---|---|---|---|
| 压力值 | 15 | 12 | 3 | 80% |
| 流量值 | 15 | 12 | 3 | 80% |
| 告警状态值 | 5 | 3 | 2 | 60% |
| 平均传输准确率 | 73.3% | | | |

方案三 4G 通信技术

传输距离测试结果

| 次数 | 传输距离（km） | | | | |
|---|---|---|---|---|---|
| | 1.7 | 2 | 2.3 | 2.6 | 2.9 |
| 传输总次数 | 50 | 50 | 50 | 50 | 50 |
| 成功次数 | 50 | 50 | 50 | 50 | 50 |
| 失败次数 | 0 | 0 | 0 | 0 | 0 |
| 最远传输距离 | 大于 2.9km | | | | |

续表

| 可选方案 | LoRa 通信技术 | ZigBee 通信技术 | 4G 通信技术 | | |
|---|---|---|---|---|---|
| 测试结果 | 传输准确率测试 | | | | |
| | 传输数据 | 传输总次数 | 正确次数 | 失败次数 | 正确率 |
| | 压力值 | 15 | 15 | 0 | >99.99% |
| | 流量值 | 15 | 15 | 0 | >99.99% |
| | 告警状态值 | 5 | 5 | 0 | >99.99% |
| | 平均传输准确率 | >99.99% | | | |
| 方案评价 | LoRa 和 ZigBee 通信技术传输距离有限，且容易受到电磁环境及现场障碍物干扰造成数据传输失败；4G 无线通信方案在传输距离和传输准确性方面性能最优 | | | | |
| 结论 | 不选用 | 不选用 | 选用 | | |

## （三）确定最佳方案

小组最终确定课题总体方案如图 3 所示。

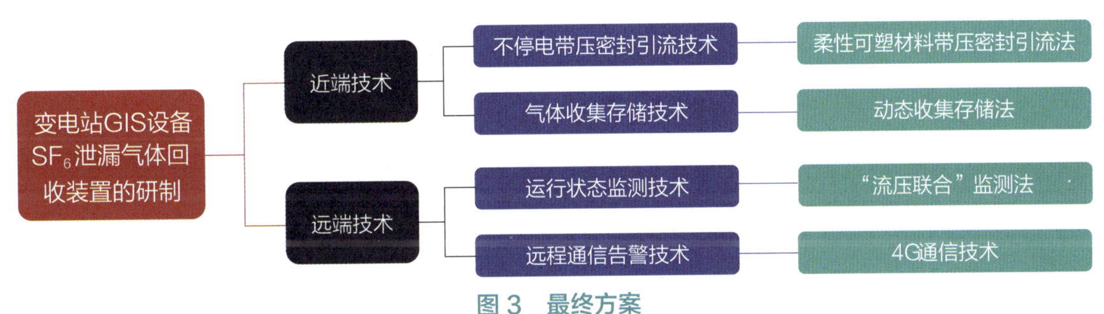


图 3　最终方案

# 四、制定对策

小组制定了 5W1H 对策表，如表 8 所示。

表 8　对策计划表

| 序号 | 对策 | 目标 | 措施 | 地点 | 完成时间 | 负责人 |
|---|---|---|---|---|---|---|
| 1 | 柔性可塑材料带压密封引流技术 | （1）对设备点状泄漏和面状泄漏缺陷均适用。<br>（2）带压密封引流操作时间 < 30min。<br>（3）密封后设备缺陷部位 24h 泄漏气体平均浓度 < 20μL/L | （1）耗材和工器具准备。<br>（2）不同类型设备漏气缺陷模拟。<br>（3）漏点不停电带压密封引流。<br>（4）引流口封堵。<br>（5）泄漏气体测试 | 实验室、变电站现场 | 2022 年 5 月 | 马径坦 |

续表

| 序号 | 对策 | 目标 | 措施 | 地点 | 完成时间 | 负责人 |
|---|---|---|---|---|---|---|
| 2 | 动态收集存储法气体收集存储技术 | （1）24h 可收集 $SF_6$ 气体≥0.5kg（常压下约 80L）。<br>（2）存储装置自身泄漏率＜3μL/L | （1）设备严重漏气缺陷模拟。<br>（2）漏点带压密封引流。<br>（3）收集装置抽真空。<br>（4）泄漏气体收集。<br>（5）存储装置收集量测试。<br>（6）存储装置年气体泄漏率测试 | 实验室、变电站现场 | 2022 年 5 月 | 李玉杰 |
| 3 | “流压联合”运行状态监测技术 | （1）识别管路泄漏发生时间＜2min。<br>（2）对管路中 10mL/min 及以上气体泄漏的识别率＞99%。<br>（3）对 GIS 设备气体泄漏量是否超限的判断准确率＞99%。<br>（4）对气体收集存储装置是否正常工作的判断准确率＞99% | （1）压力传感器和流量传感器性能分析与产品购置。<br>（2）压力和流量传感模块组装。<br>（3）“流压联合”装置运行状态监测的软硬件控制逻辑设计。<br>（4）装置运行状态监测功能测试 | 实验室、变电站现场 | 2022 年 6 月 | 徐阳 |
| 4 | 采用 4G 通信告警技术 | （1）数据传输距离＞2km。<br>（2）数据传输准确率＞99.99%。<br>（3）无线传输速率≥8Mbit/s | （1）4G 无线通信模块性能分析与产品购置。<br>（2）后台通信参数配置与调试。<br>（3）状态监测数据传输测试 | 实验室、变电站现场 | 2022 年 6 月 | 庄添鑫 |
| 5 | 组装试验 | 气体回收装置在高温（40℃）、低温（−10℃）、强磁场（1μT）、降雨等恶劣环境下，各功能稳定可靠，测试合格率＞95% | （1）各模块组装与样机生产。<br>（2）恶劣环境实验室模拟。<br>（3）装置各项功能评测 | 实验室、变电站现场 | 2022 年 7 月 | 尹泽 |

# 五、对策实施

## （一）实施一：采用柔性可塑材料带压密封引流技术

实施过程如表 9 所示。

表 9　采用柔性可塑材料带压密封引流技术

| 实施过程 | （1）开展 GIS 设备漏气缺陷模拟和不停电带压密封引流操作试验。<br>（2）分别模拟 GIS 设备点状泄漏缺陷和面状泄漏缺陷。<br>（3）对不同类型设备漏气缺陷进行带压密封引流处理，并记录操作时间。<br>（4）密封引流处理完成 24h，待密封胶完全固化后，采用标准化部件对引流口进行封堵。<br>（5）封堵处理完成后，采用包扎检漏法对缺陷部位进行包罩密封处理，然后采用 $SF_6$ 定量检漏仪对密封罩内的泄漏气体浓度进行测量 |
|---|---|

续表

<table>
<tr><td>实施过程</td><td><br><br>包扎法测量缺陷部位泄漏气体浓度</td></tr>
<tr><td>对策目标检查</td><td>柔性可塑材料带压密封引流技术对 GIS 设备点状泄漏缺陷和面状泄漏缺陷均具有良好的适用性，密封引流操作平均时间分别为 18.9min 和 27.1min；密封后设备缺陷部位 24h 泄漏气体浓度 7~12μL/L，且数值较为稳定，对策目标实现</td></tr>
</table>

## （二）实施二：采用动态收集存储技术

实施过程如表 10 所示。

表 10　采用动态收集存储技术

<table>
<tr><td>实施过程</td><td>（1）采用 GIL/GIS 泄漏缺陷模拟装置模拟设备严重漏气缺陷（24h 泄漏量 1kg，漏气率 114mL/min）。<br>（2）采用柔性可塑材料带压密封引流技术对漏气缺陷进行密封引流处理，如对策一。<br>（3）引流管路连接完成后，采用莱宝 D16T 型真空泵对 PVC 气袋与碳钢气瓶组成的动态二级存储装置进行抽真空，至真空度达到 130Pa。<br>（4）打开引流口连接阀，对泄漏气体进行收集。<br>（5）收集 24h 后，关闭连接阀，测试装置气体收集量。<br>（6）采用包扎检漏法，对 PVC 气袋和碳钢气瓶组成的二级存储装置进行包扎密封，静置 24h 后采用定量检漏仪对收集装置的泄漏率进行测试<br><br><br>包扎法测试气体存储装置泄漏率</td></tr>
</table>

续表

| | |
|---|---|
| 对策目标检查 | 动态收集存储技术 24h 气体收集量最大可达 90.6L，平均值大于 80L；收集装置自身泄漏率平均为 1.1μL/L，小于 3μL/L，对策目标实现 |

## （三）实施三：采用“流压联合”运行状态监测技术

实施过程如表 11 所示。

表 11　采用“流压联合”运行状态监测技术

| | |
|---|---|
| 实施过程 | （1）根据性能要求选购适配的压力和流量传感器<br>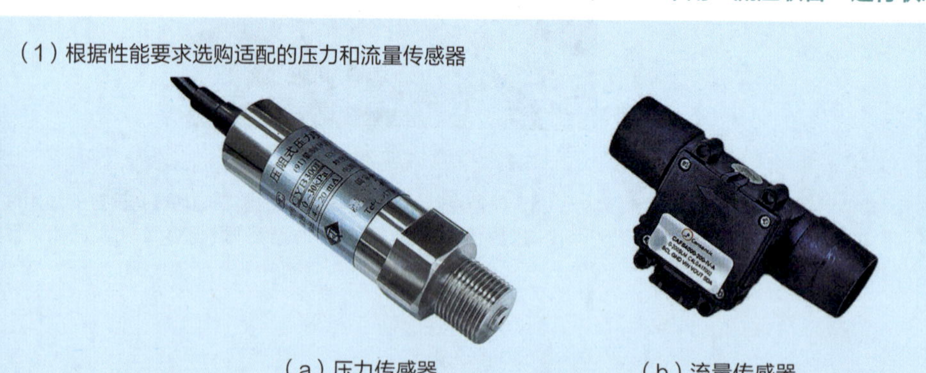<br>（a）压力传感器　（b）流量传感器<br>压力传感器和流量传感器产品图<br>（2）对压力和流量传感器及其控制模块进行组装，组成装置运行状态监测系统。<br>（3）实验模拟流量为 10mL/min 的管路泄漏故障，对发生泄漏时管路压力和流量的变化进行检测分析，并据此实现监测模块的软硬件设计。<br>（4）实验模拟流量为 10mL/min 的管路泄漏情况，通过“流压联合”运行状态监测系统，对设备运行状态进行监测、测试。测试过程中装置界面显示参数如下<br>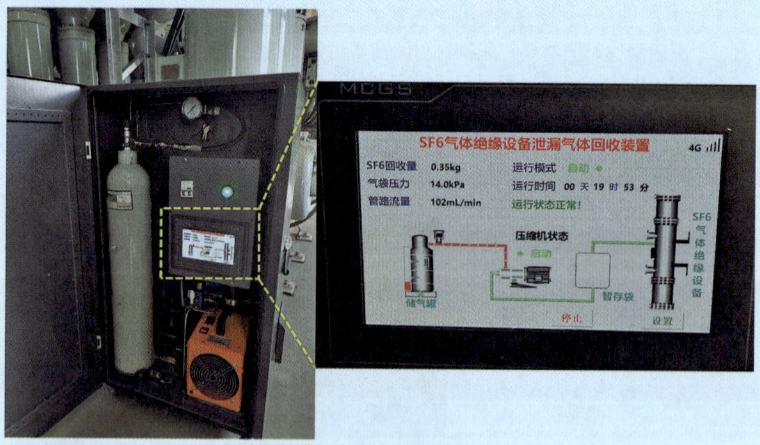<br><br>气体回收装置运行状态界面显示 |
| 对策目标检查 | 采用“流压联合”运行状态监测技术，能够在 2min 内准确识别管路中 10mL/min 及以上的泄漏，且对 GIS 设备气体泄漏量超限、收集存储装置工作状况等装置运行状态的判断准确率大于 99%，对策目标实现 |

## （四）实施四：采用 4G 通信告警技术

实施过程如表 12 所示。

表 12 采用 4G 通信告警技术

| | |
|---|---|
| 实施过程 | （1）选择购置 EC600S-CN 型 4G 模组搭建本装置中的通信告警模块。<br>（2）监测系统采集到数据通传输到计算机后台。并在后台接收终端上对通信参数进行配置与调试。<br>（3）在测试范围 2km 以上选择 5 个不同传输距离，之后固定传输距离为 2km，开展通信模块数据无线收发测试 |
| 对策目标检查 | 4G 通信告警技术在数据传输距离大于 2km 的条件下收发功能稳定，试验条件下接收终端数据准确率大于 99.99%。同时，数据远程传输速率平均值大于 8Mbit/s，对策目标实现 |

## （五）实施五：整机功能评测

实施过程如表 13 所示。

表 13 采用“流压联合”运行状态监测技术

| | |
|---|---|
| 实施过程 | （1）对变电站 GIS 设备泄漏气体回收装置各功能模块进行组装。<br>（2）将气体回收装置放入人工气候模拟试验箱中（科明仪器，型号 KMH-800S）。该试验箱可模拟温度范围为 -70～150℃，湿度范围 20%～98%（相对湿度），磁场强度范围 0～2T。分别在高温（40℃）、低温（-10℃）、强磁场（1μT）、降雨（相对湿度 90%）等恶劣环境下对回收装置开展耐候性试验。<br><br><br>$SF_6$ 气体回收装置环境耐候性试验<br>（3）测试不同环境下回收装置整体功能可靠性，每种环境下重复试验 20 次，记录装置功能合格次数并计算合格率 |
| 对策目标检查 | 变电站 GIS 设备泄漏气体回收装置在各种恶劣环境下均可正常工作，整体功能合格率达到 97.5%，对策目标实现 |

# 六、效果检查

## （一）课题目标检查

2022 年 8—10 月，小组先后赴南京、常州、泰州、盐城等地，对变电站现场实际发生的 6 起 GIS 设备漏气缺陷进行处理。结果表明，变电站 GIS 设备泄漏气体回收装置可以有效应对 GIS 设备各类漏气缺陷，经密封引流回收处理后设备相对年泄漏率最大值和平均值均小于课题目标值 0.5%，且漏气率标准差较小，数据分布集中、波动小，较好地实现了课题目标。

## （二）经济效益

现行 GIS 设备运维实践中，一般采用大容量 $SF_6$ 气体回收装置对设备故障检修和退役报废过程中气室内的主要 $SF_6$ 气体进行回收利用。经核算，相较传统方式，本课题产生的直接经济效益为 154.35 万元。

## （三）社会效益

（1）显著降低温室气体排放量，助力“双碳”目标实现。

（2）简化漏气设备处理流程，提高设备运维效率。

（3）提升企业社会形象和社会认同感。

# 七、标准化

## （一）可推广评价

本课题研制的变电站 GIS 设备泄漏气体回收装置有效解决了现场实际问题，各项性能指标优良，具有较高的推广价值，评价报告如图 4 所示。

## （二）制定标准文件

如图 5 所示，本次活动形成了如下技术标准：

（1）$SF_6$ 气体绝缘设备漏气缺陷处理作业指导书。

（2）变电站 GIS 设备泄漏气体回收装置操作技术手册。

**关于 QC 成果“变电站 GIS 设备泄漏气体回收装置”推广价值的评价报告**

经小组成员申请，国网江苏电科院于 2022 年 11 月 10 日组织发展策划部、科技成果转化中心、输变电技术中心、物资质量检测中心共计 10 位专家，从成果技术可行性、使用便捷性、安全可靠性、成本合理性、普遍适用性等方面，对 QC 活动成果“变电站 GIS 设备泄漏气体回收装置”推广价值进行综合评价。评价工作主要流程包括：成果汇报、专家提问与答辩、专家点评、现场打分等。

根据评分标准，本次评价设总分 100 分。经 10 位参评专家现场打分，该 QC 活动成果最终平均得分为 **97.8 分**，对应评价等级为**优秀**（90~100 分）。

结合该成果前期现场试用情况与本次专家评价意见，本单位对该项 QC 成果推广价值的评价意见为：**具备较大推广价值**。后期，活动小组应注重成果转化与知识产权保护，切实发挥创新成果对现场设备运维质效提升的促进作用。

国网江苏省电力有限公司电力科学研究院

2022 年 11 月 14 日

图 4　课题成果推广价值评价报告

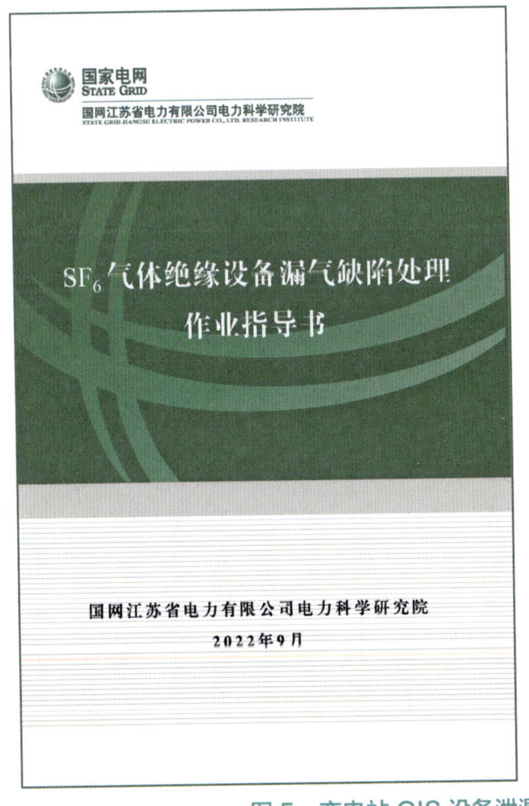

国家电网
STATE GRID
国网江苏省电力有限公司电力科学研究院
STATE GRID JIANGSU ELECTRIC POWER CO., LTD. RESEARCH INSTITUTE

$SF_6$ 气体绝缘设备漏气缺陷处理作业指导书

国网江苏省电力有限公司电力科学研究院
2022年9月

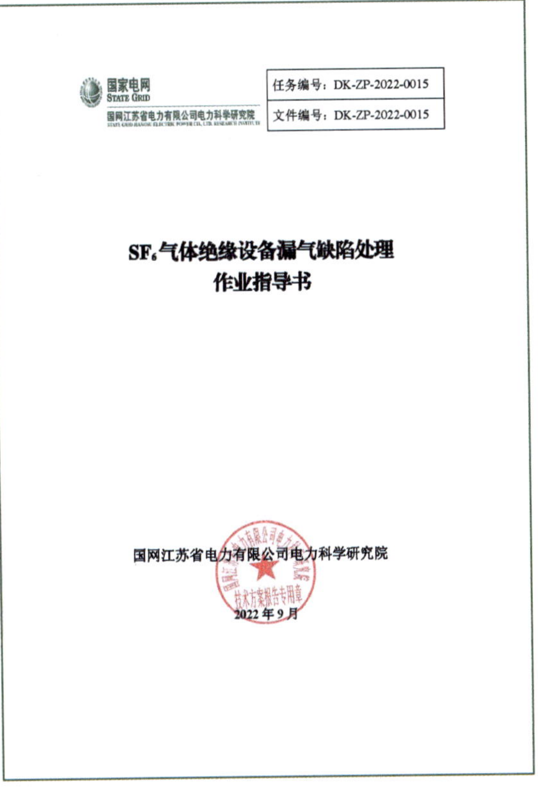

国家电网
STATE GRID
国网江苏省电力有限公司电力科学研究院

| 任务编号：DK-ZP-2022-0015 |
|---|
| 文件编号：DK-ZP-2022-0015 |

**$SF_6$ 气体绝缘设备漏气缺陷处理作业指导书**

国网江苏省电力有限公司电力科学研究院
2022 年 9 月

图 5　变电站 GIS 设备泄漏气体回收装置标准化文件（一）

国家电网
STATE GRID
国网江苏省电力有限公司电力科学研究院
STATE GRID JIANGSU ELECTRIC POWER CO., LTD. RESEARCH INSTITUTE

变电站GIS设备泄漏气体回收装置
操作技术手册

国网江苏省电力有限公司电力科学研究院
2022年9月

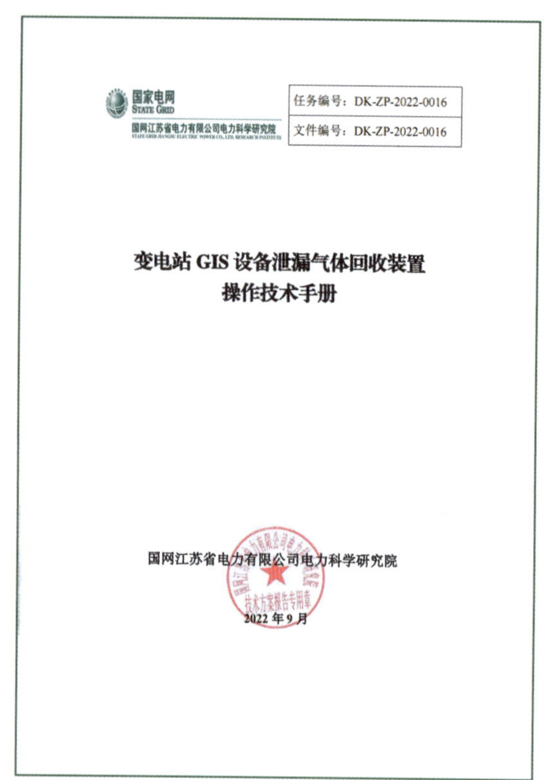

国家电网
STATE GRID
国网江苏省电力有限公司电力科学研究院

| 任务编号：DK-ZP-2022-0016 |
| --- |
| 文件编号：DK-ZP-2022-0016 |

变电站 GIS 设备泄漏气体回收装置
操作技术手册

国网江苏省电力有限公司电力科学研究院
2022 年 9 月

图 5　变电站 GIS 设备泄漏气体回收装置标准化文件（二）

同时，小组正在积极制定《变电站 GIS 设备 $SF_6$ 泄漏气体回收技术规范》技术标准，后期将持续申报相关团体或行业标准。

# 八、总结及下一步打算

## （一）总结

通过本次 QC 活动，小组成功研制了面向 $SF_6$ 气体绝缘设备漏气缺陷的气体减排回收装置，填补了电网企业现有运维措施在设备泄漏气体回收环节的空白，切实降低了 GIS 设备的 $SF_6$ 排放量，助力“双碳”目标实现。

## （二）推广应用情况

据应用单位反馈，本课题研制的 GIS 设备泄漏气体回收装置现场应用效果良好，如图 6 所示。

## （三）下一步打算

结合现场工作需要与本小组实际情况，将下阶段课题暂定为：变电站 GIS 设备运维全周期泄漏气体减排回收装置的研制。

**应用证明**

| 项目名称 | 变电站 GIS 设备泄漏气体回收装置的研制 |
|---|---|
| 应用单位 | 国网江苏省电力有限公司南京供电分公司 |
| 项目应用负责人 | 戚满顺 |
| 通讯地址 | 江苏省南京市建邺区奥体大街 1 号 |
| 应用时间 | 2022 年 8 月-2022 年 10 月 |
| 应用情况 | |

应用情况及效益：

我单位自 2022 年 8 月起应用了国网江苏电科院 QC 活动成果"变电站 GIS 设备泄漏气体回收装置的研制" 相关技术，完成了对 220kV 古柏变等 3 座变电站 GIS 设备漏气缺陷的处理与泄漏气体的回收。该装置操作便捷，功能可靠，能够有效应对现场各类 GIS 设备漏气缺陷。

建议进一步应用与推广。

应用单位：（公章）

2022 年 10 月 13 日

**应用证明**

| 项目名称 | 变电站 GIS 设备泄漏气体回收装置的研制 |
|---|---|
| 应用单位 | 国网江苏省电力有限公司常州供电分公司 |
| 项目应用负责人 | 苏佳华 |
| 通讯地址 | 江苏省常州市局前街 27 号 |
| 应用时间 | 2022 年 11 月 16 日-2022 年 12 月 7 日 |
| 应用情况 | |

应用情况及效益：

2022 年 11 月 16 日-12 月 7 日，我单位采用国网江苏电科院 QC 活动成果"变电站 GIS 设备泄漏气体回收装置的研制"对 220kV 三井变 GIS 设备泄漏缺陷进行处理，有效回收 SF6 气体 47 L。经现场试用，该装置功能实用，性能可靠，助力设备温室气体减排成效显著。

建议进一步应用与推广。

应用单位：（公章）

2022 年 12 月 9 日

**应用证明**

| 项目名称 | 变电站 GIS 设备泄漏气体回收装置的研制 |
|---|---|
| 应用单位 | 国网江苏省电力有限公司泰州供电分公司 |
| 项目应用负责人 | 揣振国 |
| 通讯地址 | 江苏省泰州市海陵区凤凰西路 2 号 |
| 应用时间 | 2022 年 9 月 15 日-2022 年 9 月 18 日 |
| 应用情况 | |

应用情况及效益：

2022 年 9 月 15 日-9 月 18 日，我单位采用国网江苏电科院 QC 活动成果"变电站 GIS 设备泄漏气体回收装置的研制"对 220kV 海工变 GIS 设备泄漏缺陷进行处理，共计回收 SF6 气体 49 L。根据现场应用情况，该装置功能稳定，性能可靠，能够对现场 GIS 设备漏气缺陷进行有效处理。

建议进一步应用与推广。

应用单位：（公章）

[illegible]

**应用证明**

| 项目名称 | 变电站 GIS 设备泄漏气体回收装置的研制 |
|---|---|
| 应用单位 | 国网江苏省电力有限公司盐城供电分公司 |
| 项目应用负责人 | 潘一璠 |
| 通讯地址 | 江苏省盐城市解放南路 189 号 |
| 应用时间 | 2022 年 11 月 4 日-2022 年 11 月 15 日 |
| 应用情况 | |

应用情况及效益：

我单位于 2022 年 11 月 4 日~11 月 15 日应用了国网江苏电科院 QC 活动成果"变电站 GIS 设备泄漏气体回收装置的研制" 相关技术，完成了对 220kV 佳湖变 GIS 设备漏气缺陷的处理。该装置使用便捷，回收效果显著，各项功能稳定可靠，有效解决了设备泄漏气体无法回收的难题。

建议进一步应用与推广。

应用单位：（公章）

2022 年 11 月 [illegible] 日

图 6 变电站 GIS 设备泄漏气体回收装置应用证明